SV

Luiz Costa Lima

Die Kontrolle des Imaginären

Vernunft und Imagination in der Moderne

Übersetzt von Armin Biermann

Suhrkamp

Erste Auflage 1990

Druck: Nomos Verlagsgesellschaft, Baden-Baden
Printed in Germany

CIP-Titelaufnahme der Deutschen Bibliothek
Costa Lima, Luiz:
Die Kontrolle des Imaginären: Vernunft und Imagination
in der Moderne / Luiz Costa Lima.
Übers. von Armin Biermann. –
1. Aufl. – Frankfurt am Main: Suhrkamp, 1990
Einheitssacht.: O controle do imaginário ⟨dt.⟩
ISBN 3-518-58015-9

Inhalt

Vorbemerkung des Übersetzers

Traduttore traditore – von dieser latenten Anklage kann und soll auch die deutsche Version von *O controle do imaginário* nicht freigesprochen werden. Vielmehr möchte ich – um in der Metapher zu bleiben – für ›mildernde Umstände‹ plädieren, indem ich zu meiner Verteidigung kurz die spezifischen Schwierigkeiten, mit denen ich bei der Übersetzung des brasilianischen Originals konfrontiert wurde, und die Entscheidungen offenlege, auf deren Grundlage ich versucht habe, das Ausmaß des ›Verrates‹ möglichst gering zu halten.

Es wäre gewiß ein Leichtes gewesen, *Die Kontrolle des Imaginären* als flüssigen deutschen/europäischen Text zu formulieren und die sowohl kulturell als auch historisch bedingten syntaktischen, semantischen und stilistischen Eigenheiten des brasilianischen Originals und der von ihm zitierten Texte der Vergangenheit zu nivellieren. Ich habe mich bewußt dagegen entschieden, die deutsche Ausgabe um die Dimension der Ermöglichung von Alteritätserfahrungen zu verkürzen, und statt dessen sprachliche und stilistische Besonderheiten – von unübersetzbaren brasilianischen Ausdrücken und Metaphern einmal ganz abgesehen – beibehalten, sofern sie meines Erachtens die Sinnbildung eines deutschen Lesers nicht behindern. Darüber hinaus habe ich es vermieden, bei der Übersetzung auf Begriffe und Terminologien in Deutschland einschlägiger, vom Autor aber nicht verwendeter Theorien zurückzugreifen, um den Text von entsprechenden Assoziationshorizonten freizuhalten. Sofern die Qualität nicht dagegensprach, habe ich anstelle der Originalzitate die Äquivalente der mir bekannten deutschen Übersetzungen verwendet; für meine eigenen Übersetzungen habe ich stets die Originalzitate herangezogen.

Ursprünglich war geplant, daß ich zum Ansatz von Luiz Costa Lima an dieser Stelle ein Vorwort unter dem Gesichtspunkt ›*Die Kontrolle* des Imaginären‹ verfasse, wovon ich aus Zeitgründen Abstand nehmen mußte. Statt dessen sei auf die Erörterung des Ansatzes in der theoretischen Einleitung meiner Dissertation *Literarische Zensur in Paris zwischen 1750 und 1830 – Studie zur*

Pathogenese einer gesellschaftlichen Institution (München, 1991) verwiesen.
Mein herzlicher Dank gilt Susanne Görner für ihre Unterstützung bei der Korrektur der Druckfahnen.

Armin Biermann
Köln, im Mai 1989

Bei der poetischen Imagination, die im prosaischen Denken einen Todfeind besitzt, muß man heute mehr denn je zuvor daran erinnern, daß es noch zwei andere gibt, die historische Narration und die Eloquenz

André Breton,
Position politique du surréalisme,
Paris, 1935, S. 147

Vorwort

Wie jede Narration hat ein Buch kein Ende; es erreicht nur einen zeitweiligen Aufschub. Ebensowenig beginnt ein Buch mit seinem ersten Satz: er verweist vielmehr ebenso auf Konstellationen anderer Sätze wie auf Konstellationen vergessener, erinnerter oder zumindest vernommener Stimmen. Jedes Buch ist das Produkt vielzähliger und zerstreuter Dialoge, von denen der Autor viele selbst gar nicht kennt.

O Controle do imaginário [Die Kontrolle des Imaginären] verweist gewiß auf einen Dialog mit dem, was ich geschrieben oder gehört habe, seitdem ich *Mimesis e modernidade [Mimesis und Moderne]* (1980) verfaßte. Allein deshalb liegt es nahe, die Richtung aufzuzeigen, die einzuschlagen ich mir vorgenommen habe. Die Anfänge dieser Zielsetzung reichen bis zu meiner Dissertation, *Estruturalismo e teoria da literatura [Strukturalismus und Theorie der Literatur]* (1973), zurück. Damals hatte ich in einer Kühnheit versucht, die in meinem Alter nicht mehr gerechtfertigt war, jene Kriterien zu diskutieren und einer Stellungnahme zu unterziehen, die von der zeitgenössischen Theroriebildung zur Charakterisierung des literarischen Diskurses angeboten wurden. Obwohl ich in jenem Moment bereits spürte, daß ich in einen unerwünschten Manichäismus verfiel – bewertet war erst die Analyse, welche die paradigmatische Ebene *konstruieren* und sich nicht durch den *Charme* des syntagmatischen Aufbaus fesseln lassen sollte –, wußte ich damals nicht, wie ich ihm hätte entgehen können. Aus diesem Grunde schloß ich mich dem Glauben romantischer Provenienz an, das Phänomen der *Mimesis* sei veraltet und nur für die Historiker von Interesse. Daher bestätigte mein erster Essay, der speziell der *Mimesis* gewidmet war (*As Projeções do ideológico [Die Projektionen des Ideologischen]*, 1975), eine Spiegelung, die nichts über ihr Objekt, sondern nur etwas über die im Rezipienten geweckte Faszination aussagt. Indem ich sie mit der Suche nach der Konstruktion der paradigmatischen Ebene kontrastierte, verfiel ich, ohne es zu wissen, in die Wiederholung eines *Wesensmerkmals* des literarischen Diskurses, [8] der sich paradoxerweise als Konstruktion *des* Analytikers herausstellen sollte. Warum aber hatte ich einen so großen Widerspruch nicht bemerkt? Ich nehme an, weil mir – wie der Affe in der Fabel, der seinen eigenen Schwanz nicht sah – noch eine akkuratere Untersuchung des Analysegegenstandes bzw. des Analytikers fehlte. Um nichts anderes besorgt als um den Narzißmus der Kritiker mit ihrem mangelnden Interesse, bei dem, was sie in den Werken beobachteten, ihre eigenen Neigungen zu differenzieren, postulierte ich implizit, in Übereinstimmung mit Northrop Fryes Behauptung – »Die Kritik ist, wie die Religion, einer jener subakademischen Bereiche, in denen eine große Anzahl von Personen noch die Freiheit genießt, sich ihren eigenen Ängsten zu überlassen, anstatt die Materie zu studieren, die ihnen obliegt« –, eine radikale Askese für den Analytiker: er sollte sein wie ein Subjekt ohne Subjektivität. Ausgehend von einer Befangenheit, die ich weiterhin für angebracht halte – die Kritik nicht als ein literarisches Genre aufzufassen –, schüttete ich jedoch am Ende das Kind mit dem Bade aus. Daher rührte das Unverständnis bezüglich der *Mimesis.*

Erst Jahre später begriff ich den begangenen Irrtum. *Mimesis e modernidade* und *Dispersa demanda [Zerstreuter Streit]* (1981) sind die Zeugnisse der Richtungsänderung. Anstelle eines Subjekts als reiner und transparenter Denkmaschine ging ich bescheidener dazu über, ein Subjekt zu konzipieren, das im Hinblick auf seine eigene Subjektivität wachsam ist, eine Wachsamkeit, welche kaum ausreicht, seine Autoreferentialität, seinen magistralen Narzißmus zu eliminieren; unfähig vor allem, seine Persönlichkeit zu überwinden. In diesem Sinne ist die analytische Konstruktion auch Konstruktion des Subjekts ›Analytiker‹. Aber eine Konstruktion, die um einen Nabel zentriert ist, der immer derselbe bleibt.

Diese Veränderung vollzog sich parallel, während ich die Frage der *Mimesis* neu durchdachte. In dem Maße, wie ich begriff, daß es möglich sei, sie neu zu erarbeiten, begriff ich den Essentialismus, der noch seit *Estruturalismo e teoria da literatura* bis zum theoretischen Vorwort zu *A Perversão do trapezista [Die Perversion des Trapezkünstlers]* (1976) rekurrent war. Ich ging dazu über zu sagen: es gibt keinen spezifischen Diskurs, in dem sich die *Mimesis* vollzieht. Die Fiktion, ihr Produkt, ist kein Spezifikum der (verbalen oder non-verbalen) Sprache, das der Literatur und den Künsten anvertraut wäre. Es gibt eine Alltagsfiktion, wie es eine literarische Fiktion gibt, sie definieren sich nicht durch sich selbst, sondern im Verhältnis zu der Anerkennung, die ihnen Epochen und Kulturen verleihen oder verleihen lassen. Im Anschluß an die Argumentationslinie, die von Schütz eröffnet und von Goffman ausgebaut wurde, sind die Diskurse der »Wahrheit« und der Fiktion durch historisch konfigurierte Rahmen *(frames)* dimensioniert. Könnten aber die verschiedenen *frames*, die in verschiedenen Epochen präsent sind, zumindest teilweise auferlegt sein, dergestalt, daß sich eine metahistorische Konzeption der Fiktion gewinnen ließe? Das heißt, wäre es in unserem Falle möglich, die *Mimesis* in zeitlich übergreifenden Begriffen zu definieren? [9] Die Bedeutung dieser Frage ist unleugbar, zumindest für denjenigen, der nicht bereit ist, das Konzept ›Literatur‹ anachronistisch zu gebrauchen, indem er ein Konzept auf die Zeit vor dem Ende des XVIII. Jahrhunderts anwendet, das sich damals erst herausbildete. Wenn Paul Zumthor uns zum Beispiel im *Essai de poétique médiévale [Essay über die mittelalterliche Poetik]* (1972) sagt, daß »die Idee einer *Mimesis* der Alltagswirklichkeit in ihren sozioökonomischen Aspekten dem Mittelalter fremd ist« (a.a.O., S. 115), wie könnten wir die Idee der *Mimesis* in seinem Sinne verwenden, wenn nicht in einem zeitlichen übergreifenden Sinn? Dies ist die Frage, welche *Die Kontrolle des Imaginären* zugrunde liegt; sie liegt zugrunde, ist aber bei weitem noch nicht beantwortet. In der Tat begnügt sich das vorliegende Buch mit einer vorläufigen Dimension der »archäologischen« Rekonstruktion eines Problems: den Schicksalen der Fiktion, den Bedingungen, denen sie sich vom klassischen Zeitalter bis zur Mitte des XIX. Jahrhunderts unterwerfen mußte, um sich als legitimierbarer Diskurs präsentieren zu können. Wird diese Vorstudie der Bestimmung eines metahistorischen Konzepts dienen können, das in der Lage ist, das abzudecken, was wir ›Literatur‹ nennen? Oder bahnt sich im Gegenteil eine weitere Richtungsänderung an?

Danksagungen

Zahlreich waren diejenigen, die sich durch die Zusendung von Büchern, Kapiteln, Essays und Artikeln meine Dankbarkeit erworben haben. Trotz des Risikos, daß mein Gedächtnis mich trügt, sind zu nennen: Antônio Cândido, Bernard Cerquiglini, Hans Ulrich Gumbrecht, Jürgen und Ulla Link, Karlheinz Barck, Marlene Schwartz, Roberto Reis, Roberto Ventura, Ronald Souza, Wlad Godzich und Wolf-Dieter Stempel.

Die Danksagungen weiten sich zwangsläufig aus und schließen all diejenigen ein, die mich durch ihre Vorschläge, Kritiken oder Diskussionen von Teilen oder Versionen der Kapitel dieses Buches ermutigt haben, diese zu entwickeln und zu überarbeiten: meine Schüler des Psychologiekurses für Postgraduierte an der Pontifícia Universidade Católica (Rio de Janeiro) im ersten Semester 1982, Hans Ulrich Gumbrecht, Haroldo de Campos und Ricardo Benzaquem.

In einem weiteren Kreis richten sich diese Danksagungen an meine Frau Rebeca Schwartz wegen ihrer Geduld im Umgang mit dem Verfasser und wegen ihrer Generosität bei der systematischen Revision und Kritik jeder einzelnen Seite dieser Originale.

Darüber hinaus danke ich der Alexander von Humboldt-Stiftung, dem Conselho Nacional de Pesquisa, der Pontifícia Universidade Católica (Rio de Janeiro) und der Universidade Federal Fluminense, weil sie mir Kontakte und Teilnahmen an internationalen Treffen erleichtert haben, die für die in diesem Buch enthaltene Reflexion unverzichtbar waren.

Rio, im August 1983

I. Die Kontrolle des Imaginären

> Die Bereitschaft, alternative Welten anzuerkennen, kann zwar befreiend sein und Hinweise auf neue Forschungswege geben, aber wem alle Welten gleich willkommen sind, wird keine erbauen. Die bloße Anerkennung der vielen verfügbaren Bezugsrahmen liefert uns keine Karte der Himmelsbewegungen; die Einsicht, daß alternative Grundlagen wählbar sind, bringt keine wissenschaftliche Theorie und kein philosophisches System hervor; das Bewußtsein von verschiedenen Sehweisen malt keine Bilder. Ein großzügiger Geist ist kein Ersatz für harte Arbeit.
>
> N. Goodman (1978) (1984) S. 36

1. Der Weg einer Frage

Was sollen wir tun, wenn uns im Laufe unseres Lebens eine Frage gefangenhält, uns in sich verwickelt und uns obsediert? Ein gesunder Menschenverstand zwischen Ironie und Gereiztheit wird sich sagen: verwandele sie in ein gutes Steak und genieße es. Was aber, wenn aus Ehrgeiz oder Nachlässigkeit eine Umwandlung unmöglich wäre? Wenn Spaziergänge, Gespräche oder das Meeresblau sich als unwirksam erwiesen? Und wenn der Besessene, verfangen in seinem Knäuel, unfähig wäre, den inneren Wolf in Lämmer zu verwandeln und die Idee in lohnenswerte Projekte? Dann muß er mit ihr leben, wie der Kranke mit seinem Sodbrennen, der Spieler mit seiner Manie oder der Zwerg mit seinem Körper.
Seit einigen Jahren macht mir eine Frage zu schaffen: obwohl das italienische *Cinquecento* eine umfangreiche Theoretisierung über das Poetische dargeboten hatte – vergleichbar nur dem, was unser Jahrhundert vervielfachen sollte –, war ich trotzdem, je mehr ich seine Autoren las, um so überzeugter davon, daß sie von einem skandalösen Veto ausgingen: [12] dem Veto hinsichtlich der eigenen Fiktion. Wie aber konnten die Wiederentdecker der Aristotelischen *Poetik* von diesem paradoxalen Axiom ausgehen, diejeni-

gen, die sie verbreiteten und suchten, oder mit dem Horazschen und Platonischen Vermächtnis harmonisierten bzw. dieses ausgehend von jener bekämpften? Die Frage selbst klang nicht weniger als absurd. Da ich ihrem Zirkel nicht zu entkommen wußte, versuchte ich, mich daran zu gewöhnen. Schließlich bringt eine Absurdität mehr oder weniger kein Haus zum Einsturz. Deshalb verlangsamte sich unterdessen nicht einmal die Drehung des Zirkels. Nachdem die Frage ihr Aufenthaltsrecht erlangt hatte, weitete sie sich zu einer anderen aus, als ob sie sich über denjenigen lustig machen wollte, der sich mit ihr abmühte: auf welches Interesse antwortete das unterstellte Veto? Weshalb wurde es gerade von denjenigen eingelegt, die sich dem Poetischen widmeten, die es also aufs höchste hätten wertschätzen müssen?
Ich begriff, daß die Frage, auch wenn sie ihren enigmatischen Charakter nicht verlor, zumindest plausibel werden könnte, wenn man einen Weg beschritt, der von meinem Freund Hans Ulrich Gumbrecht im Verlauf des Kurses aufgezeigt wurde, der im August 1982 in Rio stattfand. In einer der letzten Sitzungen analysierte Gumbrecht die Krise, die das Spätmittelalter erschütterte, als Ergebnis der geringen Flexibilität der damals vorherrschenden mentalen Struktur; einer geringen Flexibilität, die sich aus zwei Ursachen herleitete: 1. hielt die christliche Kosmologie von damals für jede Erfahrung nur eine einzige Interpretation bereit, 2. enthielt eine solche Kosmologie keine zeitliche Struktur, sie erwies sich daher als unfähig, Veränderung mitzudenken.
Was das erste Argument angeht, erinnert man sich an Huizingas bereits klassische Aussage:

> So grell und bunt war das Leben, daß es den Geruch von Blut und Rosen in einem Atemzuge vertrug. Zwischen höllischen Ängsten und kindlichstem Spaß, zwischen grausamer Härte und schluchzender Rührung schwankt das Volk hin und her wie ein Riese mit einem Kinderkopf. Es lebt in Extremen, zwischen der gänzlichen Verleugnung aller weltlichen Freude und einem wahnsinnigen Hang zu Reichtum und Genuß, zwischen düsterem Haß und der lachlustigsten Gutmütigkeit (Huizinga, J., 1913, [11]1975, S. 29).

Was das zweite Argument angeht, so erinnerte Gumbrecht selbst an die Erfindung der historischen Zeit als Zyklus in der Renaissance.

Vor dem Hintergrund dieses Krisenambientes drängte sich vor allem im XIV. und XV. Jahrhundert die Entdeckung vermittelnder Instanzen auf. Von denen, die Gumbrecht damals diskutierte, ist für die zu führende Diskussion die Heranreifung der Erfahrung der Subjektivität hervorzuheben. In dem Maße, wie der Glaube daran verlorenging, daß die Wahrheit den Dingen der Welt von Gott eingeschrieben sei, mehrten sich damals die eindeutigen Anzeichen, daß jedes Phänomen verschiedene Sinne zuzulassen begann und daß es dem Subjekt zufiel, den angemessenen zu erlernen. Die Subjektivität erwarb sozusagen eine Ergänzungsfunktion: [13] Da die religiös legitimierte und theologisch formulierte, traditionelle kosmische Ordnung nicht mehr ausreichte, fiel dem individuellen Subjekt die Entdeckung der orientierenden Vernunft zu.

Mir ist natürlich bewußt, daß die gewählte Darstellungsform, mit der ich jenen Moment in Erinnerung zu rufen versuche, in dem ich die Möglichkeit einer Perspektivierung der Frage begriff, die mich verfolgte, nicht geeignet ist, dem Leser die Erörterung der Wiederentdeckung der Subjektivität mit dem hypothetischen Veto hinsichtlich des Fiktionalen zu übermitteln. Obwohl ich es weiß, bevorzuge ich diese Form als Hommage an meinen Freund, der mir den Weg gewiesen hat, in der Hoffnung, daß es diesem Kapitel gelingen möge, am Ende die gewünschte Erörterung nachzuliefern.

Da ich selbst kein Mediävist war, verfügte ich nicht ohne weiteres über die geeigneten Instrumente, die von Hans Gumbrecht formulierten Vorschläge fruchtbar zu machen. Sie setzten sich bei mir als eine Art Intuitionsraum fest, den anschließende Lektüren beseitigen sollten. Das Nachfolgende ist eine Synthese der Ergebnisse, zu denen wir gelangten. Es ging also zunächst darum, das Auftauchen der Subjektivität im Mittelalter besser zu verstehen, sie im Hinblick auf die poetische *Praxis* zu präzisieren und zu überprüfen, wie die soziokulturellen Instanzen auf sie reagierten, um sie schließlich im Brennkreis unserer Frage zu behandeln.

In seiner ausgezeichneten Studie *Medieval French Literature and Law [Mittelalterliche französische Literatur und Recht]* erinnert der nordamerikanische Mediävist Howard Bloch daran, daß die Bewegung der Erkenntnis der Subjektivität vom XII. Jahrhundert ausgeht und sich in einem breiten Spektrum manifestiert:

> Die Schriften von Klosterreformatoren, die Wiederbelebung klassischer Studien; ein erneuertes Interesse am Briefeschreiben und an der Autobiographie; die Personalisierung der Porträtkunst und der Skulptur; die gewandelten Begriffe von Intention, Sünde und Buße; die Popularität persönlicher (mystischer) religiöser Erfahrung; das Auftauchen einzelner Helden der Spätepik und satirischer Formen; (...) die Bewertung des Individuums im höfischen Roman und in der höfischen Lyrik (Bloch, H., 1977, S. 130).

Innerhalb dieses riesigen Katalogs konzentriert sich Bloch auf die Veränderungen des juristischen Prozesses, den er für die damals vollzogenen Modifikationen für paradigmatisch hält. In Übereinstimmung mit der kosmologischen Sicht der Epoche zog das Recht des frühen Mittelalters nicht die Intentionen oder Motive des Beleidigers in Betracht, da »in einem System des immanenten Beweises [14] Gott, und nicht der Mensch, der einzige ist, der die Intention zu bewerten in der Lage ist« (a.a.O., S. 32). Deshalb manifestierten sich Unschuld oder Schuld »nur durch die sekundären Effekte, Belohnung oder Strafe, die sie hervorbringen« (a.a.O., S. 19). Das heißt, die Berechtigung oder Willkür einer Anschuldigung würde sich physisch durch den Sieg oder die Niederlage im Kampf erweisen, der mit dem Beschuldigten oder seinem Repräsentanten geführt wurde. Gott manifestiert die Wahrheit des Geschehenen mittels sichtbarer und eindeutiger Zeichen, die sich im Ausgang des Duells zum Ausdruck bringen.
Diese Form der Rechtsprechung beginnt sich im XII. Jahrhundert aufzulösen, und »in signifikanter Weise findet immer häufiger die Verwendung kriminaler Sachkenntnis in den Prozeßunterlagen des ausgehenden XIII. und des XIV. Jahrhunderts ihren Niederschlag« (a.a.O., S. 132). Eine Veränderung, die in direktem Verhältnis zum Kräftespiel der politischen Interessen stand:

> Rechtsprechung, die im Einklang mit dem Begriff richterlicher Wahrheit steht, hängt von der Formulierung stabiler Kriterien ab, die vom eigentlichen Akt der Rechtsprechung unabhängig sind – und damit von der Existenz eines Staates, der sich selbst, im Gegensatz zu einer Feudalorganisation, mittels seiner eigenen Gesetze als etwas definieren könnte, das mehr als eine Ansammlung unzusammenhängender, subjektiver Rechte ist. Schließlich impliziert Rechtsprechung im Einklang mit einer eher verbalen als physi-

> schen Beweisführung zumindest ein Minimum an ziviler Organisation, einen Staat, der in der Lage ist, seine Entscheidungen durchzusetzen, ohne zu den Waffen greifen zu müssen. Die Einführung der gerichtlichen Untersuchung begünstigte im allgemeinen die Sache der politischen Zentralisierung, was noch einmal der Unmöglichkeit Nachdruck verleiht, die Entwicklung von Rechtsmodellen vom historischen Kampf zwischen Monarchie und Feudalaristokratie zu trennen (a.a.O., S. 140f.).

Das lange Zitat war notwendig, um die Verknüpfung des Wandels der gerichtlichen Prozeßformen mit dem Kampf zwischen staatlicher Zentralisierung und Feudalaristokratie sowie des Aufstiegs des Individuums und der Hervorhebung seiner Subjektivität mit dem Angriff auf die Interessen des Feudaladels ans Licht zu bringen. Auf diese Weise wird es dem Autor möglich zu zeigen, daß das französische mittelalterliche Epos nicht Ausdruck der Werte der Militäraristokratie, sondern Symptom ihrer Krise ist. Ein Symptom, das sich ausweitet und mit den zeitgenössischen oder wenig später anzutreffenden »literarischen« Formen eine neue Richtung einschlägt:

> Während im Roman der Bruch zwischen Individuum und Gemeinschaft in Begriffen der Trennung und Reintegration präsentiert wird und in der Lyrik die Form eines zyklischen Oszillierens zwischen unerfüllten Erwartungen und Befriedigungen von kurzer Dauer annimmt, besteht die Hauptbeschäftigung innerhalb explizit bürgerlicher Genres darin, den größten Profit aus den Freiheiten zu ziehen, welche diese eigentümlich moderne Spaltung gewährt (a.a.O., S. 227). [15]

Mit einem Wort, der amerikanische Mediävist betont, daß die dem subjektiven Individuellen gewidmete Aufmerksamkeit einerseits die »literarischen« und gerichtlichen Manifestationen durchzog und daß sie sich andererseits mit den Interessen der Zentralisierung des Staates verband, die vom Königshaus und dem entstehenden Bürgertum als Gegenposition zu den Werten und Prinzipien der Feudalaristokratie vertreten wurden, welche ihrerseits zum Schutz der Blutsgemeinschaft, zur Aufrechterhaltung der Tradition und in der Idee einer göttlichen Gerichtsbarkeit errichtet worden waren, die sich durch offenkundige äußerliche Zeichen manifestieren sollte (die Niederlage des Schuldigen und den Sieg des Gerechten im Duell, das Schlußstück des Gerichtsprozesses der Feudalität).

Die Resultate, zu denen Bloch gelangte, werden unabhängig von Jacques Le Goffs monumentalem Werk über die Inthronisierung der Idee des Fegefeuers bestätigt. Er zeigt in *La Naissance du purgatoire [Die Geburt des Fegefeuers]* auf, daß das Fegefeuer, verstanden als Bezeichnungssubstantiv für einen Ort, trotz der Vorbereitung der »Entdeckung« durch Augustinus, Gregor den Großen und Bernard de Clairvaux vor 1170 nicht existierte:

> Das Fegefeuer taucht an der Kreuzung der beiden Milieus – Paris und Cîseaux – zwischen 1170 und 1200, vielleicht im Jahrzehnt 1170–1180, mit Sicherheit aber in den letzten zehn Jahren des Jahrhunderts auf (Le Goff, J., 1981, S. 229).

Verbunden mit der Bewegung zugunsten der Justiz, die das Jahrhundert durchzieht, brachte sein Hervortreten eine Stärkung der kirchlichen Rechtsprechung und der Intervention der Könige und Territorialfürsten zum Nachteil der Feudalherren mit sich, die sich noch im alten Glauben an die Immanenz der göttlichen Justiz befanden:

> Gegenüber den Feudalherren, welche die Justiz als Recht, als Herrschaftsinstrument über die Mitglieder der Seigneurie und als Quelle finanziellen Gewinns an sich reißen, fordern die Könige und die Territorialfürsten das Ideal und die Wirklichkeit der Justiz und verstärken die Geistlichen ihren Einfluß auf die kollektiven Aspirationen der Gesellschaft, indem sie die christliche Konzeption vertiefen (...) (a.a.O., S. 286).

Für unsere Argumentation gilt es die Rolle hervorzuheben, die zunehmend das Individuum spielt – eine Rolle, die schon in der früheren Entwicklung über den Begriff der Sünde, mit der Unterscheidung zwischen Schuld und Strafe, und in der Verpflichtung auf die Ohrenbeichte erkennbar war:

> Das Fegefeuer wird von einem weniger würdevollen Verdikt [als dem des Gegensatzes zwischen Erlösung und ewigem Feuer] abhängen, von einem individuellen Gerichtsverfahren kurz nach dem Tode (...). Die Dauer der Strafe hängt jedoch, außer von der

> Barmherzigkeit Gottes, die durch den Eifer der Engel symbolisiert wird, während sie den Teufeln die Seelen [16] herausreißen, von den persönlichen Verdiensten des Verstorbenen ab, die er während seines Lebens erworben hat, und von den Totenmessen der Kirche, die von den Angehörigen und Freunden der Verstorbenen veranlaßt werden (a.a.O., S. 285).

Die himmlische Geographie wird um einen neuen Ort bereichert, einen Durchgangsort, an dem die Aufenthaltsdauer von der gesonderten Prüfung eines jeden einzelnen Falles und von der Interferenz personengebundener Gebete abhängen wird. In diesem Sinne, und im Gegensatz zu Himmel und Hölle, implizierte das Recht auf das Fegefeuer die Flexibilisierung der Idee einer den Sachen eingeschriebenen Wahrheit, die nun um die »Analyse« der Intentionen des toten Sünders und um das Eingreifen seiner Freunde über die Vermittlung der Kirche ergänzt wird. Das Individuelle erlangte sogar in der himmlischen Sphäre Gehör.

Während die bisherigen Beiträge den Aufstieg des Individuums in allgemeiner Weise aufzeigten, wenden sich die im folgenden betrachteten spezielleren Fragestellungen zu.

Bei seiner ausschließlichen Behandlung der Präsenz des *ich* in der mittelalterlichen Poesie unterscheidet Paul Zumthor zwei grundlegende Situationen. Die erste, allgemeinere, entspricht einem *ich*, das im Hinblick auf seinen Referenten leer ist, das heißt, dessen Präsenz sich in der Verflechtung der Stücke des Gedichts erschöpft. Innerhalb einer »Literatur« fixierter Rollen, welche säkularen *topoi* und einer entpersonalisierten Tradition gehorcht, entspricht das lexikalisierte *ich* nicht dem *ich* der Person, die schreibt:

> Auf jeden Fall erscheint die Person des Autors, um die Objektivität des Textes zu bestätigen; nichts mehr. Seine Interventionen führen uns die textuelle Projektion einer Situation vor Augen. Das mittelalterliche poetische Werk, das normalerweise (durch einen Sänger, Rezitator oder öffentlichen Leser) von Mund zu Ohr übermittelt wurde, besitzt einen konkreten Sprecher, der visuell wahrnehmbar ist (was es selbst nicht ist), der aber im Prinzip bei jeder neuen Anhörung wechselt. Wenn der Autor (der vielleicht mit einem der aufeinanderfolgenden Rezitatoren identisch ist) aus einem *ich* das Subjekt der Äußerung gemacht hat, funktioniert dieses *ich* wie

> eine virtuelle Form, deren Aktualisierung den Umständen entsprechend variiert: es ist wenig wahrscheinlich, daß der mittelalterliche Zuhörer es in einem autobiographischen Sinne hätte interpretieren können (Zumthor, P., 1975, S. 168).

Die textuelle Erfahrung integriert nicht die persönliche Erfahrung, sie durchquert und transzendiert sie vielmehr, als ob sie nicht auf einen existentiellen Rest träfe, der sie festhielte. Das *ich* ist eine fluktuierende Leerformel, die nur die Stimme bezeichnet, die es ausspricht. In diesem Sinne behauptet Zumthor, daß es sich um »eine fast völlig objektivierte Poesie« handele. Mittels einer reinen Textanalyse, die sich nicht für eine Bestimmung der sozialen Ursachen des Wandels interessiert, zeigt der Schweizer Mediävist, wie sich jene generelle Situation im Laufe des XV. Jahrhunderts wandelt: [17]

> In den poetischen Formen, die im XV. Jahrhundert aus ihr [i.e. der Tradition des großen höfischen Liedes] hervorgegangen sind, macht sich eine Invasion der Umstände in den Diskurs bemerkbar. Das *ich*-Zeichen bezieht sich seitdem auf das äußere Subjekt, das diese sozusagen unausgefüllt und inhaltsleer zeichnen; nichts hindert es mehr daran, sich mit der Person des Autors zu identifizieren: dies geschah ohne Zweifel recht häufig bei Eustache Deschamps, Christine de Pisan und Charles d'Orléans. Der Diskurs ist kaum narrativ, er schreitet vielmehr über deskriptive Anspielungen voran: er vermischt sich mit demjenigen der *dits* in derselben Ambiguität (a.a.O., S. 179).

Der von Zumthor aufgezeigte Weg, die Identifizierung eines mit Persönlichkeit angereicherten *ich*, wird von Jacqueline Cerquiglini ausgeweitet. In einer Studie, die ausschließlich der Untersuchung des Genre *dit* im Werk Guillaume de Machauts (ca. 1300–1377) gewidmet ist, motiviert die Autorin die Anwesenheit des *ich*, das sich auf einen außertextuellen Referenten bezieht, durch die Problematisierung der Wahrheit. Das autobiographische *ich* erscheint, mit anderen Worten, zur Abstützung eines Referenzrahmens, der schon nicht mehr ausreicht, um den Sinn zu bezeugen, den die Handlungen übernehmen:

> Hier läßt sich mit dem Titel von Machaut, dem *Voir dit*, der Weg abmessen, den der Begriff seit dem Beginn des XIII. Jahrhunderts

> durchlaufen hat. Dieser Titel führt in der Tat zwei Präsuppositionen mit sich. Aus der Tatsache, daß Machaut erstens nachdrücklich die Wahrheit seines *dit* unterstreicht, kann man die Schlußfolgerung ziehen, daß die Verbindung zwischen dem *dit* und der Wahrheit in seiner Epoche nicht mehr fraglos gegeben ist. Daß Machaut zweitens einen Titel gebraucht (...), der die Allegorie auslöscht, signalisiert, daß für ihn – und darin besteht seine große Innovation – die Wahrheit nicht mehr durch Rekurs auf eine Allegorie garantiert werden kann, sondern durch Berufung auf die gelebte Erfahrung. Der *dit* ist nur noch wahr, weil *Ich* es sage (Cerquiglini, J., 1980, S. 167).

Andererseits wurden in dem Maße, wie die Krise der mentalen Strukturen des Mittelalters im XIV. und XV. Jahrhundert nicht beendet wurde, die eingeführten Schemata der Flexibilisierung, allen voran die Instanz der Subjektivität, durch die spätere Verbreitung der Druckerpresse begünstigt. Wie die von den bisher referierten Quellen unabhängige Analyse einer der größten Spezialistinnen auf diesem Feld bezeugt, begann die typographische Reproduktion die der Manuskript-Kultur auferlegte Esoterik zu zerstören, sei es durch die materiellen Bedingungen ihrer Existenz, sei es durch die sozialen Bedingungen:

> Fortgeschrittene Techniken konnten nicht tradiert werden, ohne vor Beschädigung bewahrt und durch Geheimnis verhüllt zu werden. Die Techniken mußten, damit sie intakt blieben, einer ausgewählten Gruppe von Eingeweihten anvertraut werden, die nicht nur die speziellen Fertigkeiten, sondern auch die mit ihnen assoziierten »Mysterien« erlernen mußten (Eisenstein, E., 1979, I, S. 270). [18]

Die Kultur verliert zunehmend ihren Initiationscharakter, zu derselben Zeit, als die bereits eingeführten Schemata der Flexibilisierung sich ausbreiten und einen Platz in der Welt erobern. Ohne sich darauf zu beziehen, bestätigt Eisenstein indessen das Problem, mit dem wir uns beschäftigen, indem sie auf dem Einfluß insistiert, den die Druckerpresse auf den Alltag, auf den Erziehungsprozeß und auf die religiösen Optionen ausübte:

> Privatleben und Öffentlichkeit erlebten gleichermaßen Veränderungen; das neue Medium förderte in der Tat eine schärfere Tren-

nung zwischen diesen beiden Zonen. Ein endloser Sturm moralisierender Literatur durchdrang die Privatheit des Heims und ließ eine Vielfalt bürgerlicher Dramen hervorschießen. Die »Familie« wurde nicht allein mit neuen religiösen und erzieherischen Funktionen betraut (...), sondern der Familienkreis wurde auch zur Zielscheibe eines komplizierten literarischen Kreuzfeuers (a.a.O., I, S. 133).

> Der Vertrauensverlust in die Worte Gottes bei den kosmopolitischen Eliten war an größere Möglichkeiten für die Verkünder des Evangeliums und die Priester gekoppelt, frohe Botschaften zu verteilen und den Glauben wieder zu entfachen (a.a.O., II, S. 701).

Wenn man aber auf dem eigentlichen Kern der Frage insistiert, kann man beobachten, daß die These von Zumthor und Cerquiglini bereits in einem viel früheren Text von Menéndez Pidal bestätigt wird, in dem er ebenso das Auftauchen des empirischen *ich* in der kastilischen Prosa des XIV. Jahrhunderts aufzeigte wie die Bedeutung seiner schriftlichen Fixierung. Bei der Gegenüberstellung des Arcipreste de Hita und des Don Juan Manuel (1282–1349) hielt Menéndez Pidal ersteren für den Prototyp des *»Gefühls der Unpersönlichkeit«*, von dem *»der Troubadour beherrscht wird«* (Menéndez Pidal, R., 1942, ^{6}1969, S. 246), während der zweite, der sich direkt und explizit benennt, der schriftlichen Form die Absicht anvertraut, die Übermittlung seiner Werke solle diesen immer treu bleiben:

> Und da ich, Don Johan, befürchte, daß die Bücher, die ich gemacht habe, aus einem unentschuldbaren Grunde nicht häufig übertragen werden sollten, und da ich gesehen habe, daß es bei den übertragenen häufig vorkommt, daß bei der Übertragung des Buches, zum einen aus mangelndem Gefühl des Schreibers, zum anderen, weil die Buchstaben einander ähneln, ein Argument gegen ein anderes vertauscht wird ..., habe ich zum größtmöglichen Schutz diesen Band anfertigen lassen, in dem alle Bücher geschrieben sind, die ich bisher gemacht habe (zitiert nach Menéndez Pidal, R., 1942, ^{6}1969, S. 247).

Die Referentialisierung des individuellen *ich* und die Forderung nach einer bestimmten Form schriftlicher Fixierung treten gleichzeitig auf. Für das Kastilische gilt also das, was Cerquiglini später von Guillaume de Machaut sagen sollte:

> der *dit*, der dem Diskontinuierlichen entstammt, ist nur über die Vermittlung der Schrift vorstellbar (Cerquiglini, J., 1980, S. 159). [19]

Die schriftliche Form dient als Grundlage zur Errichtung eines neuen Wertsystems. Das heißt, sie wird nicht einfach gerühmt, wie Menéndez Pidal argumentierte, weil Don Juan Manuel ein gelehrter Schreiber war, während Juan Ruiz sich in die orale und populäre Tradition der Troubadours einreihte. Die Opposition gelehrt/populär war nicht fruchtbar, da sie Teil eines größeren Zusammenhangs war: während in der Lyrik des XII. und XIII. Jahrhunderts die Verbindung der Poesie mit der Musik, mit dem Gedächtnis und mit der Oralität dominierte, wurde die »auf dem Lied basierende Poesie auf das Gefühl, auf das *ich* gegründet, so wie sie auf das Gedächtnis verzichtet, um sich für einen »Schrein oder Speicher«, auszugeben, der der schriftlichen Form überantwortet ist (Cerquiglini, J., 1983).

Die oben angeführten Belege machten die Saat reifer, die mein deutscher Kollege und Freund ausgesät hatte. Sie begannen schließlich, einen ziemlich kompakten Block zu bilden, dessen Ausgangspunkt ich aus dem Werk von Fernão Lopes ableiten zu können glaubte. Meine erste Idee bestand folglich darin, eine Erklärung meiner Frage mit den italienischen Vorläufern ausgehend von der Erörterung der Historiographie des berühmten Portugiesen zu versuchen. Ich mußte diese Idee jedoch aufgeben, denn sonst wäre ein Band entstanden, der wegen seines Umfangs nicht mehr publizierbar gewesen wäre. Deshalb werde ich nur einen extrem spärlichen Gebrauch von Fernão Lopes machen, indem ich seine unverzichtbaren Passagen herausgreife.

Die erste betrifft die Diskussion über das Für und Wider der Heirat von Dom Pedro mit Inês de Castro und über die Gründe, die von denjenigen vorgebracht wurden, die sie akzeptierten oder zurückwiesen. Während die Kapitel XXVII und XXVIII die Überlegungen des Königs bezüglich der Gründe der Geheimhaltung seiner Heirat und der Zeugenaussagen derjenigen behandeln, die darüber unterrichtet worden waren, hebt das anschließende Kapitel das Mißverständnis hervor, das unter seinen Zuhörern entstanden war. Indem der Chronist in diesem Meinungsstreit diejenigen »des flachen und einfachen Verständnisses« und die »subtileren« unterscheidet, scheint er bereits seine Position anzudeuten:

> Nachdem die Argumente beendet waren, die Du gehört hast, schenkten ihnen die anwesenden Gebildeten und viel anderes Volk, die des flachen und einfachen Verständnisses waren und die nicht gut das Gewebe solcher Sachen verstanden, leichtfertig Glauben und hielten all das für wahr, was sie dort gehört hatten. Andere, die von subtilerem Verständnis waren und die die Begriffe einer solchen Unternehmung minuziös erforschten, Gebildete und Geistreiche, fragten sich, ob das, was sie hörten, wahr sein könnte oder das Gegenteil; sie akzeptierten es nicht in ihrem Verständnis, da es ihnen vor allem sehr gegen die Vernunft zu sein schien (Fernão Lopes, 1735, 1966, S. 215). [20]

Die Vermutung hinsichtlich der Stellungnahme des Chronisten wird verstärkt angesichts des Satzes:

> Diejenigen, die diese und andere Gründe untereinander besprachen, sagten jedoch, daß die Wahrheit, *die keine Gesänge sucht*, in derartigen Unternehmungen sehr verborgen sei (a.a.O., S. 218f., Hervorhebung von mir).

Dies wäre in der Tat die eigene Schlußfolgerung des Autors, wenn das Zitat nicht als direkte Rede derjenigen erschiene, die sich weigerten, die Gültigkeit der Ehe zu akzeptieren. Fernão Lopes zieht sich tatsächlich von der Position des allwissenden Erzählers zurück, beschränkt seine Rolle auf die zuverlässige Übermittlung geschehener Tatsachen und überläßt der Subjektivität jedes einzelnen die Schlußfolgerung, die ihm am angemessensten erscheint:

> Aber wir, die wir hier einen Teil ihrer Argumentation darlegen, nicht um zu entscheiden, ob es so war oder nicht, wie sie gesagt hatten, sondern nur, um kurz zusammenzustellen, was die Akten schriftlich festgehalten hatten, *überlassen denjenigen, die dies lesen, die Last, von diesen Meinungen auszuwählen, was ihnen beliebt* (a.a.O., S. 219, Hervorhebung von mir).

Dem Schreiber hilft nicht mehr das göttliche Mandat, welches als Begründer der kosmischen und irdischen Ordnung die eindeutigen Beweise der Wahrheit herstellte. Was bedeutet es indessen zu sagen, daß der Subjektivität des Zuhörers oder Lesers die Entscheidung über Zweifel und Kontroversen anvertraut wurde? Zweifellos begann er den Sinn zu ergänzen, der auf andere Weise nicht entdeckt würde. Die Subjektivitäten sind indessen nicht auf einer und derselben Ebene der Gleichheit angesiedelt. Jener, der als erster europäischer Historiker angesehen werden kann, differenzierte seinen *Ort*, entweder indem er nur seine interpretative Entscheidung zu verstehen gab oder indem er sie zum Besten der neutralen Zitierung der Quellen – dessen, »was die Alten schriftlich festgehalten hatten« – vernachlässigte. Die beiden Begründungen, müssen wir hinzufügen, werden hierarchisch angeordnet: die erste beruht auf dem Alltagswissen, das sich dann in die Praxis derjenigen eingliedert, die gemäß des geringeren oder subtileren Grades ihres Verständnisses urteilen. *Gegen* dieses Feld errichtet sich der *Ort* des Historikers, ein Ort, der als derjenige der Verkündung der Wahrheit definiert wird. Die implizite Hierarchie wird durch eine Passage des vorangegangenen Abschnitts abgerundet: »die Wahrheit, die keine Gesänge sucht«. Wer Gesänge sucht, befindet sich noch diesseits des Alltagswissens und konstituiert somit den Antipoden des Historikers. Während jener, repräsentiert durch die Dichter der *cancioneiros*, seine Subjektivität für Faszination und Betrug verwendet, neutralisiert dieser, der Historiker, sie, um sich als Meister der Wahrheit zu erweisen. Natürlich kann man, in Übereinstimmung mit der These von Zumthor, nicht sagen, daß die Gesangssucher ihre Subjektivität benutzten, um zu betrügen. Das Urteil des Chronisten war in diesem [21] Sinne offensichtlich anachronistisch. Als ob er in einer anderen Mentalität lebte, beurteilte er die Dichter von einem Standpunkt aus, der nicht mit dem ihren übereinstimmte: dem Standpunkt der Tradierung anonymer Themen und Motive. Deswegen ist seine Beobachtung nicht weniger interessant, denn sie zeigt bereits das Mißtrauen, die latente Feindseligkeit, die auf den Dichtern zu lasten begann. In diesem Portugal der ersten Hälfte des XV. Jahrhunderts zeigt sich die Subjektivität indessen nicht mehr allein als Ergänzerin des Sinnes, sondern deutet ihren hierarchisierten Fächer möglicher Verwendungen an. Sie kann als schlechter Dienst der Wahrheit gebraucht werden – indem sie sie dem Gesang opfert –, zur Brüskierung von Meinungen Gelegenheit bieten oder schließlich der Wahrheit untergeordnet sein, eine Bedingung, die nur dann erfüllt ist, wenn sie zugunsten der *Vernunft* kanalisiert wird, welche von denjenigen praktiziert wird, die das, »was die Alten schriftlich festgehalten hatten«, zu untersuchen und zu ordnen verstehen.

Eine Passage der *Crônica de D. Fernando* zeigt uns, daß der Historiker, um seine Vorrangstellung zu erlangen, den Schöpfern von »poetischen und Fabel-Fiktionen« (Augustinus) ebenso zuvorkommen mußte wie den Urhebern »eiteler Meinungen«, wie beispielsweise einem später zitierten Martim Afonso de Melo:

> Ein großer Fehler einiger Autoren, die die Absicht hatten, Geschichten zu machen, bestand darin, eine gewisse Art und Weise des Geschichtenerzählens zu haben: denn sie ließen vor allem Tatsachen aus, die notwendig zu wissen waren, ohne sie auch nur zu erwähnen, andere, die sie nur kurz ansprachen, blieben mit großen Zweifeln behaftet: und wenn sie sicher und kurz sprachen, verdienten sie, ein Lob zu erhalten; aber wenn sie wenig sprachen, weit entfernt von der Wahrheit, war es besser, solche Dinge nicht zu sagen, vor allem wenn durch ihr Schreiben ein schlechter Ruf einiger Personen zurückblieb, was man sich besonders in solchen Reden versagen muß (Fernão Lopes, 1816, 1975, Kap. XLVII, S. 157).

Die Vernunft konstitutierte sich also in der hier untersuchten Epoche als Gegnerin der Meinung und des Gesangs. Die Subjektivität läßt die drei Wege zu. Wenn wir aber von der Wahrheit sprechen wollen, ist die Option vorgezeichnet. Die Krise der christlichen Kosmologie bringt eine neue Zentrierung hervor, weniger auf den Menschen als auf einen gewissen Bereich, den privilegierten Bereich der Vernunft.

Das oben dargelegte Ergebnis wird durch eine Passage der besser entwickelten Chronik des Autors bestätigt, die er Dom João widmet. Schon die Eröffnung seines Prologs präsentiert das unumstrittene Loblied auf das Amt des Historikers:

> Die Erde, auf der die Menschen in langer Sitte und Zeit geschaffen worden waren, erzeugt somit eine solche Übereinstimmung zwischen ihrem Verständnis und sich, daß sie von ihnen im Falle der Beurteilung eines ihrer Dinge, sei es Lob oder das Gegenteil, nie

> direkt wiedergegeben wird; denn wenn sie es loben, [22] sagen sie immer mehr von dem, was ist; und wenn sie andernfalls nicht ihre Auslassungen schreiben, schreiben sie ebensowenig, was geschah (Fernão Lopes, 1644, 1945, S. 1).

Die Passage ist so deutlich, daß es müßig wäre, ihr noch einen Kommentar hinzuzufügen. Die vermutete Subjektivität ist diejenige der anderen, derjenigen, die die Tatsachen nach ihrem Belieben oder gemäß der Gebräuche der Zeit, in der sie leben, wiedergeben. Beide Praktiken sind »dem Verstand des Menschen« entgegengesetzt. Im Dienste des Verstandes (das heißt der Vernunft) muß der Historiker also jene Praktiken ebenso kennen, um sie besser zu vermeiden, wie der Zuverlässige die Listen der Welt kennen muß, um sich besser zu schützen. (Wenn einem die Ambiguität des Arcipreste de Hita entgeht, wird der *buen amor* besser verwirklicht, wenn man die Verstellungen des *loco amor* kennt.) Der Historiker negiert auf merkwürdige oder befremdende Weise seine Historizität, um sich als durchsichtiger Diener der Wahrheit zu zeigen; um seinen Platz in der Hierarchie der Wissensgebiete besser abzusichern, leugnet er den Einfluß seines weltlichen Ortes; er entzeitlicht die Vernunft, weil er sich für von ihr durchdrungen hält.
Im weiteren Verlauf desselben Prologs erneuert er außerdem den Gegensatz des Historikers zu denjenigen, welche

> die Schönheit und Neuheit von Wörtern suchen (a.a.O., S. 3).

Die aus den beiden früheren Chroniken bekannte, dreigeteilte Hierarchie wird durch das Insistieren auf entgegengesetzten Grundbegriffen gefestigt: denjenigen, welche die Schönheit suchen *versus* diejenigen, welche nur auf die Stimme der Vernunft hören:

> Ebensowenig versteht ihr, daß wir eine Sache nur bescheinigen, wenn sie von vielen gebilligt wird, und von Schriften, die mit Glauben bekleidet sind; andererseits schweigen wir lieber, als falsche Dinge zu schreiben (ebd.).

Es ist aber evident, daß die Hervorhebung des fundamentalen Gegensatzes das dreiteilige Schema nicht aufhebt. Der Ort der Vernunft ist der Sonnenplatz. Der Ort der Meinung ist instabil, sie kann sich der Solarität je nach Ausmaß der Subtilität ihres Agenten nähern oder ihren Fall vollenden und zwischen den Aufgreifern der Schönheit verbleiben. Das Reich der *doxa* wird als Fegefeuer zum Christentum bekehrt. Aber ihr Eintritt ins Himmelreich des Historikers ist nicht einfach. Wenngleich die Feinheit des Verstandes das Subjekt der *doxa* auf den Sonnenweg bringt, vermischen sich die Stimme der Vernunft und die aus der Meinung geborene Stimme nicht, da die Übereinstimmung, die »in langer Sitte und Zeit« erzeugt wurde, in der »sie geschaffen worden waren«, den Menschen ebenso allgemein wie subtil, verschieden vom Agenten der »nackten Wahrheit« und ihm untergeordnet macht. Das durch die »eitelen Meinungen« verursachte Fegefeuer wird nur durch die Entweltlichung [23] des Historikers besiegt, das heißt durch seine Fähigkeit, der eigenen Subjektivität zu widerstehen und diese zu besiegen. So läßt die wenngleich flüchtige Analyse von Fernão Lopes uns besser die Rolle der Umwälzung verstehen, die durch die Wiederentdeckung der Subjektivität geschaffen wurde und welche im XIV. Jahrhundert schriftlich belegt ist. Der poetische Diskurs legitimierte sich im Mittelalter durch einen christianisierten »platonischen Rest«, der zugleich den moralischen Anspruch des Wahrscheinlichen mit sich führte:

> Die Wiederentdeckung der poetischen Fiktion hat sich im Mittelalter demnach zugleich auf zwei Wegen, einer Ontologisierung und einer Fiktionalisierung der sinnlich erfahrbaren Welt vollzogen; die erstere konnte sich durch den »platonischen Rest«, die letztere durch den moralischen Anspruch des *verisimile* rechtfertigen (Jauß, H. R., 1983, S. 429).

Diese Legitimation mußte nun zwangsläufig mit der Einführung eines referentiellen *ich* erschüttert werden, da die Personalisierung eine Variable präsentierte, die sich nicht in Übereinstimmung mit den beiden Legitimationskriterien befand. Daher die von Fernão Lopes aufgestellte Opposition, welche die Objektivität ausgehend von einem subjektiven Fokus begriff, mittels dessen drei Erzeugnisse entstanden: das aus Gesang und Schönheit, das den Interessen und Gebräuchen des Agenten untergeordnete sowie der Verkünder der *Vernunft*; eine Erklärung, die eine ähnliche Untersuchung wie das Gerichtsverfahren voraussetzt, mit einer Untersuchung und einer Erfassung der Tatsachen, einer Erörterung der

Argumente und der Gegenargumente bezüglich einer gewissen Position, die *Entdeckung* schließlich der Wahrheit. Das Ergebnis, zu dem Fernão Lopes als Historiker gelangte, war inzwischen schon vorhersehbar, seitdem er begann, ein Wahrheitskonzept zu praktizieren, das die Einbeziehung der Subjektivität implizierte:

> Die Wahrheit wird relativiert; und wenn das *ich* betrügt, wird diese ungewiß (Cerquiglini, J., 1980, S. 167).

Die Vernunft hält sich folglich selbst für die Einlösung der Wahrheit, welche in den Tatsachen *ist*, welche wiederum in den schriftlichen Dokumenten abgelegt waren; eine Wahrheit, die umgekehrt von denjenigen unterlaufen wird, welche die Subjektivität gebrauchen, um der Meinung oder der Schönheit zu dienen. Bereits viel früher als in der Phase, die wir im nächsten Kapitel festhalten, begann die Geschichte sich als Diskurs der Vernunft *und* Verächterin der Fiktion zu konstituieren. Die Rhetorik wird nun dieser vorbehalten bleiben: die schöne Literatur kennt nicht den Weg der Solarität. Wie ließ sich also das Fiktionale loben, wie die schöne Literatur verteidigen, wie eine Poetologie konstituieren, ohne entweder das Reich der Vernunft zu negieren oder einen Kompromiß mit ihr einzugehen? Zumindest die erste Möglichkeit wird den Poetologen der unmittelbar folgenden Jahrhunderte verschlossen bleiben, [24] deren Anstrengung sich sehr wohl darauf konzentrieren wird, eine Kompromißlinie zu finden. Dazu wird, wie wir später sehen werden, der Beitrag der Rhetorik entscheidend sein. Aber es ist auch interessant zu beobachten, daß die Geschichte sich dem Interdiskurs in den Weg stellte, der auf die *doxai* (Meinungen) gegründet war. Wie sollte man also die gewiß kleinere Sünde derjenigen Menschen überwinden, die für das »Fegefeuer« bestimmt waren? Da dem einfachen Menschen sein Laster eigen war, bestand die Lösung für den Historiker darin, sich als Teil einer Elite zu begreifen. Und da sollte die Rhetorik erneut ihren Dienst anbieten, obwohl sie die wissenschaftliche Anerkennung der historiographischen Praxis verzögerte. Zur Elite gehört, wer gut zu sprechen und gut zu schreiben versteht. Dieses Kriterium, das bei den »moderneren« Kriterien von Fernão Lopes überwiegt, wird den »Himmel« des Diskurses weiter öffnen, und nicht nur ausschließlich für die Heiligkeit des Historikers. Sogar der Dichter wird erlöst und der einfache Mensch von den Strafen des Fegefeuers befreit werden, wenn er in feinem Stile schreibt. Dazu reicht es, daß sie daran arbeiten, die Eloquenz zu beherrschen. Wenn der Historiker auf diese Weise die Anerkennung seiner Vorherrschaft aufschiebt, was wird der Dichter verlieren, um seine Erlösung zu erlangen? Vor der Beantwortung dieser Frage ist eines gewiß: die diskursive Erlösung hängt von der Kenntnis ab, ob das gerichtete Subjekt Teil der gesellschaftlichen Elite oder des obersten Standes ist.

2. Der Kompromiß mit der Vernunft

Die These, die Gestalt anzunehmen beginnt – daß nämlich die klassische Theorie des Poetischen von einem Veto hinsichtlich des Fiktionalen auszugehen hatte –, scheint hingegen nicht von dem gestützt zu werden, was die Spezialisten in der Epoche schreiben. Die Weise, in der wir sie verwenden, erscheint also auf jeden Fall als eine Art Verrat. Unsere Hypothese wird sich folglich an dem erhärten müssen, was von ihren Argumentationen übrigbleibt.
Von der detaillierten Beschreibung der Dichter zwischen 1250 und 1500, die von Concètta Carestia Greenfield unternommen wurde, interessiert uns der erste Punkt ihrer Erörterung: der Konflikt zwischen den scholastischen und den humanistischen Dichtern. Die von den Mönchen, und insbesondere von den Dominikanern, angegriffene Poesie muß sich ihr Existenzrecht innerhalb der Christenheit sichern. Aus diesem Grunde verzichtet ein gewisser L. Ottimo, ein Dante-Kommentator im XIV. Jahrhundert, darauf, daß der Wert des Poetischen in der Ordnung der Literarizität bestehe:

> Wenn der Autor an den Buchstaben glaubte *[come la lettera dice]*, wäre dies zweifellos Häresie (...) Aber er dichtet (...) Und den Malern und Dichtern wird ein solches Recht zugestanden (zitiert nach Greenfield, C. C., 1981, S. 71). [25]

Deshalb wird die Poesie noch in der Entwicklungslinie, die von Dante ausgeht und sich bis zu Mussato und Boccaccio erstreckt, die sich auf eine Fehlinterpretation der *Metaphysik* von Aristoteles stützten, als der Theologie ähnlich verteidigt, als eine alternative Möglichkeit des Zugangs zum Göttlichen. Dieser Weg konnte aber, in dem Maße, wie er einen Konkurrenten rechtfertigte, nur den Berufstheologen auf den Plan rufen. Es stimmt, daß der Dichter-Theologe als Verkünder des Christentums in einer Haltung gerechtfertigt wurde, die im Hinblick auf den Kompromiß bereits flexibel war. Wie die Autorin zusammenfaßt:

> Während die Dichter im Altertum wußten, daß es einen Gott gab, konnten sie diese Wahrheit nicht in schlichten Worten offenbaren. Sie sprachen allegorisch, als sie Tétis und Oceanos einen Gott bzw. eine Göttin nannten. Sie teilten dem Volk verborgene Mysterien mit, die ihnen nur mittels poetischer Figuren offenbart werden konnten. Sie dachten sich also Fabeln und Mythen aus, um Wahrheiten über göttliche Mysterien und erste Ursachen zu erklären, die die Leute nicht ohne weiteres verstehen konnten. Die Dichter-Theologen erdachten also Allegorien, damit die Worte der Mysterien die guten Seelen anzogen, während die Poesie, indem sie sie in Erstaunen versetzt, den Leser aufmerksamer macht, da er Dinge versteht, die sich jenseits der Wörter befinden. Figurative Sprache erlaubte die Darstellung mystischer Wahrheiten in der Verkleidung vergnüglicher Fabeln (a.a.O., S. 82).

Dies aber sollte den Verteidigern der strikten christlichen Ordnung noch zu wenig erscheinen. Denn der Streit hatte, wie die Autorin die Polemik zwischen Salutati und Dominici kommentiert, nicht bloß eine intellektuelle Dimension, sondern weitete sich bis zur Praxis der Fixierung jenes pädagogischen Programms aus, das es zu entwickeln galt:

> Beide waren also nicht nur mit literarischen Fragen beschäftigt, sondern auch mit den staatsbürgerlichen und erzieherischen Implikationen dieser Fragen. Es ging nicht nur darum, die Validität der Poesie oder sogar der freien Künste zu beweisen; *es ging um den Ort der Poesie innerhalb des Curriculums der Sekundarschulen* (a.a.O., S. 148, Hervorhebung von mir).

Einerseits versuchte der Humanist also zu versöhnen, indem er die Poesie *qua Theologie* begriff, andererseits ließ ein Orthodoxer wie Dominici das Poetische bloß als didaktische Manifestation zu (vgl. a.a.O., S. 155).

Die Unvereinbarkeit der Positionen wird außerdem von der Ausdehnung der Polemik zwischen Ciceronianern und Augustinianern belegt, die minutiös von Marc Fumaroli analysiert wurde. Während jene, anfangs repräsentiert durch Pietro Bembo (1470–1547), das Studium der Alten mit der Entwicklung eines persönlichen Stils verbanden, der mit dem individualisierten Wissen korreliert war und somit der Suche nach einer poetischen Sprache Autonomie verlieh, [26] ordneten die Augustinianer es der Nützlichkeit für den Glauben unter. Die Debatte stellte ebensowenig wie diejenige zwischen Scholastikern und Humanisten das Christentum in Frage, wohl aber die Möglichkeit, ihm auf zwei verschiedene Weisen – als Schreiber oder als Glaubensverkünder – und nicht allein auf dem direkten religiösen Wege zu dienen. Und genau aufgrund dieses gemeinsamen Zentrums liefen Humanisten und Ciceronianer immer gleichermaßen Gefahr, bei der Verteidigung ihrer Alternative von der Anklage der Häresie überrascht zu werden und eventuell auf dem Scheiterhaufen zu enden wie Giordano Bruno und, in Frankreich, Etienne Dolet. Entweder aufgrund dieses Drucks, oder weil ihr Identitätsfokus auf der antiken Welt und nicht auf ihren Städten oder Ländern lag, war sowohl bei Bembo als auch zuvor bei Petrarca die Anstrengung bemerkenswert, das Prinzip der *imitatio*, das seit den ersten Humanisten verehrt wurde, mit dem des Ausdrucks der Individualität zu versöhnen. So schreibt Fumaroli als Kommentar zu einer Passage von Bembo:

> Die Theorie einer angeborenen Idee, die ein jeder nur in seinem Innersten wiederzufinden und durch die eklektische Nachahmung verschiedener Modelle zu verkörpern brauchte, unterdrückt jeden Begriff künstlerischer Perfektion und folglich einer Hierarchie zwischen den großen und den mittelmäßigen Künstlern. Das heißt, die Nachahmung, die ein Antrieb zur Perfektion ist, errichtet einen Hiat zwischen den wahren Künstlern und denen, die es nicht sind. Wenn ihnen auch noch die Bezugnahme auf eine Norm objektiver Schönheit erlassen wird, wird ihre Mittelmäßigkeit keine Grenzen mehr kennen (Fumaroli, M., 1980, ²1984, S. 85).

Ausgehend von dieser seiner Exegese halten wir fest: ohne das Prinzip des Modells, auf das sich das Ansehen der *imitatio* gründet, geriete das *ich* zu einer wilden, *unkontrollierbaren* Entität, die unfähig wäre, Hierarchien zu respektieren, und der es unmöglich wäre, ihre legitime Position zwischen den noblen und niederträchtigen Charakteren zu bestimmen. Während das orthodoxe Argument der Scholastiker und Augustinianer die Frage auf brüske Weise löst – die *Schreiber* sind wichtig für den Dienst, den sie der Verbreitung des Glaubens leisten –, versucht das humanistische Argument eine Individualität zu retten, die sich um ein doppeltes Zentrum gestaltet – das der Christenheit und das der Antike. Wir gelangen also zu einem wichtigen Resultat: das Veto hinsichtlich der Fiktion bezieht sich nicht auf die Subjektivität als solche (wir werden im folgenden Kapitel sehen, daß der reine Ausdruck der Subjektivität sogar eine Form von Veto gegenüber dem Fiktionalen sein kann); für diese öffnet sich eine Legitimationsmöglichkeit, die erreichbar ist, wenn sie zu einem Modell Zuflucht nimmt, das für die Gelehrten und Laien, die Humanisten und für die Repräsentanten des ekklesiastischen Denkens akzeptabel ist. Wie kann das aber gelingen? Es zeichnet sich sofort ein Konvergenzpunkt ab: beide Positionen betrachten den Adel der Sprache, die [27] *elegantia sermonis*, als unerläßliche Bedingung für das geforderte Werk. Daher formuliert Fumaroli polemisch und zu Recht, daß unser Literaturkonzept nicht bis zu der Epoche reicht, die sich bis zum XVII. Jahrhundert erstreckt:

> Der Status dessen, was wir »Literatur« nennen, ist im XVII. Jahrhundert königlicher als irgendwann sonst, da sie unter einem weiten Begriff von Eloquenz die Angelegenheit aller »Wortführer« des Königreichs ist, von Edelleuten und Vertretern des Gesetzes, Geistlichen und Magistraten, »Gelehrten« und »Unwissenden«, und nicht allein der Spezialisten der »Schrift«. Aber er ist zugleich auch ergebener und bescheidener, als wir ihm zugestehen wollen, in dem Maße, wie die »Autoren«, die für den Gebrauch eines »unwissenden« und »weltlichen« Publikums, für seine Zerstreuung schreiben, noch als »Sophisten« unter den Rednern erscheinen, die in einer Spielsphäre arbeiten, welche für das Heil unnütz ist, und die wenig zum Wissen beitragen und der Macht allenfalls ein Ornament anbieten (...) *dieser »Verdacht« ist sogar der Natur der christlichen und humanistischen Kultur sowie der Definition der* Eloquentia *inhärent, welche nur als Werkzeug der* Sapientia, *Wissen und Weisheit, Wissenschaft und Tugend, Verantwortung und Ausübung der Verantwortungen zu Ehren gelangt* (a.a.O., S. 23, Hervorhebung von mir).

Die geforderte Vollendung der *elegantia sermonis* implizierte (a) die Mißachtung des Status der Fiktion, (b) die effektive Möglichkeit, den Glaubensdienst mit der Möglichkeit der Ehrfurcht vor den mustergültigen Klassikern zu versöhnen, (c) die Notwendigkeit, den individuellen Ausdruck mit »objektiven« Parametern, das heißt mit Auszügen aus den Klassikern zu kombinieren. Die drei Konsequenzen stehen in der Tat miteinander in Verbindung, sie gehen tatsächlich von einem gemeinsamen Druck aus. Was die erste angeht, so läßt sich beobachten, daß, während der anfängliche Humanismus noch einen autonomen Ort für die Poesie suchte, indem er sie als Blutsverwandte der Theologie begriff, der harte Humanismus des XVI. Jahrhunderts, wie wir später sehen werden, den *topos* aufgibt und von der Einstellung ausgeht, daß der poetische Diskurs nicht vom Gesichtspunkt des Ausdrucks der Wahrheit her qualifiziert werde. Was die zweite Konsequenz und ihre effektive Reichweite mittels der Eloquenz angeht, so läßt sich das ehrwürdige Zeugnis von Petrarca neu lesen:

> So wie einzig und allein aus der Wahrheit das Wahrhaftige hervorgeht, läßt sich allein von der Eloquenz die kunstfertige und ausgeschmückte Rede erlernen; und sie muß von den Dichtern und Rednern gesucht werden, das leugnet selbst Hieronimus nicht, man braucht nicht einmal Beweise, um es zu bestätigen. (...) Die Tugendliebe, ja nicht einmal der Gedanke an den nahen Tod braucht uns vom Studium der Literatur zu entfernen, das, wenn es mit guten Absichten gemacht wird, die Tugendliebe weckt und die Furcht vor dem Tod entweder verringert oder beseitigt (Petrarca, Francesco, 1975, S. 903).

Beschäftigen wir uns ein wenig länger mit der dritten Konsequenz. Paul Oskar Kristeller, einer der größten zeitgenössischen Spezialisten für die Renaissance, hatte bereits die Aufmerksamkeit auf die Tatsache gelenkt, daß der Bereich der Rhetorik die Verfertigung vollkommener Sätze sowie einer »professionellen« Rede implizierte, [28] das heißt einer Rede, in der die subjektive Überzeugung von der Wahrheit oder Unwahrheit dessen fehlte, was erklärt wurde:

> Sie glaubten an die alte rhetorische Doktrin, daß ein professioneller Redner und ein Schreiber die Geschicklichkeit erwerben und

> vorführen müßten, ihrem Publikum irgendeine Idee, die im Zusammenhang mit ihrem Thema steht, plausibel zu machen. Folglich wird eine gegebene Idee häufig in Sätzen ausgedrückt, welche eher auf die Eleganz als auf die Präzision abzielen, und häufig, vor allem in einem Dialog oder in einer Rede, können Meinungen mit Nachdruck und Eloquenz verteidigt werden, die dem Anlaß angemessen sind, aber nicht den letzten Standpunkt des Autors oder den von ihm dafür gehaltenen ausdrücken (Kristeller, P. O., 1961, 1965, S. 26).

Läßt sich dies aber mit der These vereinbaren, welche seit Burckhardt behauptet wird, der in der Renaissance den ersten höchsten Ausdruck der Individualität und folglich ihrer Subjektivität sah? Kristeller ist sich dieses Problems bewußt und hält fest, daß die Formen, durch welche die Subjektivität in der betrachteten Periode durchscheint, mit dem dort ebenfalls evidenten Klassizismus und Formalismus zu kollidieren scheinen:

> Dieser Individualismus [das heißt derjenige, der in den Tagebüchern, Autobiographien und der Porträtmalerei zugegen ist] wird auf kuriose Weise sowohl in der Kunst als auch in der Literatur mit einem starken Klassizismus und Formalismus vermischt, der inkompatibel mit ihm erscheinen könnte, ihm aber tatsächlich eine spezielle Farbe und Physiognomie hinzufügt (a.a.O., S. 65).

Der zitierte Schlußteil beseitigt die Erklärung der Kollision, die er beobachtet. In der Tat erscheint uns, daß die Erklärung nur erzielbar ist, wenn wir zugestehen, daß die *imitatio* das Versöhnungsinstrument der gegensätzlichen Richtungen war, die durch die Ciceronianer und die Augustinianer repräsentiert wurden; eine Versöhnung, die nur erfolgreich war, wenn die *imitatio* die *Kontrolle* der individuellen Subjektivität gestattete und wenn einer ihrer möglichen Diskurse, das Fiktionale, zuvor ebenfalls durch Unterwerfung unter legitimierte Modelle kontrolliert wurde. Nur so ließen sich Klassizismus und Formalismus mit dem Ausdruck der Individualität in Übereinstimmung bringen.

Die Möglichkeit der Erklärung verstärkt sich, wenn wir sie den Interpretationen zweier anderer renommierter Spezialisten gegenüberstellen. In seinem zu Recht berühmten Buch *Die Renaissancen der europäischen Kunst* differenziert Erwin Panofsky die karolingische und die protohumanistische Erneuerung im Gegensatz zur Renaissance durch die Tatsache, daß die mittelalterliche Mentalität in den beiden ersteren eine *Disjunktion* innerhalb des klassischen Vermächtnisses vollzieht, durch welche seine heidnische Parzelle entweder erstickt wurde oder die Gewänder einer christianisierten Allegorie erhielt, während der Humanismus der Renaissance die antike Welt [29] als eine andere Welt ansah, welche von ihm so weit entfernt war, daß sich von ihr inspirieren zu lassen keinen Erweis des Heidentums oder der Häresie bedeutete:

> Und wir brauchen nur Michelangelos *Bacchus* und *Leda*, Raffaels Fresken in der Villa Farnese, Giorgiones *Venus*, Correggios *Danaë* oder Tizians mythologische Bilder anzusehen, um uns darüber klarzuwerden, daß in der italienischen Hochrenaissance die Bildsprache der antiken Kunst wieder eine Höhe erreicht hatte, auf der sich neue Werke schreiben ließen – so wie umgekehrt der Gefühlsgehalt der antiken Mythologie, Sage und Geschichte wiederbelebt werden konnte in Schauspielen (...), Epen und schließlich in Opern mit solchen Themen wie Orpheus und Eurydike, Kephalus und Prokris, Venus und Adonis, Lukretia und Tarquinius, Caesar und Brutus, Antonius und Kleopatra (Panofsky, E., 1960, ^{3}1984, S. 103).

Aber die Beispiele, die er zitiert, stammen aus eventuellen Liberalisierungsperioden, eine Eventualität, die gegen den konstanteren Eifer der Geistlichen steht.

Dasselbe Problem kehrt bei dem englischen Gelehrten Walter Ullmann wieder. Wie er mit Eleganz und Präzision darlegt, war die Wiederentdeckung der Subjektivität im XII. Jahrhundert an die Laizisierungsbewegung gebunden, mit welcher das Jahrhundert sich gegen die ekklesiologische Zentralität stellte, die der karolingischen Periode eigen war. Während in dieser Zeit die Anstrengung der Kirche darin bestanden habe, eine *christianitas* zu schaffen, welche die »Taufe« impliziert, die Schaffung eines neuen Menschen, sollten die unüberwindlichen Widersprüche zwischen der zivilen und der kirchlichen Macht die Notwendigkeit aufgezeigt haben, über eine Umkehr der Bewegung *humanitas* und *christianitas* zu verbinden: die Laizisierung der Macht. Komischerweise betont Ullmann jedoch in verschiedenen Teilen seines Werks, daß zwischen den beiden Richtungen keine Konflikte bestanden. Ohne die politischen und praktischen Gründe zu berücksichtigen, die den Humanisten Vorsicht geboten, die man dazu gebracht hatte, ihre Positionen als komplementär zur kirchlichen Position zu rechtfertigen, schreibt er:

> Otto von Freising ist ein frühes Beispiel der neuen Denkmodelle, die keinen Konflikt zwischen den ekklesiologischen und den säkularen Standpunkten sehen. Im Gegenteil, sie werden für harmonisch gehalten. Eine der Zielsetzungen seiner Schrift *Die beiden Staaten* war genau, die Permanenz und die Unveränderlichkeit der Gemeinschaft in der *civitas Dei* hervorzuheben, welche in einem scharfen Gegensatz zum endlosen Wandel steht, der sich in der *civitas terrena* ereignete. (...) Der Beobachter bezeugt hier bei Otto von Freising eine Kosmologie, die in keiner Weise einer rein transzendentalen, religiösen oder ekklesiologisch orientierten Kosmologie entgegensteht. Im Gegenteil, beide ergänzen einander (Ullmann, W., 1977, S. 66).

Ohne Zweifel haben Panofsky und Ullmann verschiedene Konzeptionen der Renaissance. Für jenen liegt ihr Fundament in der Erfahrung eines [30] Bruches, die ihr Intellektueller gegenüber der antiken Welt besitzt. Für diesen liegt es in der Harmonie der ekklesiologischen und humanistischen Anstrengungen, die sie zum gemeinsamen Interesse an der Erforschung des Vermächtnisses der Antike führen sollte. Gemeinsam gehen indessen beide in jener Epoche von der Abwesenheit einer Kollision zwischen den beiden intellektuell mächtigen Sektoren aus. Unsere Hypothese geht wie bei Kristeller, Fumaroli und Concètta Carestia von diesem Konflikt aus, sie fügt ihm jedoch ein neues Element hinzu: eine Versöhnung zwischen den Parteien war aufgrund einer doppelten Operation möglich: durch die Wahl der *imitatio* der antiken Klassiker als einseitigem Kriterium und der gleichzeitigen Konzedierung einer *a priori* minderwertigen Position des poetischen Wortes. Auf diese Weise wurde eine »Konkurrenz« im Hinblick auf die theologische Wahrheit vermieden und eine Bewertung der poetischen Produkte verhindert, die sich nicht gesellschaftlich etablierten Modellen unterwarfen.

Wir befinden uns nun in einer besseren Situation, direkt auf die Quellen einzugehen, auf die wir uns stützen. Dabei zählen wir auf die unschätzbare Unterstützung von Bernard Weinbergs *History of Literary Criticism in the Italian Renaissance [Geschichte der Literaturkritik in der Italienischen Renaissance].* Ohne daß wir auf das Verdienst von Weinbergs eigenen Kommentaren näher eingehen, leistet uns sein Werk aufgrund der Zitierung langer Passagen von Werken, die entweder selten neu ediert worden sind oder die zuvor unveröffentlicht waren, einen unschätzbaren Dienst. Da die Spezialkommentare zu diesen Autoren nicht in unsere Kompetenz fallen und auch nicht unseren Zielsetzungen entsprechen, werden wir sie nur ausgehend vom Problem »das Veto hinsichtlich der Fiktion« betrachten und regen Gebrauch von diesen Zitaten machen, gemeinsam mit denjenigen englischer und französischer Theoretiker, die derselben Epoche angehören und folglich für die Behandlung derselben Frage in Betracht kommen.

Von Anfang an sticht die fundamentale Kategorie in der klassischen Theoretisierung ins Auge: die *imitatio.* Ohne sie im eigentlichen Sinne zu definieren, unterscheidet Bernardino Parthenio (in *Della imitatione poetica [Über die poetische Nachahmung],* 1560) zwischen der Aristotelischen Nachahmung, das heißt derjenigen der Natur der Personen, und der rhetorischen Nachahmung:

> (...) es erscheint mir vernünftig und notwendig, daran zu erinnern, daß es zwei Arten poetischer Nachahmung gibt. Eine, die darin besteht, auf exzellente Weise die Natur und die Charaktere jener Personen auszudrücken, die nachzuahmen wir uns vornehmen. Und dies ist das Ziel der Poesie. (...) Aber wir überlassen diesen Typ der Nachahmung der Sorgfalt von Aristoteles und werden uns nur mit dem anderen beschäftigen, der in der gesprochenen Sprache und in den Sprechweisen besteht (zitiert nach Weinberg, B., 1961, 1974, I, S. 60).

Schon die Charakterisierung durch Tommaso Correa (in *De antiquitate, dignitateque poesis & poetarum differentia [Über die Antike, und die Würde der Poesie & den Unterschied zwischen den Dichtern],* 1586) ist weitaus ehrgeiziger, indem er die *imitatio* offensichtlich so widersprüchliche Handlungen umfassen läßt wie die Nachahmung der Sache »wie sie selbst ist« *(qualis ipsa est)* und die »simulierte und fingierte« Sache *(simulata et ficta)*: [31]

> Eine exakte und wahrhaftige Nachahmung, welche jede Sache präsentiert, wie sie ist; eine andere, simulierte und fingierte, drückt

> jede Sache aus, nicht wie sie eigentlich ist, sondern wie sie von vielen gesehen wird oder gesehen werden kann (zitiert nach Weinberg, B., 1961, 1974, I, S. 321).

Die dritte Modalität der klassischen *imitatio* wird von Varchi (in *Lezioni della poetica [Vorlesungen über die Poetik]*, 1590) präsentiert. Die Genies, sagt er, seien unzulänglich, »es sei denn, sie bedienen sich der Nachahmung, sie führen in der Komposition ihrer Werke die Nachahmung von Kompositionen guter Dichter fort, denn in einem solchen Fall wäre es, als ob sie sich der Kunst bedienten; in der Tat läßt sich nichts von größerer Nützlichkeit tun, als die Werke vollkommener Meister zu Rate zu ziehen« (zitiert nach Weinberg, B., 1961, 1974, I, S. 430).
Diese dritte Bedeutung taucht wieder bei Pierre Delaudun *(Art poétique françois [Französische Dichtkunst]*, 1597) auf:

> Homer in seiner *Ilias*, Vergil in seiner *Aeneis* und Bartas in seiner *Semana*, deren Lektüre sehr hilfreich ist, und bei genauerem Hinsehen und bei einer Betrachtung der Sagweise den Leser sosehr entflammen wird, daß es ihn in einen Dichter verwandeln wird, falls er kein Felsen ist (zitiert nach Weinberg, B., 1950, 1970, S. 35).

Ebenso in *The Scholemaster [Der Schulmeister]* (1570) von Roger Ascham:

> Aber kehren wir zur *Nachahmung* zurück: was ihre Erlernung angeht, so lassen sich drei Arten unterscheiden.
> Die gesamte Lehre über Komödien und Tragödien ist eine perfekte *Nachahmung*, oder ein lebendig gemaltes Bild des Lebens jedes Menschentyps. (...) Die zweite Art der *Nachahmung* besteht darin, bei der Erlernung von Sprachen und Wissenschaften den besten Autoren zu folgen. (...)
> Die dritte Art der *Nachahmung* gehört zur zweiten: wenn man sich entscheidet, ob man jemandem folgt oder nicht, muß man ihn perfekt kennen, sowie die Art und Weise, (die man übernehmen muß, um) ihm *(that one)* zu folgen; an welchem Ort; durch welches Mittel und welche Ordnung; mit welchen Werkzeugen und Instrumenten man es machen soll; durch welche Geschicklichkeit und welches Urteil man wahrhaft entscheiden kann, ob die Nachfolge korrekt ist oder nicht (zitiert nach Hardison, Jr., O. B., 1963, S. 61).

Aufgrund der extremen Extension der Verwendung des Konzeptes verwundert es nicht, daß es an das Kriterium der Vorbildlichkeit gekoppelt wurde. So hält Benetto Grasso in seiner *Oratione contra gli Terentiani [Rede gegen die Terentianer]* (1566) fest:

> Ein Dichter wird in dem Maße vorbildlicher als ein anderer genannt werden, wie er sich dem Natürlichen annähert und wie er diese Tugend besitzt, die Handlungen und Gebräuche, die er bei ihrer Beschreibung der Natur der Dinge annähert, sowie das Dekor des Lebens, der Seele und der Eloquenz des Dichters auszudrücken (zitiert nach Weinberg, B., 1961, 1974, I, S. 179).

Obwohl die Information nicht neu war, ist doch die Feststellung angebracht, daß das Kriterium der Annäherung an das Natürliche nichts mit dem zu tun hat, [32] was wir im modernen Sinne als Naturalismus verstehen, weil ihm das gemeinsame Modell bereits aller Vorläufer zugrunde liegt: das Modell der Wahrheit, das nicht mit dem der Treue zum einfach Gesehenen oder Beobachteten zu verwechseln ist. Die wenngleich provisorische Erklärung führt uns zu dem Fragment, das Weinberg Lorenzo Giaccomini zuschreibt:

> Nachahmen bedeutet Fabeln zu fingieren und zu komponieren, woraus resultiert, daß der Dichter selbst dann imitieren kann, wenn er von seiner eigenen Person spricht (...), und folglich (ist) die Poesie eine Form des fingierten und lügnerischen Diskurses *(orazione finta et mendace)*, der mittels erzählter Reden, die selbst nicht wahr sind, und durch irgendwelche Lüge und Falschheit die wahren Handlungen und die wahrheitsgetreuen Dinge nachahmt (zitiert nach Weinberg, B., 1961, 1974, I, S. 63).

Diese Unterordnung des »Fingierens« unter die Wahrheitstreue zeigt, daß sich unsere Theoretiker, noch während sie Aristoteles übersetzten und kommentierten, radikal von ihm entfernt hatten. Die Aristotelische *Mimesis* setzte eine Konzeption von *Physis* voraus (der Einfachheit halber sprechen wir von Realität), welche zwei Gesichter hatte, die *natura naturata* und die *natura naturans, ergon* und *energeia*, das Tatsächliche und das Potentielle. Die *Mimesis* bezog sich nur auf das Mögliche, auf das Machbare, auf die *energeia*; sie kannte keine anderen Grenzen als das Vorstellbare. In der Renaissance wird dagegen die Position des Möglichen durch die Kategorie des Wahrscheinlichen besetzt, welche offenbar von dem bereits Seienden abhängt, vom Tatsächlichen, das folglich mit dem Wahrhaftigen vermischt wurde. Wir benötigen aber noch keine ausführlichere Interpretation, da die Autoren, die wir zitieren, hinreichend explizit sind, um es diplomatisch auszudrücken. So beobachtet Agnolo Segni in einer Passage der *Lezioni [Vorlesungen]* (einer Komposition nach 1581):

> Die Fabel ist also immer Lüge und Falschheit, aber sie gliedert sich in zwei auf; eine ist die falsche Rede, wie Platon sagt (...), welche falsche Dinge beinhaltet, was auch immer sie seien; die andere sind die eigentlich falschen Dinge und insbesondere die falschen Handlungen, die nicht wahr, sondern fingiert sind (zitiert nach Weinberg, B., 1961, 1974, I, S. 302).

Was die Poesie berührt, verwandelt sich in Falschheit. Es gibt etwas, das natürlicherweise falsch ist, weil es zu ihr gehört, zum Beispiel ihre Handlungen. Andererseits gibt es etwas, das falsch wird durch die einfache Tatsache, daß es poetisch behandelt wird. Die Behauptung von Agnolo Segni ist nicht weniger eindeutig als die des berühmten Robortello in *In librum Aristotelis de arte poetica explicationes [Erläuterungen zu Aristoteles' Buch über die Dichtkunst]* (1548):

> Da der Gegenstand der Poetik die fabelhafte und fiktive Rede ist, ergibt sich, daß das Poetische auf eigene Weise die Fabel und das [33] Lügenhafte erfindet; und keiner anderen Kunst ist es mehr eigen als dieser, Lügen zu vermischen (...) in den Lügen der Poetik werden falsche Prinzipien für wahre ausgegeben und aus diesen wahre Schlußfolgerungen gezogen (zitiert nach Weinberg, B., 1961, 1974, I, S. 391).

Vor kurzem sagten wir, daß das eherne Gesetz der Wahrheit einen Abgrund zwischen den Vorkämpfern der *imitatio* und der *Poetik* auftat, welche von ihnen vermeintlich verbreitet wurde. In der im folgenden zitierten Passage (Lombardi und Maggi: *In Aristotelis librum de poetica communes explanationes [Allgemeine Erläuterungen zu Aristoteles' Buch über die Poetik]*, 1550) verkehrt sich das Prinzip der Wahrscheinlichkeit zu einem Argument für das Gesetz der Einheit der Zeit, das das klassische Theater vertrat:

> Da also die Tragödie und die Komödie (...) versuchen, sich so weit wie möglich der Wahrheit anzunähern, wird die Sache gewiß Unglaubwürdigkeit erzeugen, wenn uns Dinge zu Gehör gebracht werden, die im Zeitraum von einem Monat geschehen sind, die aber in zwei oder maximal drei Stunden, der Zeit, in der eine Tragödie oder eine Komödie aufgeführt wird, präsentiert werden (zitiert nach Weinberg, B., 1961, 1974, I, S. 415).

Danach werden sich die Verbote vervielfachen. Der bereits zitierte Pierre Delaudun versucht die Inszenierung des Wunderbaren mit folgender Begründung zu verhindern:

> Wenn man dort einen Gott oder eine Göttin einführte, die falsche Dinge sind, wäre auch der Inhalt falsch und würde folglich nicht die Tatsachen der berühmten Menschen wahrheitsgemäß darstellen (zitiert nach Weinberg, B., 1950, 1970, S. 39).

Und Jacques Grévin ist in seinem *Théâtre* (1561) im Namen derselben Wahrscheinlichkeit der Meinung, daß das Lied aus den Tragödien verbannt werden müsse:

> (...) da es so ist, daß die Tragödie bloß eine Darstellung von Wahrheit oder dessen ist, was ihren Schein hat, scheint es mir, daß dort, wo in den Republiken (...) Unruhen vorkamen, das einfache Volk keine große Gelegenheit hatte, zu singen, und daß man es folglich auch bei seiner Darstellung nicht singen lassen darf (...) (zitiert nach Weinberg, B., 1950, 1970, S. 185).

Wenig später rechtfertigte der einflußreiche Castelvetro die Opposition zur Handlungszeit, die von Aristoteles zugelassen gewesen zu sein schien – die Zeit von zwölf Stunden –, unter anderem damit, daß der Zuschauer »aufgrund der Bedürfnisse des Körpers wie Essen, Trinken, Ausscheiden der überflüssigen Gewichte des Magens und der Harnblase, Schlafen« (!) (Castelvetro, L., 1570, 1968, S. 61) nicht so viele Stunden im Theater verweilen könne. Warum aber sollte es eine so große Verpflichtung zur Beschränkung der poetischen Fabel auf eine Realität geben, die durch ihre Begrenzungen gekennzeichnet wäre? Warum sollte sich die Idealisierung des Modells über zunehmende Reduktionen vollziehen müssen? Eine eingehendere Betrachtung Castelvetros [34] kann uns hier weiterhelfen. Es ist vor allem auffällig, daß seine Theorie, die in der Französischen Renaissance eine entscheidende Rolle spielen sollte – die ausdrückliche Unterordnung des Poetischen unter das Prinzip der Realität implizierte. Bereits in der Einleitung seines Traktates erklärt er:

> Da die Wahrheit der Wahrscheinlichkeit und das dargestellte Ding dem darstellenden Ding vorausgeht, und da deshalb die Wahrscheinlichkeit vollständig von der Wahrheit abhängt und auf sie Bezug nimmt, und da das darstellende Ding vollständig von dem Dargestellten abhängt (...), ist es zwingend, daß man vor der Kenntnis der Wahrscheinlichkeit und des darstellenden Dings an erster Stelle eine rationale und vollständige Kenntnis der Wahrheit und des dargestellten Dings besitzen muß (...) (a. a. O., S. 3).

Als unmittelbare Folge ergibt sich die Abhängigkeit der Poesie von der Geschichte, »erhält die Poesie ihr ganzes Licht vom Licht der Geschichte« (a. a. O., S. 4). Auf diese Weise hat das Schreiben einer Art von Poesie, wie Aristoteles es tat, allein eine Daseinsberechtigung, weil es zuvor keine Komposition der Geschichte gab. Wenn unterdessen die logische Ordnung gewährleistet ist, wird die Poetik zu einer »überflüssigen Sache, deren Wiederholung nichtig ist« (ebd.). Darüber hinaus kann man nur willkürlich sagen, daß die Poesie sich für Castelvetro einer geringeren Freiheit erfreut als die Wissenschaft, die Geschichte und die Philosophie, weil sie für *il commune popolo [das gemeine Volk]* konzipiert wird:

> Die Poesie wurde erfunden, um zu erfreuen und um zu erholen, das heißt, um die Gemüter der rohen Menge und des gemeinen Volkes zu erfreuen und zu erholen, das weder die Gründe versteht, noch die Einteilungen, noch die subtilen und vom Gebrauch der Dummköpfe fernen Argumente, die von den Philosophen bei der Erforschung der Wahrheit der Dinge und von den Künstlern bei der Anordnung der Künste übernommen werden, und weil es sie nicht versteht, wenn andere zu ihnen sprechen, entsteht ein Gefühl der Verärgerung und des Mißfallens, weil es sich über die Maßen aufregt, wenn ein anderer auf eine Weise spricht, die es nicht verstehen kann (a. a. O., S. 17).

Wir sind nun in der Lage, auf die Frage zu antworten, warum dieses Modell der *imitatio* mit Reduktionen arbeitete. Der Grund ist einfach, weil sie in den Parametern der Alltagswirklichkeit fundiert wurde. Besser ausgedrückt, in den Parametern einer pragmatischen Vernunft, die sich den größten Alltagsroutinen zuwandte. Es verwundert daher nicht, daß diese Theoretisierung in letzter Konsequenz eine Verdammung des Imaginären implizierte, des Feindes *per definitionem* der Routine. Kohärent, wie er ist, gelangt Castelvetro explizit zu dieser Erkenntnis. Er sagt es zunächst in bezug auf die Prosa:

> Die Prosa muß nicht weniger ein festes, zu beweisendes Argument sein, als ihr Objekt wahr und nicht imaginiert sein muß (a.a.O., S. 13). [35]

Und anschließend weitet er das Verbot aus, indem er auf die Poesie zu sprechen kommt:

> Und da wir der Darstellung der Sache den Anschein der Wahrheit geben wollten, müssen wir uns nach einiger Überlegung selbst eingestehen, daß sie nicht wahrhaftig, sondern imaginiert ist, oder veranlassen wir, daß andere es sagen (?) (a.a.O., S. 14).

Die Öffnung auf das Konkrete, die so bemerkenswert in der Poesie des XIV. Jahrhunderts ist und die so in der damaligen Sensibilität verwurzelt war, daß sie selbst einem Verächter der *Schönheit* wie Fernão Lopes die Visualisierung der Angst des Volkes von Lissabon erlaubte, das von den Kastiliern eingeschlossen war (vgl. Kap. CXLVIII, *Das Tribulações que Lixboa padeçia per mimgua de mantiimentos [Von den Nöten, die Lissabon aufgrund eines Mangels an Nahrungsmitteln erlitt]*, der *Crónica de D. João I*), verwandelte sich nun in die Strenge sterilisierender Normen. Die Imagination ist schrecklich, selbst wenn sie auf den intimen Bereich des Autors beschränkt ist, weil sie uns von der Wahrheit entfernt … liest man immer wieder, denn *poesia è similitudine, o rassomiglianza d'historia [Poesie ist Ähnlichkeit, die Ähnlichkeit der Geschichte]* (a.a.O., S. 16). Die bereits alte Furcht vor der wilden Subjektivität, die beständige Notwendigkeit, sich mit der Macht der Kirche gutzustellen, machten aus dem Poetologen der Renaissance nichts weniger als den Feind des Gegenstandes seiner eigenen Wahl.

Die Idee, an der Castelvetro am meisten festhält, macht evident, daß die ganze Anstrengung, der Realität die Vorrangstellung zuzugestehen und ihren Ausdruck auf eine (durch Reduktion) idealisierte und modellhafte Form zu begrenzen, von einem *ethischen Rationalismus* beherrscht wird, der dem Fiktionalen alles auszutreiben versucht, was das ehrenhafte Verständnis bedroht. Aus demselben Grunde verweist die Wahrscheinlichkeit auf das Prinzip des *Dekors*, eine Kategorie mit der Besonderheit, das ethisch Gute mit dem Wahrscheinlichen zu kombinieren. Im Hinblick darauf schreibt Weinberg, daß »die Poesie in Übereinstimmung mit dieser Theorie ihrer Natur nach eine Nachahmung oder Darstellung der Realität mit dem Ziel war, sich so weit wie möglich an diese Realität anzunähern, um auf diese Weise wünschenswerte moralische Effekte sowohl für das Individuum als auch für den Staat hervorzubringen« (Weinberg, B., 1961, 1974, II, S. 801). Deshalb ist die Anmerkung in den *Osservationi nella volgar lingua [Beobachtungen über die Vulgärsprache]* (1550) aus der Feder Lodovico Dolces sehr typisch für diese Traktatverfasser:

> Das Amt des Dichters ist es also, die Handlungen der Menschen nachzuahmen: und das Ziel, unter graziösen Gewändern nützlicher und moralischer Erfindungen den Geist dessen zu erfreuen, der liest (zitiert nach Weinberg, B., 1961, 1974, I, S. 127).

Innerhalb derselben Ordnung interpretierte Ronsard im *Abbregé de l'art poëtique français [Kurzfassung der französischen Dichtkunst]* (1565) die Poesie des »ersten Zeitalters« als *eine allegorische Theologie* (zitiert nach Weinberg, B., 1950, 1970, S. 196), in einer Neuauflage des alten *topos* der *poesia qua theologia*, jedoch bereits [36] von jedem Risiko einer »Konkurrenz« gereinigt. Die Vernunft und die Ethik bedrängen den Dichter, limitieren seinen Gebrauch des Imaginären, zwingen ihn, sich dem Natürlichen anzunähern, nicht aus Verismus, sondern um die Natur mittels der rhetorischen Nachahmung der antiken Klassiker zu sublimieren. So setzte die Würde des Dichters seine meisterhafte Beherrschung der Sublimation voraus, die in letzter Instanz implizierte, daß der Leser von seinem Leiden erlöst und auf den »guten Weg« verpflichtet wurde. Alle diese Prinzipien finden sich gleichermaßen bei den Italienern, Franzosen und Engländern des Jahrhunderts. Um unseren Text nicht zu überladen, überlassen wir Georg Puttenham (*The Arte of english poesie [Die Kunst der englischen Poesie]*, 1589) die Last, für die meisten seiner Zeitgenossen zu sprechen:

Aber das Hauptsächliche und Entscheidende (für die Poesie) ist das Lob, die Ehre und der Ruhm der unsterblichen Götter (...); an zweiter Stelle die würdigen Taten edler Prinzen, die Erinnerung und die Auflistung aller großen Schicksale, das Lob der Tugend und der Tadel des Lasters, die Unterweisung in moralischen Doktrinen, die Entdeckung der Naturwissenschaften und anderer gewinnbringender Künste, die Beseitigung ungestümen und beharrlichen Mutes durch die Persuasion, die Besänftigung und Beruhigung bescheidener Geister: schließlich die allgemeine Besänftigung der Menschheit in allen Tätigkeiten und Sorgen dieses vorübergehenden Lebens (zitiert nach Hardison, Jr., O. B., 1963, S. 157).

Der Preis dieser ganzen Bemühung besteht darin, daß Sperone Speroni im *Dialogo dell'historia [Dialog über die Geschichte]* (1595) die Aristotelische Position nur aufrechterhalten kann, indem er das Poetische spiritualisiert und moralisiert:

Der Dichter erzählt nicht die Tatsache, sondern imitiert die in der Geschichte erzählte Tatsache; und er imitiert sie, indem er vom Wesen der besonderen Tatsache abstrahiert, daß heißt, als ob sie wahrhaft geschehen wäre, und er betrachtet sie, als ob sie gemäß der Vernunft und des Gebrauchs hätte geschehen sein können; deshalb abstrahiert er vom Besonderen und geht zum Universalen, obwohl er noch nicht das Besondere zugunsten des Universalen aufgibt, ungeachtet dessen, warum er es betrachtet, als hätte es geschehen sein können oder müssen (zitiert nach Weinberg, B., 1961, 1974, II, S. 689).

Konzentrieren wir uns nun auf die Konstruktion des Gebäudes der *imitatio*, auf die Rolle, die von der Wahrheit, eingewöhnt durch die Kategorie der Wahrscheinlichkeit, und durch die Ethik, ihrerseits eingewöhnt durch die Kategorie des Dekors, gespielt wurde. Das Gebäude war vollendet nach Erreichen der Sublimierung der Natur, mittels der Akzentuierung des idealisierten Modells (wie wir gesehen haben, durch eine reduktionistische Operation). Das Kunstwerk ist nun abgeschottet, immunisiert und spiritualisiert, und die Poesie, wie Bacon in *The Advancement of Learning [Der Lernfortschritt]* (1605) sagen wird, »dient dem Edelmut, [37] der Moralität und der Erfreuung und wird daran gemessen«. Damit diese Aufgabe aber erfüllt werden konnte, war es notwendig, eine spezielle Wachsamkeit hinsichtlich ihres Motors, das heißt hinsichtlich der Fiktion aufrechtzuerhalten. Pedemonte präsentiert in *Ecphrasis in Horatii Flacci Artem poeticam [Beschreibung der Ars poetica von Horatius Flaccus]* (1546) die paradigmatische Lösung: die Fiktion verbindet sich mit dem Falschen und dem Lügnerischen, und dieselben Dichter, die sie erfunden hatten, boten auch das richtige Heilmittel an, um von ihrer Erbsünde zu genesen, nämlich »unter dem Deckmantel der Fabeln doktrinäre Mysterien, Gebräuche und eine Lebensart zu entwickeln« (zitiert nach Weinberg, B., 1961, 1974, I, S. 115). Gemäß Charles Estienne im Vorwort von 1542 zur Komödie *Andria* von Terenz war das Wissen um das Gift der Fiktion bereits von den Kaisern von Rom zugegeben worden, welche die Transformation der Tragödie in eine Komödie sowie die Behandlung der Materie jener durch diese »auf historisch getreue Art« vorschrieben, so daß diese sich »ziemlich vorteilhaft für die Stadt« erweise (zitiert nach Weinberg, B., 1950, 1970, S. 91). In Wahrheit tauchen die restriktiven Äußerungen hinsichtlich der Fiktion bei fast allen Autoren wieder auf. Wir finden nur eine kurze Passage, in der dem Zugeständnis der poetischen Freiheit vor dem kontrollierten Status der Fiktion der Vorrang gegeben wird. Wir beziehen uns auf den Abschnitt von Annibale Caro in der *Apologia degli Academici di Banchi di Roma [Verteidigung des Banchi di Roma durch die Akademiemitglieder]* (1558):

> Aber wißt ihr nicht, daß, wo verschiedene Meinungen existieren, die Dichter sich einer von ihnen anschließen können, sei es die bessere oder die schlechtere? Und daß sie sich an verschiedenen Orten einmal der einen und einmal der anderen bedienen können? Wißt ihr auch nicht, daß sie nicht allein der Meinung der Gelehrten folgen können, sondern auch den Irrtümern des Pöbels? (...) Die Freiheit der Dichter ist derart, daß sie nicht nur auf die verschiedenen Meinungen zurückgreifen können, so zum Beispiel auf die ausdrücklich falschen und die lächerlichen, sie verdienen deswegen nicht einmal Tadel (zitiert nach Weinberg, B., 1961, 1974, I, S. 277).

Obgleich wichtig als *habeas corpus*, überschritt das Prinzip der dichterischen Freiheit nie die spezifischen Grenzen einer speziellen Erlaubnis, die immer dem Eifer der Zensoren unterworfen war. Unter normalen Bedingungen würde sie sich höchstens einer klugen Verteidigung des Wunderbaren anschließen können, wie es beispielsweise Torquato Tasso in den *Discorsi dell'arte poetica [Diskurse über die Dichtkunst]* (1587) macht:

> Eine Handlung kann also zugleich wunderbar und wahrscheinlich sein; wunderbar, wenn man sie als solche und innerhalb ihrer natürlichen Grenzen umschrieben betrachtet, wahrscheinlich, wenn man sie entfernt von diesen Grenzen in ihrem Ursprung betrachtet, der eine übernatürliche, mächtige Tugend ist, die daran gewöhnt ist, ähnliche Wunder zu vollziehen (zitiert nach Weinberg, B., 1961, 1974, II, S. 650).

Um diesen deskriptiven Teil abzuschließen, präsentieren wir einen kleinen Teil dessen, was er uns lehrt. Die *imitatio* war fraglos [38] die hervorstechendste Figur der klassischen Poetologie. Entfernt vom Aristotelischen Verständnis implizierte sie das absolute Privileg der Ähnlichkeit, das terminologisch durch die Kategorie der Wahrscheinlichkeit repräsentiert wurde.

Tasso zeigt uns darüber hinaus, daß die Äquivalenz beabsichtigt und bewußt war, da, wie er im bereits zitierten Traktat erklärt, »die Poesie ihrer Natur nach nichts anderes als Nachahmung ist«, die »nur vom Wahrscheinlichen begleitet sein kann«, da die Wahrscheinlichkeit »ihrem Wesen eigen und innewohnend ist« (zitiert nach Weinberg, B., 1961, 1974, II, S. 650). Aus diesem Grunde beherrscht das Wahrscheinliche die *inventio*, was der erste wesentliche Punkt ist, der vom Redner und vom Dichter berücksichtigt werden muß. In seinem Werk von 1560, *The Arte of rhetorique [Die Kunst der Rhetorik]*, hob Thomas Wilson die Durchlässigkeit der *inventio* in bezug auf das Wahrscheinliche hervor:

> Das Finden eines geeigneten Stoffes, auch Erfindung genannt, ist eine Suche nach wahren Dingen oder nach ähnlichen Dingen *(things likely)*, welche auf vernünftige Weise einen Stoff vorführen und diesen als wahrscheinlich erscheinen lassen können (zitiert nach Hardison, Jr., O. B., 1963, S. 33).

Andererseits war das Wahrscheinliche noch die Triebfeder, die im Emporschnellen die Glaubwürdigkeit bei den Zuhörern hervorrufen sollte, welche wiederum deren Vergnügen ermöglichte. Wir müssen noch ein wenig auf die Frage des Dekors eingehen. Dadurch bekam, wie wir bereits geschrieben haben, das Wahrscheinliche seine ethische Last. Es ist hingegen wahrscheinlich, daß die Praxis der Dichter, und nicht die Worte der Theoretiker, uns vor Augen führt, daß der ethische Entwurf keinen ästhetischen Gegenspieler neben sich duldete. Von dieser Wahrscheinlichkeit überzeugt uns Rosamond Tuves vehemente Verteidigung der englischen Poesie jener Epoche:

> Ein elisabethanischer oder jakobinischer Dichter (...) wird das, was eine Sache für ihn symbolisiert, durch die Art und Weise ihrer Verwendung klarmachen; ein Symbolist macht dies nicht so. Ich bin sicher, daß ein früherer Dichter diese Verwendung obskurer Symbole als einen Mangel des Dekors ansehen würde (...) (Tuve, R., 1947, 1965, S. 222f.).

Im Gegensatz zu dem, was wir heute empfinden, ist es auch wahrscheinlich, daß dem Autor selbst jene ganze Gesetzgebung nicht als Unterdrückung erschien, da sie sich weniger ihm und seinem Kreis auferlegte, als daß sie von ihm die Masse, den Pöbel, ausschloß, den die Normen des Humanismus nicht erreichten. In anderen Worten, *die oben dargelegte Gesetzgebung richtete sich an eine Ständegesellschaft.* Es war folglich wahrscheinlich, daß die Dichter und das von ihnen anvisierte Publikum sich nicht genötigt fühlten, weil sie von denselben ästhetischen und ethischen Prinzipien ausgingen. Ohne auf die Webersche Terminologie zu rekurrieren [39] bestärkt uns Tuve in dieser Annahme, während sie zugleich den Unterschied zwischen der damaligen und der Produktion der Poesie der Moderne erklärt:

> Die im wahrsten Sinne revolutionäre Veränderung in bezug auf das Dekor in der Poesie muß auftauchen, wenn die Menschen nicht mehr in der Lage sind, das Prinzip zu akzeptieren, über dem es errichtet ist, ein Prinzip, welches gleichermaßen der klassischen Poetik wie der mittelalterlichen Kultur zugrunde liegt. *Wenn der Begriff einer Wertehierarchie suspekt wird, hört das Prinzip des Dekors einfach auf, zu funktionieren* (a.a.O., S. 234, Hervorhebung von mir).

Es ist indessen eine Sache, die Standesidee zu verwenden, um zu erklären, warum die rationalistische Gesetzgebung bei Autoren und Publikum nicht ein unerträgliches Gefühl der Unterdrückung auslöste, und gewiß eine andere, über die sie leitenden Motive hinwegzusehen. Es ist sicherlich angebracht zu fragen, warum der große Repräsentant, der Botschafter in Chamäleonsgestalt der *imitatio*, die Wahrscheinlichkeit war? Martin Fontius hat zu Recht auf ihre Bedeutung als eine Art hingewiesen, Kollisionen mit der Kirche zu vermeiden:

> Die Tatsache, daß der Gedanke der »Wahrscheinlichkeit« für die Aristoteles-Kommentatoren des 16. und 17. Jahrhunderts eine so außerordentliche Bedeutung erlangte, hängt zunächst damit zusammen, daß mit dieser Kategorie die Gefahr eines möglichen Konflikts mit dem Wahrheitsanspruch der christlichen Religion von der Poesie abgehalten werden konnte (Fontius, M., 1981, S. 208).

Wie man sieht, verweist die Ursache des Ansehens der Wahrscheinlichkeit ebenfalls auf die Präsenz eines wahrscheinlichen Konfliktes zwischen den weltlichen und religiösen Eliten, und folglich auf die Notwendigkeit eines Kompromisses, worüber wir bereits sprachen. Aber anstatt uns mit der zuvor versuchten Antwort zu begnügen, ziehen wir es vor zu fragen: Warum begann die Aristotelische *Mimesis* ein Modell zu verehren, das immer der Idee der *imitatio* zugrunde lag? Ein Antwortprinzip wird von Tuve geliefert. Für die englische Analytikerin resultiert unser Schock angesichts der elisabethanischen Dichter und unser relatives Scheitern, die metaphysischen Dichter zu verstehen, aus der Tatsache, daß jene Traktatautoren und Dichter die Notwendigkeit hervorhoben, das Universale zu bestätigen, während wir Nachromantiker die Betonung auf die persönliche Erfahrung legen:

> Die Techniken variieren extrem; einhellige Meinung besteht hinsichtlich der allgemeinen Ablehnung, die Funktion von Bildern auf die wahrhaftige Übermittlung von Erfahrung einzuengen. Selbst als Donne an »Going to bed« schreibt, ist er bereit, das Partikulare zugunsten des personifizierten Universalen zu verlassen (...) (Tuve, R., 1947, 1965, S. 42). [40]

Ein Unterschied der Erwartungshaltungen zwischen uns und jenen, der verschiedene Konzeptionen von Realität voraussetzt. Tuve nähert sich derjenigen der Elisabethaner und Metaphysiker an, wenn sie schreibt: »Der Dichter als Gärtner, der der Natur hilft, braucht nur ihre Intentionen klarer und ihre Früchte sicherer zu machen« (a.a.O., S. 147). Da es nicht möglich ist, in eine Diskussion über die klassische und die moderne Realitätskonzeption einzutreten, verweisen wir nur auf Foucaults Analyse der klassischen *episteme* und fügen hinzu: die Ständegesellschaft der klassischen Epoche begünstigte die Konstituierung eines homogenen Referenzrahmens zwischen den gebildeten Schichten, dessen Grundlage (a) in einer bestimmten Realitätskonzeption, die in der Kontinuität zwischen der Ordnung der »Wörter« und der »Dinge« begründet war, und (b) deren Querverbindung zur religiösen Sicht bestand. Was die Realitätskonzeption angeht, so läßt sich hinzufügen, daß das XVI. und XVII. Jahrhundert die Unveränderlichkeit des Menschen und der Natur voraussetzten. Daher wurden beide durch permanente Gesetze beherrschbar, sowohl auf der physischen als auch auf der moralischen Ebene. Ohne diese Präsupposition, das Prinzip der *imitatio* selbst, wären die Übernahme der von den ausgewählten Werken der Antike bereitgestellten Modelle und die *organische* Rolle der Rhetorik zumindest hinderlich gewesen. Die antiken Klassiker hätten nicht als Modell dienen können, wenn die menschlichen Handlungen und Passionen als kulturell relativiert aufgefaßt worden wären. Der Glaube an die Unveränderlichkeit ist hingegen so stark, daß er selbst dann, wie wir im nächsten Kapitel sehen werden, als er durch die Relativierung der Werte und durch die Romantik erschüttert wurde, von den Traditionsverbundenen weiterhin verteidigt wurde. Darüber hinaus verhinderte die in der *imitatio* der Renaissance implizierte Idealisierung der Natur die Übernahme eines nicht vorgesehenen Weges, weil der künstlerische Text unter der Wachsamkeit des *Dekors* nicht der Einflußsphäre entkam, die durch den Gebrauch der *Figuren* (rhetorische Nachahmung) vorgezeichnet war. Im Lichte dieser Erklärungen liest sich die Verteidigung von Rosamond Tuve:

> Die »Künstlichkeit« ist durch ihre Absicht [das heißt die Absicht der Autoren der Renaissance] erklärbar, über die Schaffung eines kunstvollen Konstruktes, eines Artefaktes (um das Wort ein wenig zu verzerren) zu imitieren. Dieses Artefakt wurde entworfen, um mehr durch seine formale Vorbildlichkeit als durch seine Ähnlich-

keit mit der Materie des Lebens zu gefallen – ein relativ formloses Thema, das nicht mit der poetischen Materie identifiziert werden darf, und offensichtlich nicht einmal vage mit der »Realität« (a.a.O., S. 25).

Es sind also die folgenden Merkmale hervorzuheben: (a) die von den rhetorischen Künsten erreichte Vorbildlichkeit hing nicht von ihrer Ähnlichkeit mit dem Leben ab, das sich ebensowenig mit der Realität vermischte – das Leben ist zufällig und personalisiert, die Realität konstant und unspezifisch; (b) die Kohärenz, die als Bewertungskriterium des Kunstwerks betrachtet wurde, hing von der Fähigkeit [41] des Autors ab, *Bilder im Hinblick auf sein Eigentum am verbalen Artefakt auszuwählen*, ein Eigentum, das an der Überschreitung der singulären Dimension und der Kontaktaufnahme mit dem Individualisierten meßbar war.
Vermittels dieses Bindegliedes zwischen der Homogenität der Repräsentation des gebildeten Standes und dieser universalisierenden Sicht der Gesetze, die Mensch und Natur regieren, erlangt die metaphysische Poesie ihren Grad innerer Selbsterklärung, im Gegensatz zur häufigen Dunkelheit in der Poesie der Moderne. Wir verweisen den interessierten Leser auf den Essay, der ausschließlich diesem Thema gewidmet ist (Costa Lima, L., 1980, Kap. II), und begnügen uns mit der Anmerkung von Tuve:

> Wenige Leser würden zu behaupten wagen, daß sie mit Sicherheit läsen, was Yeats mit Sicherheit schrieb; mehr als das, die Zusammenhänge sind selten in zwei aufeinanderfolgenden Lektüren durch denselben Leser dieselben. Sehr viele Zusammenhänge sind möglich, und keiner von ihnen ist mit Sicherheit nachgewiesen (Tuve, R., 1947, 1965, S. 270).

Mit einem Wort, die von der klassischen Epoche vorausgesetzte Universalität diente als Fundament für die Verehrung der Vernunft, die transparent in ihrer Poetik und eine restriktive Vernunft war, sowohl wegen der von den Theoretikern auferlegten Verbote, als auch wegen der Notwendigkeit, den christlichen Parametern nicht zu widersprechen. Aber man könnte sich fragen: wie konnte es möglich sein, die Verbindung dieser Rationalität mit dem christlich-religiösen Standpunkt zu postulieren, ohne die Dispute zwischen den damaligen Sekten in Betracht zu ziehen? Wie konnte man, speziell im englischen Fall, den Kampf vergessen, der von den verschiedenen protestantischen Splittergruppen gegen die Römische Kirche geführt worden war? Obwohl wir die abschließende Antwort dem Spezialisten für Religionsgeschichte überlassen, deutet sich an, daß der religiöse Unterschied Englands gegenüber dem Katholizismus der Städte der Italienischen Renaissance und Frankreichs nicht verhinderte, daß dort derselbe rationalistische Hintergrund vorherrschte:

> Wie Leslie Stephen beobachtet hat, wurde der Protestantismus unvermeidlich zu einer Schutzwand für den Rationalismus (Thomas, K., 1971, [4]1980, S. 69).

Die Lektüre des Werkes von Keith Thomas bringt uns auf den Gedanken, daß der Kampf der verschiedenen protestantischen Gruppen gegen die Praktiken der Magie und des Aberglaubens, die von ihnen mit den Interessen der Römischen Kirche gleichgesetzt wurden, ihre Mitglieder noch mehr in der Verteidigung der Vernunft bestärkten:

> In der Tat scheint die konventionelle Unterscheidung zwischen Gebet und Zauber *(spell)* nicht zuerst von den Anthropologen des XIX. Jahrhunderts herausgearbeitet worden zu sein, mit denen sie gewöhnlich assoziiert wird, sondern von den protestantischen Theologen [42] des XVI. Jahrhunderts. Sie wurde gut von dem Puritaner Richard Greenham zum Ausdruck gebracht, als er erklärte, daß die Gemeindemitglieder nicht davon ausgehen sollten, daß ihre Geistlichen ihnen unmittelbare Erleichterung verschaffen könnten, wenn ihre Gewissen verwirrt wären (a. a. O., S. 61).

Eine Verpflichtung auf die Vernunft, die die Trennung zwischen dem gebildeten Stand und dem Rest der Bevölkerung noch verstärkte, weil, wie der Historiker hervorhebt, »fundamentale Veränderungen nicht über Nacht erfolgen. ›Mindestens drei Viertel des Volkes‹ waren ›noch mit ihrem alten Aberglauben verheiratet‹, erklärte ein puritanisches Dokument aus dem Jahre 1584« (a. a. O., S. 73).

Auf jeden Fall bleibt die Antwort, wie wir sie präsentieren, unbefriedigend. Das Privileg der *imitatio* durch die Annahme der Permanenz der Gesetze, welche Menschen und Natur regieren, und durch die mit der Religion verknüpfte Rolle zu rechtfertigen, erscheint noch als eine zu glatte Erklärung. Warum wurde schließlich diese restriktive ewige Vernunft vom Intellektuellen der Epoche übernommen; warum vor allem verband sie sich mit den herrschenden politischen Interessen? Obwohl das klassische Frankreich hier nicht betrachtet worden ist, weil es vom Gesichtspunkt dieses Kapitels her nur die Nachhut der italienischen Vorläufer war, wird es nun notwendig, es in Betracht zu ziehen. Zwei Elemente sind hervorzuheben: (a) die Verehrung des Nachgeahmten beschränkte sich nicht auf die Poetologen, sondern wurde vom Hof selbst akzeptiert, (b) die Verehrung der Regeln war in Frankreich bereits der Ausgangspunkt für die Bestätigung der nationalen »Überlegenheit«. Beide Elemente treten um so klarer hervor, wenn sie von einem Autor wahrgenommen werden, dessen faktorenorientierte Befangenheit »Interpretationen« verachtet: René Bray. Für die Bestätigung von (a) stützt sich Bray auf einen Text von 1722 – *Huetiana ou pensées diverses de M. Huet [Huetiana oder verschiedene Gedanken des Herrn Huet]*. Für die Bestätigung von (b) auf einen Text von 1711, *De quelques livres [Über einige Bücher]*. Bei dem Nachfolgenden handelt es sich um das erste Zitat bei Bray:

> Wenn wir Huet glauben, teilte der Hof selbst die Meinungen der betreffenden Schreiber: »Obwohl die natürlichen Schönheiten den Schönheiten der Kunst vorzuziehen seien, so entspricht dies hingegen nicht dem Geschmack dieses Jahrhunderts. Nichts erfreut, wenn es nicht teuer ist. Eine Quelle, die mit großen Wellen am Fuße eines Felsens entspringt und das klarste und kühlste Wasser der Welt über goldenen Sand fließen läßt, wird den Leuten des Hofs nicht sosehr gefallen wie ein stinkendes und schlammiges Wasser, das mit großem Aufwand aus irgendeinem Tümpel gefördert wird« (Bray, R., 1931, 1978, S. 94).

Von wo sollte diese, dem Nachgeahmten zugestandene Überlegenheit kommen? Wir dürfen nicht vergessen, daß beide Quellentexte in der Zeit kurz vor beziehungsweise kurz nach dem Ende der Herrschaft von Ludwig XIV. (1714) veröffentlicht wurden, als die absolutistische Zentralisierung ihrer Vollendung entgegenstrebte. Die Verehrung einer Vernunft, die [43] dauerhafte und universale Gesetze an sich band, stand im Dienste und war zugleich ein *Desiderat* der politischen Zentralisierung. Das Nachgeahmte deutete auf die menschliche Fähigkeit hin, die Weltherrschaft durch die Befolgung *zentraler*, das heißt universaler Gesetze zu erlangen. Wenn die Zeichen des göttlichen Willens seit langem aufgehört hatten, sich immanent über die Dinge zu manifestieren, mußte der Gebrauch jenes Vermögens, der Vernunft, und jener Fähigkeit, der Nachahmung, angeregt werden, denen es oblag, die in den Dingen untergegangene Wahrheit zu entdecken. So wie es bei den Vorläufern des XVI. Jahrhunderts geschehen war, denen die *imitatio* als Instrument zur Versöhnung mit der von der Kirche postulierten Wahrheitsabsicht gedient hatte, wandelte sich in Frankreich die rational geleitete *imitatio* zu einem Instrument der absolutistischen Politik. Die *imitatio* war folglich ein paralleles Prinzip zum Prinzip der politischen Institution: beide sind zentralisierender Natur, beide wachen über die Untreuen, die Aufsässigen und die Häretiker. Darüber hinaus wurde die so über Normen disziplinierte menschliche Handlung der »objektiven« Überwachung unterworfen, ja es wurde möglich, sie anhand »gerechter« Prinzipien zu beurteilen.

Die zweite Passage, die von René Bray zitiert wird, spricht für sich selbst:

> Der Chevalier de Méré spricht von den »bizarren Spaniern«. Saint-Evremond begnügt sich nicht mit ihrem Geist und erklärt auf seine Weise die Irregularität ihrer Poesie. »Da alle Galanterie der Spanier maurischer Abstammung ist, hält sich dort ich weiß nicht was für ein Geschmack aus Afrika, der den anderen Nationen fremd und zu außergewöhnlich ist, um sich an die Genauigkeit der Regeln anpassen zu können« (a.a.O., S. 30f.).

So proklamiert der Gehorsam der französischen Dramaturgie hinsichtlich des Gesetzes der drei Einheiten seinen überlegenen europäischen Charakter gegenüber dem maurischen Barbarismus eines Lope de Vega, der, obwohl er die guten klassischen Autoren kannte, die Unordnung der Szene bevorzugte, um den Geschmack des Volkes zu berücksichtigen, das ihm zuhörte. Wir werden bereits im nächsten Kapitel das Los dieses Argumentes bei der Besprechung der Polemik über Racine und Shakespeare im französischen XIX. Jahrhundert sehen. Wenn wir andererseits von Frankreich sprechen, so behandelt Saint-Evremond nicht die Gesamtheit der Bevölkerung, sondern nur den obersten Stand, diejenigen, die Teil dessen waren, was man heute »Staatsapparat« nennt. Bei der Betrachtung derselben Epoche und bei der Untersuchung der »Literatur« unter Ludwig XIV. stellte Auerbach bereits mit äußerster Deutlichkeit fest:

> Die *vraisemblance*, auf der im wesentlichen die neue Begründung der Einheitsregeln beruht, ist das Erzeugnis einer Geistesart, die den Wechsel des Schauplatzes wegen der Kleinheit und Identität der Bühne, die Dauer der Zeit wegen der Kürze der Vorstellung als unwahrscheinlich und darum als anstößig empfindet. Sie ist gebildet-gesellschaftlich. In ihr vereint sich der vernünftig-hochmütige Mangel an Bereitschaft, sich von phantastischer Illusion umfangen zu lassen, mit der Verachtung des *indocte et stupide vulgaire*, das diese Bereitschaft besitzt (Auerbach, E., 1951, S. 32f.). [44]

Es ist jedoch festzuhalten, daß wir, wie bei dem oben entwickelten Argument über die Interessen, die die Betonung der individuellen Subjektivität bevorzugten, nicht vorschlagen, das politische Zentrum für die einzige Ursache des Charakters zu halten, den die klassische Poesie annahm, als sie sich in Frankreich aus der ekklesiastischen Wachsamkeit befreite. Wir weisen nur gegen die ausschließlich ästhetischen Untersuchungen darauf hin, daß die Verehrung der Vernunft, die für fähig gehalten wurde, die ewigen Regeln zu fixieren, was als Sache des Dichters angesehen wurde, und ihre Verachtung für alles, was ihre Kanones verletzte, mit der Organisationsform der Macht in der Gesellschaft verbunden war, die nicht mehr vom mittelalterlichen Theozentrismus dirigiert wurde. Erstaunt es, daß die Kirche es verstanden hatte, sich an die neue Zeit anzugleichen? (Die Frage richtet sich offensichtlich nicht auf den italienischen Fall, wo die Abwesenheit einer nationalen Einheit der Aufrechterhaltung der ekklesiastischen Macht zu Hilfe kam.) »Das Patronat der Heiligen gab kleinen und ansonsten undifferenzierten Institutionen einen Sinn von Identität und körperschaftlicher Existenz. Daher ihre dauerhafte Popularität als Namen von Colleges und Schulen, selbst in einer protestantischen Ära« (Thomas, K., 1971, [4]1980, S. 28). Die Religion paßt sich an die neue Ordnung in dem Maße an, wie sie weiterhin zur Sinnbildung der jetzt nationalen Identität beitrug. Daher trifft das Zitat von Martin Fontius genau den Fall des *Cinquecento*: die Wahrscheinlichkeit übernahm dort das anerkannte Gewicht, damit die

Konflikte mit der religiösen Instanz vermieden werden konnten. Aber zwischen den bereits national konstituierten Ständen begann diese Furcht sich einer im strengeren Sinne politischen Vernunft unterzuordnen. Jenseits dieser Differenz bleibt die Erklärung dieselbe: die Wahrscheinlichkeit bestätigte sich im Hinblick auf die Allianz von *la cour et la ville*, das heißt im Hinblick auf den höchsten Stand der absolutistischen Gesellschaft, da Adelige und neureiche Bürgerliche in der Ausübung der Imagination – das heißt in der Form der Thematisierung der Welt, die das wahrgenommene Reale negiert, anstatt es zu unterstützen – sowohl die Präsenz eines barbarischen und undisziplinierten Geistes als auch eine Herausforderung ihres »arroganten Rationalismus« sahen. Der Rezipient wurde folglich aufgrund der Notwendigkeit des Absolutismus in Betracht gezogen, ihn besser zu beherrschen – und dies läßt sich bereits aus dem folgern, was wir über Castelvetro schreiben. Es befremdet also nicht, daß von der Romantik, es ist hier unerheblich, ob es sich um die liberale oder die konservative Romantik handelt, die ersten Anfänge einer nicht nur antinormativen Poetik ausgegangen waren, sondern auch die Ursprünge dessen, was wir heute ›immanentistisch‹ nennen, das heißt einer Poetik, die sich nur mit den Eigenschaften des poetischen Textes und nicht mit seinem Rezeptionsgrad beschäftigt.

Mit einem Wort, die Untersuchung der klassischen Poetik kann als Plattform für entgegengesetzte Schlußfolgerungen dienen. Bei der einen Position, die für die historische Untersuchung des ästhetischen Phänomens wenig durchlässig ist, wird die Kunst mit einer inneren Energie versehen, welche sie in die Lage versetzt, sich unter den verschiedensten Bedingungen zu bestätigen. Ob es ein Veto hinsichtlich des Fiktionalen gibt oder nicht, ob es je eine Feindseligkeit der Kirche gab oder nicht, aus [45] welcher der von der Konzeption der *imitatio* verkörperte Kompromiß hervorging, welche Bedeutung könnte dies alles schließlich haben? Wer könnte schließlich die wichtige Präsenz des Fiktionalen bei Racine und Molière ignorieren? Die Kunst würde dem Menschen ewig die Möglichkeit bieten, sein kurzes Leben zu überdauern.

Die entgegengesetzte Interpretation besteht hingegen auf der radikalen Historizität der Produkte des Menschen und auf der Notwendigkeit, sie in Betracht zu ziehen, damit wir die Welt nicht in einen großen Spiegel verwandeln, in dem sich unser armes *ich* betrachtet. Wenn die *Mimesis* von ihren Kommentatoren und Interpreten des XVI. und XVII. Jahrhunderts mit einer Konnotation versehen wurde, die dem Aristotelischen Denken völlig entgegengesetzt war, so geschah dies nicht, weil sie in besonderer Weise beschränkt gewesen wären, sondern weil die Vernunft damals die Last der Unterscheidung übernahm, wann die Kraft der individuellen Subjektivität sich irrte oder korrekt war. Das Fiktionale für *finto, favoloso* (fingiert und irreal) zu halten, wie es Varchi tat (Weinberg, B., 1961, 1974, I, S. 8), ohne daß irgendein Zeitgenosse etwas dagegen sagte, es also als falsch und lügnerisch zu identifizieren, bedeutete, den Teppich vom Tisch des Dichters zu ziehen und ihn zu zwingen, sich zu bewegen, wie es die Gesetzgeber der Subjektivität anordneten. Der Theoretiker der »Literatur« von damals ging von einer Grundannahme aus, die derjenigen ähnlich war, die wir beim alten Fernão Lopes in Funktion gesehen hatten. (Wenn die Historiographie der Renaissance nicht den Weg verfolgte, der durch den Portugiesen eröffnet worden war, so deshalb, weil das Wahrheitskriterium in der gesamten klassischen Epoche nicht in der Logik der Tatsache fundiert war, sondern in der rhetorischen, verbalen Demonstration, deren Spitzenfigur die Eloquenz war. Deshalb ist die Geschichte noch mit der Poesie als Teil der *studia humanitatis* verschwistert geblieben). Die Poesie ist nicht im Besitz der Wahrheit, sie kann sich ihr allenfalls über die Wahrscheinlichkeit annähern. Ihr wildes Herz ist fingiert und lügnerisch, und allein die schöne Komposition gesteht ihr noch ein Existenzrecht zu. Der Poetologe der Renaissance arbeitet wie ein Verteidiger, der zuvor weiß, daß sein Mandant verurteilt ist. Seine Anstrengung besteht folglich darin, die Höchststrafe abzuwenden, was er auf jeden Fall erreicht, indem er das Fiktionale auf der untersten Stufe der Wissensgebiete verortet und indem er ihren Bewegungsspielraum einengt.

Da wir uns nur vornahmen, das zu verstehen, was uns am Anfang als eine skandalöse Hypothese erschien, beschäftigen wir uns nun, da sie erklärt zu sein scheint, nicht weiter mit der Entwicklung der Renaissance-Poetik im XVII. Jahrhundert. Unter der Annahme, daß sich die Situation dort nicht drastisch verändert, wollen wir sehen, wie sich das Problem der Fiktion in drei Essays darlegt, die zu Beginn des XIX. Jahrhunderts geschrieben wurden. Wir beginnen mit jenem, der die Untersuchung der Fiktion radikalisiert, indem er ihre Untersuchung außerhalb des Bereichs der schönen Literatur verlegt: Jeremy Bentham. [46]

3. Die Unvermeidlichkeit des Fiktionalen

1814 beginnt der Philosoph und Rechtsgelehrte Jeremy Bentham einen Essay zu schreiben, der weder publiziert werden, noch seinem Ruf als Denker zuträglich sein sollte. Und dies nicht, weil die *Theory of Fictions [Theorie der Fiktionen]* ein schlechtes oder zweitrangiges Werk wäre; sie war nur im Vergleich zu den Befangenheiten ihrer Zeit zu weit fortgeschritten. Daher stellte sich das, was Bentham beabsichtigte, als desorientierend für die Epoche heraus: die Verwurzelung der philosophischen Erfahrung in nichts weniger als der Analyse der eigenen Sprache. Auf diese Weise stellte er schließlich die Fundamente in Frage, mit denen traditionell das Reale vom Fiktionalen geschieden wurde, der sichere Hafen der Wahrheit vom Pol des Phantasmas.

Gemäß seines Herausgebers, C. K. Ogden, war der Essay durch angsterfüllte Erinnerungen an die Kindheit stimuliert worden, von wo eine alte Tante sowie der Schrecken der bösen Geister und Gespenster bzw. die Langeweile ausstrahlten, die von den Kinderbüchern verursacht worden waren. Bentham ist bereits betagt, als er zur Rache schreitet, die um so sublimierter ist und deren alte Gründe sich um so weniger bemerkbar machen. Sie waren von anderen jüngeren Datums verdrängt worden: seiner Erfahrung als Jurastudent, dann seiner Praxis als Rechtsgelehrter, der Herumplagerei mit den interpretativen Winkelzügen, der die Gesetzesdiplome unterworfen waren. Entfernten oder neueren Datums, die Phantasmen mußten ersonnen werden.

Als Ausgangspunkt nimmt Bentham das Konzept der Entität – »eine Benennung, deren Bedeutung jeden Gegenstand des Diskurses umfassen kann, für dessen Bezeichnung der grammatikalische Teil der Rede verwendet wird, der Substantiv genannt wird« (Bentham, J., 1814, ^{3}1959, S. 7). Von dort stammen seine ersten Klassifikationen: die Entitäten können real oder fiktiv sein; die realen umfassen die wahrnehmbaren und die abgeleiteten; diese wiederum können materiell oder geistig sein. Wir heben nur die Punkte hervor, die uns interessieren, und berücksichtigen, daß die reale Entität definiert wird als

> (...) eine Entität, der aus Anlaß und für die Absicht des Diskurses wirklich Existenz zugeschrieben werden soll *(existence is really meant to be ascribed)* (a. a. O., S. 10).

Gleich darauf folgt die erste Kollision mit dem üblichen Denken der Realisten: die realen Entitäten, die wahrnehmbar oder gefolgert sein können, schließen von sich alles aus, was bloß dem mentalen Apparat entstammt:

> Fähigkeiten, Kräfte des Geistes, Dispositionen, alle diese sind irreal; alle diese sind nurmehr fiktive Entitäten (ebd.). [47]

Der Realitätseindruck dieser folglich fiktiven Entitäten wird sich im Laufe der Zeiten verlieren, wodurch die angenommene Gleichsetzung zwischen dem Realen und der Existenz eines Namens festgelegt werden wird. Der Name schafft also die Realitätsannahme:

> (...) zwischen der Idee eines Namens und der Idee der Realität des Objekts, auf das sie angewendet wurde, wurde folglich eine Assoziation gebildet, und aus einer so intimen Verbindung entsprang eine sehr natürliche Neigung, das heißt diejenige, jedem so bezeichneten Objekt Realität zuzuschreiben; mit einem Wort die Neigung, den durch Wörter bezeichneten Objekten Realität zuzuschreiben (...) (a. a. O., S. 17).

Es geht jedoch nicht darum, diesen Typ fiktiver Entität anzugreifen. Ausgehend von seiner vorherigen Konzeptualisierung:

> Eine fiktive Entität ist eine Entität, der, wenngleich durch die grammatikalische Form des Diskurses, der verwendet wird, wenn man von ihr spricht, Existenz zugeschrieben wird, in Wahrheit und Wirklichkeit jedoch keine Existenz zugeschrieben werden soll (a. a. O., S. 12).

fügt Bentham hinzu, daß es ihr eigen ist, wie ein Schatten zu sein, der durch eine reale Entität geworfen wird:

> Jede fiktive Entität weist irgendeine Beziehung mit irgendeiner realen Entität auf und kann nur insofern verstanden werden, wie jene Beziehung wahrgenommen wird – wie eine Konzeption jener Beziehung erreicht wird (ebd.).

Wenn der Schatten unmittelbar vom realen Erzeuger geworfen wird, um eine andere Wendung als der Autor zu gebrauchen, kann man jenen als fiktionale Entität ersten Grades bezeichnen:

> Eine fiktive Entität des ersten Grades ist eine fiktive Entität, von der man über die Betrachtung der von ihr hervorgebrachten Relation mit einer realen Entität eine Vorstellung gewinnen kann, ohne die Notwendigkeit, die von ihr hervorgebrachte Relation mit irgendeiner anderen fiktiven Entität zu betrachten (ebd.).

Für die fiktive Entität ersten Grades ist spezifisch, daß sie behandelt wird, *als ob (as if)* sie wirklich wäre. So gehören zu dieser Kategorie die Ideen der Bewegung und Ruhe. Bentham schreibt in einer kapitalen Erklärung seines Gedankengangs:

> Man sagt, ein Körper sei in Bewegung. Wenn man dies im wörtlichen Sinne nimmt, besagt es soviel wie – Hier ist ein größerer Körper, der Bewegung genannt wird *(a motion)*; in diesem größeren Körper befindet sich der andere Körper, das heißt, der tatsächlich existierende Körper (a.a.O., S. 13). [48]

Die Wurzel des Fiktiven liegt folglich in der Sprache selbst und rührt nicht von einem Fehler her, von dem wir uns befreien müßten. Dies wäre nicht einmal denkbar, weil es unmöglich ist, ohne seine Unterstützung zu denken:

> Der Sprache also – der Sprache allein – verdanken fiktive Entitäten ihre Existenz; ihre unmögliche, aber unabdingbare Existenz (a.a.O., S. 15).

Daher führt er deutlicher aus, was er bereits vorbrachte, und formuliert mit exemplarischer Präzision:

> Wir können von nichts, das sich in unserem Gebiet befindet oder dort geschieht, irgendwelche Rechenschaft ablegen, es sei denn, indem wir darüber sprechen, als ob es sich um ein Stück des Raumes handelte, mit Stücken Materie, von denen einige sich im Ruhezustand befinden und andere sich in ihm bewegen. Folglich können wir von etwas, das sich in unserem Geist befindet oder dort geschieht, nur als *Fiktion* sprechen oder denken (a.a.O., S. 17).

Im Gegensatz dazu befindet sich die Wurzel der realen Entität in dem, was uns gegenübertritt. In seinem strikten und radikalen

Sinne weitet sich das Reale extrem aus. In der Tat erklärt der Autor zu Beginn des Kapitels über die Tpyen fiktiver Entitäten *(Of Fictitious entities)*, daß von der Aristotelischen Klassifikation der Kategorien – Substanz, Quantität, Qualität, Relation etc. – nur die erste keine fiktive Entität verdeutlicht. Die differenzierende Vernunft schaltet sich bereits in die vorgängigen Definitionen ein: die reale Entität funktioniert im Sinne eines Behälters, innerhalb dessen sich die fiktive Entität befindet, die dann als natürlich und offenbar dort anwesend betrachtet wird. Das bis zur Erschöpfung wiederholte Argument erscheint zum Beispiel im folgenden Abschnitt:

> Die Ideen, die durch diese korrespondierenden Wörter *[Materie* und *Form]* bezeichnet werden, sind Teilergebnisse, die von der Zerlegung des Wortes *Substanz* erzielt werden (a. a. O., S. 24).

Materie und Form sind folglich mentale Projektionen, die über dem realen Behälter, der Substanz, vollzogen werden, Projektionen, die unmittelbar im Horizont des Behälters gegenwärtig sind und sich in fiktive Entitäten ersten Grades verwandeln. Dies ist für Bentham der Mechanismus, durch den das Fiktive Existenzrechte gewinnt, Rechte seiner unmöglichen, aber unabdingbaren Existenz. Das Fiktive, können wir also sagen, resultiert aus der Unmöglichkeit, uns mit dem zu begnügen, was vor uns stattfindet. (Mit anderen Worten, wir sind an eine Welt gewöhnt, die sich nicht mit ihren physischen Koordinaten verrechnen läßt.) Deshalb hielt Bentham die Entität »Relation« für die erste fiktive Entität ersten Grades: [49]

> Einmal aufs Tapet gebracht, wächst die Relation genannte fiktive Entität bis zu dem Punkt, wo sie alle anderen verschlingt. Alle übrigen fiktiven Entitäten werden als Modi von ihr gesehen (a. a. O., S. 29).

Als Folge dieser Vorrangstellung verwandelt sich die Relation schließlich in ein Objekt der Wahrnehmung selbst, das heißt sie geht dazu über, »gesehen« zu werden:

> Welche zwei realen oder fiktiven Entitäten auch immer Namen und somit ihre nominale Existenz erhalten, *Relation* wäre die dritte; denn zwischen diesen beiden – die, nehmen wir einmal an, un-

terschiedlich und beide tatsächliche Wahrnehmungsobjekte sind – wird dann auch die Relation der Differenz oder Diversität zu einem Wahrnehmungsobjekt (...) (ebd.).

Wenn die Rationalität folglich die erste der Fiktionen ist, um unsere Welt zu ergänzen, so erscheint der Raum dagegen als eine gemischte Entität zwischen dem Realen und dem Fiktiven:

> Die Substanz ist eine reale physische Entität; die Wahrnehmungen sind reale, psychische Entitäten; Materie, Form, Quantität etc. nur fiktive Entitäten: Während beide Beschreibungen zum Teil auf den Raum anwendbar sind, ist keine von ihnen vollständig anwendbar – der Raum kann betrachtet werden und von ihm kann gesprochen werden als von einer *semi-realen Entität* (a.a.O., S. 27).

Es bleibt noch die Tatsache zu beachten, daß sich die Extension des Fiktiven nicht mit dem Feld des gefolgerten Realen vermischt – daß die »Seele im Zustand der Trennung vom Körper«, Gott und andere minderwertige geistige Entitäten einschließt (die Entwicklung dieses Aspektes betrifft uns nicht, die Frage eingeschlossen, warum der Philosoph dort durch seine religiösen Überzeugungen kompromittiert wird.) Dieser Schwachpunkt hat hingegen die Eigenschaft hervorzuheben, daß der Autor trotz der Befreiung, die Bentham hinsichtlich des Fiktiven ersten Grades vollzieht – wir sagen Befreiung, weil er seine Existenz und seinen Gebrauch als unabdingbar betrachtet –, eine gewisse Vorkehrung hinsichtlich der Entität aufrechterhält. Eine Vorkehrung, die ihn davon abhält, Gott allein als eine reale Entität zu klassifizieren:

> Autor und Schöpfer – nur diese, und nicht das Wort *Ursache* – können zu Recht verwendet werden, wenn man von Gott spricht. Diese sind ebenso wie Gott Namen realer Entitäten, nicht Namen fiktiver Entitäten (a.a.O., S. 44).

Zusammenfassend könnte man denken, daß die relative Unbekanntheit der *Theory of Fictions* aus ihrer Verteidigung des Fiktionalen resultierte. Aber obwohl das Argument eine gewisse Logik besitzen mag, ist es eine Tatsache, daß der Philosoph nicht daran dachte, die poetische Fiktion vor dem säkularen Verbot zu retten, das sie begleitete. Über diese Art von [50] Fiktion äußert der Denker sich eindeutig genug. Die poetische Funktion vermischt sich zumindest mit der Fiktion zweiten Grades, das heißt jener, die ihre Qualitäten als Anleihe bei den Qualitäten einer Entität ersten Grades nimmt. Die poetische Fiktion erhält den besonderen Namen der ›fabelhaften Fiktion‹. Während das akzeptable Fiktionale, das heißt jenes, auf das die »Sprachspiele« nicht verzichten können, eine reale Entität voraussetzt, hat das fabelhafte Fiktionale in sich bereits irreale Entitäten als Quelle:

> (...) *fabelhaft* kann der Name sein, der zur Bezeichnung der anderen Klasse *irrealer* Entitäten verwendet wird (a.a.O., S. 17).

Für Bentham ist dieses Fabelhafte einfach verachtenswürdig, ein schädliches Gebiet, das es zu verachten gilt und das sich mit der Hypokrisie der Priester und den Schikanen der Rechtsverdreher vermischt:

> (...) sehr verschieden (ist) die Fiktion des Logikers von den Fiktionen der Dichter, Priester und Rechtsgelehrten (a.a.O., S. 18).

Wie der Leser bemerkt haben wird, ging es uns nicht darum, ein relativ unbekanntes Traktat zu »verbreiten«, sondern nur darum, Benthams Reflexion als einen der Radikalisierungspunkte des Wahrheitsdenkens auf seiner Suche zu zeigen, den Realitätsdiskurs in einer explizit errichteten Vernunft zu begründen. Die Tatsache, daß die Vernunft eingestehen muß, daß sie sich zwangsläufig mit Fiktionen auseinanderzusetzen hat, bietet der poetischen Fiktion keine unmittelbare Galgenfrist, obwohl sie eine äußerst wichtige Wendung gegen eine Realitäts-Epistemologie repräsentiert. Die unabdingbaren Fiktionen implizieren, wie wir gesehen haben, eine Operation, die sich ausgehend vom Körper der realen Entität, des Realen-Behälters der Substanz vollzieht. Die Vernunft absorbiert dieses unmögliche, aber notwendige Fiktionale, naturalisiert es, vergißt seine Bastardnatur und stellt es in den Dienst der Diskurse, die die Realität behandeln. In diesem ihrem Gestus ist kein Platz für eine Konzession an die Fremden, die darauf bestehen, mit Fabeln zu tun zu haben und sich mit der verdächtigen »Schönheit« zu schmücken. Während Benthams Traktat die Philosophie des *Als ob* von Vaihinger vorausahnen läßt, wie Ogden anmerkt, und die zentrale Stelle antizipiert, die die Sprache im neopositivistischen Kreis und in der analytischen Philosophie erlangen sollte, beinhaltet es andererseits keine Vorwegnahmen hinsichtlich einer Theorie des poetischen Fiktionalen. Was uns gewiß nicht daran hindert, aus ihm Elemente herauszuziehen, um den Realitätseindruck zu erklären, der vom poetischen Fiktionalen hervorgerufen wird. Das poetische Fiktionale konkretisiert sich in einem Objekt, und seine Persuasionskraft wäre zweifellos geringer, wenn es nicht eine Illusion von Realität hervorrufen würde. (Wie uns jede beliebige routinemäßige Beobachtung zeigt, ist diese Illusion die erste Wirkung der [51] Beziehung zu einem Kunstwerk – eine Wirkung, die, wenn sie nicht weicht, die eigentliche Kunsterfahrung zerstört.) Dies wären aber marginale Ergebnisse, die strenggenommen nicht einer Untersuchung von Benthams Traktat bedürfen. Wir wählen ihn daher als einen Endpunkt der historischen Konstitution einer Vernunft, einer Form von Rationalismus, die ihre Existenz nur über eine Geringschätzung des poetischen Fiktionalen zu rechtfertigen weiß. Unter dieser Voraussetzung wird die Schuld noch deutlicher, die wir gegenüber dem »fortgeschrittenen« romantischen Denken haben. Eine Schuld, die aufgrund der traditionellen Bildung, die sich auf die suspekte Praxis der »ausgewählten Texte« stützt, schwer zu erkennen ist. Die Romantik bezieht in der Tat Stellung gegen die hier skizzierte Tradition. Ihr Erfolg, zumindest derjenige ihrer schärfsten Spitze, war relativ, er reichte jedoch aus, uns des Vetos bewußt werden zu lassen, das unsere Tradition in bezug auf das Fiktionale lehrt.

4. Die Wiederaufnahme der Subjektivität: Chateaubriand und Stendhal

Zum Zeitpunkt der Publikation des *Essai sur la littérature anglaise [Essay über die englische Literatur]* (1836) war die französische Romantik bereits konsolidiert. Trotzdem changiert Chateaubriands Buch zwischen übriggebliebenen klassischen Modellen und Ideen eigentlich romantischer Prägung. Wir lassen deshalb die Chronologie außer Acht und betrachten es vor Stendhals *Racine et Shakespeare* (1823). Ähnlich wie zuvor verfolgen wir nicht die Absicht einer erschöpfenden Darstellung der beiden Werke, da sie uns als Symptome des neuen Szenarios interessieren.

Eine erste Gegebenheit ist evident: das Prinzip der Nation, das politische Kriterium der Nationalität ist kein zweitrangiges oder paralleles Element mehr, sondern verwandelt sich in den Eckstein der Mechanik der richterlichen Gewalt. Dies geschieht in einem solchen Ausmaß, daß selbst der Anachronismus des Urteils von Chateaubriand überraschen kann, der die mittelalterliche Situation behandelt, als ob er das zeitgenössische Europa erörterte. Indem er die Unterschiede zwischen den historischen Perioden aufhebt, verwendet Chateaubriand nicht nur den nationalen Geist als befruchtendes Kriterium der künstlerischen Qualität, sondern klagt er zugleich den ausländischen Einfluß als Ursache von Irrtümern am Beispiel dessen an, was im mittelalterlichen England geschehen war, dessen sächsische Kompositionen »ihre ursprüngliche Originalität« durch die Einführung »der provenzalischen und französischen Poesie« verloren hatten. Wir heben uns die Untersuchung der damals von der Nationalität übernommenen Bedeutung und ihrer Rolle bei der Konstituierung des goldenen Zeitalters der literarischen Historiographie für das nächste Kapitel auf und wollen hier beobachten, daß Chateaubriand bis zu einem solchen Maße die Nationalitäten [52] als hermetische und in sich abgeschlossene Körper begreift, daß er schließlich bezweifelt, ob ein Ausländer den Autor eines anderen Landes verstehen könne:

> Wenn man unvoreingenommen die ausländischen Werke und die unsrigen in ihrer Gesamtheit beurteilte (falls man überhaupt die ausländischen Werke beurteilen kann, was ich sehr bezweifele), würde man finden, daß sie zwar die gleiche Denkkraft aufweisen, daß wir aber durch die Ordnung und durch die Vernunft der Komposition den Sieg davontragen (Chateaubriand, F. R. de, 1836, 1975, S. 600).

Der letzte Teil des Argumentes zeigt, daß die Schwierigkeit weniger vom erklärten Motiv herzurühren schien als von der Tatsache, daß der Autor an den Beurteilungswerten des XVI. und XVII. Jahrhunderts festhielt. Außerdem ließ sich Chateaubriand nie auf die Frage der Universalität der Regeln der klassischen Poetik ein. Und insbesondere die Tatsache, daß sie ihren Höhepunkt im Frankreich Ludwigs XIV. erreicht hatten, aber auch, daß der Essay während der Restauration geschrieben wurde und der Autor ein Emigrant gewesen war, bewirkte bei ihm eine noch negativere Haltung in jener Frage. Deshalb erklärt er ohne Wenn und Aber gegen die Richtung seiner eigenen Arbeit:

> Niemand ist kompetenter Kritiker in einer lebendigen Literatur, außer bei den Werken, die in seiner eigenen Sprache geschrieben sind (a.a.O., S. 731).

Der Punkt, der uns heute als das Wesentliche an der Romantik erscheint, das heißt die *Historisierung der Bewertungen*, bleibt vom Autor des *Génie du christianisme [Genie des Christentums]* unbeachtet. Gleichzeitig konfrontiert uns die Schule *der Ordnung und der Vernunft der Komposition* mit typischen französischen Eigenschaften, mit einem Paradigma, das bei den Restauratoren der Epoche und bei dem konservativen Denken üblich war, das es begleitete und/oder ihm folgte: um das Denken und die Literatur des XVIII. Jahrhunderts zu verdammen, die die Revolution vorbereitet hatten, wurde die Produktion des XVII. Jahrhunderts als Spiegel des Französischen genommen. Die Nationalität wird folglich als ein *defensives* Prinzip gerühmt, als eine Substanz in genau dem Sinne, wie Bentham sie hervorhob, das heißt, als die einzige im strengen Sinne reale Entität. Diese Substantialisierung der Nationalität offenbart an sich schon, wie die literarische Historiographie im XIX. Jahrhundert eine unlösbare Verbindung mit den Interessen und Werten des Nationalstaates einging.
Aber zur gleichen Zeit, als Chateaubriand die alte Poetik konserviert, führt er fremde Elemente in ihr Korpus ein. So erkennt er, wenn auch schüchtern, die von der Imagination erfüllte Funktion an, obwohl er sie – und diese Restriktion ist von extremer Wichtigkeit für unsere These – den entzückenden Ausschweifungen der fernen Zeiten und der jungen und naiven Völker vorbehält: [53]

> Das Mittelalter ist nicht die Zeit des Stils im eigentlichen Sinne, sondern die Zeit des pittoresken Ausdrucks, der naiven Malerei und der fruchtbaren Erfindung. Man sieht mit einem Lächeln der Bewunderung, was die naiven Völker aus dem Glauben zogen, den man sie lehrte: in ihrer großen, lebhaften und vagabundierenden Imagination, in ihren grausamen Sitten, in ihrem unbeugsamen Mut, in ihrem kaum gezügelten Instinkt von Eroberern und Reisenden boten die Pater, Missionare und Dichter wunderbare Qualen, ewige Gefahren und Invasionen an, die in unbekannten Regionen gewagt werden sollten, ohne jedoch den Ort zu wechseln (a.a.O., S. 516f.).

Die »Barbaren« haben für den noblen Zivilisierten ihren Zauber. Dieser hingegen behält seine Reserven und erkennt in ihnen etwas, das man auf kluge Distanz halten muß. Die Imagination wird als Frucht des »ersten Zeitalters« bewundert, die beim Schriftsteller einer reifen Zeit, besonders wenn sie restauriert ist, ein wenig Neid weckt, vor allem aber besondere Vorsicht. Bewunderung und Vorsicht, das ist genau die Formel für die exotische Literatur, die der Autor in *Renée* und *Atala* anwenden wird.
Mittels einer komplizierteren Kombinatorik wird diese Formel in seiner eigenen Wertschätzung Shakespeares präsent sein, die wichtig in der Ökonomie seines Buches ist, da der *Essai* im wesentlichen eine Reflexion über Shakespeare und Milton ist. Wir sagen kompliziertere Kombinatorik, weil er, während er auf bereits verwendete Kategorien – nationaler Geist, Barbarei, Imagination – zurückgreift, noch in einer vom Standpunkt des französischen Klassizismus her gewagten Passage insinuiert, daß die Kraft des Dichter-Dramatikers darin bestehe, das Leben als Materie zu nehmen:

> (...) *wie in der realen Welt* vermischt er den König mit dem Sklaven, den Patrizier mit dem Plebejer, den Krieger mit dem Bauern, den Berühmten mit dem Unbekannten; er unterscheidet keine Genres, er trennt nicht das Edle vom Niedrigen, das Ernsthafte vom Possenhaften, das Traurige vom Fröhlichen, das Lachen von den Tränen, die Freude vom Schmerz, das Gute vom Schlechten. Er setzt ebenso die gesamte Gesellschaft in Bewegung, wie er unverkürzt das Leben eines Menschen entwickelt (a. a. O., S. 588 f., Hervorhebung von mir).

Aber würde das nicht auch bedeuten, explizit die Einteilung der Genres zu negieren? Chateaubriand versteht es klug und geschickt, daß es notwendig ist, die Ausdehnung des zitierten Paragraphen zu beschränken, indem er anschließend hinzufügt:

> Überzeugen wir uns, daß Schreiben eine Kunst ist; daß diese Kunst Genres besitzt; daß jedes Genre Regeln besitzt. Die Genres und die Regeln sind keineswegs willkürlich; sie werden aus der Natur selbst geboren: die Kunst hat lediglich getrennt, was die Natur vermischt hat; (...) Racine ist in der ganzen Vortrefflichkeit seiner *Kunst natürlicher* als Shakespeare, wie *Apollo* in seiner gan-

zen *Göttlichkeit* mehr *menschliche* Züge besitzt als ein ägyptischer Koloß (a.a.O., S. 589). [54]

Ohne den romantischen Innovationen völlig im Wege zu stehen, bemüht sich Chateaubriand, das Profil des Klassizismus aufrechtzuerhalten. Die Rechnung kann natürlich nicht ganz aufgehen, und so wird auch nicht das gesamte klassische Arsenal konserviert. Während die Rechte der sublimierten Natur mit der Wiederholung der Rolle der Regeln und der gut unterteilten Genres beibehalten werden, ist von *imitatio* hingegen nicht mehr die Rede. Da der Kompromißwille unseres Vicomte größer war, mußte die *imitatio* verbannt werden. Denn die *imitatio* der Renaissance setzte, wie wir bereits sahen, eine Ständegesellschaft mit einer Homogenität der Repräsentationen voraus, welche Autoren und Publikum einander annäherten und es ihnen gestatteten, den Anspielungscharakter der Figuren mittels zuvor bekannter Referenzen zu dekodieren. Die *imitatio* setzte nicht das Leben, sondern ein Modell der Realität voraus; nicht das Leben als Modell, sondern das Modell eines Stiles. Nun, Chateaubriand ist sich der Verschiedenheit seiner Zeit und dessen bewußt, daß die »literarische« Gesellschaft von unbequemen Eindringlingen heimgesucht worden war. In dieser Situation auf die alte *imitatio* zu rekurrieren, würde den Ruhm bedrohen, den er sosehr verfolgt. Es erscheint ihm folglich möglich und notwendig, einen Schutzwall gegen die Invasion der Barbaren zu entwerfen:

> Ich beabsichtige jedoch nicht, den Zeiten und den Revolutionen die erzwungenen Veränderungen wegzunehmen, die sie ebenso in die literarischen wie in die politischen Meinungen bringen; diese Veränderungen rechtfertigen aber nicht die Korruption des Geschmacks (a.a.O., S. 590).

Eine Korruption, die ihn entsetzt über »diese Liebe für das Schreckliche«, »diese Leidenschaft für die Krummbeinigen, die Krüppel, die Einäugigen, die Dunkelhäutigen (!) und die Zahnlosen« (ebd.) erzittern läßt. Das alte Ständemodell versucht also nicht mehr, um der Objektivität der *imitatio* willen seine aufgezeigten Leitkriterien zu konservieren, sondern wegen der Aristokratie des Geistes. Deshalb sagt sein Wortführer von Racine, daß er »aus seinen Meisterwerken nur das gestrichen hat, was gewöhnliche Geister dort hätten hineinlegen können« (a.a.O., S. 589). Das heißt, das Prinzip des Dekors übernimmt nun explizit die politische Funktion der Ständedifferenzierung, wenn nicht sogar der Klassendifferenzierung. Dem alten Gebäude wird der Eckstein, die *imitatio*, entfernt, und es wird krampfhaft nach einer Lösung gesucht, damit nicht alles einstürzt. Die Aufgabe erscheint dem Ex-Emigranten als fundamental, da die Barbaren in seinen gebildeten Augen bereits ins Haus eingedrungen waren:

> Es existiert weder ein Schauspieler, um die klassische Tragödie zu spielen, noch ein Publikum, um sie zu genießen, zu verstehen und zu beurteilen (a.a.O., S. 591).

Wie war nun das Lob Shakespeares mit all diesen Einwänden zu versöhnen? Der Essayist scheint sich nicht verunsichern zu lassen. Selbst dazu dient ihm noch seine [55] Sachkenntnis in klassischer Eloquenz. Der Dramatiker ist ein besonderer Barbar,

> der sich in die Reihen der fortschreitenden Zivilisation erhebt und sie wieder mit sich in die Vergangenheit fortreißt (a.a.O., S. 602).

Durch diese seine Sonderstellung erklären sich ebenso die Bewunderung, die er weckt, wie die Vorbehalte, die gegen ihn vorgebracht werden müssen. Dies um so mehr, als Shakespeare sich über seine Vernachlässigung des Dekors und der Regeln der Kunst hinaus nicht zum Dienst für das Vaterland aufgeschwungen hatte. Die Lobeshymnen auf das Leben, die für den eigentlichen Stoff der Kunst gehalten werden, werden hingegen einem höheren Wert unterworfen: dem Staat. So wird der englische Dramatiker in einer vergleichenden Perspektive als einem Tasso, einem Lope, einem Calderón, einem Ercilla, einem Cervantes oder einem Camões unterlegen angesehen, jenen Vorläufern oder Zeitgenossen, die etwas an sich haben, »das Anteil an der Schönheit ihrer Vaterländer hat«, während »für Shakespeare ein anderer Weg nötig gewesen wäre; er ist verliebt in seine Kompositionen, selten nobel: die Würde fehlt seinem Stil einige Male, wie sie seinem Leben fehlt« (a.a.O., S. 608f.). Deshalb reserviert Chateaubriand seine unumstrittene Bewunderung für Milton. Eine befremdende Wahl, können wir uns angesichts der Tatsache fragen, daß der Dichter ein Republikaner und Sekretär Cromwells, des Königsmörders, war? Nein, antwortet der Vicomte, denn, Milton, »dieser stolze Republikaner war« trotz allem »nobel; er besaß Wappen« (a.a.O., S. 694).

Kurzum, Chateaubriand changiert zwischen der alten Lehrmeisterin und der Verehrung des Lebens. Was erstere anbelangt, so schreibt er zur Verstärkung des Lobs von Racine und der Einschränkungen bezüglich Shakespeares:

> Um gerecht zu sein, muß man jedoch sagen, daß die historische und allgemeine Kritik beachtliche Fortschritte gemacht hat, während die Detailkritik durch das Fehlen anerkannter Regeln und durch eine Revolte der verhärteten Selbstliebe ihre Macht verloren hat (a.a.O., S. 730).

In bezug auf den zweiten Punkt wird das Leben in der Hoffnung gerühmt, durch seinen Ausdruck die individualisierte Erlösung zu erlangen. Ein zweifellos peinlicher Wunsch, da er allen Gebildeten gemein ist – »selbstbewußt und unbefangen glauben wir ausnahmslos alle, der Mensch unseres Jahrhunderts zu sein« (a.a.O., S. 729). Vielleicht sogar wegen des Versuchs, den Übergang zwischen dem Alten und dem Neuen festzuhalten, führt uns der *Essai* nicht einen Denker vom Schlage eines Coleridge oder der Theoretiker der deutschen Romantik vor. Wir wählen ihn also als einen exemplarischen Fall jenes so tragischen Versuchs aus, das Unmögliche möglich zu machen: der Modelle einer Ästhetik, die [56] mit dem vitalistischen, partikularisierten und individuellen Modell der Romantik auf ihr Hauptstück verzichtet hatte.

Als der *Essai sur la littérature anglaise* erschien, waren bereits dreizehn Jahre vergangen, seitdem Stendhal bei Restauratoren und Akademikern mit seinem kleinen, ironischen und aggressiven *Racine et Shakespeare* einen Skandal ausgelöst hatte. Mein Kommentar zum *Essai* hat zu zeigen versucht, daß Chateaubriands Zuneigung zur klassischen Ästhetik schlimmstenfalls eine Kohärenz mit seinem politschen Konservatismus und mit seinem Versuch aufwies, nicht mit den überlebenden Mumien verwechselt zu werden. Dies macht die durch Stendhals Manifest von 1823 ausgelöste Kontroverse klarer, weniger aufgrund dessen eigener Worte, als vielmehr durch die flammende Antwort, die der damalige Präsident der Académie française, der heute vergessene Auger, lieferte.

Auger ergriff als Verteidiger der restaurierten monarchischen Institutionen das Wort. Er verteidigt die ästhetischen Prinzipien, die er durch die Ankunft einer »entstehenden Sekte« bedroht sieht, deren Ausbreitung die bestehende Macht unterminieren könnte. Deshalb stellt die Académie, als Teil der Ordnung, sogar mit dem Risiko, dem Gegner zuviel Aufmerksamkeit zu schenken, die Gewehre zusammen:

> Ein neues literarisches Schisma manifestiert sich heute. Viele Menschen, die in einem religiösen Respekt für antike Doktrinen erzogen worden sind, die durch zahllose Meisterwerke bestätigt worden waren, sind beunruhigt und entsetzt über die Projekte der entstehenden Sekte und scheinen zu fordern, daß man sie beruhige. Wird die Académie française ihren Beunruhigungen gegenüber indifferent bleiben? (...) Die Gefahr ist vielleicht noch nicht groß; und man könnte befürchten, sie zu vergrößern, indem man ihr zuviel Bedeutung beimißt. Muß man aber damit rechnen, daß die Sekte der *Romantik* (denn so nennt man sie), welche über ihr angestrebtes Ziel hinausgeschossen ist, wenn sie sich jedoch ein Ziel setzt, dahin gelangt, daß sie alle unsere Regeln problematisiert, alle unsere Meisterwerke beleidigt und durch illegitime Erfolge diese flottierende Masse von Meinungen pervertiert, über die immer das Schicksal verfügt? (Auger, 1824, 1970, S. 236).

Wenige literarische Dokumente zeigen so offensichtlich ihren politischen Gegenspieler. Er ist so explizit, daß Stendhal in seiner Antwort den Klassikern nahelegt, »sie sollten die Polizei sehr mögen, weil sie andernfalls undankbar wären« (Stendhal, 1825, 1970, S. 97). Wenn uns die politischen Wechsel, unter denen Frankreich in jenen Jahrzehnten litt, auch die Befürchtungen von Auger verstehen lassen, woher aber sollte genauer das Risiko kommen, das er zu beschwören versuchte? Ohne sein Leitprinzip der Nationalität zu verhehlen, sieht Auger den Gegner als Mitglied eines internationalen Komplotts, [57] das von einem barbarischen Volk gelenkt wird, dem deutschen (vgl. a.a.O., S. 238). Vor kurzem aus der Revolution entlassen, die auf dem ganzen Kontinent widerhallt, und vor kurzem vom »Usurpator« Bonaparte befreit, spricht Frankreich jetzt durch die Stimme der Restauratoren, die überall Feinde erspähen. Im Hause Necker, das bereits durch sein illustres Mitglied suspekt war, das Ludwig XVI. nicht vor dem

Bankrott bewahrt hatte und das als ausländisches und protestantisches Haus doppelt gefürchtet war, hatte das Unglück, durch seine Tochter, Mme de Staël, die Entdeckung Deutschlands und der romantischen Ideen einzuführen. Es macht nichts aus, daß mit ihnen kein präzises politisches Programm ins Land kam, um so weniger, als die ›Importeurin‹ unter Napoleon das Exil erlitten hatte, ja es machte nicht einmal etwas aus, daß das erste Pamphlet von Stendhal nur von Literatur gehandelt hatte. Die Unversehrtheit des restaurierten Staates scheint deswegen nicht weniger in Gefahr zu sein. Das Eintreten für die Freiheit in Sachen Kunst schien also für diese Bourgeoisie, die früh ihre Allianz mit dem Volk vergessen hatte, gleichermaßen riskant zu sein. Gegen die Freiheit von Produktion und Bewertung, das heißt gegen die *Relativierung der Werte*, insistiert Auger folglich auf der Zeitlosigkeit des Menschen und der Natur:

> Die Wahrheit in den Künsten besteht darin, zunächst die Natur und den Menschen darzustellen, so wie sie in jedem Land und zu jeder Zeit existieren; und zweitens darin, die zufälligen Unterschiede zu markieren, die ihr Äußeres den Regionen und Epochen entsprechend verändern (Auger, 1824, 1970, S. 245).

Aus dieser Zeitlosigkeit entsteht als ihre Folge die zeitlose Perfektion der Genres:

> Die Genres waren anerkannt und fixiert worden; man kann weder ihre Natur verändern, noch ihre Anzahl erhöhen: man vermischt sie, man verbindet sie auf monströse Weise und glaubt, neue geschaffen zu haben (a.a.O., S. 247).

Augers Rede, die an sich nicht von Bedeutung ist, erscheint indessen als kostbar, weil sie auf offenkundigste Weise die direkte Verbindung zwischen politischen Interessen und normativer Ästhetik manifestiert. Diese Normativität, wenngleich sie aufgelöst ist und die meisten ihrer Hilfskategorien vergessen sind, dauerte an und überdauert bei weitem das Ambiente der französischen Restauration. Ihr Überleben wird durch das Veto hinsichtlich der Fiktion erreicht, die im Namen des gesunden Menschenverstandes untersagt ist. Wir hatten gesehen, daß Auerbach die Übernahme des Gesetzes der Einheiten der Zeit, des Ortes und der Handlung als Folge eines arroganten Rationalismus interpretierte, den die Mitglieder von *la cour et la ville* kultivierten. Um das Überleben der ihm impliziten Normativität zu behandeln, muß man hinzufügen, daß der Rationalismus bereits in der zweiten Hälfte des XVII. Jahrhunderts seine Arroganz in eine Verteidigung der durchschnittlichen und allgemeinen Wahrheit verwandelte: [58]

> Obwohl die Formeln der Nachahmung der Natur von einem Ende des Jahrhunderts zum anderen ungefähr gleichbleiben, neigt der Naturbegriff dazu, sich gegen 1660 zu verengen, und in der Schule von Boileau wird er nurmehr auf die durchschnittliche und alltägliche Wahrheit angewendet (Bray, R., 1931, 1978, S. 148).

Mit dieser Ausdehnung wurde es dann unter dem Namen ›Realismus‹ möglich, daß das Veto hinsichtlich des Fiktionalen sich bis in unsere Tage verbreitete. Als Stendhal folglich die dauerhafteste Spitze der alten Normativität vorbrachte, konnte er nicht vorhersehen, daß sein klassischer Feind ebenso fortdauern würde wie sein eigenes Werk:

> *Das Mitglied der Akademie*: Weil es nicht wahrscheinlich ist, daß eine in zwei Stunden dargestellte Handlung die Dauer einer Woche oder eines Monats in Anspruch nimmt oder daß die Schauspieler, wie in Shakespeares *Othello*, im Verlauf weniger Augenblicke von Venedig nach Zypern gelangen oder von Schottland an den englischen Hof wie im *Macbeth* (Stendhal, 1823, 1980, S. 289).

Was verteidigte also der damals junge und unbekannte Autor? Nichts weniger als daß das Leitprinzip der literarischen Produktion und Rezeption die Erfassung des Lebens wäre:

> Was man an diesem großen Mann [Shakespeare] nachahmen muß, das ist seine Art, die Welt zu studieren, in deren Mitte wir leben, und die Kunst, unseren Zeitgenossen genau die Form der Tragödie zu bieten, die sie brauchen, die sie aber nicht zu fordern wagen, weil sie vom Ansehen des großen Racine so eingeschüchtert sind (a.a.O., S. 316).

Die Romantik ist also gekennzeichnet durch eine Reflexion, die vom *hic et nunc* und nicht mehr vom Verhältnis der Wahrscheinlichkeit zum dauerhaften und universal Gegenwärtigen ausgeht. Während die Wahrscheinlichkeit auf die *Nachahmung* verwies, ist die nun gesuchte Ähnlichkeit mit den Windungen des gesellschaftlichen Lebens partikular und in jedem Punkt verschieden. Diese könnte niemals mit jener synonym sein, da wir dem Leben nicht treu bleiben könnten, indem wir es sublimieren und in einer rhetorischen Behandlung einrahmen, die einem Modell unterworfen ist. Deshalb wird die *imitatio* durch den *Ausdruck* des Individuellen ersetzt. Die Subjektivität scheint den Schleier zu zerreißen, der sie kontrollierte, und die mit der durchschnittlichen Wahrheit, das heißt mit dem gesunden Menschenverstand identifizierte Vernunft scheint ihr Amt als Wächterin des Tempels zu verlieren. Es beginnt sich folglich ein neues Prinzip zu errichten, das in der Erforschung des subjektiven Reichtums des Individuums fundiert ist:

> Entweder irre ich mich sehr, oder diese Wechsel der Leidenschaften im menschlichen Herzen sind das Großartigste, das die Dichtkunst den Augen der Menschen bieten kann, die sie gleichzeitig rührt und belehrt (a.a.O., S. 318). [59]

Die Tatsache, daß wir den Kampf zwischen dem Klassizismus und der Romantik in der französischen Kultur begleitet haben, könnte zu der falschen Annahme verleiten, daß dieser seine aufgezeigte Virulenz deswegen besaß, weil er sich mit den politischen Positionen vermischte, die vom Ende der Revolution von 1789 herrührten. Wie läßt sich dann aber erklären, daß die Verbannung der vermeintlichen Vermittlerin der *Mimesis*, die *imitatio*, allgemein in ganz Europa, und bald darauf in Amerika stattfand? Die theoretische Liquidierung des Prinzips der Nachahmung hat etwas mit den Lebensbedingungen im modernen Zeitalter zu tun. Wenn Schiller die »naive Poesie« den Griechen vorbehielt, so deshalb, wie Fontius erinnert, weil die Griechen die Trennung zwischen dem sinnlich Wahrnehmbaren und dem Vorstellbaren nicht kannten, die eine »ungeteilte sinnlich wahrnehmbare Einheit« konstituierte, während die moderne Wissenschaft der Natur die zerstückelnde analytische Vernunft hervorhebt, und diese *ratio* die Organisation der Lehre selbst durchdringt.

> Planmäßige Unterweisung in einem durch staatliche Erziehungsaufsicht geregelten Unterricht hat weder Antike noch Mittelalter gekannt. Mit der Entwicklung des zu zergliedernder Auffassungsweise drängenden neuzeitlichen Unterrichtswesens erscheint die auf Anschaulichkeit und Nachahmung gegründete Art des Lernens

als einer geschichtlichen Stufe zugehörig, die durch eine Kluft vom Leben der modernen Zivilisation getrennt ist (Fontius, M., 1981, S. 236).

Viel mehr als wegen des Schicksals des *Ancien Régime* oder wegen des Überdrusses der Jugendlichen bzw. der sich nach dem Sturz Napoleons für diese Jugendlichen beständig weiter verschließenden Möglichkeiten war die Beerdigung der *imitatio* durch den Übergang der Stände- und Adelsgesellschaft zur nationalen Klassengesellschaft vorangetrieben worden, die vom Wissenschaftsgeist geprägt war. Wenn aber die *imitatio* zu Grabe getragen wurde, was läßt sich von der fernen *Mimesis* sagen? Wir kennen ihre Verbannung bei den zeitgenössischen Theoretikern gut. Wir wissen ebenfalls, daß die romantische Verehrung des individuellen Ausdrucks sich in die immanentistische Ästhetik verwandeln sollte, die unumstritten die ersten 60 Jahre dieses Jahrhunderts beherrschte.[1] Wäre es nicht in dem Augenblick, als der Immanentismus Krisensignale von sich gab, deren [60] Ausgangspunkt die bekannte Antrittsvorlesung von Hans Robert Jauß in Konstanz (1967) war, Signale, die nach der Welle des Strukturalismus offenkundiger wurden, angebracht gewesen, das sehr alte Konzept zu überdenken? Und wäre es nicht von Vorteil, diese Reflexion mit der offensichtlich intrigierenden Tatsache zu verbinden, daß die Fiktion, obwohl sie verboten ist, ebenso in den klassischen Werken wie in den realistischen anerkannt wird, das heißt genau in denjenigen Werken, wo dieses Veto am schwersten wiegt?

1 Diesen Sachverhalt zu kennen bedeutet nicht, daß seine Geschichte bereits an ihr Ende gekommen wäre. Seit langem erscheinen zwei Probleme von beachtlicher Bedeutung zu sein: (a) zwischen der Romantik und dem zeitgenössischen Immanentismus tauchen die szientistische und die impressionistische Kritik auf, deren Anfänge in der zweiten Hälfte des XIX. Jahrhunderts liegen und deren zweite sich in immer marginalerer Weise bis ins heutige Jahrhundert verlängert; (b) die Entwicklung des marxistischen Denkens in Hinblick auf die Kunst, das in der Lage gewesen wäre, sich dem mit der deutschen Stilistik eingeleiteten Immanentismus entgegenzustellen, wurde durch die Wirkung des stalinistischen Modells angereichert und wird bis heute durch das Dogma der Reflexion verhindert, nachdem es in den ersten Jahrzehnten des Jahrhunderts vielversprechend war.

5. Das Imaginäre und die *Mimesis*

Zu den Verdiensten von Augustinus zählte niemals, die Poesie und die Künste verteidigt zu haben. Seine christliche Sorge ließ ihn sich ganz im Gegenteil auf eine einzige Aufgabe konzentrieren: seine ungleichen Begabungen als Denker und Schreiber zur Stärkung der Kirche einzusetzen, indem er sie zur vereinheitlichenden Institution während des Verfalls der Spätantike machte. Wo das antike Denken ihm etwas bedeutete, wo selbst die Dichter seiner Feststellung nicht entkamen, geschah dies in Übereinstimmung mit derselben Leitlinie. In dem Traktat, auf das wir uns später beziehen werden, zeigt der Kirchenvater seine Art zu denken: Vergil wird zurückgewiesen, weil er, den christlichen Lehren vorgelagert, gesagt hatte, daß die des Grabes beraubten Menschen nicht das Schiff des Höllenflusses besteigen könnten, während Lucanus in derselben Weise gelobt wird, weil er bestätigte, daß der Himmel den Unbegrabenen als Dach dienen werde. Das Vermächtnis der Antike war in dem Maße akzeptabel, wie es mit dem ekklesiologischen Denken zusammenfiel. Trotz dieser Leitlinie werden wir uns auf Augustinus stützen, um zu verstehen, wie Werke, die entweder den Gebrauch der Fiktion nach Belieben ausgeweitet hatten – zum Beispiel ein Molière – oder Werke, die sich selbst diesen Gebrauch untersagten, weil ihre Autoren eine Anbindung an die Realität wünschten, von denen Zola der höchste Ausdruck ist, indessen als fiktionale Werke anerkannt werden. Zu diesem Zweck müssen wir zweifellos der Absicht des Traktatautors Gewalt antun, wenngleich nicht dem Geist seiner Schrift.

In *De Cura gerenda pro mortuis [Über die Sorge für die Toten]* diskutierte Augustinus die Grundlage des Arguments, daß die Toten im Traum den Lebenden erscheinen, um von ihnen etwas zu verlangen oder sie auf etwas hinzuweisen. Seine These ist, »daß man nicht deshalb, weil die Toten anscheinend solches in einem Traume sagen oder zeigen oder fordern, glauben muß, daß sie selbst dessen gewahr sind. Denn auch Lebende erscheinen oft Lebenden im Schlafe, obwohl sie selber nichts von diesem Erscheinen wissen (Aurelius Augustinus, 421, 1975, X. 12, S. 19). Unser Autor illustriert seine Haltung anhand einer Erzählung, von der man schwören könnte, daß sie eine der Quellen der *Ficciones* von Borges gewesen sei:

Fast zur selben Zeit, da (...) ich noch in Mailand wohnhaft war, hielt Eulogius, Professor der Beredsamkeit in Karthago und mein Schüler in diesem Fach, seinen Schülern Vorlesungen über die rhetorischen Schriften Ciceros. Wie er mir selbst nach meiner Rückkehr aus Afrika berichtete, [61] bereitete er gerade die Vorlesung vor, die er am folgenden Tage halten wollte. Dabei stieß er auf eine unklare Stelle, die er nicht verstand, und konnte vor Aufregung kaum Schlaf finden. Da erklärte ich ihm in der Nacht im Traume die ihm unverständliche Stelle – gewiß nicht ich selbst, sondern mein Abbild, während ich nichts davon wußte und, so fern von ihm auf der anderen Seite des Meeres, irgend etwas anderes tat oder träumte und mich nicht im geringsten um seine Sorgen kümmerte.

Wie so etwas vor sich geht, weiß ich nicht. Aber wie immer auch das geschehen mag, warum sollten wir nicht glauben, daß ein Toter uns in unseren Träumen in derselben Form erscheint wie ein Lebender, d.h. in der Form eines Abbildes? Beide wissen ja nichts davon noch kümmern sie sich darum, wer ihre Abbilder sieht oder wo und wann er sie sieht. (a.a.O., XI. 13, S. 22).

Ob es sich um Lebende oder Tote handelt, wir können also durch die fremden Träume stimuliert werden, ohne daß wir für das verantwortlich wären, was wir dann sagen, tun oder empfehlen. Wir sind nicht für unsere Bilder verantwortlich, vor allem, weil wir nicht mit ihnen identisch sind.

Errät der Leser schon, worauf wir hinauswollen? Der Zweifel schreitet voran, da das Hinreichende bereits gesagt zu sein scheint. Die Träume vollziehen sich auf einem ähnlichen Weg wie derjenige, der durch die poetische, um nicht zu sagen künstlerische Erfahrung geöffnet wird: sie verwandeln die sinnlich wahrnehmbare Materie, den »Tagesrest«, in Bilder, und diese übernehmen eine Aktivität und erreichen eine Autonomie, für die die auslösende Materie nicht verantwortlich ist. Nun, es gelingt uns nur, mit dem Fiktionalen in Kommunikation zu treten, wenn wir es als ein Ganzes zu sehen lernen, das unser Imaginäres beansprucht. Das heißt, wenn wir eine Kommunikation akzeptieren, die weniger über Äußerungen als über Bilder vollzogen wird. Gewiß ist nicht jede Erfahrung des Imaginären eine ästhetische Erfahrung. Vor allem die Traumerfahrung hat nichts Ästhetisches an

sich. Während das Imaginäre die Suspendierung der Realität – das heißt die Aufgabe der Thematisierung ihrer Wahrnehmung – voraussetzt, indem sie ein diffuses Magma schafft, in dem irgendetwas irgendetwas Anderes bedeuten kann, erzwingt die ästhetische Erfahrung die Negation der Negation des Imaginären: meine Interpretation des poetischen Werks, das ich lese, kann nicht irgendeine sein, sondern muß ausgehend von den Möglichkeiten vollzogen werden, die durch das Schema erzeugt werden, die in dem, was ich lese, beinhaltet sind. (vgl. zum besseren Verständnis die unschätzbare Arbeit »Akte des Fingierens«, Iser, W., 1983.) Wir wollen also sagen: es ist einem – ästhetischen oder nichtästhetischen – fiktionalen Diskurs eigen, daß er als eine Artikulation von Bildern aufgenommen wird, daß er durch das Imaginäre thematisiert wird. Deshalb steuert der Autor dieses Diskurses, ähnlich wie Augustinus im Traum seines Schülers, nicht dessen Rezeption, und sie kann als fiktionales Produkt abgestimmt werden, selbst wenn [62] dem Gebrauch der Fiktion ein Veto auferlegt worden wäre, oder sogar dann, wenn der Autor selbst diesen Gebrauch untersagt hätte.
Von dort eröffnet sich die folgende Alternative: entweder erwägen wir, daß eine tiefergehende Untersuchung der Thematisierung des Imaginären als Basis für eine Theorie des Poetischen ausreicht (eine Position, die von Iser im Essay von 1983 eingenommen wird), oder wir versuchen, jene Vertiefung mit einer neuen Untersuchung der uralten *Mimesis* zu koppeln. Wir entscheiden uns für den zweiten Weg, da wir glauben, daß der Ostrazismus der *Mimesis* mehr von historischen Gründen abhing als von seiner inneren Auszehrung. Wir wollen also zeigen, welche diese Gründe waren und wie es möglich wäre, das Konzept der *Mimesis* wiederzubeleben.

Wir hatten mit Martin Fontius erklärt, warum das Gebäude der *imitatio* angesichts der Institutionen des modernen Lebens inadäquat geworden war. Das Privileg, das nun ebenso der analytischen und zerstückelnden Vernunft wie dem Bruch mit der Homogenität der orientierenden Referenzrahmen der klassischen Ständegesellschaft eingeräumt wurde, entstand noch zur gleichen Zeit wie jenes politische Zentrum, der Nationalstaat, der auf dem Feld der Kunst als der Pol dienen sollte, um den herum sich seine

Historiker und die legitimierten Kritiker winden sollten. Wegen dieser Skala von Faktoren schlugen die Romantiker das Leben selbst als neue Materie vor. Das Werk sollte in dem Maße Wahrhaftigkeit erlangen, wie es das Leben gut ausdrückte; ein vom Kurs der *imitatio* verschiedener und entfernter Ausdruck, weil er nicht zuvor bekannten und sozialisierten Bedeutungen unterworfen war. Der Ausdruck betraf personalisierte Motive und wurde folglich nur dann mitteilbar, wenn es sich um gemeinsame intersubjektive Erfahrungen handelte (was zum Beispiel in der »normalen« Romantik eines Lamartine, eines Vigny oder Musset, oder noch in der von Hugo geschah). Außerhalb dieser Möglichkeit versank der Ausdruck in einem Nimbus zwangsläufiger Dunkelheit, wie sich bereits sehr deutlich bei einem Gérard de Nerval zeigt. Während Stendhal in *Racine et Shakespeare* noch darum kämpfte, das Publikum für die romantische Kunst zu erobern, und Hugo es sein ganzes langes Leben über getan hat, wird der Kunstschöpfer im allgemeinen diese Anstrengung früh aufgeben. Seine Sprache zieht sich vom kommunikativen Handel zurück und verwandelt sich mit Baudelaire in einen Aggressionsakt, in ein »Schockerlebnis« (W. Benjamin). Dies kommt dem Eingeständnis gleich, daß das Publikum die Partei der unternehmerischen und siegreichen Bourgeoisie übernahm, indem sie den Künstler in einer marginalen Subjektivität versunken zurückließ. Daher übernahm die Kritik, nachdem sie ihre Feindseligkeit eingestellt hatte, die sich gegen die aufsässigen Dichter richtete, und nachdem sie herausgefunden hatte, daß deren Rebellion ohne Schwierigkeiten neben dem politisch-ökonomischen *status quo* existieren konnte (vgl. Costa Lima, L., 1980, S. 128–133), entweder die der [63] romantischen Absicht getreue biographische Interpretation, indem sie das Leben selbst ästhetisierte, oder aber sie verachtete in einem richtigstellenden Schritt das Biographische und konzentrierte sich auf das Studium der poetischen Verfahren, eine Art *Wiederbelebung* der Rhetorik in der Hoffnung, die Reinheit einer neuen Substanz zu identifizieren, der Substanz des Poetischen. Es ist interessant zu beobachten – wie es wahrscheinlich ist, daß es bereits beobachtet worden ist –, daß sich diese Verachtung der Umgangssprache nicht nur bei den Vertretern und Analytikern der Kunst zu Beginn des XX. Jahrhunderts manifestiert. Die ursprüngliche Idee der Avantgarde, die sich dann vom politischen zum künstlerischen Feld ausweitet, geht von derselben Grundannahme aus. Allgemeiner Gebrauch und allgemeine Werte werden ebenfalls von denjenigen verachtet, die sich für eine neue formale und mathematische Logik interessierten, sie bringen dies gemeinsam vor, sei es der Wiener Kreis, sei es Bertrand Russell im getrennten England. Die wahren Produzenten, ob sie sich für Avantgardisten hielten oder nicht, mußten entweder heimliche und geschlossene politische Apparate oder eine gereinigte Sprache schaffen, die mit der Ambiguität ihres alltäglichen Gebrauchs unvereinbar war. Und selbst wenn einer dieser Autoren, wie Wittgenstein, die Richtung seiner Forschung änderte, brauchte die Veränderung lange Zeit, um verstanden zu werden und Ergebnisse hervorzubringen. Hinsichtlich seiner letzten Periode läßt sich festhalten:

> So konzentrierte Wittgenstein jetzt seine Aufmerksamkeit auf die Sprache als Teil unseres *Verhaltens*: auf die pragmatischen *Regeln*, die den Gebrauch der verschiedenen Ausdrucksformen steuern, auf die *Sprachspiele*, innerhalb deren diese Regeln funktionieren, und auf die umfassenderen *Lebensformen*, die letztlich diesen Sprachspielen Sinn und Bedeutung geben. Der Kern jenes »transzendentalen« Problems war für Wittgenstein keine Frage der formalen Struktur sprachlicher Darstellung mehr (Janik, A./Toulmin, St., 1973, 1987, S. 299).

Aufgrund gewiß unterschiedlicher Umstände gehen verschiedene zeitgenössische Bereiche von der Annahme aus, es müsse eine neue Sprache erfunden werden und das Publikum müßte von den politischen, künstlerischen oder philosophischen Avantgarden Doktrinen, Manifeste und Werke erhalten, die darauf abzielten, es von der Unterdrückung, der Misere und dem Automatismus zu befreien. Es verwundert folglich nicht, daß die Beschäftigung mit der *Mimesis* nicht im eigentlichen Bereich der Kunst stattfindet, wo sie als verachtenswerter Kompromiß mit dem Figurativen und dem Traditionalen ruchbar wäre, sondern daß sie, obwohl auf marginale Weise, durch eine Reflexion betrieben wurde, die durch keine bereits konstituierte Tradition unterstützt wurde und die sich, um die Anwesenheit und das Gehör des Menschen »ohne besondere Züge« zu erlangen, nicht an der Verachtung der Alltagssprache beteiligen konnte: die Psychoanalyse. Das Thema würde gewiß einen anderen Raum erfordern, um nicht zu sagen einen anderen Autor. Beschränken wir uns auf einige schnelle Hinweise, die ohne größere Erforschung dem freudianischen Werk entnommen sind. [64]

Nehmen wir das Phänomen der Identifizierung als Ausgangspunkt. Freud sagte, daß wir wissen, »daß die Identifizierung die früheste und ursprünglichste Form der Gefühlsbindung ist«, welche sowohl von einem positiven als auch von einem negativen Willen der Übereinstimmung mit einem imitierten Objekt herrühren kann (Freud, S., 1921, 1972, S. 117). Das heißt, das Symptom kann von einer Identifizierung mit dem zum Rivalen gemachten Objektiven stammen – das Mädchen hustet wie die Mutter, mit der es wetteifert, und »realisiert die Ersetzung der Mutter unter dem Einfluß des Schuldbewußtseins: Du hast die Mutter sein wollen, jetzt bist du's wenigstens im Leiden« (ebd.) – oder von einer Identifizierung mit der geliebten Person, wie bei Dora, die den Husten des Vaters imitiert (ebd.). In einer dritten Möglichkeit »sieht« das *ich* bei der »Identifizierung vom Objektverhältnis zur kopierten Person ganz ab«, der »Mechanismus ist der der Identifizierung auf Grund des sich in dieselbe Lage Versetzenkönnens oder Versetzenwollens« (a.a.O., S. 117f.). Die Gefühlsbindung mit einem Referenten, das heißt der Person, die imitiert wird, ruft die *Ähnlichkeit* von Einstellungen oder Rollen hervor, eine Ähnlichkeit, welche nur mittels einer Interpretation verstehbar ist, das heißt, die nicht auf eine einfach sichtbare Übereinstimmung gegründet ist. In jedem der von Freud behandelten Fälle trifft zu, was Sérgio Paulo Rouanet treffend sagt:

> Die Theorie der Identifizierung ist eigentlich eine Theorie der Mimesis – ein dem Modell vollständiges oder teilweises Ähnlichwerden durch Aneignung (Rouanet, S. P., 1981, S. 146).[2]

Selbst wenn die Ähnlichkeit mit dem Modell sichtbar wäre, ist diese Sichtbarkeit an sich nicht das, was wichtig ist, das heißt, das *Hauptmerkmal ist nicht ihr Kopiecharakter, sondern der Transformationsprozeß, der sich vollzieht.* Wir glauben, dies bestätigen zu können, indem wir die vor kurzem aufgezeigte Erklärung mit der-

2 Vor einigen Jahren bezeichneten Jean-Luc Donnet und André Green in einer einfachen Fußnote *Mimesis* (in Anführungszeichen) als die »primäre« Identifizierung ohne Objektbindung« (Donnet, J.-L./Green, A., 1973, S. 79).

jenigen übereinanderlegen, die in einem früheren Essay erscheint:

> Wenn ich nun eine ähnliche, mehr oder minder große Bewegung bei einem anderen wahrnehme, wird der sicherste Weg zum Verständnis – zur Apperzeption – derselben sein, daß ich sie nachahmend ausführe, und dann kann ich durch den Vergleich entscheiden, bei welcher Bewegung mein Aufwand größer war. Ein solcher Drang zur Nachahmung tritt gewiß beim Wahrnehmen von Bewegungen auf. In Wirklichkeit aber führe ich die Nachahmung nicht durch, so wenig wie ich noch buchstabiere, wenn ich durch das Buchstabieren das Lesen erlernt habe. An Stelle der Nachahmung der Bewegung durch meine Muskeln setze ich das Vorstellen derselben vermittels meiner Erinnerungsspuren an die Aufwände bei ähnlichen Bewegungen (Freud, S., 1905, 1973, S. 218f.). [65]

Die physisch realisierte, das heißt sichtbar gezeigte Nachahmung ist eine Vorstufe zu derjenigen, die sich durch eine interne Darstellung vollzieht. Das heißt, das Entscheidende bei der Konstituierung der *Mimesis* ist die Hervorbringung einer *Inszenierung*, die weniger ein Modell wiederholt, als daß sie *die Organisation einer Antwort auf dieses, die auf der Ebene des sinnlich Wahrnehmbaren vollzogen wird*, impliziert. Er erinnert beiläufig an das Spiel *fort – da*. Ein Kind von eineinhalb Jahren, das reif genug war, nicht zu klagen, wenn seine Mutter das Haus verließ, hatte bloß die befremdliche Angewohnheit, seine Spielzeuge weit von sich zu werfen, so daß es Arbeit erforderte, sie wiederzuerlangen. Während er sie warf, äußerte unser kleiner Akteur ein langgezogenes o-o-o-o, und während er sie zurückholte, begrüßte er ihr Wiedertreffen mit einem freudigen *da* (vgl. Freud, S., 1920, 1972, S. 12). Das Spiel inszenierte symbolisch die Entfernung (das *Fort*gehen der Mutter) und die Freude über ihre Rückkehr *(da)*. Freud gab also ein Erlebnis, welches, obwohl es mit der Position der Romantiker zusammenhing, nie von ihnen gefordert wurde. Wir können sagen, daß die Psychoanalyse am Horizont der Erfahrung entsteht, die von den Romantikern eröffnet worden war. Eine entscheidende Erfahrung in dem Sinne, daß sie zeigte, daß die Vernunft, so wie sie vom klassischen Denken und von der klassischen Poetik begriffen wurde, nicht als Erklärungskriterium der Kunst diente. Die Vernunft errichtet *bewußte* Modelle, damit sie direkt oder in sublimierter Weise internalisiert werden. Genau deswegen vermischt sie sie mit dem nachzuahmenden *Realen*. Indem sie angesichts der erfahrenen Szenen des Lebens das bewußte Modell der *imitatio* durch die Reflexion ersetzten, entdeckten die Romantiker implizit, daß die Realität nicht zu einem *Da* durch die einfache Tatsache wird, daß sie durch Objekte gebildet wird, die mir gegenüberstehen – *Gegenstände*. Wie Schütz (vgl. Kap. 3) sagen sollte, lebt der Mensch im Kontakt mit vielzähligen Realitäten, und eine jede konstituiert sich über einen Set von Regeln, der die Intersubjektivität ihrer Erfahrung ermöglicht. Es folgt nur, daß diese vielzähligen Realitäten sich ausgehend von einer dominanten konstituieren, der Alltagswelt, wo, sagen wir unabhängig von Schütz, die Wahrnehmungsthematisierung über die imaginäre Thematisierung dominiert (zu den beiden Thematisierungen vgl. Sartre, J.-P., 1940). Daher die Tendenz, die verschiedenen *Provinzen* des Realen – die Provinzen des Traums, der Kunst, der Religion etc. – als Teilbereiche der Provinz des Alltags zu interpretieren, welche durch ihre Gesetze beherrscht und folglich aufgrund derselben Regeln erklärbar werden, die auf die Alltagserfahrungen applizierbar sind. (In Klammern gesagt: auch wenn Schütz das enorme Verdienst zukam, die vielzähligen simultanen Ebenen der Realität aufzuzeigen, so hielt er noch an einer rationalistischen Tradition fest, indem er im Übermaß die übrigen Provinzen des Alltags behandelte. So könnte sich der Lektüre, die wir von ihm machen, welche vom Gesichtspunkt der Konstitution des Status der Fiktion aus positiv ist, eine Lektüre entgegenstellen, die bei ihm eher auf der Fortdauer eines Vetos hinsichtlich des Fiktionalen insistierte.) [66]

Gegen den »arroganten Rationalismus« der klassischen Epoche sah Stendhal voraus, daß die Provinz der Kunst verschiedene Regeln besaß, wie er in der Diskussion des Problems der Illusion zeigt:

> Wenn man sagt, die Vorstellungskraft des Zuschauers vergegenwärtige sich, daß die Zeit vergeht, die für die Vorgänge notwendig ist, die auf der Bühne dargestellt werden, versteht man darunter nicht, daß die Vorstellungskraft des Zuschauers so weit gehe anzunehmen, diese ganze Zeitspanne sei tatsächlich vergangen (Stendhal, 1823, 1980, S. 292).

Die Anmerkung ist zumindest nicht völlig ungewöhnlich. Noch 1719 schrieb Jean-Baptiste Du Bos in den *Réflexions critiques sur la poésie et la peinture [Kritische Überlegungen zur Poesie und zur Malerei]*:

> Personen von Geist haben geglaubt, die Illusion sei die erste Ursache des Vergnügens, das uns die Schauspiele und die Gemälde geben. Ihrem Gefühl zufolge gibt uns die Aufführung des Cid nur so viel Vergnügen wegen der Illusion, die sie uns bereitet. Die Verse des großen Corneille, die Vorrichtung der Szene und die Deklamation der Schauspieler erlegen uns davon genug auf, um uns glauben zu machen, daß wir, anstelle der Darstellung des Ereignisses beizuwohnen, dem Ergebnis selbst beiwohnen, und daß wir wirklich die Handlung sehen, und nicht eine Nachahmung. Diese Meinung erscheint mir unhaltbar (zitiert nach Dieckmann, H., 1969, S. 43).

Der Kommentar von Du Bos akzentuiert, daß die klassische Gesetzgebung im Sinne eines Zuschauers oder Lesers dachte und arbeitete, der nur vom Prinzip der *wahrgenommenen* Zeit geleitet wurde. Die Romantiker, die von der sensualistischen Ästhetik Du Bos' antizipiert worden waren, gingen von der Annahme aus, daß der Durchschnittszuschauer weiß, daß die Zeit der Szene sich nicht mit der Uhrzeit vermischt. Wir wollen nicht behaupten, daß die Romantiker unter den Ruinen der *imitatio* die Figur der *Mimesis* entdeckten (was teilweise nur in bezug auf Coleridge zuträfe, vgl. Kap. 2). Wir behaupten jedoch, daß es ausgehend von der derzeitigen Krise der immanentistischen Theorie des Poetischen möglich und wünschenswert wäre, eine neue Lektüre der Romantiker zu unternehmen und bei ihnen Wege hervorzuheben, die ignoriert worden sind. Wege, die bei der Spezifizierung der Provinz der Kunst diese nicht aus den übrigen konstitutiven Provinzen des Repertoires der Lebenswelt herauslösen. Das heißt, diese Spezifik und Interrelation kann sehr gut unter dem Gesichtspunkt der *Mimesis* gewürdigt werden. Schon der sehr kurze Einblick in Freuds Werk zeigt, daß die psychoanalytische Theorie über eine alltäglich realisierte (und ausgelöschte) *Mimesis* reflektiert. Welcher Unterschied aber läßt sich zwischen diesen ihren Wirkungsfeldern feststellen? Der kapitale Unterschied scheint in folgendem zu bestehen: die alltägliche *Mimesis* vollzieht sich innerhalb der Provinz der Alltagswirklichkeit, indem sie sich Gesetzen unterwirft, die von denjenigen verschieden sein müssen, welche die Erfahrung der Kunst befehligen. Dieses wird evident bei dem [67] Vergleich der Lektüre einer literarischen Narration mit dem Hören eines »Vorfalles«, wie Hans Ulrich Gumbrecht gut beschreibt:

> *Literarische Erzählungen*, so können wir resümieren, machen wie alle Erzählungen Erlebnisprozesse für den Rezipienten erfahrbar. Indem sie aber – wie alle literarischen Texte – durch entsprechende Signale eine Neutralisierung der Frage nach ihrer Referentialisierbarkeit nahelegen, können sie als Repräsentation der (Autoren-) Imagination und als Stimulus der (Leser-)Imagination fungieren, und sie orientieren, da hier Erlebnisprozesse (und nicht Erfahrungsbestände oder Handlungsmotivationen) der Repräsentation und Stimulierung von Imagination dienen, die Richtung von deren Umsetzung durch Sinnbildung des Rezipienten vor (Gumbrecht, H. U., 1980, S. 414).

Wenn im Gegensatz dazu das Thema des Zuhörens eine im Bereich des Alltäglichen installierte *Mimesis* ist, verwandelt sich unsere Relationierung:

> (...) bedeutend ist (...), daß Referenzhaltigkeit und Referenzlosigkeit der in den Alltagsfiktionen artikulierten Identitätspräsentationen für den Hörer in gleicher Weise relevant sind. Referenzhaltige Passagen sind Zeichen für die Identität des Sprechers, referenzlose Passagen sind Symptome für seine hypertrophe Selbsteinschätzung (...) Alltagsfiktionen (...) sind konventionellerweise Zeichen oder Symptom für die Identität des Sprechers (a.a.O., S. 417).

Während jedoch die Identifizierung eines Diskurses als literarisch-fiktional beim Leser eine Wirkung auf seine Dimensionierung der Welt provoziert, ruft das Erkennen eines »Vorfalles« als fiktional ein Urteil über seinen Sprecher hervor – er ist ein Erzähler von Vorfällen, jemand, dem man nicht vertrauen kann, ein »Geschichtenerzähler«.

Damit sehen wir besser, was bei der literarischen *Mimesis* geschieht. Gemeinsam mit der alltäglichen *Mimesis* setzt sie eine Übereinstimmung dessen, was erzählt wird, mit dem Referenzrahmen voraus, von dem sie sie erhält. Diese Übereinstimmung überträgt sich in den Eindruck einer *Ähnlichkeit* des Geäußerten mit demjenigen, was der Rezipient in der Lage ist, als realisierbar zu betrachten. Die Behauptung gilt in der Tat sowohl für den Rezipienten als auch für den Produzenten. Aus dem Gesichtspunkt des ersten folgt also, warum die eigenen Wahrnehmungen bereits durch die kulturell sozialisierte Erwartung dessen, was gesehen werden soll, orientiert werden:

> (...) Wahrnehmungen seien keine Enthüllungen. Sie sind ihrer Natur nach Prognosen. Sie nehmen auch vorweg, was für Formen zum Vorschein kommen werden, sobald wir uns bewegen (Gombrich, E. H., 1956, 1978, S. 306). [68]

Vom Gesichtspunkt des Produzenten resultiert dieselbe zentrale Rolle der Ähnlichkeit daraus, daß

> das Bekannte (...) fast immer der Ausgangspunkt für die Darstellung des Unbekannten [ist]; eine bestehende Darstellung wird immer einen Künstler in ihren Bann ziehen, selbst dann, wenn er danach strebt, das Gesehene wahrheitsgetreu festzuhalten (a.a.O., S. 104).

So ist die Erfahrung der *Mimesis* historisch und kulturell variabel, weil der erste Eindruck, den sie hervorruft, der Eindruck einer Ähnlichkeit, aus der Übereinstimmung mit den Referenzrahmen und den daraus resultierenden Erwartungen stammt, historisch und kulturell variablen Rahmen und Erwartungen. Die Kategorie »Übereinstimmung« und ihre unmittelbare Folge – der Eindruck einer Ähnlichkeit – erschöpfen indessen nicht die Erfahrung der literarischen *Mimesis*. Diese vollzieht sich innerhalb eines spezifischen Bezirks, demjenigen der ästhetischen Erfahrung. Und diese setzt ihrerseits voraus, daß der in sie verwickelte Agent weiß, um mit Stendhal zu sprechen, daß die Zeit des Theatersaals nicht mit der Zeit der Theaterbühne identisch ist; daß die Zeit, wo das Gedicht wohnt, sich nicht mit der Zeit vermischt, in der sich das empirische *ich* bewegt, der Alltagswelt des Dichters; daß die Erfahrungen und Werte des Erzählers und der Personen im Hinblick auf die Erfahrungen und Werte ihres Autors nicht unverschieden sind. Zwischen Autor und Werk gibt es weder eine schizophrene Trennung noch eine bloße Kontinuität. Das Werk inszeniert Erfahrungen, die ausgehend vom Referenzrahmen vorstellbar und ausgehend von den Werten ihres Autors zulässig sind (während

Brecht nicht die »Mutter Courage« ist, so wäre es ebensowenig vorstellbar, daß er einen nazistischen »Helden« präsentierte.) Dies sind keine Regeln, die von einer formalen Erziehung abhängig sind, denn in einem solchen Fall wären nur Literaturstudenten in der Lage, sie zu kennen und sie zu erfahren. Das heißt, die literarische *Mimesis* setzt den Eindruck einer Ähnlichkeit voraus, zu der später der Eindruck einer Differenz hinzutritt. Um mit Searle zu sprechen, obwohl wir zu einer ihm entgegengesetzten Schlußfolgerung gelangen, setzt ein literarisch-fiktionaler Satz die Suspendierung der vertikalen Regeln voraus, welche, indem sie den gewöhnlichen Satz mit der Provinz der Alltagswirklichkeit verbinden, den Sprecher den durch sie vorgesehenen Sanktionen unterwirft. (Solche vertikalen Regeln machen uns zum Objekt von Lob oder Tadel, weil wir in Übereinstimmung mit dem gehandelt haben oder nicht, was durch sie erwartet wird.) Dieses Erlebnis der Differenz, das durch die literarisch realisierte – das heißt der ästhetischen Erfahrung unterworfene – *Mimesis* hervorgerufen wird, erscheint dem vernünftig vorbereiteten Rezipienten gewöhnlich. Er kennt noch eine zweite Differenz: während die Alltagserzählung als vollständige – das heißt, insofern sie eine vollständige und kohärente Information vollendet – wertgeschätzt wird, erfordert die literarische Narration von ihrem Rezipienten mehr als die bloße verbale Fähigkeit, das, was er liest oder hört, zu *dekodieren*. [69] Da ihre konstitutiven Segmente nicht den flüssigen Charakter der schönen Verkettung der Alltagserzählung bzw. der wissenschaftlichen oder philosophischen Narration besitzen, da diese Segmente sich häufig widersprechen und aufeinanderstoßen, schaffen sie *Leerstellen*, wie Wolfgang Iser sagt, welche die Interpretation des Lesers auferlegen (vgl. Iser, W., 1976, vor allem Kap. IV). Die Intervention des Lesers beschränkt sich nicht darauf, das zu explizieren, was der Text bereits auf implizite Weise mit sich führte, denn wer dies behauptet, postuliert die zumindest ideale Existenz einer einzigen richtigen Interpretation. Diese Intervention ist im Gegenteil vervielfältigender Natur, da sie von der Aktivität des Imaginären des Rezipienten abhängt. *Die Mimesis ist also ein Prozeß, der sich in der Form der Fiktion konkretisiert.* In der Alltagswelt ist die Fiktion synonym mit Schwindel, Erzeugung, Falschheit, Fantasie oder Fingieren. Nur in der literarischen Erfahrung trifft sie das notwendige *desideratum* des Prozesses der

Mimesis an. Ein Prozeß, der sich also nicht mit demjenigen des Ausdrucks des *ich* vermischt, sondern im Gegenteil mit dem Erlebnis seiner Verdoppelung.

Auerbach, E. (1951), »La cour et la ville«. In: ders. (1951), *Vier Untersuchungen zur Geschichte der französischen Bildung*. Bern. S. 12–50.

Auger (1824) (1970), »Manifeste contre le romantisme«. Im *Institut Royal de France* in der Sitzung vom 24. April 1824 gehaltene Rede. Abgedruckt in: Stendhal (1823) (1970) *Racine et Shakespeare*. Paris: Garnier-Flammarion, S. 235–250.

Aurelius Augustinus (421) (1975), *Die Sorge für die Toten*. Würzburg: Augustinus-Verlag.

Bentham, J. (1814) (³1959), *The Theory of Fictions*. In: C. K. Ogden (Hg.) (³1959), *Bentham's Theory of Fictions*. New York: Harcourt, Brace and Co., S. 7–156.

Bloch, R. H. (1977), *Medieval French Literature and Law*. Berkeley/Los Angeles/London: University of California Press.

Bray, R. (1931) (1978), *La Formation de la doctrine classique*. Paris: A. G. Nizet.

Castelvetro, Lodovico (1570) (1968), *Poetica d'Aristotele Vulgarizzata, Et Sposta. Poetiken des Cinquecento* I. Hgg. v. B. Fabian. München: Fink.

Cerquiglini, J. (1980), »Le clerc et l'écriture: Le *voir dit* de Guillaume de Machaut et la définition du *dit*«. In: H. U. Gumbrecht (Hg.) (1980), *Literatur in der Gesellschaft des Spätmittelalters. Begleitreihe zum Grundriß der romanischen Literaturen des Mittelalters* 1. Heidelberg: Winter. S. 151–168.

Cerquiglini, J. (1983), »Le nouveau lyrisme (XIVᵉ–XVᵉ siècles)«. In: D. Poirion (Hg.) (1983), *Précis de littérature française du Moyen Age*. Paris: P. U. F. S. 275–292.

Chateaubriand, F. R. de (1836) (1975), »Essai sur la littérature angloise et considérations sur le génie des temps, des hommes et des révolutions«. In: ders. (1975), *Oeuvres complètes*. Vol. XI. (Paris) Nendeln/Liechtenstein: Kraus Reprint. S. 479–793.

Costa Lima, L. (1980), *Mimesis e modernidade. Formas das sombras*. Rio de Janeiro: Graal.

Dieckmann, H. (1969), »Die Wandlung des Nachahmungsbegriffes in der französischen Ästhetik des 18. Jahrhunderts«. In: H. R. Jauß (Hg.) (1969), *Nachahmung und Illusion. Poetik und Hermeneutik* 1. München: Fink. S. 28–59.

Donnet, J.-L./Green, A. (1973), *L'enfant de ça. Psychanalyse d'un entretien: la psychose blanche*. Paris: Minuit.

Eisenstein, E. L. (1979), *The Printing Press as an Agent of Change. Communications and cultural transformations in early-modern Europe*. 2

vol., Cambridge/London/Melbourne/New York: Cambridge University Press.

Fernão Lopes (1644) (1945), *Crónica de D. João I.* 2 vol. Lissabon: Livr. Civilisação-Editora.

Fernão Lopes (1735) (1966), *Crónica de D. Pedro.* Hgg. v. G. Macchi. (Lissabon) Rom: Edizioni dell'Ateneo.

Fernão Lopes (1816) (1975), *Crónica de D. Fernando.* Hgg. v. G. Macchi. Lissabon: Imprensa Nacional-Casa da Moeda.

Fontius, M. (1981), »Das Ende einer Denkform. Zur Ablösung des Nachahmungsprinzips im 18. Jahrhundert«. In: D. Schlenstedt (Hg.) (1981), *Literarische Widerspiegelung. Geschichtliche und theoretische Dimensionen eines Problems.* DDR-Berlin/Weimar: Aufbau-Verlag. S. 189–238.

Freud, S. (1905) (1973), *Der Witz und seine Beziehung zum Unbewußten. Gesammelte Werke.* Vol. VI. Frankfurt a.M.: Fischer.

Freud, S. (1920) (1972), »Jenseits des Lustprinzips«. In: ders. (1972), *Jenseits des Lustprinzips/Massenpsychologie und Ich-Analyse/Das Ich und das Es. Gesammelte Werke.* Vol. XIII. Frankfurt a.M.: Fischer, S. 1–69.

Freud, S. (1921) (1972), »Die Identifizierung«. In: ders. (1972), *Jenseits des Lustprinzips/Massenpsychologie und Ich-Analyse/Das Ich und das Es. Gesammelte Werke.* Vol. XIII. Frankfurt a.M.: Fischer, S. 115–121.

Fumaroli, M. (1980) (^{2}1984), *L'Age de l'éloquence. Rhétorique et »res literaria« de la renaissance au seuil de l'époque classique. Hautes Études médiévales et modernes* 43. Genf: Droz/Paris: Champion.

Gombrich, E. H. (1956) (1978), *Kunst und Illusion.* Eine Studie über die Psychologie von Abbild und Wirklichkeit. (Turin) Zürich: Belser.

Goodman, N. (1978) (1984), *Weisen der Welterzeugung.* (Indianapolis/Cambridge) Frankfurt a.M.: Suhrkamp.

Greenfield, C. C. (1981), *Humanist and Scholastic Poetics, 1250–1500.* East-Brunswick/London: Associated University Presses.

Gumbrecht, H. U. (1980), »Erzählen in der Literatur – Erzählen im Alltag«. In: K. Ehlich (Hg.) (1980), *Erzählen im Alltag.* Frankfurt a.M.: Suhrkamp stw 323. S. 403–419.

Hardison, Jr., O. B. (1963), *English Literary Criticism. The Renaissance.* New York: Meredith.

Huizinga, J. (1913) (^{11}1975), *Herbst des Mittelalters. Studien über Lebens- und Geistesformen des 14. und 15. Jahrhunderts in Frankreich und in den Niederlanden.* Stuttgart: Kröner.

Iser, W. (1976), *Der Akt des Lesens. Theorie ästhetischer Wirkung.* München: Fink UTB 636.

Iser, W. (1983), »Akte des Fingierens. Oder: Was ist das Fiktive im fiktionalen Text?«. In: D. Henrich/W. Iser (Hgg.) (1983), *Funktionen des Fiktiven. Poetik und Hermeneutik* X. München: Fink. S. 121–151.

Janik, A./Toulmin, St. (1973) (1987), *Wittgenstein's Wien.* (New York) München: Piper.

Jauß, H. R. (1983), »Zur historischen Genese der Scheidung von Fiktion und Realität«. In: D. Henrich/W. Iser (Hgg.) (1983), *Funktionen des Fiktiven. Poetik und Hermeneutik* X. München: Fink. S. 423–431.

Kristeller, P. O. (1961) (1965), *Renaissance Thought II. Papers on Humanism and the Arts.* New York/Evanston/London: Harper Torchbooks/ The Academy Library.

Menéndez Pidal, R. (1942) (⁶1969), *Poesía juglaresca y juglares. Aspectos de la Historia literaria y cultural de España.* Madrid: Espasa-Calpe.

Le Goff, J. (1981), *La Naissance du purgatoire.* Paris: Gallimard.

Panofsky, E. (1960) (³1984), *Die Renaissancen der europäischen Kunst.* (Stockholm) Frankfurt a.M.: Suhrkamp.

Petrarca, Francesco (1975), »Ad Iohannem de Certaldo (Giovanni Boccaccio), de vaticinio morientium«. In: ders. (1975), *Opere di Francesco Petrarca.* Hgg. v. E. Bigi. Mailand: Mursia Editore. S. 886–909.

Rouanet, S. P. (1981), *Édipo e o anjo. Itinerários freudianos em Walter Benjamin.* Rio de Janeiro: Tempo Brasileiro.

Sartre, J.-P. (1940), *L'Imaginaire.* Paris: Gallimard.

Stendhal (1823) (1980), »Racine and Shakespeare«. In: ders. (1980), *Werke.* Vol. IV. (Paris) Berlin: Propyläen. S. 283–356.

Thomas, K. (1971) (⁴1980), *Religion and the Decline of Magic. Studies in popular beliefs in sixteenth- and seventeenth-century England.* London: Weidenfeld & Nicolson.

Tuve, R. (1947) (1965), *Elizabethan and Metaphysical Imagery. Renaissance Poetic and Twentieth-Century Critics.* Chicago/London: The University of Chicago Press.

Ullmann, W. (1977), *Medieval Foundations of Renaissance Humanism.* Ithaca/New York: Cornell University Press.

Weinberg, B. (1950) (1970), *Critical Prefaces of the French Renaissance.* New York: AMS Press.

Weinberg, B. (1961) (1974), *A History of Literary Criticism in the Italian Renaissance.* 2 vol., London/Beccles: University of Chicago Press.

Zumthor, P. (1972), *Essai de poétique médiévale.* Paris.

Zumthor, P. (1975), *Langue, texte, énigme.* Paris: Seuil.

II. Die Schicksale der Subjektivität: Geschichte und Natur in der Romantik*

> Daß die Weltgeschichte von Zeit zu Zeit umgeschrieben werden müsse, darüber ist in unsern Tagen wohl kein Zweifel übrig geblieben. Eine solche Notwendigkeit entsteht aber nicht etwa daher, weil viel Geschehenes nachentdeckt worden, sondern weil neue Ansichten gegeben werden, weil der Genosse einer fortschreitenden Zeit auf Standpunkte geführt wird, von welchen sich das Vergangene auf eine neue Weise überschauen und beurteilen läßt. Ebenso ist es in den Wissenschaften.
>
> J. W. v. Goethe (1810) (1977) S. 413

A. DIE NATUR

1. Der Zusammenbruch des klassischen Universalen

Die klassische Epoche wird so sehr von der Einheitsidee durchzogen, die in dem Maße, wie der absolutistische Staat herrscht, mehr und mehr konkretisiert wird, daß wir sie in der Devise eines einzigen Gottes, eines einzigen Königs und eines einzigen Gesetzes zusammenfassen können. Indem sie diese Uniformität ebnete, weitete sich die *Vernunft* aus, die [73] vom Theologen und vom Philosophen untersucht werden mußte, damit die Einheit des Göttlichen mit dem Menschlichen von der politischen bis hin zur administrativen Ebene als gut fundiert erwiesen wurde. Das Desiderat dieser Anstrengung war die Herstellung universaler Gesetze – der Gesetze der Vernunft. Die Vernunft entdeckte die Welt als eine Harmonie von Einzelteilen. Auf diese Weise für die Stärkung und Aufrechterhaltung des Paktes zwischen Gott und dem Menschen zu kämpfen hieß, dem Errichteten durch die Natur der

* Erste Version: Rio, November 82. Zweite Version: Rio, Juli 83.

Dinge zu dienen. Der König, den ich verehre, ist in dem Maße mein König, wie ich mich in die universale Ordnung integriere. Was heißen will, daß die Subjektivität weniger von der klassischen Ordnung negiert wird, als daß sie »natürlichen« Prinzipien untergeordnet und in diese integriert wird. Universalität der Werte und vorgängige Bestimmung des Ortes, den das Subjektive einzunehmen hatte, waren also die beiden Seiten derselben Medaille. Daraus resultiert, daß das Individuum sich nur dann unterdrückt fühlte, wenn es jene Ordnung nicht als natürliche Ordnung akzeptierte. Wenn hingegen die »natürliche« Hierarchie und der auf Vernunft gegründete Handlungsmodus akzeptiert wurden, brauchte das individuelle Subjekt sich nicht gezügelt zu fühlen. Die höchste Weisheit der klassischen Epoche hatte folglich darin bestanden, nach und nach zu lernen, die Wiederentdeckung der Subjektivität zu kontrollieren, deren Anfänge in jenem fernen Ende des XII. Jahrhunderts lagen. Eine Weisheit, die gewiß ihr eigenes Ausmaß nicht kannte und deren Operationsbasis das Analogieprinzip zwischen der Welt der Dinge und der Welt der Wörter war, über das Foucault uns sein Hauptwerk *Les mots et les choses [Die Ordnung der Dinge]* hinterließ. Die Analogie funktionierte als das beruhigende *tertium comparationis* und beschränkte sich nicht auf das Feld der Visualität – wo beispielsweise eine Substanz aufgrund der Ähnlichkeit ihrer Form mit der Form des in Mitleidenschaft gezogenen Organs bei einer bestimmten Krankheit als wohltuend angesehen wurde –, sondern drängte sich ebenfalls im abstrakten Feld auf. Als Boileau sich fragte, warum seine Verse gleichermaßen von Fürsten wie vom Volk akzeptiert wurden, gebrauchte er implizit das Prinzip der Ähnlichkeit, das er für die Ursache ihres universellen Wertes hielt:

> (...) c'est qu'en eux le vrai, du mensonge vainqueur,
> Partout se montre aux yeux, et va saisir le cœur,
> Que le bien et le mal y sont prises au juste.[1]

Das Wahre tritt allen unter die Augen und ergreift ihr Herz, das den Unterschied zwischen dem Guten und dem Schlechten zu

1 »In ihnen tritt das Wahre, der Sieger über die Lüge, / Überall unter die Augen und ergreift das Herz, / Daß in ihnen das Gute und Schlechte richtig verstanden werden« (Boileau, N., 1675, 1975, S. 203).

»sehen« versteht. Wenn derselbe Brief an den Marquis de Seignelay behauptet,

> Rien n'est plus beau que le vrai: le vrai seul est aimable[2]

so deshalb, weil das Schöne dem Wahren, dem Gipfel der universalen Werte, ähnlich ist. Um aber diese von der Natur versprochene Ähnlichkeit zu erreichen, [74] ist es notwendig, daß der Dichter sich anzuleiten versteht, indem er erkennt, daß sein Material, die Fiktion, eine feine Falschheit ist, besser, eine Falschheit, die er in eine feine, rechte und korrekte verwandeln muß:

> De toute fiction l'adroite fausseté
> Ne tend qu'à faire aux yeux briller la vérité.[3]

Die Passage läßt keinen Zweifel an der Funktion der *imitatio*: durch sie schärfte die poetische Fabel die Zähne gegen die »siegreiche Lüge«, und so allein wurde es möglich, von der Vernunft, die allem eingeflößt war, akzeptiert zu werden. Die Lüge war siegreich, wenn der Autor sich bloß von seiner aufsässigen Subjektivität leiten und diese nicht von der »natürlichen« Ordnung aufnehmen ließ, wenn er ihre Universalität folglich unmöglich machte. Es liegt daher auf der Hand, daß die Idee eines Vetos bezüglich des Fiktionalen sich auf die Kontrolle des Subjektiven richtete; daß das Imaginäre nicht als solches Gegenstand einer Gesetzgebung war, die sich aus einem, dem Imaginären verliehenen, gesellschaftlichen Dienst ableitete. Eine Kontrolle, die ohne das Einverständnis des Handlungssubjektes nicht wirksam war; besser gesagt, wenn sie nicht mit hinreichend überzeugenden gesellschaftlich-politischen Bedingungen rechnen konnte, das heißt mit Bedingungen, die eine manifeste Widerspenstigkeit unmöglich machten und zugleich die aufsehenerregenden Reibungspunkte der zu befolgenden Normen eliminierten. Nun, dieses mühsame Bauwerk, das auf dem Prinzip der Ähnlichkeit errichtet und durch die Ausübung der Vernunft in Kraft gesetzt worden war, die auf die Errichtung einer universalen und zeitlosen Gesetzgebung abzielte, begann gegen Ende des XVII. Jahrhunderts unterminiert

2 »Nichts ist schön außer dem Wahren: das Wahre allein ist liebenswert« (ebd.).

3 »Von jeglicher Fiktion führt die rechte Falschheit / Nur dazu, in den Augen die Wahrheit erstrahlen zu lassen« (ebd.).

zu werden. Die wirklichen oder erfundenen Reiseberichte von Missionaren, Forschern oder einfachen Reisenden, die sich im Verlauf des Jahrhunderts mehrten und China, Persien, Afrika oder Amerika zum Thema hatten, verbreiteten die Verschiedenheit der Sitten und der Werte, während sie die bis dahin behauptete Universalität in Zweifel zogen. *Gulliver's Travels [Gullivers Reisen]* (1726) konstituieren nur das bekannteste fiktionale Dokument der Satire, das die vermeintliche Universalität der klassischen Modelle angreift. Während der von den Reisenden hervorgehobene Relativismus die von der klassischen Epoche geforderte, äußere Gleichförmigkeit angreift, attackiert Lockes *Essay Concerning Human Understanding [Ein Versuch über den menschlichen Verstand]* (1690) das Fundament der Vernunft. Die Vernunft sagt nichts über das Wesen der Seele aus, da unser Wissen allein von unseren Empfindungen herrührt, von denen das Denken, das Rationale, lediglich abgeleitet ist. Deshalb gibt es nichts, das die universale Zustimmung aller Menschen finden könnte, und anstelle einer angeborenen Vernunft sind die Beunruhigung und der Wunsch ihr Fundament. Bedeutete dies aber nicht, eine Quelle des Universalen durch eine andere zu ersetzen und das Programm der Universalität unberührt zu lassen? Nein, denn die Hervorhebung der *uneasiness* offenbart dem Individuum etwas Besonderes, obwohl dies etwas ist, das allen Individuen gemeinsam ist. Dasselbe könnte man nicht [75] von der Angeborenheit der Vernunft behaupten, die die Besonderheit der partikularen Vernünfte beseitigte. Die philosophische Debatte an sich interessiert uns nicht, uns ist vielmehr daran gelegen, ihre Parallelwirkung hervorzuheben: die Kritik, von der das Lockesche System ausgeht, implizierte die Hervorhebung des Individuellen. Nun wäre es grotesk zu denken, daß das neue Gegenprinzip sich mit einem einzigen Schlag gegen das gesamte Bauwerk der universalisierenden Vernunft auflehnte. Wir sehen es deutlich in der *Monadologie* (1714) von Leibniz. Das kleine Traktat stellt erklärtermaßen die Idee der geistigen Substanz der Erklärung durch mechanische Ursachen gegenüber, die vom kartesianischen Denken verteidigt werden. Die Monade, der bewegende Geist des Individuums oder, in den eigenen Worten des Philosophen, seine »Entelechie oder Seele« (§ 63), ist diese einfache und nicht weiter teilbare Substanz, von der es unmöglich ist zu erklären, wie sie »umgestimmt oder in ihrem Innern durch irgendein anderes Geschöpf verändert werden könnte; (...) Die Monaden haben keine Fenster, durch die etwas ein- oder austreten kann« (Leibniz, G. W., 1714, 1962, S. 33, § 7). Mit anderen Worten, die Monaden verändern sich allein aufgrund eigener Ursachen. Das Individuum, eine mit einem organischen Körper ausgestattete Monade, ist daher mit einem geistigen und nicht mit einem mechanischen Prinzip versehen. Dieses rudimentäre Verständnis bietet uns bereits Gelegenheit, die im Leibnizschen Denken beinhaltete Verteidigung des individuellen Subjekts gegen die universalisierende *ratio* zu lokalisieren, welche *a priori* dessen Ort determinierte. Leibniz machte seine Idee jedoch innerhalb der Ordnung seiner Zeit durch die Verbindung des monadologischen Prinzips mit der Existenz Gottes annehmbar:

> So ist Gott allein die ursprüngliche Einheit oder die urbildlich einfache Substanz, von der alle geschaffenen oder abgeleiteten Monaden Produktionen sind (a.a.O., S. 91, § 47).

Gott wird zu einem unverzichtbaren Postulat, damit die in sich geschlossenen Monaden nicht aufeinanderstoßen, sondern sich im Gegenteil zu einer perfekten Ordnung verbinden. Nur so trifft es zu,

> daß Gott als Erbauer in allem Gott als Gesetzgeber zufriedenstellt (a.a.O., S. 147, § 89).

Diese unzähligen geschlossenen Körper, die Monaden, werden von demselben göttlichen Pfeil durchbohrt, der sie einerseits in einer Harmonie der Sphären anordnet und sie andererseits zum jeweiligen Spiegel der übrigen Monaden macht:

> Und wie eine und dieselbe Stadt, von verschiedenen Seiten aus betrachtet, ganz anders und wie perspektivisch vervielfacht erscheint, so kommt es auch, daß durch die unbegrenzte Vielheit einfacher Substanzen es gleichsam ebenso viele verschiedene Welten gibt, die dennoch nichts anderes sind als Perspektiven der Einen, entsprechend den verschiedenen Blickpunkten jeder Monade (a.a.O., S. 103, § 57). [76]

Wie groß auch immer die Bemühung um Aufrechterhaltung eines Universalitätskriteriums sein mag, in seinem Inneren bewegt sich nun eine destruktive Quelle. Die individuelle Subjektivität fordert von der göttlichen Weisheit eine Erklärung, warum sie, monadisch und privatisiert, wie sie ist, in der Lage sei, das Universale zu *erkennen*. Das heißt, das Universale wird nun verinnerlicht und macht das Individuum zu einem mehrfachen und potentiellen Spiegel, es verwandelt seine Vermittlung mit dem Göttlichen in ein ebenfalls verinnerlichtes Spiel. Die äußere Welt, die Natur, entledigt sich Gottes. Obwohl die sprechenden einfachen Substanzen logisch durch die göttliche Handlung erklärt werden, der sie folglich als Beweis dienen, werden sie *de facto* zum Unterpfand der Existenz Gottes. Wenn sie ihn nicht bestätigen und, was nicht im Sinne des Philosophen wäre, ihr Ursprungszentrum aufgeben, wird die äußere Welt verlassen, entsakralisiert erscheinen. In diesem Sinne schlugen Lockes und Leibniz' Denken denselben Weg ein: die Betonung der Rechte der individuellen Subjektivität lief auf den Zusammenbruch der klassischen Allianz zwischen Mensch, Gott und Natur hinaus. Die Natur, die als Mittlerin beim Zusammentreffen des Geschöpfes mit dem Schöpfer diente, seit die Schönheit ihre Ähnlichkeit mit der Wahrheit akzeptierte und sich folglich in der *imitatio* vollzog, zeigt sich nun leer und feindlich. Daher, wie Cassirer im Hinblick auf Rousseau hervorhebt, »gibt es nun keinen direkten Übergang mehr; nicht die Natur, sondern die Moral, keine Kenntnis der objektiven Ordnung der Welt, sondern allein das Gewissen kann uns den Weg zu Gott zeigen« (Cassirer, E., 1945, 1947, S. 51). Somit entwickeln sich seit dem Ende des XVII. Jahrhunderts und während des XVIII. Jahrhunderts die Krisensignale der klassischen Epoche. Für das Vorhaben dieses Buches ist wichtig, darauf zu insistieren: für die klassische Mentalität implizierte das Veto hinsichtlich der Fiktion weder das Entsetzen über einen oder die Geringschätzung eines nichtpraktischen Diskurses noch die Feindlichkeit gegenüber jeglicher Weltformulierung, die nicht mit dem Notwendigen für die gültige politische und religiöse Macht koordinierbar war. Letzten Endes zielte die Kontrolle der Fiktion jedoch auf die Kontrolle der Subjektivität, als ob sie in der Lage wäre, diese mit jener zu erreichen. Nun verlieh das philosophische Denken im Verlauf des XVIII. Jahrhunderts nicht nur den Empfindungen, dem Gewissen und dem monadologischen Status des Individuums ein neues Gewicht, sondern die Religion verlor zugleich ihre Kraft als Sozialisierungsinstrument. Dies zeigt eine Untersuchung der Bücher, die im Ver-

lauf des Jahrhunderts in Frankreich publiziert wurden. Während in den 20er Jahren mehr als ein Drittel der Werke von Religion handeln, verschwinden bereits um die Mitte des Jahrhunderts die bekannteren Werke der »Liturgie und Devotion«, während sich die »spezialisierteren«, die sich auf die Theologie und die Apologetik beziehen, halten (vgl. Furet, F., 1982, S. 148 u. 152).
Alle erwähnten Anzeichen deuten auf die Anbahnung einer Veränderung hin, die sich heute leicht als tiefgreifend erkennen läßt. Im Hinblick auf unser Thema [77] heben wir nur eines hervor: wie diese Krise die Praxis und die Konzeption der Geschichte affiziert.
Während der klassischen Epoche präsentierte sich die Geschichte ausgehend von der katholischen Interpretation der Welt als Universalgeschichte, in welche die partikularen Geschichten einflossen. Die Geschichte stützte sich auf ein apriorisches Schema, das sie einerseits von der Idee der Erforschung der Fakten trennte und andererseits in den Bereich der Rhetorik und der Schönen Künste verwies. Daher die zornige Kritik, die Montaigne gegen die Historiker richtete:

> Am häufigsten sucht man für diese Aufgabe, und insbesondere in diesen Jahrhunderten, Personen aus dem Volk aus, allein aufgrund der Überlegung, daß sie gut zu sprechen verstehen; als ob wir dort die Grammatik zu erlernen suchten! Da sie nur dafür engagiert wurden und nur das Geschwätz verkauft haben, haben sie Recht, sich hauptsächlich nur um diesen Teil zu kümmern. Kraft schöner Worte werden sie uns ein schönes Gewebe der Geräusche herstellen, die sie an den Kreuzungen der Städte sammeln (Montaigne, M. Eyquem de, 1580, 1967, Buch II, Kap. X, S. 175).

Noch in der zweiten Hälfte des XVIII. Jahrhunderts wird die heilige Geschichte ernsthaft von den *Antiquaren* bestritten, die sich, wie Leibniz, in den Archiven einschlossen und damaligen Hilfswissenschaften wie der Archäologie, der Numismatik oder der Textkritik widmeten bzw. sich der Spezialisten auf diesen Gebieten bedienten. Diese immense Arbeit über Dokumenten zieht jedoch nicht den Status der Geschichte in Mitleidenschaft, die weiterhin in den Schönen Künsten erzählt wird (vgl. Furet, F., 1982, S. 105 u. 107).
Anstatt sich zu verringern, wird die Kluft zwischen dem Historiker und dem Antiquar im französischen XVIII. Jahrhundert

durch die Mode der philosophischen Geschichte vergrößert, die nur »ein laizisierter Diskurs über die Universalgeschichte« ist (a.a.O., S. 113). Im Zeichen des Wandels versuchte die traditionelle Historiographie das alte universalisierende Modell mittels einer Reflexion abzudichten, die sich von der vorausgehenden nur durch die Preisgabe des religiösen Interpretationsschemas unterschied. Aber dieses ›nur‹ sagt uns viel: es sagt uns, daß die Geschichte entsakralisiert wird. Und es sagt uns außerdem, daß diejenigen, die sie entsakralisierten, sie zu verwenden können glaubten, indem sie die Geringschätzung für die ›manuelle‹ Arbeit der Antiquare beibehielten. Die Situation sollte sich mit dem wachsenden Einfluß des Paradigmas der mathematischen Wissenschaften nicht verändern. Das mathematische Ideal führte ganz im Gegenteil zur Infragestellung der Objektivität der Arbeit des Historikers. Eine Situation, die sich mit der Entwicklungslinie des Denkens seit Locke und Leibniz komplizierte, da sie die Bedeutung der empirischen Tatsachen und die Irreduzibilität des Individuellen hervorhoben. Daher haben die von der Historiographie in den Anfängen des XVIII. Jahrhunderts erkannten Dilemmata kaum etwas gemeinsam mit den anderen, [78] zuvor angedeuteten Anzeichen: auch sie wird von der Krise der apriorischen und universalen Konzeption der klassischen Vernunft erfaßt, aber sie wird nicht unmittelbar von den intellektuellen Strömungen unterstützt, die sich der klassischen Mentalität entgegenstellten. Diese haben zwei Fronten, die Front der mechanischen Erklärung, die von den Kartesianern repräsentiert wurde, und die Front der psychologischen Erklärung, die der privaten Subjektivität zugehörige Elemente hervorhob, wenn nicht sogar ihre Irreduzibilität auf die äußerliche Handlung. Keine der beiden kommt der Aufgabe des Historikers direkt zugute, die sich, wie wir im zweiten Teil dieses Essays besser sehen werden, erst im letzten Drittel des Jahrhunderts entwickeln wird. Die entscheidende Variante taucht also noch nicht auf: die Bemühung um nationale Identität. Erst da wird die Geschichte von ihrer Verwandtschaft mit der Rhetorik und den Schönen Künsten gelöst werden.

Da das Ziel dieses Kapitels darin besteht, über die Beziehungen der modernen Geschichtskonzeption mit dem fiktionalen Diskurs nachzudenken, fragen wir uns also, was mit diesem zu jener Zeit geschah.

Im Gegensatz zu dem, was mit der Geschichte geschah, hatte die Krise der klassischen Mentalität eine unmittelbare Auswirkung sowohl auf den literarischen Ausdruck als auch auf die ihm gewidmete Reflexion. Hinsichtlich letzterer genügt es, uns der Namen von Bouhours, Dubos und Shaftesbury sowie der Prinzipien zu erinnern, mit denen die nun auf die Kategorie des Geschmacks gegründete Ästhetik vorgetragen wurde. Was die literarische Front angeht, so genügt es uns, an die Dominanz des Ausdrucks des Gefühls zu erinnern, wie bei *Manon* von Prévost, *Paul et Virginie* von Bernardin de Saint-Pierre, *La Nouvelle Héloïse* von Rousseau oder die sentimentalen Romane von Richardson. Da es uns nicht um eine Ideengeschichte geht, beschränken wir uns darauf, diese Namen und Strömungen zu benennen, und bewahren uns die Ausführung für die Untersuchung einiger Stellen bei Diderot auf. Wir wollen genauer sehen, wie er die Frage des individuellen Subjekts mittels der vom Gefühl und von der nicht mehr sakralisierten Natur gespielten Rolle erörtert. Wir werden Gelegenheit haben zu sehen, daß das individuelle Subjekt und die Natur nicht auf die Romantik warten, um ihre Beziehungen auszuweiten. Nachdem die Natur ihren ehemaligen Ort verloren hat, schickt sie sich an, einem anderen Herrn zu dienen.
Diderot zeigt in seinem berühmten *Essai sur la peinture [Versuch über die Malerei]* (1765) nicht nur den Mißkredit auf, in den bei ihm das Modell der *imitatio* geraten war, sondern auch den heimlichen Kampf, der sich zwischen zwei konkurrierenden Kriterien entsponn: demjenigen, das die Qualität eines Werkes durch die Ausstrahlung einer individuellen Tugend erklärte, und demjenigen, das sie durch seine Treue zur Natur rechtfertigte. Von Anfang an konzentrierte der Universalgelehrte seine Geschütze auf die Art und Weise, wie sich die Erziehung des Künstlers vollzog. Die der Akademie gewidmeten Jahre bringen dem Lehrling nicht mehr als den Bereich einer ›Art und Weise‹ nahe, ein künstliches Ergebnis, mit dem [79] die Körper einer Form modelliert werden, die nichts »mit den Positionen und den Handlungen der Natur gemein hat«. Damit der Lehrling sich von den Gefängnissen der *Art und Weise* befreite, wäre es notwendig, das akademische Modell gegen die Gewohnheit der Beobachtung des Lebendigen einzutauschen. Dies allein aber genügte nicht, da die Ausführung ohne die Hilfe des Genies und des verfeinerten Gefühls unvollkommen bliebe:

> Es genügt aber nicht, die Gesamtheit gut errichtet zu haben, es geht darum, dort die Details einzuführen, ohne die Masse zu zerstören; es ist das Werk des Schwungs, des Genies, des Gefühls und des exquisiten Gefühls (Diderot, D., 1765, 1951, S. 1118).

Schon die Verdammung der *Art und Weise* macht die Zurückweisung der alten *imitatio* offenkundig. Die *Art und Weise* wird als künstlich und weniger reichhaltig als die Szenen des Lebens betrachtet, da nicht mehr an ein zeitloses Realitätsmodell geglaubt wird, dessen Übernahme durch den individuellen Künstler aus dessen Ausdruck alles entfernen würde, das sich an der Ähnlichkeit des Schönen mit dem Wahren stoßen würde. Die Negation des ehemaligen Kriteriums hingegen ist nicht nur ästhetischer Natur. Der Angriff auf die *imitatio* verläuft parallel zur Virulenz gegen den religiösen Gebrauch: »die Geschichte unserer Religion und unseres Gottes« hätte einen anderen figurativen Ertrag,

> wenn unsere Priester keine dummen Frömmler wären; wenn dieses entsetzliche Christentum sich nicht durch Mord und durch Blut errichtet hätte; wenn die Freuden unseres Paradieses sich nicht auf eine impertinente, seligsprechende Vision von ich weiß nicht was reduzierten, das man weder begreift noch versteht; wenn unsere Hölle etwas anderes anböte als feurige Abgründe, scheußliche und gotische Dämonen, Heulen und Zähneklappern (a.a.O., S. 1143).

In direkteren Worten: das Christentum wäre eine unschätzbare Quelle für die bildliche, poetische und bildhauerische Darstellung, falls es auf das Modell einer zeitlosen Realität zugunsten des Ausdrucks des Lebens verzichtete. Selbst wenn nun ein religiöser Zuhörer der Umwandlung des klassischen Modells einer zeitlosen Realität in eine stereotypisierte Form zugestimmt hätte, könnte er Diderot bei seinem Lob auf das Leben nicht folgen, da dies den Verlust des Engelscharakters der Jungfrau zugunsten ihres Bildes als verführerischer Frau implizierte:

> Wenn die Jungfrau Maria die Mutter des Vergnügens oder die Mutter Gottes gewesen wäre, wenn es ihre schönen Augen, ihre schönen Brüste, ihr schöner Po gewesen wären, die den Heiligen Geist angezogen hätten und wenn dies in dem Buch ihrer Geschichte geschrieben stünde (ebd.). [80]

Zu einer Zeit, als man noch nicht von Romantik oder von Realismus spricht, bringt Diderot seine Überlegung im Sinne der beiden Entwürfe auf den Weg. In einer ersten Lektüre hingegen scheint der Essay sich einer realistischen Leitlinie zuzuwenden. Das heißt, nachdem die Natur zu diesem Leerraum geworden war, der nicht mehr durch eine Konzeption geheiligt wurde, die auf der Nähe des Göttlichen zum Menschlichen beruhte, begann ihre Kraft vom direkten Austausch mit dem Menschen abzuhängen, dessen Interesse oder sogar Enthusiasmus durch die Präsentation der lebendigen und veränderlichen Szenen ihrer zahllosen Kombinationen geweckt würde. Wäre aber der von diesem Austausch anvisierte Mensch irgend jemand? Die bereits zitierte Passage, in der von der Notwendigkeit eines speziellen Talentes für den Künstler die Rede war, zeigt, daß dies nicht der Fall ist. Seine Beobachtungsgabe müßte in jeder Hinsicht durch seinen Schwung, sein Gefühl und sein Genie unterstützt werden. Auf seiten des Rezipienten würde eine gute Beobachtungsfähigkeit ebensowenig genügen. Ihm wird Geschmack abverlangt. Diderot nimmt hingegen wahr, daß die Kategorie des Geschmacks zu fließend ist. Wie kann man mit einem so idiosynkratischen Kriterium arbeiten? Wie kann man es in ein analytisches Instrument verwandeln?

> Wenn der Geschmack eine Sache der Laune ist, wenn es keine Regel des Schönen gibt, woher kommen dann diese herrlichen Emotionen, die sich so plötzlich, so unfreiwillig und so stürmisch im Inneren unserer Seelen erheben, die sie erfreuen oder die sie zusammenschnüren, und die unseren Augen die Tränen der Freude, des Schmerzes, der Bewunderung abverlangen, sei es angesichts eines großen physischen Phänomens, sei es beim Vortrag eines großen moralischen Traktats? *Apage, Sophista!* du wirst niemals mein Herz überzeugen, daß es Unrecht hat zu schaudern; mein Inneres, daß es Unrecht hat, bewegt zu sein (a.a.O., S. 1167).

Die vom Philosophen vorgeschlagene Lösung wird weniger überzeugen als vielmehr seine Frage. Diderot erklärt den Geschmack auf der Seite des Rezipienten durch den Habitus und auf der Seite des Künstlers durch eine Manifestierung des Genies, was die wissenschaftliche Entdeckung antizipiert:

> Was ist also der Geschmack? Eine durch wiederholte Erfahrungen erworbene Fertigkeit, das Wahre oder das Gute gemeinsam mit dem Umstand zu ergreifen, der es schön macht, und davon sofort und lebhaft berührt zu werden. (...) Michelangelo gibt dem Petersdom von Rom die schönstmögliche Form. Der Geometriker de La Hire, der von dieser Form beeindruckt ist, zeichnet ihren Aufriß und findet heraus, daß dieser Aufriß die Kurve des größten Widerstandes ist. Wer inspirierte Michelangelo zu dieser Kurve unter einer Vielzahl anderer, die er hätte wählen können. Die alltägliche Erfahrung des Lebens (a.a.O., S. 1169).

Während Diderot das Individuelle berührt, während er die Qualitäten behandelt, auf die die kreative und rezipierende Kunsterfahrung antworten sollte, streift er [81] das Besondere und führt es schnell auf eine allgemeine Ebene, die Ebene des Habitus und die Ebene der antizipierenden Intuition. Obwohl beide aus der Sicht des Autors die Alltagserfahrung voraussetzen, werden sie nicht auf derselben allgemeinen Ebene angesiedelt. Der Habitus schreibt sich direkt auf der allgemeinen Ebene ein, das heißt er reicht als Erklärung für das Verhalten von jedermann aus. Die antizipierende Intuition hingegen ist bereits dem Individuum eigen, das mit Genie ausgestattet ist. Anstatt sie also für eine *allgemeine Definition* der kreativen Person zu halten, müssen wir mit größerer Präzision sagen, daß es sich um ein an sich wenig definiertes *generisches Merkmal* handelt. Auf diese Weise führt die Frage des Geschmacks zu einem Ungleichgewicht in der Bestimmung der Pole, die in der Kunsterfahrung zugegen sind: als Funktion des Habitus verstanden, wird der Geschmack operationalisierbar. An die Qualität der Intuition des Genies gekoppelt, gelingt es nicht, mehr aus ihr zu machen, als das Unerwartete, das Unkalkulierbare, *das, was die wissenschaftliche Entdeckung vorwegnimmt*, zu sein. Wenn wir von dieser seiner Nähe zur Wissenschaft abstrahieren, die Diderot selbst nicht entwickelt, sehen wir, daß das Genie sich in einer solipsistischen Konzeption verschließt: Genie ist Genie. Aber dem Autor selbst entging die Unausgewogenheit des analytischen Befundes nicht. Das Geschmackskriterium wird gut funktionieren, um die Rezeptionsbedingungen zu erklären, nicht aber diejenigen des Schaffensprozesses. Wenn dieser eine spezielle Sensibilität voraussetzt, bemerkt Diderot, so wird eine solche Sensibilität selten von einer entsprechenden Geschmackssequenz begleitet. Und vom häufigen Mißverhältnis zwischen innovativer Sensibilität und dem für ihre Mitteilung notwendigen Geschmack ergibt sich die Erfolgsungewißheit des Geniewerkes, das deshalb allein durch die Intervention... eines anderen Genies sichergestellt wird:

> Daher die Ungewißheit des Erfolgs jedes Geniewerkes. Es ist allein. Man wertschätzt es nur, indem man es unmittelbar auf die Natur bezieht. Und wer versteht es, bis dorthin zurückzugehen? Ein anderes Genie (a. a. O., S. 1170).

Die dazwischengeschaltete Klausel – das Geniewerk wird nur verstanden, wenn es unmittelbar auf die Natur bezogen wird – wiederholt die Vermittlerrolle der Natur. Diese Vermittlung ist aber nur einem anderen Genie sichtbar. Was also als eine patente Antizipation der realistischen Ästhetik erschien, erweist sich schließlich als Antizipation dessen, was von der theoretisch weniger anspruchsvollen Romantik verteidigt werden wird. Uns ist aber weniger dieses Ergebnis wichtig als vielmehr die Bestätigung, daß die Natur sich bereits damals als verlassenes Land eines symbolischen Netzes präsentierte, das ihr ihren Sinn sicherstellte. Die realistische Kodierung wird vom Rückzug jenes Realitätskonzepts begünstigt, das die Natur sublimierte, das aus Geschöpfen und Ereignissen Figurationen einer prästabilierten Wahrheit machte. Dieser Produktionstyp erscheint nun blaß, falsch und lachhaft gegenüber der vollen Lebenswahrheit. Aber die [82] Hinwendung zur Fixierung des Lebens erweist sich als theoretisch unzureichend. Die realistische Kodierung stößt auf die Schwierigkeit der Nachahmung: das zu imitieren, was in den Blick gerät, bedeutet noch nicht, daß das Leben figurativ wird. Dazu ist erforderlich, mit einer besonderen und bestimmten Fähigkeit ausgestattet zu sein. Die Preisgabe der klassischen Gesetzgebung stellt der Reflexion über die Kunst das Problem des idiosynkratischen Genies. Welche Rolle sollte indessen im analytischen Denken Diderots dem »Realismus« zufallen? In unserer Perspektivierung könnte man denken, daß seine Ankündigung des Realismus eine Anfangsphase nicht überschritt, die nachträglich unter die Hervorhebung des Genies subsumiert wurde. Dieser Eindruck trügt. Der vier Jahre frühere Artikel, *Eloge de Richardson [Eloge an Richardson]*

(1761), machte die Spannung zwischen romantischen und realistischen Antizipationen klarer, ebenso, warum es nicht darum ging, sie zu überwinden. Der englische Romancier, bemerkt Diderot,

> verliert sich niemals in den Regionen der Zauberei [féerie]. Die Welt, in der wir leben, ist der Ort der Szene; der Gehalt seines Dramas ist wahr; seine Personen haben jede mögliche Realität; seine Charaktere sind der Mitte der Gesellschaft entnommen; seine Ereignisse befinden sich in den Gebräuchen aller Polizeinationen; die Passionen, die er zeichnet, sind derart, daß ich sie in mir selbst empfinde; (...) er zeigt mir den allgemeinen Lauf der Dinge, die mich umgeben. Ohne diese Kunst würde meine Seele sich unter Schmerz Hirngespinsten zuwenden, wäre die Illusion nur momenthaft und der Eindruck schwach und vorübergehend (Diderot, D., 1761, 1951, S. 1060f.).

Wenn das Kriterium des Genies den Kunsttheoretiker in so große Finsternis hüllt, daß sich aus ihr nichts Mitteilbares befreien läßt, so drängt sich das realistische Kriterium um so mehr auf; es dient als Grundlage dafür, daß der Analytiker ebenso seine Wertschätzung des Werkes wie die dauerhafte Wirkung, die es im Rezipienten weckt, zu erklären vermag. Der »Realismus« drängt sich ihm folglich weniger aufgrund einer didaktischen Sorge auf, die er der Kunst angedeihen läßt, als vielmehr durch die Unmöglichkeit, *operational* über das Genie zu theoretisieren. Wenn er also fortfährt zu schreiben:

> Wenn es also für die Menschen wichtig ist, überzeugt zu werden, daß wir unabhängig von jeglicher Betrachtung jenseits dieses Lebens nichts Besseres zu tun haben, um glücklich zu sein, als tugendhaft zu sein, welchen Dienst hat Richardson dann dem menschlichen Geschlecht erwiesen? (a.a.O., S. 1062),

bekundet er kein rein ethisches Urteil, denn das, was sich ethisch abhebt, ist auch unter ästhetischem Gesichtspunkt von Bedeutung, um die Fortdauer der Wirkung des Werkes sicherzustellen. Die Spannung zwischen der romantischen und der realistischen Ordnung kündigt also weniger das an, was gegenläufige Bewegungen sein werden, als vielmehr die Formulierung von Variablen, deren Behandlung in der nachklassischen [83] Kunsttheorie dringlich wird. In direkten Worten: der Geniebegriff suchte die Bedingungen für das kreative Wesen zu partikularisieren; der Realismusbegriff die Bedingungen für die Zirkulation des kreativen Werkes. Die Verabsolutierung des ersteren führte zum Kult eines spezifischen Individuums; diejenige des zweiten zu einer Konzeption der Beziehungen der sozialen Wirklichkeit mit dem Kunstwerk, die sich in der Konzeption der Widerspiegelung verdichten sollte. In weniger groben Termini: die romantischen und realistischen Züge werden bei Diderot vorweggenommen, da er die Notwendigkeit einer neuen Theoretisierung der Kunst präsentiert, die (a) die Fragen der Spezifität des Werkes und (b) dessen Beziehungen zur Realität in Betracht zieht, ohne die das Interesse, das es weckt, nicht erklärt werden konnte. Von diesem Blickwinkel aus erscheint Diderot als Mikrokosmos einer Problematik, die sich in der europäischen Literatur bis zum Ende des XIX. Jahrhunderts entwickeln wird und darüber hinaus auf die Literatur Amerikas ausgreift. Diese Aussage zielt nicht darauf ab, die einander angenäherten 150 Jahre, die sich ausgehend von der Mitte des XVIII. Jahrhunderts entwickeln, in einen synchronen Rahmen zu verwandeln, was nur konzipierbar wäre, wenn die Äußerungen Diderots die Gesamtheit der späteren Anordnungen abdecken könnten. Wenn dies vor allem in einer Zeit derartig schneller Veränderungen absurd ist, so bleibt ein bescheidenerer Vorschlag: wir möchten die Aufmerksamkeit auf die Tatsache lenken, daß Diderots romantische und realistische Antizipationen die Fragen enthalten, die der Diskussion der nachfolgenden Jahrzehnte zugrunde liegen werden. Um dies schematisch zu bestätigen, erinnern wir an die Überlegung, die Wolfgang Preisendanz angesichts der dem Naturalismus zeitgenössischen deutschen Romantiker entwickelt (Stifter, Raabe, G. Keller, Fontane). Die Unzufriedenheit, die alle hinsichtlich der Richtung des zeitgenössischen Romans bekunden, die verbitterte Kritik, die ein Fontane Zola und Turgenjew vorbehält, resultiert aus seinem Mißfallen hinsichtlich der Art und Weise, wie »das problematische Verhältnis von subjektiver Wirklichkeit und objektiver Faktizität« (Preisendanz, W., 1962, ^{2}1974, S. 472) artikuliert wurde. Für den Konstanzer Germanisten taucht die Frage aufgrund der Betonung der Rolle der Phantasie, die von der klassischen Unterwerfung unter die *imitatio* befreit worden war, mit der Romantik auf: »Ein Grundsatz der Romantik war bekanntlich die Emanzipation der Phantasie, der produktiven Einbildungskraft, aus der Autorität des empirischen Weltverhältnisses. Gerade das aber zwang die Romantiker, besonders intensiv nach dem Verhältnis von Mimesis und Poiesis zu fragen« (a.a.O., S. 458). Die Emanzipation der Phantasie wurde folglich durch die Trennung zwischen den Prinzipien der *Mimesis* und der *Poiesis* problematisch. Während der lyrische Dichter die zweite zu seiner Bastion erwählt, indem er sie für den Ausdruck der Phantasie für zureichend hält, entscheidet sich der Prosaschriftsteller aus Motiven, die noch zu diskutieren sein werden, für die *Mimesis* und macht die Geschichte zu seiner Muse. (Der Leser wird ohne größere Kommentare wahrnehmen, daß die Vorlieben für die *Poiesis* und für die *Mimesis* [84] bei Diderot der Spannung zwischen Genie und Realismus entsprechen.) Deshalb, sagt Preisendanz, ist in der Kritik der deutschen Prosaschriftsteller am vorherrschenden Realismus immer »vom Wesen einer poetischen Mimesis die Rede« (a.a.O., S. 468). Das Syntagma »poetische *Mimesis*« ist vielmehr Ausdruck des Willens, die entgegengesetzten Richtungen zu justieren: der »entgegenstehenden Prosa der Verhältnisse« (Hegel) die poetische Imagination zu integrieren. Wir wollen die Frage in allgemeine Begriffe kleiden: um auf dem Feld der Kunst die angestrebte Einheit zu erlangen, ordnet die klassische Epoche die *Poiesis* einem zugleich idealisierten und ausgeweiteten Verständnis der *Mimesis* unter, die sie, als ob sie sie bloß übersetzte, *imitatio* nannte. Das allgemeine Bauwerk, in das diese Konzeption eintrat, setzte, wie wir wissen, die Legitimität einer einzigen Autorität, der Monarchie, und einer einzigen Religion, der Besitzerin und Verkünderin der Wahrheit, voraus. In der Praxis impliziert dies ebenso die Suspendierung von Konzepten wie demjenigen der Imagination, um nicht als ein schwaches Echo der *inventio* verstanden zu werden, die ihrerseits ein schwaches Echo der *Poiesis* war, wie die Geringschätzung von Aktivitäten, die auf die Rekonstituierung der Vergangenheit abzielten, da der Sinn der Geschichte bereits zuvor durch die *Heilsgeschichte* [dt. im Original] errichtet worden war. Das Leben zeigte sich also als ein gut abgedichtetes Schiff, ohne daß sich seine Insassen hätten unterdrückt fühlen müssen, das heißt, ohne daß die an der Kunst Interessierten das Veto hinsichtlich der Fiktion gespürt hätten, während die Reise für alle vorgezeichnet war. Die Sicherheit des Schiffs und die Ruhe der Passagiere werden nur in Frage gestellt, wenn der Hauptpunkt des klassischen Bauwerks berührt wird: die zeitlose Universalität der Vernunft. Im Falle einer Infragestellung taucht das Problem der Subjektivität, ihrer Rolle bei der Konstituierung der Welt und ihrer Ausdrucksrechte auf. Im Falle der Kunst wird die Vorrangstellung der *imitatio* von den Ästhetiken des Geschmacks und des Genies bestritten.[4] In der Reflexion über Diderot sahen wir eine Formulierung anwesend, die am Anfang der Moderne der Erkenntnis der Kunst theoretische Integrität zu geben suchte. Wir sahen dann, daß seine Schlüsselkonzepte ein und dasselbe Problem umkreisten: den Ausdruck der Natur und des Individuums in den Produktions- und Rezeptionsprozessen. Obwohl seine Konzepte von der besseren, romantischen Reflexion überwunden werden sollten, wird in dieser jene Frage aktuell bleiben, auf die Diderots Konzepte eine Antwort zu geben suchten. Aus diesem Grunde konzentrierten wir uns strategisch auf die Figur des Enzyklopädisten, in der Hoffnung, daß uns das von der bei ihm wirksamen Spannung zwischen Genie und »realistischer« Fixierung angebotene Verständnis [85] als Orientierung auf dem unsteten Terrain dienen möge, das wir nun betreten.

2. Subjektivität und Poetik in der Frühromantik

Wie ist es noch möglich, von der Romantik im Singular zu sprechen? Bereits 1938 erklärte Huizinga, die »Romantik hat soviel Gesichter wie sie Ausdrucksformen gehabt hat« (Huizinga, J., 1938, ^{8}1966, S. 181). Wir wollen hier kein Inventar dieser Formen geben, wir wissen nicht einmal, wieviele es gegeben hat. Unsere Untersuchung beschränkt sich auf das Feld der Theoretisierung in der Frühromantik, die ihrerseits auf das Werk von Friedrich Schlegel eingegrenzt wird, mit einem kleinen Abstecher zu Wordsworth und Coleridge.

Um den Eindruck zu vermeiden, diese Arbeit zielte auf eine Ideengeschichte ab, die in unserem Falle die Ideengeschichte der

4 Eine minuziöse Analyse der sozioökonomischen Bedingungsfaktoren, die zu diesem Übergang führen, finden sich bei M. Fontius (1977). Wir erkennen ihr Verdienst an, stimmen aber trotzdem nicht mit ihr überein, da sie auf der Grundlage der Widerspiegelungstheorie nicht akzeptieren kann, daß die deutsche »idealistische« Theorie *Gültigkeit* und nicht bloß *Erklärungswert* besaß.

dem Diskurs der Fiktion abgesprochenen oder konzedierten Rechte wäre, beginnen wir damit, den vom Hauptereignis des Jahrhundertendes verursachten Einfluß auf die Erarbeitung des romantischen Programms zu untersuchen. Aber diese Entscheidung läuft ebenfalls Gefahr, ein Mißverständnis hervorzurufen, die Annahme nämlich, wir hielten die Französische Revolution für das Ereignis, das die Romantik hervorgebracht hat. Da wir die vorangehenden Seiten bereits zu unserer Verteidigung anführen können, fällt es uns nicht schwer, uns gegen die Mißverständnisse zu schützen, zumindest gegen jene, die wir absehen können. Die Frage der Romantik entstammt wie die spätere Frage des Realismus demselben Nährboden: der Notwendigkeit, der Kunst nach dem Fall der klassischen Ordnung eine neue Legitimation zu geben. Es ist bekannt, daß sie sich zeitgleich zur Veränderung der sozialen Funktion der Kunst selbst einstellt, die im XVIII. Jahrhundert aufhört, Auftragsarbeit und eine spezifischen Rollen vorbestimmte Tätigkeit zu sein – die Unterhaltung des Hofes, die Pracht der adligen oder religiösen Zeremonien, die Grandiosität der Tempel und Paläste –, um fortschreitend ein anonymes Gut zu werden, das für einen Markt bestimmt ist. Dies wird hier einfach vorausgesetzt, weil es für unser Argument keinen entscheidenden Ausschlag gibt. Hingegen wird die Frage der Möglichkeit einer Suspendierung des Vetos hinsichtlich des Fiktionalen, das wir ständig in der klassischen Epoche sahen, von entscheidender Bedeutung sein. Wie wir bereits sahen, wurde ein solches Veto nicht einmal notwendigerweise wahrgenommen. Eben deshalb war es vom Standpunkt der künstlerischen Produktion nicht zwingend nachteilig. Von dem Moment an aber, als die Kunst keine obligatorische Bestimmung mehr besitzt und als die göttlich-menschliche Allianz nicht mehr erlaubt, universalisierte Werte zu konzipieren, wird die automatische Unterordnung des individuellen Subjekts unter eine ›prästabilierte‹ Ordnung als unerträgliche Repression empfunden. Dieses allgemeine Gefühl verfolgt [86] im Fall des Kunsterlebnisses denselben Kurs: die Natur und das Leben sind Rohstoffe, die nicht mehr in Übereinstimmung mit nun angefochtenen Kanones ausgedrückt zu werden brauchen. Damit sind diese fast unnötigen Erklärungen abgeschlossen, und wir wollen sehen, inwiefern uns das Thema der Französischen Revolution wichtig erscheint.

Die Revolution von 1789 wurde von der deutschen und der englischen *Intelligenzija* als das Hauptereignis des Jahrhunderts begrüßt. Wir stellen folglich bloß einige Zeugnisse zusammen.
»Frankreich ist jetzt mein Gedanke Tag und Nacht«, schreibt der Dichter Ludwig Tieck 1792 an seinen Freund Wackenroder und fügt hinzu: »ist Frankreich unglücklich, so verachte ich die ganze Welt« (zitiert nach Böttcher, K., 1977, S. 36). In einem Brief, wahrscheinlich von 1795, erklärte Fichte, daß seine zwischen 1794 und 1795 konzipierte *Wissenschaftslehre* »in mir aufkam«, während »ich ein Werk über die Revolution schrieb«, und daß sein Werk das metaphysische Äquivalent zu der von der Revolution unternommenen Befreiung der Menschheit »von ihren materiellen Ketten« sei (zitiert nach Abrams, M. H., 1966, 1983, S. 115). Friedrich Schlegel beobachtet 1798 zu Beginn des *Fragmentes 424*, die »gewöhnlichen Gesichtspunkte« seien, »die Französische Revolution als das größte und merkwürdigste Phänomen der Staatengeschichte zu betrachten, als ein fast universelles Erdbeben, eine unermeßliche Überschwemmung in der politischen Welt; oder als ein Urbild der Revolutionen, als die Revolution schlechthin« (Schlegel, F., 1798, ³1971, S. 82).
Aber der Enthusiasmus dauerte nur wenige Jahre. Die jakobinische Diktatur, die 1793 begann, der Terror unter Robespierre und die Verkehrung des Verteidigungskrieges in eine offensive Kampagne riefen das Abflauen des Enthusiasmus und die Entmutigung, wenn nicht sogar den Umschwung der Sympathie der *Intelligenzija* hervor. »Während die Romantik in Deutschland anfangs noch von republikanischen und liberalen Gedanken und Erwartungen erfüllt war und auch die Klassik mit den Ideen der Französischen Revolution sympathisierte, trat mit dem Siegeszug der französischen Armeen ein bedeutsamer Umschwung ein« (Böttcher, K., 1977, S. 20). Währenddessen besaß die Veränderung bei einem zunehmend konservativen Autor wie Coleridge keinen radikalen Anfang. In einem Brief an Wordsworth, der wahrscheinlich vom 10. September 1799 datiert, drängte Coleridge seinen Freund,

> ein Gedicht in Blankversen [zu schreiben], das an all diejenigen adressiert ist, die infolge des vollständigen Versagens der Französischen Revolution alle ihre Hoffnungen auf die Verbesserung der

Menschheit aufgegeben haben und in einen fast epikuräischen Egoismus verfallen, den sie unter den weichen Titeln heimischer Anbindung und Verachtung für visionäre *Philosophen* verbergen (Coleridge, S. T., 1799, 1966, I, S. 527). [87]

Seine erstmals 1817 veröffentlichte *Biographia Literaria* präsentiert ein wichtiges Zeugnis des späteren Umschwungs:

> Die jugendlichen Enthusiasten, die sich, geschmeichelt vom morgendlichen Regenbogen der Französischen Revolution, gerühmt hatten, ihre Hoffnungen und Ängste *auszubürgern*, waren nun, durch die aufeinanderfolgenden Stürme diszipliniert und mit den Jahren ernüchtert, gelehrt worden, den nationalen Geist zu preisen und als die beste Sicherung nationaler Unabhängigkeit zu verehren, und dies wiederum als absolute Vorbedingung und notwendige Basis allgemeiner Rechte (Coleridge, S. T., 1817, 1958, I, S. 123).

Wenn das nationalistische Argument wahrscheinlich auch erst zu einem späteren Zeitpunkt als das Gedicht auftaucht, so ist es doch eine Tatsache, daß sich in *France: An Ode [Frankreich: Eine Ode]*, zuerst 1798 veröffentlicht, bereits zeigt, daß der Umschwung sich im Sinne der nun privaten Verehrung der Freiheit vollziehen wird. Das Gedicht beschreibt den anfänglichen Enthusiasmus des Dichters:

> When France in wrath her giant-limbs upreared,
> And with that oath, which smote air, earth, and sea
> Stamped her strong foot and said she would be free,
> Bear witness for me, how I hoped and feared![5]

Ein Enthusiasmus, der ihn verläßt, als er erfährt, daß die revolutionären Truppen in die Schweiz eingefallen waren:

> Forgive me, Freedom! O forgive those dreams!
> I hear thy voice, I hear thy loud lament,
> From bleak Helvetia's icy caverns sent –
> I hear thy groans upon her blood-stained streams![6]

5 »Als Frankreich im Zorn seine riesigen Gliedmaßen aufrichtete, / Und mit jenem Schwur, der Luft, Erde und Meer ergriff, / Seinen starken Fuß aufstampfte und sagte, es würde frei sein, / Seid mein Zeuge, wie ich hoffte und fürchtete!« (Coleridge, S. T., 1798, 1977, S. 131).

6 »Vergib mir, Freiheit! O vergib diese Träume! / Ich höre deine Stimme, ich höre dein lautes Klagen, / Das aus den eisigen Höhlen der traurigen

Schließlich endet der Dichter mit dem Bedauern, das Freiheitsbedürfnis mit der politischen Bewegung des Kontinents verwechselt zu haben:

> The Sensual and the Dark rebel in vain,
> Slaves by their own compulsion! In mad game
> They burst their manacles and wear the name
> Of Freedom, graven on a heavier chain![7]

Ausgehend von diesen Passagen läßt sich der Sinn beobachten, den die Reaktion annehmen wird. Sie wird für den Charakter der Romantik und der intellektuellen Produktion der Zeit von Bedeutung sein. Der Rückzug auf sich selbst wird den autoreflexiven Charakter der Poesie stimulieren. So findet Coleridge in derselben Ode die gesuchte Freiheit in der Kontemplation der Natur: [88]

> And there I felt thee! – on that sea-cliff's verge,
> Whose pines, scarce travelled by the breeze
> above
> Had made one murmur with the distant surge!
> Yes; while I stood and gazed, my temples bare,
> (...)
> O Liberty! my spirit felt thee there.[8]

Es bleibt der Unterschied zu jenem Grund festzuhalten, der Diderot dazu führte, das realistische Merkmal zu rühmen. Der Dichter geht nun in die Natur, nicht aus Unzufriedenheit über die akademischen Posen, sondern um das Scheitern der libertären Illusion zu kompensieren. Derselbe Weg erscheint auf fiktionalisierte Weise im *Hyperion* (1797–1799) von Hölderlin wieder. Hyperion bricht mit dem Vater und verliert schließlich Diotima durch seine

Schweiz ertönt – / Ich höre dein Stöhnen über ihre blutbesudelten Ströme!« (a.a.O., S. 133).

7 »Das Sinnliche und das Dunkle rebellieren vergebens, / Sklaven ihres eigenen Zwangs! In einem verrückten Spiel / Sprengen sie ihre Fesseln und tragen den Namen / Der Freiheit, graviert auf einer schwereren Kette!« (a.a.O., S. 133f.).

8 »Und dort fühlte ich dich! – auf dem Rand der Meeresklippe, / Dessen Kiefern, kaum von der Brise dort oben bewegt, / Mit der fernen Brandung ein Geräusch gemacht hatten! / Ja, während ich stand und mit bloßen Augen starrte, / (...) / O Freiheit! Mein Geist fühlte dich dort« (a.a.O., S. 134).

Entscheidung, für die Befreiung seines Griechenlands gegen die Türken zu kämpfen. Aber der Krieg präsentiert ihm ein Gesicht der Menschen, das ihn dazu bringt, sich vom Schlachtfeld zurückzuziehen. Der Kampf für die Freiheit verwandelt sich in ein Lied an die innere Freiheit, indem dem Leben der Person ein irrender Charakter aufgedruckt wird. In einem Brief, den Diotima noch lebend erhält, kündigt Hyperion seine Wandlung an:

> Nun laß dich nur das Mitleid nimmer irre führen. Glaube mir, es bleibt uns überall noch eine Freude. Der echte Schmerz begeistert. Wer auf sein Elend tritt, steht höher. Und das ist herrlich, daß wir erst im Leiden recht der Seele Freiheit fühlen. Freiheit! wer das Wort versteht – es ist ein tiefes Wort, Diotima. Ich bin so innigst angefochten, bin so unerhört gekränkt, bin ohne Hoffnung, ohne Ziel, bin gänzlich ehrlos, und doch ist eine Macht in mir, ein Unbezwingliches, das mein Gebein mit süßen Schauern durchdringt, sooft es rege wird in mir (Hölderlin, F., 1799, 1970, S. 701).

Auf zwei ziemlich entgegengesetzten Wegen, Hölderlins stechender Schmerz stößt auf Coleridges rednerische Eloquenz, wird die erste Wirkung der politischen Frustration bezeugt: sie motiviert die Autoreflexivität. Die zitierten Passagen von Coleridge präsentieren hingegen noch eine zweite Konsequenz. Während der revolutionäre Enthusiasmus die Jugendlichen dazu führte, ihre Hoffnung *auszubürgern*, provozierten die Napoleonischen Kriege, die Enttäuschung über Napoleons Expansionspolitik, sein Fall und die Ankunft der restaurativen Repression in ganz Europa die Einflößung des nationalistischen Gefühls. Obwohl sie von einem und demselben Autor thematisiert wurden, riefen die beiden Wirkungen in der Literatur abweichende Richtungen hervor. Im Verlauf dieses Essays werden wir sehen, daß die Selbstreflexion sich vor allem in der lyrischen Form entwickeln wird, während das nationalistische Gefühl in das Privileg der Geschichte einfließen wird, die im Roman ihre literarische Parallele findet. [89]
Der Widerhall von 1789 zeigt sich noch bei zwei anderen Autoren. Die Bedeutung des ersteren besteht in der Feststellung der Tatsache, daß der Widerhall noch in einem vom revolutionären Erdbebenherd bereits so entfernten Jahr wie 1816 andauert und anerkannt wird. Im Brief vom 8. September an Lord Byron erzählte Shelley von seiner Reise nach Paris und zu den Palästen, die

die Szene einiger der interessantesten Ereignisse dessen [sind], was das Hauptthema der Epoche genannt werden kann, in der wir leben – die Französische Revolution (Shelley, P. B., 1816, 1964, I, S. 504).

Vom zweiten, Wordsworth, stammt das relevanteste Dokument über die durch die Revolutionsjahre hervorgerufene Reaktion. Es konzentriert sich auf sein langes Gedicht *The Prelude, or Growth of a Poet's Mind [Das Vorspiel, oder Die geistige Entwicklung eines Dichters]*, das hier nur im Hinblick auf dieses Thema kommentiert wird.

The Prelude, das zwischen 1799 und 1805 geschrieben, jedoch erst 1850 veröffentlicht wurde, ist in den Worten seines Autors *the history of a Poet's mind*. Man könnte es also als Äquivalent in Versen der *Biographia Literaria* seines Freundes Coleridge ansehen, von der es sich nur durch eine intimere und weniger intellektualisierte Diktion unterscheidet. Als Geschichte eines Geistes – gesehen von seiner Kindheit auf dem Lande, über die Universitätsbänke, über die Herumirrungen in London, über die Reise nach Frankreich, wo er Zeuge von Robespierres Aufstieg ist und als Freund der Girondisten die bedrohlichen Anzeichen fühlt und die Rückkehr ins Vaterland beschließt, wo er sich bis zur Entdeckung seiner Berufung zum Dichter ziellos wiederfindet –, als Geschichte einer Existenz auf der Suche nach einem Ziel also, kann man das Gedicht als ein *Bildungsgedicht* betrachten. »Wordsworths Argument ist, wie bei Milton, eine Theodizee, die die Rechtfertigung menschlichen Leidens in der Wiederherstellung eines verlorenen Paradieses lokalisiert. In Miltons Sicht wird dieses Ereignis nicht eintreten, ›bis ein großer Mann / Uns restauriert und den glücklichen Ort wiedergewinnt‹. Wordsworths Paradies hingegen kann einfach durch eine Einheit des menschlichen Geistes mit der Natur erreicht werden, (...) ohne Rekurs auf eine intervenierende göttliche Instanz oder auf ein himmlisches Königreich, um irgendein Ungleichgewicht zwischen dem Guten und dem Bösen unseres sterblichen Zustandes zu beseitigen« (Abrams, M. H., 1971, 1973, S. 95). Es handelt sich also, wie derselbe Autor sagt, um »eine Theodizee ohne ein operatives *theos*« (ebd.). Folglich haben, wie Abrams minuziös darlegt, die *Bildungsgeschichte* sowie der *Bildungsroman* (und, fügen wir hinzu, auch das *Bildungsgedicht*) ihre gemeinsame Basis in biographischen Aspekten, da sie von einem Entschließungsprozeß des Lebens, von einer Wiedererlangung des nun hingegen bloß irdischen Paradieses sprechen. Deshalb akzentuiert ihre Häufigkeit in der romantischen Zeit die Entwicklung einer laizistischen Konzeption der Welt [90] seit dem Zusammenbruch der klassischen Epoche. Es spielt keine Rolle, daß der Dichter sich im Werk als religiös zu erkennen gibt; seine Religiosität ist privater Natur, und die Natur ist nicht mehr der Treffpunkt mit Gott. Genau deshalb wird das revolutionäre Ereignis die Bedeutung erlangen, die jeder Leser von *The Prelude* sofort erkennt. In Erinnerung an seinen Jubel über den revolutionären Triumph schreibt Wordsworth:

> (...) triumphant looks
> Were then the common language of all eyes;
> As if awaked from sleep, the Nations hailed
> Their great expectancy (...)
> (Buch VI, vv. 755–758).[9]

Ein Enthusiasmus, der nur emotional und nicht durch eine gesellschaftliche, politische und ökonomische Untersuchung geebnet worden war, die sich in jener Epoche erst zu verbreiten begann. Deshalb spricht Wordsworth beim Schlendern durch die Straßen von Paris das Votum aus, die gegenwärtigen Opfer könnten die menschliche Würde wiederherstellen:

> And finally, as sum and crown of all,
> Should see the people having a strong hand
> In framing their own laws; whence better days
> To all mankind (...)
> (Buch IX, vv. 529–532.)[10]

Wenn wir heute gewisse Schwierigkeiten haben, diese uns deklamatorisch erscheinende Diktion zu akzeptieren, ist es nicht deshalb, weil sich die Sitte der sozioökonomischen Untersuchung der

9 »Triumphierende Blicke / Waren damals die allgemeine Sprache aller Augen; / Als ob aus dem Schlaf erwacht, begrüßten die Nationen / Ihre große Erwartung« (Wordsworth, W., 1850, 1976, S. 247).

10 »Und schließlich, als Summe und Krone von allem, / Sollten [wir] das Volk mit einer starken Hand sehen / Bei der Herstellung seiner eigenen Gesetze; von daher bessere Tage / Für die gesamte Menschheit« (a.a.O., S. 375).

Aufstände sosehr eingebürgert hat, daß wir implizit sogar in den ergriffensten Versen eine Entsprechung fordern? Vielleicht erscheint uns genau deswegen die Enttäuschung des Dichters so verdächtig:

> When by the gliding Loire I paused, and cast
> Upon his rich domains, vineyard and tilth,
> Green meadow-ground, and many-coloured woods,
> Again, and yet again, a farewell look
> (Buch X, vv. 6–9).[11]

Zumindest in diesem Fall aber ist der Verdacht nicht gerechtfertigt. Wordsworth hatte nichts zu gewinnen, als er die für England empfundene Schande ansprach, und dies sogar nach seiner Enttäuschung, weil er England in einer Allianz gegen die Feinde der Revolution wußte:

> Britain put forth her freeborn strength in league,
> Oh, pity and shame! with those confederate Powers!
> (Buch X, vv. 264–265).[12] [91]

Es hängt folglich mit seinem sentimentalen Bekenntnis zum Verlauf der Revolution zusammen, daß der Dichter erst vollständig desillusioniert wird, als er von der Einberufung des Papstes zur Krönung des Kaisers erfährt:

> This last opprobium, when we see a people,
> That once looked up in faith, as if to Heaven
> For manna, take a lesson from the dog
> Returning to his vomit; (...)
> (Buch XI, vv. 361–364).[13]

11 »Als ich bei der vorüberfließenden Loire anhielt, und erhob / Über ihre reichen Felder, Weinberg und Ackerland, / Grünen Wiesengrund und farbenprächtige Wälder, / Wieder und immer wieder einen Abschiedsblick« (a.a.O., S. 399).

12 »Britannien brachte seine freigeborene Stärke in der Liga vor, / Oh, Mitleid und Schande! mit jenen konföderierten Kräften! (a.a.O., S. 413).

13 »Diese letzte Schmach, wenn wir sehen, daß ein Volk, / Das einst im Glauben aufblickte, als ob vom Himmel / Manna regnen sollte, eine Lektion bei dem Hund lernt, / Der zu seinem Erbrochenen zurückkehrt« (a.a.O., S. 455).

Das revolutionäre Engagement verliert sich, und die Autobiographie geht eine andere Ehe ein. Gewiß, die Natur hatte seit seinen Jugendtagen eine zentrale Rolle gespielt. Schon im Buch IV, das von seinen Schulferien handelte, erscheint das Fragment, das eine andere Poetik als eigenständiges Gedicht auffassen würde:

> As one who hangs down-bending from the side
> Of a slow-moving boat, upon the breast
> Of a still water, solacing himself
> With such discoveries as his eye can make
> Beneath him in the bottom of the deep,
> Sees many beauteous sights – weeds, fishes, flowers,
> Grots, pebbles, roots of trees, and fancies more,
> Yet often is perplexed and cannot part
> The shadow from the substance, rocks and sky,
> Mountains and clouds, reflected in the depth
> Of the clear flood, from things which there abide
> In their true dwelling; now is crossed by gleam
> Of his own image, by a sunbeam now,
> And wavering motions sent he knows not whence,
> Impediments that make his task more sweet;
> (Buch IV, vv. 256–270).[14]

Die Natur wird nicht mehr als ein Ort gesehen, der von *topoi* und Emblemen verbreitet wird, was auf eine zuvor bekannte Dekodierung zurückverwiese. Nun gibt es kein *tertium comparationis* mehr, kein Netz von Analogien, deren Sinn dem gebildeten Leser bekannt wäre. Anstatt also auf einen gebildeten Stand zu verweisen, der ihn dechiffrieren würde, führt Wordsworth als impliziten

14 »Wie einer, der herabgebeugt hängt von der Seite / Eines sich langsam bewegenden Bootes, auf die Brust / Eines stillen Gewässers, sich labt / An solchen Entdeckungen, wie sie sein Auge machen kann / Unterhalb von sich auf dem Grund der Tiefe, viele schöne Blicke sieht – Schlingpflanzen, Fische, Blumen, / Grotten, Kieselsteine, Baumwurzeln und andere Gebilde, / Doch oft verwirrt ist und nicht unterscheiden kann / Den Schatten von der Substanz, Felsen und Himmel, / Berge und Wolken, die reflektiert werden in der Tiefe / Der klaren Flut, von Dingen, die dort verweilen / An ihrem wahren Wohnsitz; wird manchmal gekreuzt vom Schein / Seines eigenen Bildes, manchmal von einem Sonnenstrahl, / Und Wellenbewegungen von unbekannter Herkunft, / Hindernisse, die seine Aufgabe süßer machen« (a. a. O., S. 153).

Leser jemanden mit sich, der die Szene ausgehend von seiner Assoziationsfähigkeit zu konkretisieren hätte, die von jener angeregt wird. So erklären sich die beiden Möglichkeiten, die der Dichter gegenüber der Natur in sich entwickeln muß: die Beobachtungsgabe und die Fähigkeit imaginierender Reflexion. (Es ist anzumerken, daß Wordsworth und Coleridge im Vorwort von 1815 zu den *Lyrical Ballads [Lyrische Balladen]* die Beobachtung und die Beschreibung als erste für die Poesie erforderliche Macht erachteten und an vierter Stelle die Imagination und die Phantasie hinzufügten, deren Tätigkeit durch die [92] Verben ›modifizieren, erschaffen und assoziieren‹ definiert wurde.) Dieser Austausch mit der Natur war gleichbedeutend mit ihrer Entgöttlichung, mit ihrem Charakter als weltlicher Ort, an dem der Reisende sein eigenes Schicksal abzustecken hat. Die revolutionäre Enttäuschung ruft nur ihre nachdrückliche Betonung hervor; besser gesagt, sie lenkt den Austausch mit der Natur auf das poetische Ziel:

> But when that first poetic faculty
> Of plain Imagination and severe,
> No longer a mute influence of the soul,
> Ventured, at some rash Muse's earnest call,
> To try her strength among harmonious words;
> And to book-notions and the rules of art
> Did knowingly conform itself; there came
> Among the simple shapes of human life
> A wilfulness of fancy and conceit
> (Buch VIII, vv. 365–373).[15]

(Die Tatsache, daß die Passage vor der Erzählung der revolutionären Enttäuschung kommt, widerlegt nicht unseren Ansatz, da die Autobiographie keinen Charakter linearer Beschreibung hat.)
Nachdem der göttliche Plan aufgegeben ist, verwandelt sich die Natur in einen Gesprächspartner des Menschen, der sich inmitten all dessen pflanzt, wo ein »vitales Pulsieren« empfunden wird:

15 »Aber wenn jene erste poetische Fähigkeit / Voller Imagination und Strenge, / Nicht länger ein stummer Einfluß der Seele, / Wagte, beim ernsthaften Ruf irgendeiner flüchtigen Muse, / Ihre Stärke zwischen harmonischen Wörtern zu versuchen; / Und Buch-Begriffen und den Kunstregeln / Wissentlich entsprach; dann erschien / Zwischen den einfachen Formen menschlichen Lebens / Ein Eigensinn von Phantasie und Einbildung« (a.a.O., S. 325).

(...) In the midst stood Man,
Outwardly, inwardly contemplated,
As, of all visibles natures, crown, though born
Of dust, and kindred to the worm (...)
(Buch VIII, vv. 485–488).[16]

Entzaubert, verzaubert die Natur sich von neuem, indem sie den Menschen in ihr Zentrum aufnimmt. Und dieselbe Differenz des kulturellen Kontextes, die den zeitgenössischen Leser dazu führte, daß ihm die sentimentale Begeisterung für die Revolution mißfiel, führt ihn an dieser Stelle dazu, angesichts der Vergötterung die Nase zu rümpfen, die der Dichter dem Binom Mensch-Natur zu gewähren sucht:

(...) Thus was man
Ennobled outwardly before my sight,
And thus my heart was early introduced
To an unconscious love and reverence
Of human nature; hence the human form
To me became an index of delight,
Of grace and honour, power and worthiness
(Buch VIII, vv. 275–281).[17]

Wenn aber eine der ersten Bedingungen einer analytischen Lektüre darin besteht, die Vergangenheit nicht bloß nach dem aktuellen Wertsystem zu beurteilen, [93] das heißt, nicht eine anachronistische Bewertung zu praktizieren, dann sind wir folglich verpflichtet, eine »Horizontverschmelzung« zu konstruieren, was unmöglich ist, wenn wir nicht, wenngleich ohne Hoffnung auf vollen Erfolg, die Erwartungshaltungen zu rekonstruieren versuchen, auf die die Werke der Vergangenheit antworteten. Ist es also nicht der romantische *Enthusiasmus*, der uns von diesen Dichtern trennt? Wie aber könnten wir ohne den romantischen Enthusiasmus die

16 »Mitten darin stand der Mensch, / Von außen, von innen betrachtet, / Als von allen sichtbaren Naturen die Krone, obwohl geboren / Aus Staub, und dem Wurm verwandt « (a.a.O., S. 333).

17 »So wurde der Mensch / Nach außen hin vor meinem Anblick veredelt, / Und so wurde mein Herz früh herangeführt / An eine unbewußte Liebe und Ehrerbietung / An die menschliche Natur; seitdem wurde die menschliche Form / Für mich zu einem Index des Entzükkens, / Der Anmut und Ehre, Macht und des Wertes (a.a.O., S. 319).

Konzeption des Dichters als Seher verstehen, die sie reaktualisierten?

> (...) it shall be my pride
> That I have dared to tread this holy ground,
> Speaking no dream, but things oracular
> (Buch XIII, vv. 251–253).[18]

In der Gestalt des Sehers konnte der Dichter sich als eine Art Gottheit begreifen, wenngleich lediglich als eine irdische Gottheit. Wenn es also korrekt ist, auf der Laizisierung der Welt nach der klassischen Epoche zu insistieren, so ist es noch notwendig hervorzuheben, daß sie sich noch mit den Resten der religiösen Erfahrung vollzog. Bereits Abrams unterstreicht, wenn auch in einer anderen Begrifflichkeit: »Die Tendenz im innovativen romantischen Denken (die je nachdem manifestiert ist, ob der Denker ein christlicher Theist ist oder nicht) besteht größtenteils darin, die Rolle Gottes zu verringern, und im Extrem zu eliminieren, wobei als Haupttriebkräfte der Mensch und die Welt zurückbleiben (...)« (Abrams, M. H., 1971, 1973, S. 91). Deshalb spricht Wordsworth, nachdem er auf der Höhe des Berges Snowdon vernommen hat, sein Schicksal sei, Dichter zu sein, von seiner Macht wie von der Investitur eines Priesteramtes:

> This spiritual Love acts not nor can exist
> Without Imagination, which, in truth,
> Is but another name for absolute power
> And clearest insight, amplitude of mind,
> And Reason in her most exalted mood.
> (Buch XIV, vv. 188–192).[19]

Als das elaborierteste Zeugnis dessen ausgewählt, was die Revolution für die Frühromantik repräsentiert hatte, führt uns *The Prelude* eine Konstellation von Fragen vor, die nicht von der Hand

18 »Es soll mein Stolz sein, / Daß ich es gewagt habe, diesen heiligen Boden zu betreten, / Von Dingen zu reden, die kein Traum und doch Orakel sind« (a.a.O., S. 503).

19 »Diese geistige Liebe handelt nicht, noch kann sie existieren / Ohne Imagination, welche, in Wahrheit, / Nur ein anderer Name für absolute Macht ist / Und klarste Einsicht, Breite des Geistes, / Und Vernunft in ihrer ausgelassensten Stimmung« (a.a.O., S. 521).

zu weisen ist. So sahen wir, daß die von der Natur stimulierte Selbstreflexion dem Augenblick der Enttäuschung über den Verlauf der Revolution vorausging; daß diese Selbstreflexion oder der Austausch des Geistes mit der Welt sich seitdem der individuellen Subjektivität auferlegte, die, da sie sich jetzt selbst überlassen war, einen Gesprächspartner benötigte, der sie zu sprechen »lehrte«. Stattdessen war es notwendig, daß der Dichter seine Fähigkeit zur Beobachtung des Anderen, der Natur, entwickelte, [94] um anschließend in sich die Metamorphose dessen zu entdecken, was er gesehen hatte, das heißt die Kraft der *Phantasie und Imagination*. Nun, erinnert uns dieser Weg nicht an einen anderen, den wir hier bereits präsentiert haben? Wie die Rolle, die der Beobachtung zugestanden wird, der Bedeutung gleichkommt, die Diderot dem realistischen Merkmal beimißt, nähert sich die Kraft der Phantasie und der Imagination der Rolle an, die dem Genie vorbehalten ist. Auf diese Weise erscheint Diderot als eine Art umfassender Skizze dessen glorifiziert, was das Denken der Moderne im Hinblick auf die Kunst entwickelt hat. Indessen drängt sich in der Tat neben dieser Lektüre eine andere, kritische Lesart auf. Die Begriffe Genie, Imagination, Phantasie sowie jener andere Begriff, ›Seher‹, der sich in dasselbe Paradigma einreiht, bleiben weiterhin sowohl überhaupt nicht operationalisierbar als auch viel zu unpräzise. Von ihnen allen ist der Begriff ›Seher‹ wegen des religiösen Rahmens, der ihn motiviert, noch der am wenigsten dunkele. Gerade wegen seiner Verankerung im Feld der religiösen Erfahrung scheint indessen die Idee des Dichters als ›Seher‹ historisch zu verblassen, während die Identifizierung des Dichters mit dem Genie bestehenbleibt, zumindest in der volkstümlichen Vorstellung. Und was kann man von der Imagination sagen? Während der Beobachtungsbegriff sich von selbst aufzudrängen scheint, zumindest im Verständnis des Gebildeten, fand das Imaginäre in den bisher zitierten Passagen noch keine genauere Bestimmung. In der Tat wagt sich die Imagination nur in einer Passage der *Biographia Literaria* über diesen Rand hinaus. Wir lassen Coleridges Unterscheidung zwischen primärer und sekundärer Imagination außer Acht und legen die Betonung auf das zweite Merkmal. Die Imagination

> löst auf, verteilt, zerstreut, um neu zu erschaffen; wo andererseits dieser Prozeß unmöglich gemacht wird, kämpft sie trotzdem noch

> in allen Fällen darum, zu idealisieren und zu vereinheitlichen. Sie ist im wesentlichen *vital*, selbst wenn alle Objekte (*als* Objekte) im wesentlichen fixiert und tot sind.

Die Passage geht ohne Unterbrechung weiter:

> Die *Phantasie* dagegen hat keine anderen Spielmarken [counters] als fixierte und definitive Sachen. Die Phantasie ist in der Tat nichts anderes als ein anderer Modus des Gedächtnisses, der von der Ordnung der Zeit und des Raumes emanzipiert ist (Coleridge, S. T., 1817, 1958, I, S. 202).

Wir verstehen jetzt besser, warum Imagination und Phantasie paradigmatisch mit der Kategorie »Genie« verbunden sind und inwiefern sie über das Genie hinausgehen. Während die Beobachtung den Künstler zu *sehen* lehrt, ordnen Phantasie und Imagination sich auf einer präzisen Skala an, einer Skala, die mit dem Sehen des Objekts bricht. Während sich in der Ordnung [95] der Phantasie, die eine andere Manifestierung des Gedächtnisses ist, noch eine gewisse Beständigkeit hält, die nur von den Kategorien des Raumes und der Zeit befreit, verliert sich dieser Seinsmodus des Objekts vollständig in der Ordnung des Imaginären. Mit einem Wort, die mangelnde Präzision, die das Denken der Moderne über die Kunst umgibt, wird erst in jenem Moment überwunden, als sich erahnen läßt, daß das Kunstobjekt über die Gesprächspartner, die es in Kontakt bringt, das Individuum und die Natur, hinausgeht; daß es sie weniger dadurch überwindet, daß es sie negiert, als dadurch, daß es sie einer Metamorphose unterzieht. Darüber hat Diderot uns nichts mehr zu sagen. Seine Idee des Genies wird nun zu einem entfernten Vorläufer. Da die Geschichte aber selten auf der Höhe der Zeit den Fortschritt erkennt, den die Ideen erfahren, die wie Coleridges Präzisierung keine unmittelbare Wirkung zeitigten, wird Diderots Insistenz auf dem »realistischen« Merkmal und dem Genie auch weiterhin historisches Gewicht haben.

Als wir vom Widerhall der Revolution von 1789 in der Frühromantik zu sprechen begannen, sagten wir, daß wir nicht die Tradition der Ideengeschichte fortzusetzen suchen. Ungeachtet aller Absichtserklärungen würden wir trotzdem nichts anderes tun,

wenn wir nicht parallel auf eine andere Quelle des Einflusses auf die Wege der Romantik rekurrieren würden, die Quelle nun politisch-ökonomischer Ordnung.
Zwei Jahre nach dem *Essai sur la peinture [Versuch über die Malerei]* veröffentlichte der schottische Aufklärer Adam Ferguson allgemeine Überlegungen zur menschlichen Gesellschaft, *An Essay on the History of Civil Society [Versuch über die Geschichte der bürgerlichen Gesellschaft]* (1767). Obwohl er viel weniger berühmt war als sein französischer Zeitgenosse, kam Ferguson das Verdienst zu, eine der ersten Überlegungen zum Einfluß des entstehenden Industriekapitalismus angestellt zu haben. Wir können auf seinen Beitrag nicht verzichten, da jede Untersuchung der Moderne als parteiisch gelten würde, zöge sie nicht die Interaktion der materiellen Sphäre und der Sphäre der Ideen in Betracht.
Indem Ferguson den »Geist«, »der in einem Handelsstaat herrscht«, dem Geist gegenüberstellt, der in den Gesellschaften regiert, deren Vasallen eine »sanguinische Zuneigung« hegen, signalisiert er die schmerzvolle Entdeckung der individuellen Ungebundenheit, die ersteren kennzeichnet:

> Wenn überhaupt jemals, so findet sich in der Tat hier der Mensch zuweilen als ein losgelöstes und einsames Wesen. Hier hat er ein Objekt gefunden, das ihn in Wettbewerb mit seinen Mitmenschen versetzt; er handelt mit ihnen, wie er es mit seinem Vieh und mit seinem Boden tut, des Gewinnes wegen, den sie ihm bringen (Ferguson, A., 1767, 1986, S. 121). [96]

Dies bedeutet nicht, daß Ferguson angesichts der neuen Zeiten eine Einstellung der Entrüstung einnahm. Weder eine konservative noch eine revolutionäre Entrüstung. Wenn Arbeitsteilung die Hauptbedingung für den *Handelsstaat* ist, so bringt er unmittelbar Vorteile für den Produzenten und für den Konsumenten mit sich:

> Es liegt auf der Hand, daß ein Volk, wie sehr es auch durch ein Gefühl der Notwendigkeit und einen Wunsch nach Bequemlichkeit angetrieben wird oder durch irgendwelche Vorteile seiner Lage und politischen Grundsätze begünstigt ist, doch keinen großen Fortschritt in der Pflege der lebenserhaltenden Künste machen kann, bis es die verschiedenen Aufgaben, die jeweils besondere

Geschicklichkeit und Aufmerksamkeit erfordern, voneinander getrennt und verschiedenen Personen anvertraut hat (a.a.O., S. 337).

Aber es gibt nicht nur Vorteile. Die Arbeitsteilung vergrößert auch die Distanz zwischen den Mitgliedern einer Gesellschaft, indem sie einigen die Einsicht in alles vorbehält und andere auf die Grenzen einer mechanischen und partiellen Aktivität festlegt:

> Allein wenn viele Teile in der Praxis jeder Kunstfertigkeit und in den Einzelheiten eines jeden Gewerbezweiges keine besonderen Fähigkeiten erfordern oder tatsächlich dazu tendieren, den geistigen Horizont einzuengen und zu begrenzen, so gibt es doch andere, die zu allgemeineren Betrachtungen und zur Erweiterung des Denkens führen. Selbst im Gewerbe [manufacture] wird das Talent des Meisters vielleicht kultiviert, während das des untergeordneten Arbeiters brachliegt (a.a.O., S. 340).

Deshalb nimmt Ferguson, obwohl er noch nicht konträr zur Entwicklung des Handelsstaates eingestellt war, das unvermeidliche Problem wahr, das ihn begleitet:

> In jedem kommerziellen Staat muß, ungeachtet aller Ansprüche auf gleiche Rechte, die Erhöhung einiger weniger die vielen niederdrücken (a.a.O., S. 344).

Ganz am Anfang des Industriekapitalismus zeigt der schottische Denker auf, daß jener zwangsläufig für eine Klassengesellschaft konstitutiv ist. Dies ist heute eine Binsenweisheit. Es ist jedoch wichtig, an sie zu erinnern, damit wir besser die Dilemmata verstehen, mit denen der Mensch dieser Gesellschaft im Umbruch konfrontiert war. Es ist zum Beispiel üblich, den Romantikern heute vorzuwerfen, sie hätten bestenfalls konservative Einstellungen übernommen. Dieses Urteil ist aber nur eindeutig, wenn wir eine teleologische Geschichtskonzeption mit ihrem Schema von Phasen, die für die Ankunft jeweils fortgeschrittenerer Synthesen obligatorisch sind, beibehalten. Danach wäre der Kapitalismus unverzichtbar, damit aus seinen eigenen Widersprüchen die höhere Etappe des Sozialismus hervorginge, deren *Aufhebung* [dt. im Original] uns, [97] wer weiß, das Paradies bescheren würde. Wenn wir hingegen mit Hannah Arendt dächten, das Ergebnis der in der Moderne vollzogenen Entsakralisierung der Geschichte bestünde darin, diese als *Prozeß* zu konzipieren,[20] dessen Eigenschaft es wäre, kein Ziel an sich zu haben, sondern irgendeine Richtung übernehmen zu können, und daß die technologische Entwicklung der Produktivkräfte einen solchen Prozeß *manipulieren* könnte, dann müssen wir zugestehen, daß die Unentschlossenheit der Romantiker, die einen Fächer verursacht hat, der von Reaktionären über Opportunisten bis hin zu revolutionären Helden umfaßt, sehr wohl erklärbar war. Diese Variation von Positionen, und nicht allein politischer Positionen, entsprang der Notwendigkeit, eine neue Form der Bezugsetzung mit der Welt zu konzipieren. Wir wollen den Einfluß aufzeigen, den darin ebenso die intellektuellen Echos hatten, die von 1789 ausgegangen waren, wie die gewiß lautlose Rolle, die von der Heraufkunft des Industriekapitalismus gespielt wurde. Konzentrieren wir uns jetzt besser auf die Konstituierung der Poetik.

3. Die Theoretisierung des Poetischen

»Die großen romantischen Werke wurden nicht auf der Höhe revolutionärer Hoffnung geschrieben, sondern aus der Erfahrung teilweiser oder totaler Enttäuschung über die revolutionären Versprechen« (Abrams, M. H., 1971, 1973, S. 335). Abrams' Äußerung ist ebenso vom Standpunkt der poetischen wie vom Standpunkt der theoretischen Produktion aus korrekt. Dies bestätigen uns die Gedichte von Novalis und Wordsworth, Leopardi und Hölderlin, die Fragmente und Essays von Friedrich Schlegel und die *Biographia Literaria* von Coleridge. Wir müssen diese beiden Produktionsfronten präzisieren, da wir aus ihrem Gegensatz zu der Überlegung geführt werden können, daß die Rühmung der Subjektivität, der Beziehung des Geistes mit der Natur, und der

20 »Das Konzept des Prozesses impliziert, daß das Konkrete und das Allgemeine, das einzelne Ding oder Ereignis und die universale Bedeutung sich getrennt haben. Der Prozeß, der allein demjenigen Bedeutung verleiht, was immer er mit sich bringt, hat folglich ein Monopol der Universalität und Bedeutung erworben« (Ahrendt, H., 1968, 1980, S. 64).

individuellen Freiheit nicht über kompensatorische Akte bezüglich der politischen Frustration und des Aufstiegs des Marktes hinausging. Wenn dies auch ein Teil der Wahrheit sein mag, so ist es gewiß nicht die volle Wahrheit. Die Theoretisierung von Schlegel und Coleridge mit einem kompensatorischen Ausdruck zu verwechseln würde bedeuten, *a priori* ihr Verständnis zu verhindern; das, was gewiß schwerwiegende Konsequenzen hat und was vor allem bei Schlegel erreicht wird, ist eine erste Theorie der Literatur auf modernen Grundlagen, oder um es auf radikalere und korrektere Weise zu sagen, die erste Literaturtheorie. [98]

Es ist angebracht, vorab zu erwähnen, daß Friedrich Schlegels Theorie des Poetischen sich nicht mit anderen, ebenfalls mit der Idee der Romantik identifizierten Entwürfen vermischt. In der Tat steht seine Wahl der Ironie – deren Aktionsradius praktisch demjenigen des Witzes gleichkommt – im Gegensatz zur Erlebnisdichtung, die vom *Sturm und Drang* und von Herder proklamiert wird und darin besteht, zu behaupten, »die Sprache der Poesie lebe aus dem unmittelbaren Ausdruck der Seele und des Gefühls« (Strohschneider-Kohrs, I., 1967, S. 87).[21] Wie dieselbe Analytikerin aufzeigt, steht sie ebenfalls in Opposition zur ästhetischen Utopie, mit allen Dissonanzen zu brechen, und zu Schellings Konzeption des Gedichts als eines organischen Ganzen. Aus genau diesem Grunde verschwistert sich Schlegels Theorie nicht mit dem, was man entwicklungsgeschichtlich als charakteristische Praxis der Romantik versteht. Anstelle der expressiven Unmittelbarkeit der biographischen Ereignisse des Autors, anstelle einer Konzeption des Gedichts als sublimierender Praxis der Zusammenstöße mit dem Leben, wird die Distanznahme bevorzugt, die Verbindung der kritischen Untersuchung mit der poetischen Erarbeitung, die Idee, das Gedicht sei der Raum einer niemals lösbaren Spannung. Dieses alles setzt eine Konzeption des poetischen Subjekts als eines vom empirischen Subjekt verschiedenen voraus, eine Konzeption des Gedichts als verschieden von dem, was aus dem Enthusiasmus entsteht, und vor allem eine Konzeption der historischen Lokalisierung der Moderne.

Schlegel hat ein klares Bewußtsein davon, daß die moderne Epoche keine Gemeinschaft mehr mit der alten bildet; daß die Identi-

21 Zu einer detaillierteren Darstellung der Rolle der Ironie, vgl. Strohschneider-Kohrs, I. (1977).

tät der ersteren folglich nicht mehr in der Integration mit Modellen der zweiten gesucht werden darf. Das *Fragment 60* der *Kritischen Fragmente* sagt in aggressivem Ton:

> Alle klassischen Dichtarten in ihrer strengen Reinheit sind jetzt lächerlich (Schlegel, F., 1797, ³1971, S. 13).

Und das *Fragment 91* derselben Serie fügt hinzu:

> Die Alten sind weder die Juden, noch die Christen, noch die Engländer der Poesie. Sie sind nicht ein willkürlich auserwähltes Kunstvolk Gottes; noch haben sie den alleinseligmachenden Schönheitsglauben; noch besitzen sie ein Dichtungsmonopol (a.a.O., S. 18). [99]

Der grundlegende Unterschied zwischen den beiden Epochen bestehe darin, daß die im Werk der Antike verwirklichte Übereinstimmung des Buchstabens mit dem Geist ihrer Nichtentsprechung den Platz räume:

> In den Alten sieht man den vollendeten Buchstaben der ganzen Poesie: in den Neuern ahnet man den werdenden Geist (ebd.).

Aber der Autor beschränkt sich nicht darauf, dies zu konstatieren. Der Grund des Hiates zwischen *Buchstaben* und *Geist* [dt. im Original] liegt in der Rolle, welche die Mythologie in der Antike spielte, eine Rolle, deren Auflösung in der Moderne die Autoren zwingt, die Geschichte zu erforschen:

> Die alte Poesie schließt sich durchgängig an die Mythologie an, und vermeidet sogar den eigentlich historischen Stoff. Die alte Tragödie sogar ist ein Spiel, und der Dichter, der eine wahre Begebenheit, die das ganze Volk ernstlich anging, darstellte, ward bestraft. Die romantische Poesie hingegen ruht ganz auf historischem Grunde, weit mehr als man es weiß und glaubt (a.a.O., S. 514).

In dieser wichtigen Passage stellt der Autor den modernen Menschen dar, indem er ihn durch das historische Bewußtsein charakterisiert, zu dem er gezwungen ist. Aber er nimmt dieses neue und ungewisse Terrain nicht als Exil, weniger noch hält er den Hiat mit dem Alten für unüberwindlich. Das *Fragment 84* der *Kritischen Fragmente* betrachtet die Produktion der Alten als ein Modell, das ihnen, ohne die Öffnung der Produktion der Modernen unterzuordnen, als Führer wichtig sein sollte:

> Aus dem, was die Modernen wollen, muß man lernen, was die Poesie werden soll: aus dem, was die Alten tun, was sie sein muß (a.a.O., S. 17).

Dieses Modell kann keine Führung mehr anbieten, denn es erscheint wie ein entfernter Stern. Zwischen ihn und den modernen Autor schieben sich die verschiedenen Formationen des Mythologischen und des Historischen. Schlegel sieht sich zumindest nicht als Entdecker des Abgrunds zwischen den Epochen, denn er gesteht seine Schuld an Winckelmann:

> Der systematische Winckelmann, der alle Alten gleichsam wie Einen Autor las, alles im ganzen sah und seine gesamte Kraft auf die Griechen konzentrierte, legte durch die Wahrnehmung der absoluten Verschiedenheit des Antiken und des Modernen den ersten Grund zu einer materialen Altertumslehre. Erst wenn der Standpunkt und die Bedingungen der absoluten Identität des Antiken und Modernen, die war, ist und sein wird, gefunden ist, darf man sagen, daß wenigstens der Kontur der Wissenschaft fertig sei und nun an die methodische Ausführung gedacht werden könne (a.a.O., S. 43f.). [100]

Eine Schuld, die nicht einmal von einer forcierten Lektüre abhängt, denn, wie ein berühmter zeitgenössischer Analytiker bestätigt: »Versteht man Winckelmanns Aufforderung zur Nachahmung der Alten lediglich als Erneuerung des tradierten Postulats der imitatio veterum, so muß die Wirkung seiner Schrift unverständlich bleiben« (Weber, H.-D., 1973, S. 41). Auf Winckelmann gestützt konstatierte Schlegel nicht nur die Unhaltbarkeit des Kanons der *imitatio*, sondern kämpfte er auch für eine neue Annäherung an die Alten. Damit schlug er einen zum Scheitern verurteilten Weg ein, da auf seinem Entwurf dieselbe Untauglichkeit zu lasten begann, die bereits Winckelmanns Entwurf entkräftete: die Wiederannäherung an die Alten sollte eine Antwort sein »gegen den Verlust der gesellschaftlichen Funktion der Kunst«, eine Antwort, unter der sich indessen »die latente Flucht vor der Gegenwart« verbarg, »indem sich dieses Remedium als ungeeignet erweisen mußte, der Kunst eine neue gesellschaftliche Funktion zu vermitteln« (a.a.O., S. 44). In den Parametern dieses Projektes wird Schlegel den Roman als eine Form »indirekter Mythologie«

rühmen, das heißt als eine provisorische Form der Erlangung der gewünschten Wiederannäherung. Wenn dieser Vorschlag also von Anfang an zum Scheitern verurteilt ist, was bedeutet dies anderes, als daß uns die Präsenz des Realismus, der Vorschlag von Diderot, während der Diskussion der Ideen Schlegels als unbequemes Phantasma begleitet?
Die anfänglichen Begriffe unserer Diskussion beschränken sich also auf die folgenden Elemente: der romantische Dichter geht vom Bewußtsein einer Trennung aus. Während die Alten, auf der einen Seite des Grabens, über eine integrierte Sicht der Welt verfügen, die durch die Mythologie gebildet wird, hat der moderne Dichter als verfügbaren Stoff nur das von der Geschichte und seinem eigenen Leben bereitgestellte Disperse. Der Mythologie wird ein ähnlicher Platz zugestanden, da sie als Überwindung des kaum Bewußten, als Überwindung, sagen wir, des kaum Beschriebenen der Natur galt. In dieser Hinsicht muß man die Passage der *Rede über die Mythologie*, eines Teils des bereits zitierten *Gesprächs über die Poesie*, unbedingt kennen:

> Und was ist jede schöne Mythologie anders als ein hieroglyphischer Ausdruck der umgebenden Natur in dieser Verklärung von Phantasie und Liebe?
> Einen großen Vorzug hat die Mythologie. Was sonst das Bewußtsein ewig flieht, ist hier dennoch sinnlich geistig zu schauen und festgehalten, wie die Seele in dem umgebenden Leibe, durch den sie in unser Auge schimmert, zu unserm Ohre spricht. (...)
> Die Mythologie ist ein solches Kunstwerk der Natur. In ihrem Gewebe ist das Höchste wirklich gebildet; alles ist Beziehung und Verwandlung, angebildet und umgebildet, und dieses Anbilden und Umbilden eben ihr eigentümliches Verfahren, ihr innres Leben, ihre Methode, wenn ich so sagen darf.
> Da finde ich nun eine große Ähnlichkeit mit [101] jenem großen Witz der romantischen Poesie, der nicht in einzelnen Einfällen, sondern in der Konstruktion des Ganzen sich zeigt, und den unser Freund uns schon so oft an den Werken des Cervantes und des Shakespeare entwickelt hat. Ja, diese künstlich geordnete Verwirrung, diese reizende Symmetrie von Widersprüchen, dieser wunderbare ewige Wechsel von Enthusiasmus und Ironie, der selbst in den kleinsten Gliedern des Ganzen lebt, scheinen mir schon selbst

eine indirekte Mythologie zu sein. Die Organisation ist dieselbe, und gewiß ist die Arabeske die älteste und ursprüngliche Form der menschlichen Phantasie. Weder dieser Witz noch eine Mythologie können bestehn ohne ein erstes Ursprüngliches und Unnachahmliches, was schlechthin unauflöslich ist, was nach allen Umbildungen noch die alte Natur und Kraft durchschimmern läßt, wo der naive Tiefsinn den Schein des Verkehrten und Verrückten oder des Einfältigen und Dummen durchschimmern läßt. Denn das ist der Anfang aller Poesie, den Gang und die Gesetze der vernünftig denkenden Vernunft aufzuheben und uns wieder in die schöne Verwirrung der Phantasie, in das ursprüngliche Chaos der menschlichen Natur zu versetzen, für das ich kein schöneres Symbol bis jetzt kenne, als das bunte Gewimmel der alten Götter (Schlegel, F., 1800, ³1971, II, S. 500ff.).

Die Tatsache, daß wir gesagt haben, die Anstrengung, die Mythologie zu reaktualisieren, sei zum Scheitern verurteilt gewesen, entbindet uns nicht von der Pflicht, den Faden des Knäuels zu verfolgen. Wenn wir dies nicht täten, würden wir die wichtige und elaborierte Theoretisierung zerstören.
Die lange Passage konzentriert das Lob der Mythologie auf die folgenden Punkte: a) ihre Relevanz für den Dichter besteht darin, ihm eine Kurve anzubieten, die den analytischen linearen Charakter der vorausblickenden Vernunft zerstört; b) sie präsentiert somit ein Magma, das dem Chaos unserer Natur entspricht, c) welche folglich nicht nur imitiert wird – ein Postulat, das sich in Übereinstimmung mit der Erlebnisdichtung befände –, sondern die Möglichkeit einer dynamischen Kontrolle erreicht, einer Kontrolle der permanenten Gestaltung und Restrukturierung; d) selbst wenn wir außerhalb einer mythologischen Atmosphäre leben, können wir dank eines witzreichen Spiels einen provisorischen Einsatz zu ihr schaffen, das heißt über ein Dichtungswerk oder in einer Prosa, die von durchdringlichen, synthetischen, veränderlichen und wechselnden Blitzäußerungen anstelle von sentimentalen oder analytischen Beschreibungen irgendeines Zustandes oder irgendeiner Wahrheit beherrscht wird. Da eine überzeugende Übersetzung des Schlüsselbegriffs *Witz* [dt. im Original] unmöglich ist, beschränken wir uns darauf, annäherungsweise zu sagen: die Rolle, die der Befruchtung der ironischen Distanznahme an-

vertraut ist. Schlegel staffelt seinen Entwurf jedoch in zwei Etappen: (a) strengen wir uns an, uns den Alten mittels einer Einheitswissenschaft wieder anzunähern; (b) versuchen wir, solange dies nicht plausibel ist, einen Weg der »indirekten Mythologie« zu beschreiten, indem wir den prismatischen *Witz* verwenden. Aber gestehen wir uns ohne Umschweife ein, daß uns diese Erklärung noch nicht die Gewißheit gibt, das Funktionieren der verbalen Herrschaft verstanden zu haben, die das »Ursprungschaos« zurückhalten soll. Schlegel behauptet ausdrücklich, das notwendige Chaos solle [102] eine hieroglyphische Form annehmen. Wie aber sollten Hieroglyphe, Arabeske und »fruchtbares Chaos« mit der kritischen Kontrolle der Produktion versöhnt werden? Und wie sollten sie sich von einer irrationalen Phantasmagorie unterscheiden? Obwohl wir von detaillierteren Belegen absehen müssen, erscheint die Antwort einfach, die bereits gut in der Interpretation konfiguriert ist, die Marshall Brown von der Passage des Romans *Lucinde* des Autors anbietet:

> Denn was suggeriert der Ausdruck »das Chaos *vervollständigen*«, wenn nicht, daß das Poetische Werk beschränkt, umgrenzt und zumindest bis zu jenem Ausmaß diszipliniert und organisiert ist? Das Kunstwerk erreicht eine gefährliche Synthese von Chaos und Ordnung, die größer als jedes ihrer Teile ist; sie verschmilzt das Sublime und das Schöne, das Objektive (»sublime Harmonien«) und das Subjektive (»interessante Vergnügungen«) zu einer triumphalen Totalität (Brown, M., 1979, S. 87).

Das Chaos, das Schlegel so viele Male auf verschiedene Weisen adjektivisch gebrauchte, hat nicht den Sinn von Wirrwarr oder Konfusion, sondern von synthetischer Komplexität, die der diskursiven, zerstückelnden, »mechanischen« Vernunft entgegensteht. Insofern nähert sich sein Denken dem Prinzip der Leibnizschen Monade an. Nicht, daß das Gedicht einer einfachen Substanz ähnelte. Die Analogie wird durch die allgemeine Opposition der Monade und des Gedichts-Chaos zum Prinzip der mechanischen Erklärung erklärt. Ebensowenig wie die Einheit der Monade durch ihre Zerlegung in jeweils kleinere Teile erreicht wird, wird das Gedicht durch die mechanische Nebeneinanderstellung »wahrer« Äußerungen geschaffen. In anderen Worten, das Privileg des organisierten Chaos und der Arabeske zielt nicht darauf ab, einen Eindruck von der Welt zu geben, sondern einen kreativen Weltdruck zu schaffen. So ist auf dieselbe Weise, wie das Chaos hier kein Synonym für Konfusion ist, die Arabeske ebensowenig ein Synonym für eigensinnige Ausschmückung. Beide verdeutlichen den Vorschlag, das Gedicht zu einem komplexen Objekt zu machen, wo Enthusiasmus und Ironie sich wechselseitig kontrollieren und stimulieren und die Widersprüche sich symmetrisieren, anstatt sich zu irgendeinem harmonischen goldenen Schlüssel aufzulösen. Dies alles, wissen wir bereits, sind provisorische Formen einer »indirekten Mythologie«. Verbirgt sich darin folglich keine implizite Nostalgie, da wir nicht mehr der Zeit angehören, in der Buchstabe und Geist sich überlagerten? Das *Fragment 243* gibt uns eine abschlägige Antwort: wenn es, wie man erklärt, ein goldenes Zeitalter gab, so war es nicht aus wahrem Gold, weil es sonst keine Vergangenheit hätte. Das erstrebe Zusammentreffen mit der Antike hängt nicht von einem Rückschritt ab, der folglich einer elegischen Behandlung unterläge, sondern richtet sich auf die Zukunft. Wie aber sollte man sich auf diese Zukunft zuarbeiten? Wenn Schlegel es wußte, so hat er es niemals übermittelt. Was seine Praxis entwickelt, führt uns im Gegenteil dazu, Heinz-Dieter Weber rechtzugeben: [103]

> Die kritische Selbstreflexion der Kunst kann dazu dienen, die autonome Kunst als Negation der Wirklichkeit jeweils neu zu konstituieren, sie taugt aber nicht dazu und kann nicht dazu taugen, die Wirklichkeit um ihrer selbst willen als eine durch Kunst kritisierte und veränderbare zum Gegenstand der Praxis werden zu lassen. Die Reflexion auf die Bedingungen der Möglichkeit realitätsverbindlicher Kunst bleibt an das Interesse an ihrer Autonomie gebunden (Weber, H.-D., 1973, S. 216).

Das Poetische, über das Schlegel theoretisiert, die Absicht romantischer Poesie, die er formuliert, hat keine andere Front im Blick als die poetische Front. Die Autonomie der Kunst bedeutet also bereits ihre Entkleidung von allem, was nicht zu ihr selbst gehört. Wir müssen also unsere vor kurzem gestellte Frage richtigstellen. Nicht, daß Schlegel nicht für eine Zukunft in Übereinstimmung des Modernen mit dem Alten zu kämpfen wußte; nur überschritt diese Übereinstimmung für ihn nicht die Grenzen einer monadischen, in sich vollkommenen Kunst. Daher die Identifizierung, die er zwischen dem Fragment, seiner bevorzugten Form, und dem Kunstwerk vornimmt:

> Ein Fragment muß gleich einem kleinen Kunstwerke von der umgebenden Welt ganz abgesondert und in sich selbst vollendet sein wie ein Igel (Schlegel, F., 1798, ^{3}1971, S. 47).

Genau wegen der gesuchten Eigenfülle verwundert es nicht, daß seine Ideen eine sehr viel geringere Verbreitung gefunden hatten als diejenigen seines Bruders, August Wilhelm. Es ist sicher, daß dessen Ausdruck sehr viel leichter zugänglich war, insbesondere weil seine Ideen nichts Komplexes hatten. Das tieferliegende Motiv scheint jedoch gewesen zu sein, daß Schlegels Theorie der autonomen Kunst sich dem »politischen und intellektuellen Radikalismus« entgegenstellte, den die Romantik trotz ihrer revolutionären Enttäuschung aufrechterhalten hatte (Abrams, M. H., 1966, 1983, S. 116). Die Romantik hatte also, wenngleich in einer laizisierten Version, einen Bestand christlicher Werte konserviert, die sie auf die soziale Szene lenkte – »der christliche Millenarismus und die Kardinaltugenden Glaube, Hoffnung und vor allem Liebe, die in nichttheologische Äquivalente übersetzt worden waren, waren die letzten Wurzeln des säkularen Optimismus und des Glaubens an die Brüderlichkeit gleicher Menschen, die zugleich das Herzstück der politischen Theorie der Französischen Revolution und des Humanismus der revolutionären Romantik waren« (a.a.O., S. 122f.) –, während Schlegel die Religion entpolitisiert und, ähnlich dem, was Mallarmé später wiederholen wird, den Künstler in einen Priester verwandelt, der nur sein eigenes Ideal anbetet:

> Wenn jedes unendliche Individuum Gott ist, so gibts so viele Götter als Ideale. Auch ist das Verhältnis des wahren Künstlers und des wahren Menschen zu seinen Idealen durchaus Religion. Wem dieser innre Gottesdienst [104] Ziel und Geschäft des ganzen Lebens ist, der ist Priester, und so kann und soll es jeder werden (Schlegel, F., 1798, ^{3}1971, S. 77, *Fragm. 406*).

Obwohl Schlegel nicht zu Baudelaires paradoxaler Kombination gelangte, eine »konterrevolutionäre und antidemokratische« Politik »mit seiner innovatorischen Poetik« zu vereinen (Abrams, M. H., 1966, 1983, S. 123), stellte ihn die Art und Weise, wie er die

Autonomie der Kunst verstand, außerhalb seiner Zeit, indem sie ihn mehr noch, als ihn der nachfolgenden Generation anzunähern, unfähig machte, unmittelbar verstanden zu werden. Wenn die Geschichte auch über den romantischen Optimismus lachen sollte, sollte sie deswegen nicht aufhören, die Selbstgenügsamkeit zu mißbilligen, die Schlegel der Kunst zu verleihen suchte. Der romantische Optimismus wird durch Formen eingewöhnt werden, die für die Heraufkunft des Nationalstaates und insbesondere für das Privileg der Geschichte angenehmer sind, während die Selbstgenügsamkeit der Kunst auf eine bessere Zeit wird warten müssen, auf das Ende des XIX. Jahrhunderts, als ihre reine Ästhetisierung sie für die bürgerliche Ordnung annehmbar werden läßt (vgl. Costa Lima, L., 1980, insb. S. 128–132).

Das oben skizzierte Projekt beschränkte sich nicht auf das Gedicht. Eine der hervorstechenderen Überlegungen Schlegels wird speziell dem Roman gewidmet (vgl. Anhang 2). Indem er ihn »in dem Maße, wie er ein spezifisches Genre sein will« verachtet, wird der Roman für Schlegel allen Prinzipien untergeordnet, denen die Poesie sich im allgemeinen unterordnen sollte. »Eine Philosophie des Romans, deren erste Grundlinien Platos politische Kunstlehre enthält, wäre« darüber hinaus »der Schlußstein« einer Philosophie der Poesie im allgemeinen (Schlegel, F., 1798, ^{3}1971, S. 56, *Fragm. 252*), während »der Roman die ganze Poesie (...) tingiert« (a.a.O., S. 43, *Fragm. 146*). Warum sollte Schlegel so denken, wenn nicht, weil der Roman die Nähe zum historischen Leben behielt? Auf diese Weise wurde zumindest ein Fenster für die Monade der Kunst offengehalten. Nicht, daß der Autor eine gewisse Sympathie für irgendeinen Realismus manifestierte. Der Luftzug, der von der externen Realität kam, trat dort ein, um den Schmelzofen der Ironie, des Witzes und des Grotesken in Gang zu halten, und wurde zu einem »fruchtbaren Chaos«. Deshalb geht die Bewunderung, die Diderot Richardson vorbehalten hatte, auf Swift, Sterne und Jean Paul über. Und das Sentimentale, das gerühmt wird, hat nichts mit dem »Bewegenden und zu Tränen Rührenden« zu tun, bloßen Symptomen seines »äußren Buchstabens« (vgl. Anhang 2). Darüber hinaus behält der Roman diese einseitige Position in dem Maße bei, wie er sich nicht in einer besonderen Gattung verschließt und keine eigene Normativität entwickelt. Dies ist die Bedingung, warum er seinen doppelten Kontakt mit der Chemie des Dichters und mit der Luft des Lebens und der Geschichte konserviert: »die Poetik des Romans ist abhängig von der jeweiligen Funktion der Kunst, auf die sich der Roman verpflichtet. Da diese sich aber in der historischen Progression ständig verändert, hat jeder Roman [105] seine eigene Poetik« (Weber, H.-D., 1973, S. 206). Die dem Roman folglich konzedierte Schlüsselposition stellt ihn auf den Vermittlungsposten zwischen der poetischen Theorie und der Geschichte. Es ist also tunlich, das »fruchtbare Chaos« festzuhalten, in dem Schlegels eigene Theorie erarbeitet wird: es wird eine autonome und von allem, was sie nicht selbst ist, losgelöste Kunst vorgeschlagen, aber sie hört trotzdem nicht auf, den Austausch mit dem Leben anzustreben:

> Die romantische Poesie (...) will (...) die Poesie lebendig und gesellig und das Leben und die Gesellschaft poetisch machen (Schlegel, F., 1797, [3]1971, S. 38, *Fragm. 116*, vgl. Anhang 2).

Autonom, aber nicht verschlossen, verpflichtet sich die romantische Poesie auf eine konstante Metamorphose – »ja das ist ihr eigentliches Wesen, daß sie ewig nur werden, nie vollendet sein kann« (a.a.O., S. 39). Eigenschaften, die nicht einer vermeintlichen romantischen »Schule« verliehen wurden, weil der Schluß des *Fragmentes 116* mit einer Vermischung der romantischen Modalität mit dem Territorium der Poesie selbst endet. Wir haben uns insbesondere auf dieses Fragment gestützt, um Schlegels Theorie zu einer allgemeinen Theorie des Poetischen zu erklären. Um unsere Position zu rechtfertigen, müssen wir noch auf ein anderes Fragment rekurrieren, das berühmte *Fragment 238*, von dem wir nur den Anfang zitieren:

> Es gibt eine Poesie, deren Eins und Alles das Verhältnis des Idealen und des Realen ist, und die also nach der Analogie der philosophischen Kunstsprache Transzendentalpoesie heißen müßte (a.a.O., S. 53).

Was genau wäre diese »Transzendentalpoesie«? Gehen wir von der Interpretation aus, die H.-D. Weber vorgeschlagen hat. Für ihn läuft das Bezeichnete der »Transzendentalpoesie« direkt mit Schlegels Negation zusammen, die Ästhetik könne noch die Rolle einer philosophischen Bestimmung der Kunst spielen (vgl. in diesem Sinne *Fragm. 40* der *Kritischen Fragmente*). Dieser Bruch wird sofort im Hinblick auf die eigene Kritik reflektiert, die nur über die eigene Poesie vollzogen werden könnte:

> Poesie kann nur durch Poesie kritisiert werden. Ein Kunsturteil, welches nicht selbst ein Kunstwerk ist, entweder im Stoff, als Darstellung des notwendigen Eindrucks in seinem Werden, oder durch eine schöne Form, und einen im Geist der alten römischen Satire liberalen Ton, hat gar kein Bürgerrecht im Reiche der Kunst (a.a.O., S. 22). [106]

Das Fragment, das eine gesonderte Erörterung verdiente,[22] behält offensichtlich das Ausübungsrecht der Kritik dem Dichter selbst vor. Aber weder die Hunderte von Fragmenten, die er schrieb, noch die beachtliche Anzahl seiner Essays über Literatur unterstützen eine so buchstäbliche Lektüre, da nichts in ihnen den Vorschlag erkennen läßt, die kritische Reflexion der Erzielung poetischer Wirkungen unterzuordnen. Der Autor kehrt in einem posthumen Fragment zu der Frage zurück, indem er sie zugleich besser klärt:

> Die kritische Prosa muß fließend und schwebend sein und gegen eine feste Terminologie kämpfen; denn dadurch bekäme sie ein illiberales Ansehn *als ob sie der Philosophie nur diente* (zitiert nach Weber, H.-D., 1973, S. 211, Hervorhebung von mir).

Der hervorgehobene Teil zeigt, daß die Forderung, die Kritik solle selbst ein Kunstwerk sein, aus der absoluten Trennung resultiert, die der Autor zwischen dem Feld der Kunst und demjenigen der Ästhetik errichtete. Daher die Legitimität der von H.-D. Weber vollzogenen Bezugsetzung zwischen diesem *Mangel eines Zentrums* und dem Postulat der »Transzendentalpoesie«:

> Hinsichtlich der »Transzendentalpoesie« müßte untersucht werden, ob sich aus ihr nicht Konsequenzen für die literarische Kritik ergaben, ausgehend vom Verlust fundierter ästhetischer Definitionen der Kunst; Konsequenzen in dem Sinne, daß die kritische Selbstreflexion innerhalb der Kunst die Funktionsbestimmung ersetzt oder übernimmt, welche die Ästhetik nicht mehr produziert (Weber, H.-D., 1971, S. 33f.).

22 Für eine umfassende Behandlung des Problems der Kritik in der Romantik, vgl. die noch immer fundamentale Arbeit von Walter Benjamin (1920) (1973).

Auf direkte Weise gesagt: die von Schlegel vorgeschlagene Theorie des Poetischen, durch die die Romantik, mehr als eine Schule oder Strömung, mit der eigentlichen Poesie vermischt wird, geht von einem Bruch aus: die Philosophie der Kunst ist nicht kompetent, ihr Gesetze zu geben. Als Konsequenz kann die Poesie nicht eine bloße Kompositionspraxis sein, die ihrem eigenen Waisendasein ausgeliefert ist; sie muß vielmehr »progressiv« und »transzendental« sein, das heißt gleichzeitig operativ und theoretisch. Diese seine Dezentrierung einer externen und gesetzgeberischen Instanz wird angesichts der Frage des poetischen Subjektes akzentuiert. Es ist bekannt, daß dem Dichter in der Romantik das Recht zugestanden wurde, seine Individualität auszudrücken, und daß das Gedicht im Verhältnis zur Qualität dieses Ausdrucks an Wert gewann (vgl. Abrams, M. H., 1953, 1974). Kraft der Prärogativen des Ausdrucks der Individualität betritt die Theorie der [107] *Mimesis* das Scherbengericht. Seit der zweiten Hälfte des XVIII. Jahrhunderts, sagt W. Preisendanz, sah man in Deutschland mehr und mehr »vor allem die Dichtung als ein Werk an, das nicht nur die Natur nachahmt, sondern in dem sich auch die schöpferische Macht des Menschen und die Reflexion auf diese schöpferische Macht erweist« (Preisendanz, W., 1967, S. 56). Gegensätzliche Vorschläge, die sich erst durch die Preisgabe des Prinzips der *imitatio* auflösen: »Dichtung ist eigentlich nur in paradoxem Sinne Nachahmung und Widerspiegelung: dessen nämlich, was aussteht, dessen, was erst mit ihr anheben kann« (a.a.O., S. 60); woraus sich andererseits eine andere Konzeption der Realität ergibt, die im poetischen Werk enthalten ist: »Wo Dichtung nicht mehr ist als (...) Darstellung der Gestaltungen, Gesetze, Zusammenhänge und Strukturen einer vorgegebenen Wirklichkeit gilt, da müßte sie absolute Produktion sein, da wäre Wirklichkeit durchaus nicht mehr der Ausgangspunkt, sondern nur mehr das Resultat poetischer Imagination und Reflexion« (a.a.O., S. 61). Die Theorie des Ausdrucks des empirischen Subjektes ersetzte mit einem Wort die Theorie der *Mimesis* (welche damals mit derjenigen der klassischen *imitatio* vermischt wurde). Diese Anordnung setzte folglich noch ein Zentrum voraus, das individuelle Subjekt, besser gesagt die expressive Energie des Dichters. Aber bei Schlegel selbst wird dieses Zentrum verloren gehen. Die Emphase auf der Ironie, der grundlegende Rückgriff seiner Poetik, hat eine derartige Dominanz, sie »ist die freyeste der Licenzen, denn durch sie setzt man sich über sich selbst weg« (Schlegel, F., zitiert nach Strohschneider-Kohrs, I., 1967, S. 80). Das poetische Subjekt wird nicht mehr mit dem empirischen Subjekt vermischt, da es, indem sein Tun dessen Überwindung erzwingt, nicht mehr durch seine Ausdrucksfähigkeit definiert wird und zu einem Konstruktionsprojekt wird. Wie Strohschneider-Kohrs schreibt:

> »Solange der Künstler erfindet und begeistert ist«, solange sei er in Gefahr, seinem Interesse für den Gegenstand und dem eigenen Aussagewillen blind zu verfallen. Erst wenn er sich für seinen Gegenstand »nicht mehr interessiere«, erst wenn er nicht mehr »alles sagen«, sich nicht mehr voll »ausreden« will, gewinne er die Besonnenheit des Künstlers (a.a.O., S. 80f.).

Was Schlegel ausdrücklich in bezug auf die romantische Poesie sagte, gilt jedoch gleichermaßen für das poetische Subjekt: es ist nicht, es entsteht progressiv; es ist zu einem Werden gezwungen, das ebensowenig ein Ziel hat, da es in sich eine Bewegung verwirklicht, »die nicht an ein Ziel zu kommen vermag, die niemals in die Coinzidenz mit Unbedingtem führt, sondern die eben die Grenze, den Widerspruch, die Spannung zwischen Endlichem und Unendlichem deutlich macht« (a.a.O., S. 82). Die Poesie verwandelt sich in dem Maße in eine Negation der Realität, inklusive der Natur, wie sie die Präsenz irgendeines Zentrums verweigert, sei es desjenigen der ästhetischen Kategorien, sei es desjenigen der Besonderheiten des individuellen Subjekts. Durch seine Dezentrierung erreicht das Poetische [108] eine Höhe weit jenseits des Horizontes der normalen Romantik. In dieser amortisiert sich die Spannung, welche die Schlegelsche Theorie durchzieht, im Sentimentalen, in Victor Hugos liberalem Optimismus und im emotiven Ausdruck eines jeden Autors. Wegen dieser Abschwächung wird die normale Romantik noch eine soziale Funktion haben oder mit Leichtigkeit zu der Funktion übergehen können, die die bürgerliche Gesellschaft der Literatur zugestand: der Funktion, die Mißgeschicke der Geschichte auszudrücken. Diese Funktion konnte nicht von Schlegels autonomer Kunst übernommen werden, deren Schwäche gerade in der Dimension bestand, für die sie sich nicht interessierte, den Aspekt der sozialen Funktion der Kunst. Ließe sich eine solche Schwäche nicht mit der Tatsache in

Beziehung bringen, daß er, wie seine Zeitgenossen, die Opposition zwischen *Mimesis* und *Poiesis* akzeptiert hatte, indem er erstere mit einer *imitatio* vermischte, die er mit Winckelmann als dem modernen Künstler unangemessen zu sehen gelernt hatte? Aber lieferte seine Theorie des poetischen Subjektes, obwohl er selbst nicht so gedacht zu haben scheint, um sich nicht in der Idolatrie des *ich* zu verschließen, nicht Elemente für die Reformulierung der Idee der *Mimesis*? Die Hypothese gewinnt an Gewicht, wenn wir über die Betrachtungen nachdenken, die von Coleridge entwickelt wurden.

In dem Essay *On poesy or art [Über Poesie oder Kunst]*, der wahrscheinlich von 1818 datiert, nimmt Coleridge, Lektor der deutschen Philosophen, einige Anordnungen wieder auf, die wir bereits bei Schlegel sahen, wie diejenige der Opposition zwischen dem Alten und dem Modernen, bzw. die Rolle des Chaos, die er ebenfalls positiv qualifiziert, indem er sie »harmonisiertes Chaos« nennt. Aber verlassen wir diese Pisten und konzentrieren wir uns auf die Anregungen für eine Neuerarbeitung der *Mimesis*. Sie entstammen dem zentralen Problem in dem kurzen Essay: den Beziehungen zwischen Geist und Natur. Die Kunst taucht dort als Vermittlerin *par excellence* zwischen der Natur und dem Menschen auf:

> (...) die Kunst selbst könnte definiert werden als (...) die Einheit und Versöhnung dessen, was Natur ist, mit dem, was ausschließlich menschlich ist (Coleridge, S. T., 1818, 1958, S. 254f.).

Die Kondensierung der Natur in der Kunst wird weiterhin *Nachahmung* genannt, obwohl der Dichter-Denker die Umsicht besitzt, sie von der Kopie zu unterscheiden. Die eine und die andere unterscheiden sich vor allem deshalb, weil die Kunst zwischen Geist und Natur vermittelt, indem sie der Arbeit des ersteren den Vorrang gibt:

> (...) und der Geist des Menschen ist genau der Fokus aller Strahlen des Intellekts, welche durch die Bilder der Natur verstreut werden. (...) das Äußere zum Inneren zu machen, das Innere zum Äußeren, die Natur zum Gedanken zu machen, und den Gedanken zur Natur, – dies ist das Geheimnis des Genies in den Schönen Künsten (a.a.O., S. 257f.). [109]

Der Tradition des XVIII. Jahrhunderts also treu, gesteht Coleridge dem Genie weiterhin eine entscheidende Bedeutung zu. Er ist hingegen nicht mehr so unpräzise, wie es sich bei Diderot präsentierte. Durch den direkten Einfluß Schellings setzt die Arbeit des Genies die Präsenz des Unbewußten voraus, eines Unbewußten, das die erreichte Reflexion befehligt:

> (...) es gibt im Genie selbst eine unbewußte Aktivität; ja das ist sogar das Genie im genialen Menschen (a.a.O., S. 258).

Dank dieses Impulses überwindet das Genie die Oberfläche der Natur und dringt zu ihrem »Geist«, ihrem *Natur-geist* [dt. im Original] vor. Von da ab beinhaltet die künstlerische »Nachahmung« zwei Bestandteile:

> Diese beiden konstituierenden Elemente sind Ähnlichkeit und Unähnlichkeit, oder Gleichheit und Differenz, und in allen genuinen Kunstschöpfungen muß es eine Einheit dieser Oppositionen geben (a.a.O., S. 256).

Das Element »Differenz« wird nicht von irgendeiner allgemeinen sensorischen Fähigkeit ergriffen, sondern nur durch jene unbewußte Aktivität, die dem Genie eingegeben ist:

> Der Künstler muß das nachahmen, was innerhalb des Dings ist, das, was durch Form und Figur aktiv ist und zu uns durch Symbole spricht – der *Natur-geist* oder Geist der Natur, so wie wir unbewußt diejenigen nachahmen, die wir lieben (a.a.O., S. 259).

Die »Differenz« wird folglich dank des Vorbehaltes des Genies gegenüber der Natur in Form des Unbewußten eingelöst. Schellings Lektion getreu propagiert Coleridge ein Konzept des Unbewußten, dessen Schwachstellen es angebracht wäre, in der Richtung des Weges zu entwickeln, den Odo Marquard (1968) (1983) aufgezeigt hat. Da ein solches Vorhaben uns aber von unserem Ziel ablenken würde, insistieren wir nur darauf, daß die »Nachahmung« bei Coleridge nicht auf den konzeptuellen Rahmen des Realismus durch die Intervention der Variable »Unbewußtes« verweist, die den Künstler noch in eine Position der Überlegenheit gegenüber den übrigen Sterblichen stellt. Welche auch immer die Fehler dieser Anordnung waren – die einer Religion der Natur, einem latenten Mystizismus, dem kompensatorischen Aristokratismus des Künstlers untergeordnet war –, ihre Entwicklung hätte einen Dienst leisten können, den Schlegels elaboriertere Theoretisierung aussparte: den Versuch einer Vereinigung der [110] *Poiesis* mit der *Mimesis*.[23] Es ist in der Tat zulässig zu denken, daß die Probleme, mit denen die Kunsttheorie in der Moderne konfrontiert war, aus einer vielleicht überstürzten Preisgabe der Problematik der *Mimesis* resultieren, welche, da sie nicht vom Konzept der *imitatio* getrennt worden war, entweder zur Bewunderung für die Zahnräder des Alltags (im Realismus) führte oder zur Suche nach einer okkulten Dimension der Natur (Coleridge) bzw. zu ihrer bloßen Verachtung (ebenso in der »normalen« romantischen Theorie wie in Schlegels fortgeschrittener Theorie). Wenn es aber gelungen wäre zu zeigen, daß die *Poiesis* sich innerhalb der *Mimesis* vollzieht, wäre es möglich gewesen, das Hindernis auszuschalten, das das Postulat der autonomen Kunst niemals überwand: daß die Konzentration auf das *poietische* Produkt nichts über seine Zirkulation und daher über die Art und Weise aussagen kann, wie sich seine soziale Funktion konstituiert. An den Rändern der Theoretisierungen von Schlegel und Coleridge wird etwas von diesem Weg insinuiert: wenn das poetische Subjekt ein Erarbeitungsprozeß ist, wenn das »Genie« wegen der Last des Unbewußten, das es begleitet, bevorzugt wird, dann wird die *Poiesis* von einer Kraft *unbewußter Figuration* beherrscht, die ebenso das Imaginäre des Produzenten wie des Rezipienten bewegt. Schon bei Augustinus wird, wie wir im vorangegangenen Kapitel sahen, die Kraft der Bilder bestätigt. Die Idee des Unbewußten verstärkte nun die Öffnung dieses Pfades. Aber die Geschichte erlaubt es uns noch nicht, ihn für ausgetreten zu erklären. Und da dieser Essay eine klare »archäologische« Orientierung besitzt, müssen wir bei der Anmerkung dessen einhalten, was nur an den Grenzen des Denkens von Schlegel und Coleridge insinuiert wurde, daraufhin abgebrochen wurde und einen anderen Ausgangspunkt nahm.

23 Der Leser des letzten Teils des vorangehenden Kapitels ebenso wie die unserer früheren Essays wird die unterschiedliche Leistungsfähigkeit feststellen, die wir den Begriffen »Ähnlichkeit« und »Differenz« zu geben versuchen.

Wir zeigten in diesem ersten Teil, daß dem Zusammenbruch der klassischen Epoche, die auf das Prinzip der Ähnlichkeit zwischen der menschlichen Ordnung und der natürlichen Ordnung gegründet war, ein neuer Aufschwung des Interesses für die Subjektivität entsprach. Sie hatte in vorfixierten Orten und Rollen beinhaltet sein können, während die Natur als Vermittlerin beim Zusammentreffen des Menschen mit seinem Gott gedient hatte. Entsakralisiert und entzaubert gewinnt die Natur nun ein anderes Profil: sie wird zum anderen Pol in der Beziehung mit dem Geist oder der menschlichen Subjektivität. Aber im Feld der Kunsttheorie wird diese Bezugsetzung Anlaß zu einer Spannung geben. Wenn die Betonung auf dem Geist liegt, heben die Theorie und die entsprechende Kunst entweder den Ausdruck des (in der Theorie und Praxis der gewöhnlichen Romantik) kreativen empirischen Subjekts oder (in Schlegels Theorie der autonomen Kunst) das [111] poetische Subjekt als einen Perfektionierungsprozeß ohne Ende hervor. Im ersten Fall bleibt die Kategorie »Fiktion« ungenutzt – die Wahrheit und die Qualität meines Gedichts hängen von der Wahrheit und dem Reichtum meines *ich* ab. Das heißt, die Subjektivität beschränkt sich auf sich selbst, und wenn man nicht im eigentlichen Sinne von einem Veto hinsichtlich des fiktionalen Diskurses reden kann, so muß man doch von der mangelnden Notwendigkeit ihrer theoretischen Untersuchung sprechen. Im zweiten Fall gibt es den Eintritt eines fiktionalen Subjekts, weshalb genau sich das Subjekt der »Transzendentalpoesie« nicht durch die Biographie des empirischen Subjekts erklärt, das ihm als Grundlage dient. Das heißt, dieses begnügt sich nicht mit seinem *ich*, es dezentriert es, es verwandelt es in ein Medium für die Erfindung. Ohne aber letztlich thematisiert zu werden, kreist die Kategorie der Fiktion um eine Theoretisierung, welche, indem sie die Behandlung der sozialen Funktion der Kunst abschafft, einer *Poiesis* den Rücken stärkt, der die Zeitgenossen feindlich gegenüberstanden. (Wie man weiß, wird die große autonome Poesie seit Baudelaire durch das literarische System der Epoche bekämpft und erst in dem Augenblick wiedergewonnen werden, in dem man dazu übergeht, sie ausgehend von getrennten Werten des Lebens und der Gesellschaft zu sehen, das heißt ausgehend von ihrer Ästhetisierung (vgl. Auerbach, E., 1951, 1967; über die Reaktion der Zeitgenossen auf *Les Fleurs du mal [Die Blumen des Bösen]*, vgl.

Bandy, W. T./Pichois, Cl., 1957, und Carter, A. E., 1963[24]). Das heißt, die Möglichkeit einer theoretischen Entwicklung der Kategorie des Fiktionalen erscheint auf einem implizit verbotenen Feld; ihre spätere Anerkennung über die Ästhetisierung wird kein Interesse für die Bestimmung des Status des Fiktionalen hervorrufen, da es sich nicht ohne die Analyse der Beziehung seiner Gegenstände mit der nichtfiktionalen Welt machen läßt. Folglich bleibt die Idee der Fiktion an den beiden Fronten, die vom Primat des Geistes über die Natur ausgehen, entweder ungenutzt oder unpräzisiert. Wir wollen nun sehen, was geschieht, wenn die Betonung auf die (nun bereits besser als soziale Wirklichkeit verstandene) Natur gelegt wird. Dort haben wir es mit dem Realismus zu tun. Der Realismus wird gegen die Inflation der Subjektivität der »normalen« Romantik und gegen den Isolationismus des »autonomen« Dichters reagieren und die Nähe seiner Kunst zum Alltag und, mehr noch, zu den dominanten Strömungen in seiner Welt anstreben. Nicht von ungefähr wird er sich auf den Roman konzentrieren. Durch seine narrative Form, durch die personalisierten Konflikte seiner Figuren ist der Roman nicht nur mit der Prosa des Alltagslebens, sondern auch mit der seit dem Ausgang des XVIII. Jahrhunderts privilegierten, narrativen Form vereinigt: der Form der Geschichte. Deshalb versuchte der Roman, selbst wenn er seinen Ursprung in der Fabel nicht verhehlen konnte, seinen ursprünglichen Makel zu vergessen, indem er sich der Geschichte anglich. Bereits vor [112] dem Beginn der Blütezeit des Ansehens der Geschichte weiß Fielding, daß es besser für seinen *Tom Jones* ist, als Geschichte zu gelten:

> Daher müssen wir jene universelle Verachtung erlangen, welche die Welt, die immer das Ganze von der Mehrheit her benennt, über alle historischen Schreiber verhängt hat, die ihre Materialien nicht Archiven entnehmen. Und die Kenntnisnahme dieser Verachtung hat uns so sorgsam den Begriff Roman vermeiden lassen (...). Wenn wir folglich eine gute Autorität für alle unsere Charaktere haben, nicht weniger natürlich als das riesige authentische Grund-

24 Es bleibt anzumerken, daß diese Ästhetisierung nicht mit Schlegels Autonomieprogramm verwechselt wird, da es, wie wir vor allem in der Bewertung des Romans sehen, ein Fenster für den Kontakt mit den sozialen Werten offenhält.

> buch der Natur, worauf an anderer Stelle hingewiesen wird, besitzen unsere Arbeiten hinreichenden Anspruch auf den Namen Geschichte (Fielding, H., 1749, 1955, S. 392).

Jahre später wird Sterne sich für eine ironische und zweideutige Lösung entscheiden. Er stellt sich ein Treffen mit seinem Kritiker vor und fragt ihn, ob er Lockes *Essay Concerning Human Understanding [Versuch über den menschlichen Verstand]* gelesen habe. Und um Zweifel auszuräumen, schlägt er vor, ihm in wenigen Worten zu sagen, woraus es bestehe:

> Es enthält eine Geschichte. – Eine Geschichte? von wem? worüber? wo? und wann? – Nicht so hastig? – Ja es ist ein Geschichtsbuch, mein Herr (das mag es der Welt möglicherweise empfehlen), und erzählt, was im Innern des Menschen vorgeht (Sterne, L., 1760–1767, 1982, S. 97f.).

Unter dem Vorwand, zu erklären, worin das Werk des Philosophen bestehe, spielt Sterne mit der ganzen Ambiguität. Es ein Geschichtsbuch dessen zu nennen, was im Geist eines Menschen geschieht, erscheint wenig seriös für ein philosophisches Traktat. Da dem so ist, *eliminiert die Anerkennung der Rechte der Subjektivität nicht das Veto hinsichtlich der Fiktion.* Die extreme Ironie der Passage besteht darin, diese Wahrheit auf einen der ersten zurückfallen zu lassen, die zugunsten jener Anerkennung gekämpft hatten. Die Richtung, die der Roman nehmen wird, indem er zum auserwählten Genre der Realisten wird, zeigt die Sorge, das Stigma zu vermeiden. Dieses fiel, wie wir vor kurzem sahen, vollständig auf die Literaturform, welche, indem sie sich durch eigene Werte Geltung zu verschaffen suchte, implizit eine feindliche Stellung zur sich entwickelnden Marktökonomie bezog – »Zusammen mit dem Abweisen von Öffentlichkeit und Popularität als Normwerten vermehrten sich die Klagen, daß Literatur zur Handelsware geworden war« (Williams, R., 1958, 1972, S. 61) – und im Gegenzug die Indifferenz oder Feindlichkeit hervorrief, mit der man auf sie reagierte. Innerhalb desselben Kontextes suchte Shelley, obwohl er sich nicht zu einer Idee autonomer Kunst bekannte, die Identifizierung des Dichters mit dem Seher zu konservieren, aber symptomatischerweise handelt es sich jetzt um einen Seher, dessen Gesetze nicht anerkannt werden:

> Dichter sind die nicht anerkannten Gesetzgeber der Welt (Shelley, P. B., 1821, 1963, S. 138). [113]

Dafür ist der Roman, der ein Konkurrent der zivilen Volkszählung sein möchte, die sogar die Berechtigung nachweist, die Prinzipien der biologischen Wissenschaften einzugewöhnen, ein Genre, das im Aufstieg begriffen ist. Als der Geschichte und der Wissenschaft nahestehend akzeptiert, verliert er seinen fiktionalen Charakter und unterstützt folglich dessen Veto.

Zwischen der autonomen Kunst und dem siegreichen Roman verfolgt die »normale« Romantik ihren Kurs. Und mit dem Victor Hugo der flammenden Gedichte und der historischen Romane entdeckt sie den Weg, dem die Zeit sich zuneigt. Nach ihrer Entsakralisierung wird die Natur zur Bühne einer Narration, der Narration des Nationalstaates, die auf eine auserwählte Beobachtung gestützt ist: die wissenschaftliche. Wenn die Selbstreflexion eines Subjektes, das sieht, wie es sich selbst erfindet, der fortgeschrittenen Romantik eigen ist, so scheint die Romantik in dem Augenblick gestorben zu sein, als die beiden Kategorien ihren Stellenwert vertauschen und die Beobachtungstatsache über das Autoreflexive gewinnt. Die Schicksale, die die Natur erlitten hatte, vollziehen sich parallel zur und entsprechend der Konstituierung der Historiographie in derselben Epoche.

B. DIE GESCHICHTE

4. Der Aufstieg des historischen Diskurses und seine Beziehungen zur Literatur

Vor zwanzig Jahren erlitt die Geschichte, die sich seit den Anfängen des XIX. Jahrhunderts als *scientia princeps* konsolidiert hatte, ihren schärfsten Angriff. Sein Autor: der französische Anthropologe Claude Lévi-Strauss. In dem seitdem berühmten Artikel *Histoire et dialectique [Geschichte und Dialektik]* wurde die Geschichte beschuldigt, sich in den letzten Zufluchtsort des »transzendentalen Humanismus« verwandelt zu haben, der sich angesichts der Bedrohung der Auflösung des Trugbildes des *ich* auf das kollektive *wir* stützte, das als fragloser Beweis der menschlichen Freiheit gerühmt wurde. Lévi-Strauss hätte sogar noch mehr sagen können. Etwa: im Laufe seiner Vorherrschaft hatte das Lob der Geschichte den optimistischen Glauben an den Fortschritt der Menschheit zum mächtigen Begleiter. So schrieb Novalis, der zumindest als Historiker betrachtet werden könnte, 1799:

> Fortschreitende, immer mehr sich vergrößernde Evolutionen sind der Stoff der Geschichte (Novalis, 1799, 1981, S. 39).

Verknüpft mit dem Fortschritt des Nationalstaates wurde die Geschichte in zentraler Weise zur politischen Geschichte, in der die Kollektivität durch die Erzählung der Tatsachen und durch die Biographie der großen Persönlichkeiten ersetzt wurde. Es wäre gewiß noch nicht korrekt, im Hinblick auf ihre optimistische Phase [114] von einem Zufluchtsort des Humanismus zu sprechen. Im Expansionsprozeß verband sich die bürgerliche Herrschaft mit der Wissenschaft, mit der technologischen Entwicklung, und konzedierte der (europäischen) Menschheit, sich als eine Art Spezies zu begreifen, deren Weg immer länger und vielversprechender wurde. Somit konnte die historische Tatsache für *natürlich* gehalten werden, für eine Selbsterklärung der Lebenswelt durch die menschliche Spezies.

Lévi-Strauss schreibt bereits in einer Periode, in der diese Illusion verloren gegangen war; nachdem zwei Weltkriege stattgefunden hatten, gebraucht das humanistische Denken den Tunnel der Geschichte, um sich zu vergewissern, daß seine Illusionen trotz der Katastrophen, die von den Nationalstaaten verursacht und erlitten worden waren, nicht reine Täuschungen gewesen seien. Abgesehen davon verbietet die nun zerfetzte Ideologie des Fortschritts nicht mehr die Befragung der alten *magistra vitae*:

> Die historische Tatsache ist nicht mehr *Faktum* als die anderen; es ist der Historiker, oder der Agent des historischen Werdungsprozesses, der sie durch Abstraktion und wie unter der Bedrohung eines infiniten Regresses konstituiert (Lévi-Strauss, Cl., 1962, S. 340).

Die Universalität der Geschichte und ihre Synonymie mit der Präsenz des zivilisierten Menschen werden durch eine kühle Untersuchung abgelöst, die beginnt, sie dem Status einer Wissenschaft anzunähern:

> Was die Geschichte möglich macht, ist, daß eine Teilmenge von Ereignissen sich für eine gewisse Zeit annäherungsweise im Besitz derselben Bedeutung für ein Kontingent von Individuen zeigt, die nicht notwendigerweise diese Ereignisse erlebt haben und die sie selbst mit einer Distanz von mehreren Jahrhunderten betrachten können (a.a.O., S. 341).

Mit der Schlußfolgerung:

> Weit entfernt davon also, daß die Suche nach dem Verstehen in der Geschichte ihren Zielpunkt hat, ist es die Geschichte, die als Ausgangspunkt jeglicher Verstehenssuche dient. So, wie man von manchen Wegen sagt, führt uns die Geschichte überall hin, aber unter der Bedingung, daß man aus ihr heraustritt (a.a.O., S. 348).

Heute erscheint uns nur die Schlußfolgerung modifizierenswert: die Geschichte kann uns überall hinführen, sofern wir uns nicht an die Faktengeschichte halten, mit ihrer Privilegierung der Diachronie und ihrem Glauben daran, daß die chronologische Auflistung von Fakten und Produkten und/oder die Erklärung dieser als Auswirkungen irgendeines einheitlichen historischen Motors intellektuell ausreichend wäre. Anders ausgedrückt, während Levi-Strauss' Angriff auf die popularisierte Ideologie der Geschichte einwandfrei ist und sich für die neuen Generationen von Historikern als fruchtbar erwies, [115] bestand ihre Schwäche darin, die Geschichte als spezifische Aktivität mit dem geläufigen Denken über sie zu verwechseln.

Wir begannen diesen Teil also mit einer Erinnerung an die Passage des Anthropologen, um von Anfang an Klarheit darüber zu verschaffen, wohin wir mit der im folgenden unternommenen Rekonstituierung gelangen wollen. Wir werden mit einer relativ reduzierten Anzahl von Quellen und Ideen arbeiten, da uns nicht die exhaustive Erhebung der faktenorientierten und diachronischen Konzeption interessiert, wohl aber zu zeigen, wie sie sich mit der damals erarbeiteten Literturkonzeption verbindet, mit den Dilemmata, die von der damaligen Literatur durchlebt wurden.

Unser Ziel ist es, schließlich eine konkretere Basis für die heutige Reflexion über die Literatur zu schaffen. Somit bedienen wir uns der Geschichte als »Ausgangspunkt« für »die Verstehenssuche« unseres eigenen Projektes.

Obwohl die moderne Bedeutung des Begriffs ›Geschichte‹ erst im letzten Drittel des XVIII. Jahrhunderts entsteht,[25] müssen wir zum besseren Verständnis unserer Argumentation vom Beginn des XVIII. Jahrhunderts ausgehen. Genauer gesagt müssen wir den Streit aufzeigen, der sich damals zwischen dem aufklärerischen Denken und dem, was Auerbach »ästhetischen Historismus« genannt hatte, entsponn.
Das Privileg der Vernunft in der französischen und der englischen Aufklärung implizierte die Übernahme der mathematischen Gewißheit als Ideal wissenschaftlicher Erkenntis. Daher stammte die zwingende Minderwertigkeit, in der die historische Erkenntnis zurückgelassen wurde:

> Jede Gewißheit, die nicht mathematische Demonstration ist, ist eine extreme Wahrscheinlichkeit: es gibt keine andere historische Gewißheit (Voltaire, 1764b, 1967, S. 358).

Indem er die historische Erkenntnis dem mathematischen Paradigma unterwarf, brachte Voltaire eine der Positionen der Aufklärer zum Ausdruck, die nicht mit derjenigen der Deutschen vermischt wurde: »Es wurde den Aufklärern zunehmend klar, daß jede Wissenschaft – sei es Geschichte, Philologie oder Ästhetik – ihre eigene Logik erforderte, um von dem Standpunkt Kenntnis zu nehmen, von dem aus die Wissenschaft sich ihrem Objekt annäherte« (Reill, P. H., 1975, S. 41). Aber die deutschen Aufklärer blieben – und dies bis vor kurzem [116] – unbekannt und ohne Einfluß. Voltaires Position hätte sehr wohl mit Erfolg von denjenigen bekämpft werden können, welche die historische Erkenntnis in bezug auf das Modell der biologischen Wissenschaften dachten, deren Anerkennung bereits 1754 in *De l'interpretation de la nature [Über die Interpretation der Natur]* von Diderot bestätigt wurde

25 »Wenn heute von ›Geschichte‹ die Rede ist, so hat dieser Ausdruck einen Bedeutungsumfang und einen Bedeutungsgehalt, die erst im letzten Drittel des 18. Jahrhunderts erreicht worden sind« (Koselleck, R. 1975, S. 647).

(vgl. Cassirer, E., ^{2}1932, S. 93). Aber dies geschah insofern nicht unmittelbar, als die Geschichte, wie wir bereits sahen, in den Schönen Künsten fortdauerte. Die Geschichte bietet uns also nicht mehr als Wahrscheinlichkeiten an, da sie nicht aufhören könnte, die wenngleich unaufhörlich veränderte Bühne des ewigen Kampfes zu visualisieren, den die Vernunft mit den Leidenschaften und den Vorurteilen unterhält. Immer belagert und nicht immer siegreich, fühlt sich die Vernunft in der Geschichte wenig wohl. Wir können daher sagen, daß die Minderwertigkeit der Geschichte für den Großteil des aufklärerischen Denkens aus der Präsenz eines atemporalen, überlegenen ethischen Modells resultierte, mit dem die Werke der Menschen beurteilt wurden. Ein ethisches Modell, das mit der Vernunft selbst vermischt wurde. Da kein Hiat die Vernunft von der Ethik trennte, beurteilte die Vernunft alles, und ließ sich von nichts beurteilen. Den Auerbach des *Vico and aesthetic historism [Vico und der ästhetische Historismus]* (1949) (1967) verblüffte nun ebenso der offenkundige Widerspruch der aufklärerischen These angesichts der *Scienza nuova [Neue Wissenschaft]* (1725) wie die Antizipation des Werks von Vico, sowohl angesichts der Thesen von Rousseau wie angesichts derjenigen von Herder:

> Er sah den ursprünglichen Zustand der Menschheit als Naturzustand, und Natur war für ihn Freiheit: die Freiheit des Gefühls, des grenzenlosen Instinktes, der Inspiration, die Abwesenheit von Gesetzen und Institutionen, in offenkundigem Kontrast zu den Gesetzen, Konventionen und Regeln der rationalisierten Gesellschaft. (...) Vico entdeckte lange vor Herder und den Romantikern das Konzept des Volksgenies (Auerbach, E., 1949, 1967, S. 272).

Der Wahl der Vernunft durch die Aufklärer entsprach die Überlegenheit, die der Imagination vom neapolitanischen Philosophen zugestanden wurde; der Zweitrangigkeit der Geschichte ihre Aufwertung; der Beurteilungsnotwendigkeit der menschlichen Produkte durch ein festes Prisma die Auferlegung ihrer kontextualisierten Untersuchung. Auerbach beabsichtigte jedoch nicht, irgendeinen Erklärungsversuch für Vicos Insularität vorzulegen. Das Auftauchen des historischen Horizonts in Übereinstimmung mit den Thesen der *Scienza nuova* herauszustellen, fiel dem Historiker Allan Megill zu. Nach Megill entstammt Vicos Singularität der *Querelle des anciens et des modernes*, die gegen Ende 1680 begann und sich bis 1714–1716 hinziehen sollte. Innerhalb der Diskussion zeigt Megill die Bedeutung der Studien über die Poesie und die Musik der Hebräer auf, welche von den heute unbekannten Augustin Calmet (1672–1757) und Claude Fleury (1640–1723) in den Essays *Dissertation sur la poésie des anciens* [117] *hébreux [Abhandlung über die Poesie der alten Hebräer]* (1708), *Dissertation sur la musique des anciens et en particulier des hébreux [Abhandlung über die Musik der Alten und insbesondere der Hebräer]* (1713) des ersteren und *Discours sur la poésie en général et sur celle des hébreux en particulier [Rede über die Poesie im allgemeinen und über die der Hebräer im besonderen]* (1713) des zweiten unternommen wurden. In den Worten des Forschers:

> Während die neoklassischen Ästhetiker versuchten, das Kunstwerk mit einem Set zeitlich und kulturell übergreifender Standards zu verbinden, versuchen Calmet und Fleury, das Kunstwerk mit der Sprache und dem Lebensstil zu verbinden, aus denen das Kunstwerk hervorgeht, indem sie betonen, der Kritiker müsse eine sympathetische Wertschätzung der Sprachen und Kulturen pflegen, die von seiner eigenen verschieden sind (Megill, A., 1978, S. 43).

Während sich also die neoklassische Ästhetik gemeinsam mit der volkstümlicheren Aufklärung zum Glauben an historisch übergreifende Werte bekannte – die Normen, denen die Werke sich unterwerfen sollten, und speziell die Vernunft –, konzedierte der ästhetische Historismus kontextuellen Elementen wie »Klima, Erziehung, Reisen und speziell Sprache« (a.a.O., S. 50) ein größeres Gewicht. Auf diese Weise errichtet Megills Essay, ohne die Originalität Vicos herabzuwürdigen, eine Brücke zwischen dem Werk des Neapolitaners und demjenigen von Herder bzw. dem Historismus im allgemeinen. Der Forscher nahm sich jedoch zwei Ziele vor: (a) ein neues Gegenargument zur These von Meinecke zu liefern, der in *Die Entstehung des Historismus* (1936) den Historismus für eine typische deutsche Bewegung hielt, die aus der Oppositon zum *esprit de raison* hervorgegangen sein sollte; (b) das Ambiente aufzuzeigen, in dem Vicos Antizipation gekeimt hatte, indem er die Interpretation gab, die Auerbach nicht gesucht hatte.

Wir glauben unsererseits, daß diese Resultate noch eine andere Perspektivierung zulassen: zu zeigen, daß dem modernen Geschichtskonzept ein innerer Kampf zwischen den Rollen zugrunde liegt, die von der Vernunft und von der Imagination gespielt werden. Ein vielleicht noch nicht hinreichend erforschter Kampf, sei es, weil der ästhetische Historismus in den Kompetenzbereich der an kunstphilosophischen Fragen Interessierten zu fallen scheint, sei es, weil der Konflikt zwischen Aufklärung und Historismus hauptsächlich nur den Konflikt zwischen der Relativierung der Werte und der Omnipräsenz der ewigen Vernunft hervorgehoben hat. Wäre es aber korrekt, die Existenz dieses Kampfes zu postulieren? Von Anfang an gibt es Argumente dafür und dagegen. Einerseits erscheint sie in Übereinstimmung mit den Zeugnissen von Fénélon und Gottsched plausibel, an die Reinhart Koselleck erinnert hat:

> Die Historie habe eine *nudité si noble et si majestueuse*, schrieb 1714 Fénelon, so daß sie keiner poetischen Ausschmückung bedürfe. *Die nackte Wahrheit zu sagen, das ist die* [118] *Begebenheiten, die sich zugetragen haben, ohne alle Schminke zu erzählen,* so bestätigt Gottsched diese Aufgabe der Historiker (Koselleck, R., 1975, S. 659).

In dem selben Sinne trennte Voltaire am Beispiel der Griechen die Geschichte von den *res fictae*:

> Die Griechen wußten sehr wohl die Fabel von der Geschichte, und die realen Fakten von den Erzählungen Herodots zu unterscheiden: ebensosehr wie ihre Redner bei ihren ernsthaften Angelegenheiten nichts von den Diskursen der Sophisten, noch von den Bildern der Dichter verwendeten (Voltaire, 1764, 1967).

Andererseits sieht Koselleck in den Arbeiten des Historikers und des Künstlers des XVIII. Jahrhunderts eine wechselseitige Osmose, ohne daß sich in dieser irgendeine Rivalität oder Spannung aufzeigen ließe:

> Während die Romankunst auf die geschichtliche Realität verpflichtet wurde, geriet umgekehrt die Historie unter das poetologische Vorgebot, sinnstiftende Einheiten zu schaffen. Es wurde ihr eine größere Darstellungskunst abgefordert, sie sollte, statt chronologi-

sche Reihen zu erzählen, geheime Motive eruieren und dem zufälligen Geschehen eine innere Ordnung abgewinnen. So führten beide Gattungen durch eine Art gegenseitiger Osmose zur Entdekkung einer nur in der Reflexion zu gewinnenden geschichtlichen Wirklichkeit (Koselleck, R., 1975, S. 662).

Tatsächlich führen die beiden Argumente nicht zu entgegengesetzten Ergebnissen. Es ist nicht zufällig, daß Kosellecks Argument sich auf den Roman stützt und nichts mit dem Gedicht zu tun hatte. Nun, wie wir im ersten Teil dieses Kapitels sahen (vgl. A. 3.), gibt es eine poetische Theorie, welche sich, obwohl sie die Bedeutung der Geschichte in der Moderne anerkennt, indem sie deshalb den Roman privilegiert, darum bemüht, die Kunst zu autonomisieren, das heißt ihr eigene Werte und spezifische Kompositionsprinzipien zu verleihen. In Opposition zu ihr entwickelt sich später die Tradition der realistischen Literatur, welche sehr wohl in einer Osmose mit der Geschichte verbleibt. Die vor kurzem aufgestellte Hypothese wird also bestätigt. Was heißen will: es wird eine Spannung zwischen dem Lob der Geschichte und der Theorie der autonomen Kunst geschaffen, woraus die historiographische Praxis resultiert, einerseits Parallelen mit der literarischen Praxis (dem Roman) und andererseits einen scharfen Schnitt gegenüber ihren radikalsten Absichten (der autonomen Kunst) zu präsentieren. Es bleibt noch festzuhalten, daß ein solcher Parallelismus und ein solcher Schnitt sich diachronisch abheben. Bevor sich der Schnitt auferlegt, ist es legitim, einen perfekten Parallelismus im ästhetischen Historismus von Herder zu finden, am Beispiel der folgenden Passage der *Humanitätsbriefe* (1796): [119]

> In dieser Galerie verschiedener Denkarten, Anstrebungen und Wünsche lernen wir Zeiten und Nationen gewiß tiefer kennen als auf dem täuschenden trostlosen Wege ihrer politischen und Kriegsgeschichte. In dieser sehen wir selten mehr von einem Volke, als wie es sich regieren und töten ließ; in jener lernen wir, wie es dachte, was es wünschte und wollte, wie es sich erfreute, und von seinen Lehrern oder von seinen Neigungen geführt ward (zitiert nach Jauß, H. R., 1970, [5]1974, S. 213f.).

Obwohl die Geschichte der Poesie zum Nachteil der politischen und militärischen Geschichte hervorgehoben wird, denkt Herder vor allem in Modalitätsbegriffen der Geschichte, indem er jene privilegiert, die Geschichte *der Poesie* ist. Aber der Parallelismus verschwindet in dem Maße, wie man sich dem Historismus im eigentlichen Sinne zuwendet. Nun verschwindet die Minderwertigkeit, die Herder für die politische und militärische Geschichte reservierte. Die Geschichte entwickelt sich genau durch ihren politischen Zweig. Dies würde man gewiß nicht für eine zufällige und arbiträre Entscheidung des Historikers oder, wie man heute zu sagen geneigt wäre, für das Ergebnis seiner Kooptation durch die Kanzleien der entstehenden Staaten halten. Es ist vielmehr der Anbruch des modernen Staates, verbunden mit der damals auf den Nationalismus gesetzten Hoffnung, der die Vorrangstellung der politischen Geschichte und die privilegierte Untersuchung ihrer großen Persönlichkeiten erklärt. Der Dichter wird noch mit dem Staatsmann in Konkurrenz zu treten suchen, indem er, bei einem Shelley, die Tradition des Dichter-Sehers aufrechtzuerhalten versucht. Aber er muß vielmehr feststellen, daß seine Macht lächerlich ist, weil sie »auf dem Thron ihrer eigenen Seele sitzt« (Shelley, P. B., 1821, 1963, S. 138). Auf dieselbe Weise erklärt sich insbesondere im Feld der Geschichte die Marginalisierung derjenigen, die sich der Geschichte der Kultur widmeten:

> Man pflegte zuzugeben, daß die Welt der Geschichte an die politischen Historiker »weggegeben« sei; aber man flüchtete sich gewissermaßen in einen Bereich, der von diesen noch nicht besetzt und in Anspruch genommen war (Cassirer, E., 1950, 1973, S. 273).

Die Geschichte hält von sich alles symbolische Material fern und möchte mit »seriösen« Gegenständen befaßt sein. Bei der Erörterung der Schriften zur Disziplin seiner Zeit zeigt Droysen, der Zeitgenosse von Ranke, daß ihr methodologisches Konzept bereits das Konzept der Quelle, der »Quellenüberlieferung« ist, ein extrem materielles und positives Instrument, um einer anderen historiographischen Modalität zu dienen:

> Nach Dönniges' Darlegung hat die Kritik den objektiven Tatbestand zu ermitteln, und dieser ist aus der strengen Untersuchung und Vergleichung der Berichte zu gewinnen. Die Kritik hat so die Berichte authentisch zu machen. (...) Die Meinung [120] scheint

zu sein, daß die Produktion das Finden und Ergreifen der Idee sei, die in den Tatsachen liege (Droysen, J. G., 1857, [6]1971, S. 95f.).

Außerhalb der politischen oder religiösen Geschichte angewendet, fährt der Autor fort, »würde diese Methode sich bald als stumpf erweisen«, denn das, was »sie als objektive Tatsachen bezeichnet, eine Schlacht, ein Konzil, eine Empörung, – sind diese denn als solche in der Wirklichkeit dagewesen? Sind das nicht vielmehr die Akte vieler, zahlloser Einzelheiten Eines Vorganges, den als solchen nur die menschliche Vorstellung zusammenfaßt nach einem diesen Einzelheiten gemeinsamen Zweck oder Anlaß oder Wirkung usw.? In Wahrheit sind es menschliche Willensakte, ist es Tun und Leiden so vieler einzelner, woraus das, was wir als die Tatsache dieser Schlacht, dieser Empörung bezeichnen, sich der zusammenfassenden menschlichen Vorstellung ergeben hat. Nicht die Schlacht, die Empörung war das in jenem Moment Objektive und Reale, sondern die Tausende, die so gegeneinander und durcheinander liefen und lärmten und sich gegenseitig schlugen usw.« (a.a.O., S. 96f.). Droysens aggressive Kritik war jedoch nicht in der Lage, den Kurs der Historiographie zu verändern. Und dies um so weniger, als der positivistische Glaube an die Tatsache, der nun das Modell der biologischen Wissenschaften verinnerlichte, dem Historiker eine wissenschaftliche Nüchternheit konzediert. Die Forderung nach Wissenschaftlichkeit wird praktisch mit jeder Generation wachsen. Vor Ranke erörterte ein Chladenius die Präsenz allgemeiner Gesetze in der Geschichte und postulierte das Erfordernis einer historischen Hermeneutik, die bei ihrer Beurteilung von der zentralen Bedeutung des Gesichtspunktes auszugehen hätte:

Diejenigen Umstände unserer Seele, unseres Leibes und unserer ganzen Person, welche machen oder Ursache sind, daß wir uns eine Sache so und nicht anders vorstellen, wollen wir den Sehe-Punkt nennen (Chladenius, 1742, 1976, S. 72, § 309).

Wenn daher »Historien« aufgrund der *Position* desjenigen, der sie erzählt, »Erzählungen desjenigen [sind], was in der Welt geschehen ist« (a.a.O., S. 70, § 307), dann beinhalten die Geschichten tendenziell Unterschiede, selbst wenn die Beobachter gleichermaßen ehrenhaft sind:

> Allein wir wollen nur dieses behaupten, daß, wenn verschiedene Personen, auch nach ihrer richtigen Erkenntnis, eine Geschichte erzählen, in ihren wahren Erzählungen sich dennoch ein Unterschied befinden könne (a.a.O., S. 72, § 308).

Folglich wird eine

> Rebellion (...) anders von einem treuen Untertanen, anders von einem Rebellen, anders von einem Ausländer, anders von einem Hofmann, anders von einem Bürger oder [121] Bauern angesehen, wenn auch gleich jeder nichts, als was der Wahrheit gemäß ist, davon wissen sollte (ebd.).[26]

Die Funktion des Gesichtspunktes verschwindet drastisch bei Leopold von Ranke, das heißt bei der einflußreichsten Figur der modernen Historiographie. Im Vorwort seines Erstlingswerks *Geschichte der romanischen und germanischen Völker* erklärt der Autor ohne Umschweife:

> Man hat der Historie das Amt, die Vergangenheit zu richten, die Mitwelt zum Nutzen zukünftiger Jahre zu belehren, beigemessen: so hoher Ämter unterwindet sich gegenwärtiger Versuch nicht: *er will bloß zeigen, wie es eigentlich gewesen* (Ranke, L. v., 1830, 1966, S. 60, Hervorhebung von mir).

Es interessiert nicht mehr, *wer* die Geschichte schreibt, welche seine Position ist und wie sie seinen Gesichtspunkt motiviert. Der Historiker ist jener, der sich von der Beobachtung und Untersuchung besonderer Fakten »zu einer allgemeinen Ansicht der Begebenheiten, zur Erkenntnis ihres objektiv vorhandenen Zusammenhanges« (a.a.O., S. 62) erhebt. Der Historiker ist mit einem Wort ein Wissenschaftler, weil er *objektiv* das beobachtet und sagt, was war. Eine spätere Passage begrenzt diesen Glauben an eine den historischen Ereignissen eingeschriebene Qualität:

> Das Gewordene konstituiert den Zusammenhang mit dem Werdenden. Aber auch dieser Zusammenhang selbst ist nichts willkürlich Anzunehmendes; sondern er war auf eine bestimmte Weise, so und so, nicht anders. Er ist ebenfalls ein Objekt der Erkenntnis.

26 Für eine systematische Darstellung von Chladenius und seiner Position innerhalb der deutschen Aufklärung, vgl. Reill, P. H. (1975).

> Eine längere Reihe von Ereignissen – nacheinander und nebeneinander –, auf solche Weise miteinander verbunden, bildet ein Jahrhundert, eine Epoche (a.a.O., S. 64).

Ranke ist jedoch nicht der einzige, er war nicht einmal der erste gewesen, der sich in diesen Glauben an die Objektivität der Tatsachen und an die konsequente Annahme der Neutralität des Historikers verbiß. Zu Beginn des Essays von 1821, *Über die Aufgabe des Geschichtsschreibers*, sagte Wilhelm von Humboldt:

> Die Aufgabe des Geschichtsschreibers ist die Darstellung des Geschehenen. Je reiner und vollständiger ihm diese gelingt, desto vollkommener hat er jene gelöst. Die einfache Darstellung ist zugleich die erste, unerlassliche Forderung seines Geschäfts, und das Höchste, was er zu leisten vermag. Von dieser Seite betrachtet, scheint er nur auffassend und wiedergebend, nicht selbstthätig und schöpferisch (Humboldt, W. v., 1821, 1960, I, S. 585). [122]

Der Glaube an die Tatsache und an die Möglichkeit, einfach das »Geschehene« zu formulieren, wurde damals zum Dogma. Eine Generation später wird über den Anspruch einer der Geschichte eigenen Hermeneutik nicht einmal mehr nachgedacht. Mit der Einheitstheorie der Wissenschaften von Auguste Comte wird die wissenschaftliche Konstruktion von denselben Forderungen durchzogen, die im Fall der Geschichte jene bereits bekannten sind: Kritik der Quellen, Beobachtung des Besonderen, seine Erhebung auf das Niveau der notwendigen und objektiven Verbindungen, die jedoch von den Entschlüssen des Analytikers selbst unabhängig sind. Von dort zu Taines Position ist es nur ein Schritt:

> Die Produktionen des menschlichen Geistes erklären sich, wie diejenigen der lebendigen Natur, nur durch ihr Milieu (Taine, H., 1865, 1980, I, S. 10).

Ein Jahrhundert nach Chladenius sieht sich die Kunst von allgemeinen Gesetzen und Kausalitäten umgeben, die denjenigen ähnlich sind, die von der Physik und von der Biologie errichtet worden waren. Die Geschichte hatte mit einem Wort ihre Basis erreicht: ihre Einschreibung in die Wissenschaft.

Wie kann man innerhalb dieser wissenschaftlichen Verabsolutierung zumindest behaupten, daß das Poetische, wenngleich unterschwellig, noch etwas mit der Geschichte zu tun gehabt hätte? Es hält sich unterdessen als ein unerwünschtes heimliches Element, insbesondere ausgehend vom Kult der Quellen:

> Als Artikulation von Sinn werden die Quellen und Dokumente menschlicher Vergangenheit im Prinzip angesehen wie Kunstwerke. Historische Methode ist also – überspitzt formuliert – *regelhafter Vollzug einer Ästhetisierung der Geschichte* (Rüsen, J., 1976, S. 89, Hervorhebung von mir).

Ein gewiß perverser Vollzug, wie bereits das Wort *Ästhetisierung* anzeigt, der die Untersuchung der Willensakte von Tausenden von Agenten aufgab, die von Droysen zum Besten der nüchternen und epischen Schönheit der unter der Bedingung fragloser Objektivitäten errichteten Fakten vorgenommen worden war. Aber Droysen hat noch etwas über diese perverse Präsenz zu sagen. Die nun in Erinnerung gerufene Passage betrifft die Rolle der Narration bei der Errichtung einer Illusion, der Illusion, der Historiker hätte seinen Gegenstand erschöpfend behandelt:

> In abstracto gibt es jeder leicht zu, daß unser Wissen Stückwerk und auch unser historisches Wissen unvollständig ist. Aber schon die Art, wie man vorherrschend die Form der Erzählung für geschichtliche Dinge braucht, macht die Illusion und will sie machen, als wenn wir von den geschichtlichen Dingen einen vollständigen Verlauf, eine in sich geschlossene Kette von Ereignissen, Motiven und Zwecken vor uns hätten. Und auch bei den Forschenden stellt sich nur zu leicht die Illusion ein, als sei das, was uns überliefert vorliegt, wenn nicht das Ganze, so doch das Wesentliche, und könne und müsse genügen, ein Bild des Ganzen zu geben (Droysen, J. G., 1857, ^{6}1971, S. 144). [123]

Hier wird noch mehr die unterschwellige Präsenz und die pervertierte Wirkung erklärt, die die Kunst in der Historiographie entwickelt. Indem er um ein Jahrhundert eine Diskussion vorwegnahm, die heute Hayden White wieder aufgreift (vgl. White, H., 1973, S. 1–42; 1980, S. 5–27), zeigte Droysen, daß die Gewöhnung an den narrativen Rückgriff der Geschichte die Illusion eines erschöpfenden und objektiven, geschlossenen Ganzen verlieh. Sie befreite sich folglich von der Befürchtung, mit der Arbitrarität der

subjektiven Urteile verwechselt zu werden, die auf die Behandlung der *res fictae* mittels der nicht anerkannten, ja nicht einmal diskutierten Aneignung der Fabel, des alten aristotelischen *Mythos* verwiesen wurden. Als Beauftragter, die Handlungen der anerkannten Gesetzgeber zu beschreiben, konnte der Historiker nichts anderes tun: durch seine Mühe wurden die Fakten fixiert, welche die offizielle Geschichte der Nationen und die Objektivitäten unterstützten, welche, nach Anfang, Mitte und Ende organisiert, die Totalität einer historischen Epoche entwickelten. Die Rhetorik konnte mit der Suche nach der Schönheit verwechselt werden, nicht mehr mit der Ernsthaftigkeit des Historikers.
Insgesamt jedoch führen sowohl die Animositäten gegen die *res fictae* als auch die Bedeutung, die der Poesie vom ästhetischen Historismus zugestanden wird, zu demselben Resultat: die Historiographie betrachtet sich selbst als Wissenschaft, während unter ihrem Selbstbild das skrupellose, widerliche, verachtenswerte Antlitz der Kunst entsteht. Dort untergetaucht, zurückgedrängt, rächt sich die Kunst sozusagen durch diese perverse Beziehung. Wo die unerwünschte Kunst anerkannt wird, geschieht es zur Verachtung desjenigen, der sie praktiziert. Michelet, dessen Untersuchung wir hier vorwegnehmen (zu seiner Systematisierung, vgl. Kap. III) ist ein typischer Fall. Michelet

> führt eine Form der poetischen, literarischen, geschriebenen Geschichte bis zum Maximum dramatischer Intensität, gegen die die gesamte zeitgenössische Forschung protestiert, die nicht ihre eigene Schreibweise fand (Nora, P., 1973, S. 55).

Erscheint es aber nicht befremdlich, Michelet zum Opfer der Geschichte erklären zu lassen, die er praktizierte? Wie kann man die Lobeshymnen vergessen, die Lucien Febvre für ihn reservierte? Wie die liebevolle Zuwendung entschuldigen, die ihm Le Goff zuteil werden ließ, indem er ihn nichts weniger als »den ersten Historiker der Stillen der Geschichte« nannte? (Le Goff, J., 1977, S. 44). Ihn als Opfer einer in literarischen Begriffen verfaßten Geschichte zu betrachten, würde dies nicht der zornigen Kritik den Rücken stärken, mit der die Ultrarechte eines Charles Maurras auf ihn zeigte? Wir rechtfertigen unser Urteil, indem wir sogleich das eindeutige Lob von Roland Barthes nehmen. Viele hatten den Autor von *Le Peuple [Das Volk]* als »einen schlechten Historiker [betrachtet], *weil er schreibt*, anstatt einfach zu ›redigieren‹« (Barthes, R., 1973, S. 21). Und er ist ein Schriftsteller, weil er *»den Exzeß des Bezeichnenden«* (ebd.) einberuft. Das heißt, Michelet wurde für die Geschichte verloren und für die Literatur wiedergewonnen. [124] Ist die Rettung aber nicht in zweifelhaften Begriffen formuliert? Macht Barthes etwas anderes, als Maurras' Waage beizubehalten und lediglich die Waagschalen zu vertauschen? Die Frage hat den berühmten Kritiker gewiß nicht beschäftigt. Als ob das enge Tor von Gide sich noch weiter verengt hätte und es am Ende des Korridors in den Gemächern der *écriture* Licht, Freiheit und Rettung gäbe. Da bei Barthes die alte Philologie jetzt in den Dienst des persönlichen Vergnügens gestellt wird, wird Michelet akzeptabel, weil er uns erfreut:

> Mit einem Wort, da es sich um einen *Text* handelt, ist es notwendig, daß wir die historische Referenz *mit Zynismus* gebrauchen: sie zurückweisen, wenn sie unsere Lektüre reduziert und verringert, sie dagegen akzeptieren, wenn sie sie erweitert und genüßlicher macht (a.a.O., S. 25).

Die Wiedergewinnung von Michelet verwandelt sich in ein Glaubensobjekt: wenn ich alles entferne, was nur unter der Bedingung eines Versatzstücks *redigiert* wird; wenn dagegen etwas zum pluralistischen Text wird, der mit einem Exzeß von Bezeichnenden versehen ist, wenn es mein Vergnügen hervorruft, dann gestehe ich der Literatur das Privileg der irdischen Unsterblichkeit zu. Was machen wir aber anderes, als die manichäistische Trennung zwischen Wissenschaft und Literatur aufrechtzuerhalten, deren Konsequenz darin besteht, daß wir weiterhin in Unkenntnis der einen und der anderen verweilen? Deshalb könnte das Barthessche Argument nicht bei dem wirken, der Michelet aufgrund seiner Praxis als Historiker, und nicht trotz dieser, zu rehabilitieren sucht. Dies ist der Fall bei Jacques Le Goff. Der Historiker für das Mittelalter und die Französische Revolution erfreut sich wegen seiner Antizipationen hoher Wertschätzung. Einer Antizipation, zum Beispiel, der Rolle des Festes im Mittelalter und der Funktion der Zauberer:

> Das Ideal des Festes, für das Michelet sich so sehr – vor allem mit *L'Étudiant [Der Student]* – begeisterte, fand er in keiner anderen

> Epoche so gut realisiert wie im Mittelalter. Es ist das »lange Fest des Mittelalters«. Das Mittelalter ist ein Fest. Eine Vorahnung der Rolle – die heute von der Soziologie und von der Ethnologie erhellt wird –, die das Fest in einer Gesellschaft und in einer Zivilisation vom Typ derjenigen des Mittelalters spielt (Le Goff, J., 1977, S. 31).

Michelets Überleben gegen eine positivistische und faktenorientierte Historiographie hängt davon ab, daß er uns Zugang zu dem verschafft hat, was wir mit Lévi-Strauss die *Logik des Konkreten* nennen würden. Wir nehmen nur ein Beispiel:

> Das Erstaunlichste ist, daß die Hexe auf Anhieb wirklich ein Wesen zur Welt brachte; es hat vollständig den Schein der Wirklichkeit, man hat es gesehen und gehört, jeder kann es beschreiben. Man sehe sich dagegen die Unfähigkeit der Kirche, etwas zu erzeugen, an. Wie sind ihre Engel blaß, grau in grau, diaphan! Man kann durch sie hindurchsehen (Michelet, J., 1862, 1974, S. 25). [125]

Während ein positivistischer Historiker entweder dort keine »Fakten« fände, deren Authentizität zu erweisen wäre, oder sich darauf beschränken würde, Michelet zu »korrigieren«, indem er Beweise dafür sammelte, was man ausgehend von den Hexen zu sehen behauptete und was man nicht durch die Kirche sehen konnte, erfaßt Michelet den Grund des Erfolgs und der Ambiguität, die diese Frauen umgab. Wenn ihr Prestige auch dokumentierbar war, so war dessen Grund unbewußt, unsichtbar, und wurde dennoch auf interpretativem Wege erfaßt. Während die Kirche ihre Hände in Unschuld wusch, sosehr, daß sie durchsichtig wurden, während sie die mittelalterliche Macht rechtfertigte, kehrten die Hexen zum Körper zurück und vollzogen »die Wiedereinsetzung des Bauches und seiner Verdauungsfunktionen in ihre alten Rechte (...); sie bekannten laut: ›es gibt nichts Unreines und nichts Unsauberes‹« (a.a.O., S. 90). Ihr Erfolg und ihr Unglück haben dieselbe Erklärung: sie machten Politik, ohne es zu wissen. Ihre Kohorte von Phantasmen wurde sichtbar, weil sie vom kleinen Volk erwünscht war. Wie sollte man für sie eine andere Ehe konzipieren als diejenige mit dem Teufel, wenn die Praxis mit Gott auf die Untertanen des Schlosses beschränkt wurde? Andererseits sagt diese Logik des

Konkreten kaum etwas über ihr Objekt aus, das sie behandelt, aber sie spricht zugleich von dem Agenten, der es enthüllt: Michelet und seiner Abscheu für das heuchlerische religiöse Mitleid der Bourgeoisie der Restauration. Michelet entfernte sich auf diese Weise nicht nur vom guten Verfahren der faktenorientierten Geschichte, sondern er zog auch die Idee der Wissenschaft als *Entdeckung* von Objektivitäten in Zweifel. Aus all diesen Gründen erscheint er uns als ein Vorläufer; was offensichtlich nicht synonym mit der zeitgenössischen Geschichte ist, die heute geschrieben wird. Denn Michelets Historiographie bleibt an die Idee der Nation und das Prinzip der Narration gebunden, die miteinander so eng verknüpft sind:

> Die Rühmung der nationalen Macht oder des nationalen Bewußtseins (...) bleibt einer der großen Seinsgründe der Geschichtserzählung, nachdem sie zweifellos ihr fundamentaler Impuls gewesen ist (Furet, F., 1982, S. 75).

Wir brachten die Studie von Michelet vor, um ein Beispiel der Historiographie des vergangenen Jahrhunderts zu präsentieren, das nicht die poetische Ader verdrängte. Somit wird der Leser verstehen, daß unser Interesse darin bestand, zu konkretisieren, daß es in den Schriften der Geschichte im XIX. Jahrhundert eine notwendige Spannung zwischen der poetischen Ader und dem Versuch gab, die wissenschaftliche Objektivität zu finden; daß diese Spannung durch die Verdrängung – Verdrängung, und nicht bloße Auslöschung – des poetischen Elementes gelöst wurde, das sich in eine Ästhetisierung (Rüsen) verwandelte und/oder in der narrativen Form *naturalisierte* (Droysen). Die Verfolgung dieses Modells wird sich für den Fortschritt der positivistischen Historiographie halten, das exakte *Pendant* zum naturalistischen Roman. Die alte Osmose, die sich im XVIII. Jahrhundert vollzog, verwandelt sich also in ein straffes Modell, das [126] auf die genannte Verdrängung verweist, die von der szientifistischen »Gewißheit« der faktenorientierten und objektiven, politischen Geschichte herrührt. Historiographie und »narrative« Literatur bleiben nun genau über die Fläche in Kontakt, die in beiden am meisten hervorspringt: die dominante Fläche des Szientifismus und des Dienstes, den er dem Staat leistet. Das Binom Wissenschaft-Staat realisiert die Verbindung der Geschichte mit der Literatur über die Literaturgeschichten, die ihren Gipfelpunkt im Laufe des XIX. Jahrhunderts erreichen:

> Literaturgeschichte im heute üblichen Sinne hat es vor dem 19. Jahrhundert nicht gegeben (Fuhrmann, M., 1983, S. 49).

In der Tat ist diese Geschichte weniger Literaturgeschichte als ein besonderer Zweig der politischen Geschichte, indem sie den Beziehungen der Wissenschaft mit dem Staat einen einschließlich politischen Dienst erweist:

> Literaturgeschichte bleibt vom Anfang bis zum Ausgang des Jahrhunderts insgeheim oder offen ein Mittel der Identitätsfindung und Standortbestimmung nachrevolutionärer bürgerlicher Kulturwissenschaft (Wolfzettel, F., 1982, S. 91).

Wie Jauß bestätigt und beklagt,

> Die neue Historie der Nationalliteraturen trat indessen in ideale Konkurrenz zur politischen Geschichte und beanspruchte, am Zusammenhang aller literarischen Erscheinungen zu entwickeln, wie die Idee nationaler Individualität von quasi-mythischen Anfängen bis zur Erfüllung einer nationalen Klassik zu sich selbst kommen konnte (Jauß, H. R., 1970, [5]1974, S. 215).

Als Zweig der Richtung, die der Nationalgeschichte aufgedruckt ist, besitzen die Literaturgeschichten dasselbe Zentrum. Dies weist Furets Studie über die Aufnahme der Geschichte als Disziplin in das Curriculum des französischen Bildungswesens empirisch nach. Unter Louis-Philippe beginnt die entscheidende Phase für die schulische Einführung der Geschichte. Durch die 1838 eingeführte Veränderung wird im Sekundarschulwesen speziell die Geschichte des Landes hervorgehoben:

> Im übrigen unterstreicht die Tatsache, daß die gesamte letzte Klasse für die Geschichte Frankreichs reserviert ist, den durchaus zentralen Charakter dieser Pädagogik, im Gegensatz zur Tradition der Geisteswissenschaften (Furet, F., 1982, S. 116).

Die Veränderungen gehen im Verlauf des Jahrhunderts weiter, und da es uns nicht interessiert, sie hier zu reproduzieren, bleibt nur zu sagen, daß ihre Geschicklichkeit darin bestand, [127] das Kapitel der Revolution an die Ruhmesgesänge zu Ehren des Nationalstaates anzugliedern:

> Der Lehrmeister kann also kein Gewissen verletzen, wenn er die Prinzipien dieser Revolution darlegt und zeigt, wie kraft unserer Waffen und unserer Ideen die absoluten Herrschaften sich überall transformiert haben, wie neue Völker im Verlauf unserer zeitgenössischen Geschichte das Existenzrecht erworben haben (Lavisse, zitiert nach Furet, F., 1982, S. 121).

Nachdem ihre »schlechte« Seite ausgemerzt ist, wird die Revolution als Frucht der ewigen französischen Saat inthronisiert, die auf den modernen Staat warten sollte, um sich vollständig zu entfalten. Der moderne Staat wird also zum Objekt einer »immanenten Theologie« (Jauß), indem er sich als ein Organismus zeigt, der sich dank des Fortschrittsbewußtseins entwickelt. Ein diffuser Hegelianismus und der Szientifismus versöhnen sich und vermischen sich in dieser Erziehung des guten Bürgers, wobei sie vom Unterricht der Geschichte und der Literaturgeschichte unterstützt werden. Eine Kombination, die sich in Frankreich verstärkt, da »eine epistemologische Abgrenzung der Naturwissenschaften gegenüber den Geisteswissenschaften in Frankreich nicht stattfindet, wobei umgekehrt die positivistische Tradition die Entstehung einer eigentlich hermeneutischen Tradition im Sinne Schleiermachers und Diltheys deutlich verzögert hat« (Wolfzettel, F., 1982, S. 99).[27] Dies bedeutet nicht, daß die nationale Ideologie sich auf Frankreich beschränkte. So hebt Gervinus in den *Prinzipien einer deutschen Literaturgeschichtsschreibung* von 1833 die Zweitrangigkeit der ästhetischen Prinzipien für die Aufgabe des Historikers und die zentrale Rolle hervor, die die Nation spielen sollte:

> Der ästhetische Beurtheiler zeigt uns eines Gedichtes Entstehung, sein inneres Wachsthum und Vollendung in sich selbst, seinen absoluten Werth dem Ideal gegenüber, sein Verhältniß zu dem künstlerischen Charakter des Dichters überhaupt. Der Historiker zeigt seine Entstehung aus der Zeit, aus deren Ideen, Bestrebungen und Schicksalen, sein inneres Verhältniss – Entsprechen oder Wider-

27 Für eine kontrastierende Sicht der epistemologischen Grundlagen der Philologie in Frankreich und in Deutschland, vgl. Hültenschmidt, E. (1983) und Gumbrecht, H. U. (1984).

> spruch – mit diesen, *seinen Werth für die Nation*, seine Wirkung in Mitwelt und Nachwelt; er vergleicht es zunächst blos mit dem Höchsten, was diese Zeit, diese Nation, in dieser Gattung geleistet hat (Gervinus, G. G., 1833, 1975, S. 21f., Hervorhebung von mir).

Das nationalistische Prinzip bleibt in den folgenden Jahrzehnten dermaßen stabil, daß mehr als fünfzig Jahre lang dasselbe Argument auf noch konkretere Weise wieder auftaucht: [128]

> Der Verlauf einer ruhmvollen glänzenden Geschichte stünde uns zu Gebote, um ein Gesammtbild dessen was wir sind und bedeuten zu entwerfen: und auf diesem Inventar aller unserer Kräfte würde sich eine *nationale Güter- und Pflichtenlehre* aufbauen, woraus den Volksgenossen ihr Vaterland gleichsam in athmender Gestalt ebenso strenge heischend wie liebreich spendend entgegenträte (Scherer, W., 1878, 1974, S. 18, Hervorhebung von mir).

Ebensowenig beschränkt sich die zentrale Rolle der Nation auf Deutschland. In Italien interpretierte Emiliani Giudici sogar vor der klassischen *Storia della letteratura italiana [Geschichte der italienischen Literatur]* (1870–1871) von De Sanctis in der *Storia delle belle lettere in Italia [Geschichte der Schönen Literatur in Italien]* (1844) den Charakter der Nationalliteratur durch die Präsenz zweier antithetischer politischer Kräfte, den Guelfismus und den Gibelinismus (vgl. Getto, G., 1942, S. 26).

Zusammenfassend gesagt hatte die Romantik die Geschichte ebenso in der fortgeschrittenen Version Schlegels als auch in der volkstümlicheren Version gerühmt, ja sie hatte sie sogar als Zwillingsschwester der Poesie akzeptiert – »(...) die Romantiker perspektivieren die formale Geschichte auf einer breiten Skala als ein Epos in Prosa, während die historische Fiktion in allen Genres triumphiert« (Hartman, G., 1973, S. 54) –, aber ihre Beziehungen verschlechterten sich zunehmend, bis sie durch die Konstituierung eines historiographischen Modells abgebrochen wurden, das in der Literatur seine Nützlichkeit für den Staat sah, sofern sie ein der Pädagogik des Staatsbürgers gewidmetes Element war. Es verwundert nicht, daß seit Baudelaire und Flaubert die Literatur die Präsenz dieser wichtigen Erzieher beschwört und die Tradition der Negativität entwickelt. Noch weniger befremdet es, daß bereits zu Beginn des XX. Jahrhunderts ein Philosoph die Skizze einer Interpretationstheorie vorschlug, die die Zweitrangigkeit der Geschichte voraussetzte:

> Aus dem Denkverfahren des Verstehens scheidet zunächst die grammatische und die historische Vorarbeit aus, welche nur dazu dient, dem Vergangenen, dem räumlich Fernen oder sprachlich Fremden gegenüber den auf das Verstehen eines fixiert vorliegenden »Gerichteten« in die Lage eines Lesers aus der Zeit und der Umgebung des Autors zu versetzen (Dilthey, W., 1909–1910, 1970, S. 270).

Dilthey, könnte man denken, kehrte zum Fundament des ästhetischen Historismus zurück, indem er versuchte, den Kontakt der Kunst mit dem gesellschaftlichen Leben wiederherzustellen. Aber in Wahrheit vollzog der Philosoph keine Rückkehr. Die Geschichte begann, sozusagen aus Rache der Zurückgewiesenen, als eine Hilfskraft gesehen zu werden, die bei der Erhellung dessen unterstützt, was sie nicht ist:

> Wie deutlich zeigt sich im Nachbilden und Nacherleben des Fremden und Vergangenen, daß das Verstehen auf einer besonderen persönlichen Genialität beruht! Da es aber eine bedeutsame und dauernde Aufgabe [129] ist als Grundlage der geschichtlichen Wissenschaft, so wird die persönliche Genialität zu einer Technik, und diese Technik entwickelt sich mit der Entwicklung des geschichtlichen Bewußtseins (a.a.O., S. 267).

Der Rekurs auf die geniale Persönlichkeit und ihre Konvertierung in eine Interpretationstechnik künden die emphatische Interpretationsmethode an, die Dilthey ausgehend von Schleiermacher entwickeln wird.[28] So vervollkommnet der Vorschlag von Dilthey die Monade der autonomen Kunst, anstatt sie für die Welt zu öffnen, indem er sie der Kanonbildung der immanenten Analyse angliedert, deren unbestrittene Herrschaft sich in den Jahrzehnten zwischen 1910 und 1960 ausweitet. In der Tat rebellierte nicht nur Dilthey gegen das vom XIX. Jahrhundert geerbte Modell der Literaturgeschichte. Zu Beginn des gegenwärtigen Jahrhunderts kündigen verschiedene Fronten sein Scheitern an. Autoren so verschiedener Werke wie Lukács, Jakobson, und Benjamin in

28 Im Hinblick auf die Hermeneutik von Schleiermacher, vgl. Costa Lima, L. (^{2}1983).

seinen frühen Essays, insbesondere *Beobachtungen über die Literaturtheorie* (1910), *Vom künstlerischen Realismus* (1921) und *Literaturgeschichte und Literaturwissenschaft* (1931) konstatieren die nicht zu verhehlende Krise jenes historiographischen Zweiges. Diese Beurteilung wuchs mit der Zeit nur noch. Heute geht sie sogar noch weit darüber hinaus. Nicht allein die praktizierte Geschichte erkennt, daß sie sehr wohl verschieden von ihrer Vorgängerin ist, auch die Fragen, mit denen sie ihren Seinsgrund und das Interesse, das sie weckt, erforscht, zeigen, daß die Grundlagen der modernen Historiographie erschüttert worden sind. Symptomatisch für diese Rückkehr zur Erforschung der Grundlagen der Disziplin sind die Essays von Paul Hernadi (1981) und von Hans Ulrich Gumbrecht (1982, insbes. S. 501 f.).

Mit einem Wort, durch die nun abgeschlossene Darstellung dieses Teils B wird bestätigt, daß die Entwicklung der Historiographie ausgehend vom letzten Drittel des XVIII. Jahrhunderts über das gelegt werden kann, was wir in Teil A über die Entwicklung der Literatur, speziell über ihre interne Zweiteilung gesehen hatten. Diese Überblendung macht die Präsenz eines Vetos hinsichtlich des Fiktionalen noch klarer. Denn was bedeutet es, den Dichter einzuberufen, um die Ruhmestaten seines Staates zu besingen, wenn nicht, daß man ihm eine Funktion *verleiht*? Der Roman gewöhnt sich gut an dieses Klima, in dem er sich als eine Parallele zur legitimierten Geschichte aufrechterhält. In ihm findet die Fiktion ihr Alibi. Das Gedicht dagegen kommt vom Weg ab; als hermetisch oder krank marginalisiert, reißt es die Fiktion, die es praktiziert, mit in die Tiefe. Dort deponiert, wird die Idee der Fiktion ebensowenig von denjenigen befreit, die schließlich unmittelbar die Tradition der Negativität aufwerteten. [130] Eine Theorie der Fiktion kann nicht erreicht werden, ohne die Beziehungen des fiktionalen Produkts mit der Realität, die sie transformiert, in Betracht zu ziehen. Nun, die Tradition der Negativität wird das Veto übernehmen, das die Gesellschaft ihm zukommen läßt, und folglich muß sie das Gedicht als eine Sprache ohne kommunikative Funktion ansehen. Das Veto hinsichtlich der Fiktion verdoppelt sich also in einem Desinteresse für die Theorie der Fiktion. Diese wird nur möglich sein, wenn der Kanon der immanenten Erörterung in Frage gestellt würde. Aber dies gehört nicht mehr in den Bereich des vorliegenden Buches. Aus diesem Grunde sehen wir jetzt die Veränderungen, die die romantische Konzeption über Natur und Geschichte auf ihrer Reise in die Tropen erfuhr.

C. NATUR UND GESCHICHTE IN DEN TROPEN

5.1. Einfluß der ausländischen Reflexion

Von den Ausländern, die sich aus eigenem Antrieb oder im Auftrag für die Literatur in Brasilien interessierten – Bouterwek, Sismondi, Schlichthorst, Garrett, Herculano, Ferdinand Wolf – ist das Vermächtnis von Ferdinand Denis das umfangreichste und interessanteste. Dieser Pariser, der weniger aus Abenteuerlust als mit dem Vorhaben, seine Familie ökonomisch zu retten, von 1817 bis 1819 in die Tropen kam und der durch die Prinzipien von Mme. de Staël und Chateaubriand geleitet wurde, hat sich von Beobachtungen und Erfahrungen genährt, die nach seiner Rückkehr Gelegenheit zu einem reichhaltigen Werk über das Land geben sollten. Unter ihnen werden die *Scènes de la nature sous les tropiques [Szenen der Natur in den Tropen]* (1824), *Brésil [Brasilien]* (1837) und das *Résumé de l'histoire littéraire du Brésil [Kurzfassung der Literaturgeschichte Brasiliens]* (1826), das eine der portugiesischen Literaturgeschichte entsprechende Zusammenfassung begleitete, mit gewisser Häufigkeit von denjenigen zitiert, die die ausländische Sicht auf Brasilien und seine Literatur studierten. Wenn die Tropen ihm also nicht das gewünschte Glück bescherten, so gaben sie ihm zumindest ein Thema für das ganze Leben. Es genügt daran zu erinnern, daß er noch 1875 im hohen Alter (er stammte aus dem Jahrgang 1798) die *Arte plumaria, les plumes, leur valeur et leur emploi dans les arts au Mexique, au Pérou, au Brésil [Arte plumaria. Die Federn, ihr Wert und ihre Verwendung in den Künsten von Mexiko, Peru und Brasilien]* veröffentlichen sollte.

Denis wurde zu einer Art Kurier zwischen den beiden Welten. Anfangs scheint seine Ambition größer gewesen zu sein, nicht geringer, als »der neuen literarischen Schule, die sich in Frankreich herausbildete, unerforschte Möglichkeiten [vorzuschlagen]: die

Verwendung der Natur der Tropen, um die Farben und die Bilder zu erneuern« (Hazard, P., 1927, S. 115). Da die französische Kritik unter der Federführung von Sainte-Beuve das Vorhaben der *Scènes* nicht gut aufnimmt (*Premiers lundis*, Feuilleton vom 18. 12. 1824, vol. I), ändert Denis [131] die Richtung und wird gleichzeitig zum Verbreiter Brasiliens in Frankreich und zu jemandem, der der entstehenden brasilianischen Literatur Orientierungen zu geben sucht. In dieser Rolle wird sein Verdienst bald von Gonçalves de Magalhães anerkannt, der ihn 1836 zu einem der Vorläufer der brasilianischen Literaturgeschichte erklärt (Magalhães, G. de, 1836, 1865, S. 245). Ein Titel, zu dem sich derjenige des Mitarbeiters und Freundes der brasilianischen Schriftsteller gesellte, der ihm ebenso von Varnhagen wie von Sousândrade zugesprochen wurde. Aber seine Funktion ging in der Tat noch weit darüber hinaus. Antônio Cândido gelangt mit Recht dazu, ihn für den »fortdauernden Exotismus, der unsere Sicht auf uns selbst bis heute verdorben hat«, verantwortlich zu machen (Cândido, A., 1959, II, S. 324).

Das Urteil ist geläufig, obwohl es eine eingehendere Untersuchung nicht verhindern darf. Vor einer solchen Untersuchung ist es jedoch angebracht, sich auf die Diskrepanz zwischen dem Exotismus-Entwurf, der in den für die Publikation bestimmten Texten enthalten ist, und den Überlegungen am Rande gefaßt zu machen, die Denis für seine Briefe und Tagebücher der Jahre 1816–1819 reservierte. (Beklagenswerterweise gibt es bis heute keine vollständige Ausgabe dieses Materials.) Nach seiner Ankunft in Rio und während er auf den Weitertransport nach Bahia wartete, schrieb Denis an seinen Vater, es wäre, als ob

> man die Hölle verließe, um ins Fegefeuer zu gehen,

denn, obwohl »die öffentliche Bibliothek mit Büchern gut ausgestattet« sei, »gibt es nur vier Buchläden in Rio de Janeiro!« (Denis, F., 1817, 1958, S. 191). Bereits in Salvador schickt er seinem Vater einen sehr viel detaillierteren Brief, in dem er kritisch die Feier zum Karfreitag analysiert. Für den zwanzigjährigen Pariser ist der barocke Illusionismus, mit dem der Prediger seinen Sermon illustrierte, eine »schöne Darbietung der Barbarei«:

> Der Priester besteigt die Kanzel und beginnt seinen Sermon, wie gewöhnlich, über die Passion, danach tadelt er die Anwesenden wegen ihrer Verfehlungen und ermahnt sie, in sich zu gehen, dann stößt er plötzlich einen Schrei aus, indem er auf die Vorhänge zeigt, die den Chor verdecken, hier ist unser Erlöser, werft Euch nieder, elende Menschen, zeigt ihm die Zeichen Euerer Reue. Der Vorhang fällt, Jesus erscheint am Kreuz, Magdalena, reich gekleidet, betet zu seinen Füßen, die Jungfrau zur Rechten, von Engeln umgeben. Ein römischer Soldat, vom Kopf bis zu den Füßen bewaffnet, wacht einige Augenblicke. Dann sieht man vier Schüler von Jesus erscheinen, sie nähern sich, sie wollen eintreten und werden vom Soldaten zurückgewiesen, der sie erst passieren läßt, nachdem er das Erlaubnisschreiben erhalten hat, das sie ihm präsentieren. Sie neigen das Gesicht zur Erde und beten Ihn an, der Sermon geht weiter. Es ist sozusagen das Pantomimeprogramm, der Prediger ordnet nach und nach an, die Dornenkrone abzunehmen, die Nägel herauszuziehen, die der Jungfrau und den Engeln anvertraut werden, es folgt sofort der Herabstieg vom Kreuz, es werden sofort die blutbefleckten Wunden [132] des Leibes Jesu gezeigt, das Volk ist bis zu dem Punkte bewegt, daß das Geräusch der Ohrfeigen, die man sich verabreicht, vollständig dem Geräusch des Applauses ähnelt, den man im Theater vernimmt. Als dies alles sich ein wenig beruhigt hat, wird der Körper auf ein reichgeschmücktes Podium gelegt, wird der Vorhang gelüftet, und die Farce wird dargeboten (Denis, F., 3. 4. 1818, 1943, S. 652).

Die lange Passage erfaßt den Schock des jungen Parisers angesichts der illusionistischen Praktiken der Kolonialgesellschaft. Die Mischung aus religiösem Akt und dem, was ihm nur beim Theatervergnügen angebracht erschien, ist ein Skandal für ihn. Da er an den neoklassischen Geschmack gewöhnt ist, schockiert ihn die Beibehaltung der barocken Szene. Bei all dem bemerkt er ein entscheidendes Detail nicht: durch jene Mischung von Theater und religiösem Dienst wurde die Fiktion mit dem seriösen Diskurs vermischt oder schlüpfte der seriöse Diskurs in die Gewänder der Fiktion, um sich die Gemeinschaft zu unterjochen:

> Die Mönche sind die Leiter und häufig die Darsteller dieser Blendwerke, die in meinen Augen alles Lächerliche überbieten. Es ver-

> wirrt sie nicht, mit den Ausländern darüber zu lachen, aber sie halten sie für notwendig, um ihre Glaubwürdigkeit bei dem Volk aufrechtzuerhalten (a. a. O., S. 652).

Die Gesellschaft eliminierte bis zu jenem Punkt den Unterschied zwischen den diskursiven Räumen, daß alles zur Heuchelei wurde, die dazu diente, den Gehorsam durch Terror einzuflößen. Denis' kritischer Sinn wurde jedoch auch außerhalb des religiösen Bereichs verletzt. Er bezieht sich auf das Zwischenspiel, das die Theatervorstellung des *Sacrificio de Efigênia* begleitete, wenn er die Tänze, die es konstituierten, als verabscheuungswürdig herausstellt:

> Es gibt einen, der ›lundu‹ [im Original *landou*] heißt, der sehr gut ausgeführt wird, dessen Unanständigkeit es aber verbietet, daß man sich auf ihn bezieht, obwohl er die Freuden des brasilianischen Publikums ausmacht (Denis, F., 9. 1817, 1958, S. 210).

Das durch den Kontakt mit der Kolonialgesellschaft geweckte Unbehagen steigerte sich angesichts der akkulturierten Indios. Der romantische Kult des Primitiven wurde erschüttert, zumal für einen Leser Chateaubriands; die romantische Empörung stellte schließlich fest, daß sein Freiheitsraum durch die verheerende Aktion des Weißen verkleinert wurde:

> Die Geschichte dieser Völker würde Europa zweifellos traurige Lektionen erteilen. Man könnte dort das Glück von Hundert noch unschuldigen Nationen, die der Liebe zu den Reichtümern geopfert werden, und den wahren Mut sehen, der durch die scheußlichsten Künstlichkeiten gebrochen wird (Denis, F., 1824, zitiert nach Bourdon, L., 1958, S. 179). [133]

Aber Denis begnügt sich nicht damit, nur die Eingeborenen in der Nähe der weißen Zentren zu sehen. Er begibt sich in den Urwald und nimmt Kontakt zu den *Botocudos* auf. Leider hatte er weder das Zeug noch das Alter, um zu einem Vorläufer der *Tristes tropiques [Traurige Tropen]* von Lévi-Strauss zu werden. Die Leidenschaft, notiert er, war noch in der Lage, die Physiognomie des Wilden zu beleben, ihn den Ausdruck des Stumpfsinns aufgeben zu lassen und sich als *Beherrscher der Wälder* [frz. im Original] zu zeigen (Bourdon, L., 1958, S. 180). Es verdichtet sich also ein negativer Pol: die religiös heuchlerische, kulturell unterbelichtete, weiße Gesellschaft. Diesem Pol steht das Spektakel des Menschen der Leidenschaft gegenüber, der Wilde, der angesichts der Annäherung des Weißen zurückweicht. Nur dieses im Rückzug Begriffensein erlaubte es Ferdinand Denis, sich frei und vergnügt zu fühlen. Frei von der weißen Gesellschaft, bereit, den Fuß in diese schwarze Gesellschaft zu setzen, deren Gewänder an »alte orientalische Sitten« erinnern (Denis, F., 1837, zitiert nach Bourdon, L., 1958, S. 165). Vergnügt vor allem angesichts der grandiosen und intakten Natur:

> Manchmal krönte eine Liane aus blauen Blumen eine elegante Palme, und riesige Kopaivas bildeten, indem sich oben ihre riesigen Zweige schlossen, ein natürliches Gewölbe, unter dem man eine Vielzahl von Kolibris schillern sah, die in den lebendigsten Farben funkelten (Denis, F., 1924, zitiert nach Bourdon, L., 1958, S. 177).

Diese Passagen reichen bereits aus, um den geringen Reichtum des *Résumé de l'histoire littéraire du Brésil [Kurzfassung der Literaturgeschichte Brasiliens]*, seines von unseren Romantikern am häufigsten erwähnten Werkes, aufzuzeigen. In diesem ist der Entwurf des Autors der Exotismus-Sicht mindestens nahe. Nachdem er bereits in den *Scènes* und in *Brésil* aufgeschienen war, weitete der Exotismus sich nun aus, der im Gegensatz zu den Beobachtungen stand, die der privaten Korrespondenz vorbehalten blieben:

> Während dieser Teil Amerikas eine Sprache übernommen hat, die unser altes Europa vervollkommnet hatte, muß er die mythologischen Ideen zurückweisen, die sich den Fabeln Griechenlands verdanken: durch unsere lange Zivilisation verbraucht, waren sie in Extreme gelenkt worden, wo die Nationen sie nicht recht verstehen konnten und wo sie für immer hätten unbekannt bleiben sollen; sie lassen sich nicht harmonisieren, sie befinden sich weder in Übereinstimmung mit dem Klima noch mit der Natur noch mit den Traditionen. Amerika, voller Jugend, muß Gedanken haben, die neu und energisch wie es selbst sind. (...)
>
> In diesen schönen Gefilden, die so sehr von der Natur bevorzugt werden, muß das Denken sich ausbreiten wie das Spektakel, das sich ihm darbietet; majestätisch dank der Meisterwerke der Vergangenheit, muß ein solches Denken unabhängig bleiben, indem es

> keinen anderen Führer als die Beobachtung sucht. Kurzum, Amerika muß frei sein, in seiner Poesie ebenso wie in seiner Regierung (Denis, F., 1826, 1978, S. 36).

Die Abscheu, die bei ihm die Gebräuche der tropischen Gesellschaft verursachen, provoziert eine komische Selektion: ihn beeindruckt nur die Natur, [134] ihr widmet er seinen ganzen Enthusiasmus und in ihr findet er das Medium für die Autonomisierung der Literatur. Nun, im Teil A hatten wir festgehalten, daß die Romantiker aus der Natur ein Objekt der Beobachtung und der Stimulation für die Selbstreflexion machten. Dies zeigt sich klar in einem Bild wie *Zwei Männer in Betrachtung des Mondes* (1819) von Caspar David Friedrich oder in *Tintern Abbey* von Wordsworth:

> (...) The sounding cataract,
> Haunted me like a passion: the tall rock,
> The mountain, and the deep and gloomy wood,
> Their colours and their forms, were then to me
> An appetite; (...)[29]

Anscheinend kehrt hier dasselbe Programm wieder. In Wahrheit ist dies jedoch weder der Fall, noch könnte es so sein, da die Bedingungen, in denen die Romantik sich bei uns herausbildet, sehr verschieden sind. Im europäischen Fall hat ebenso die Romantik, die ihren Optimismus bezüglich des Fortschritts der Brüderlichkeit und der Gleichheit beibehalten hat, wie diejenige, die früh zum Ideal der Autonomie der Kunst zurückgekehrt ist, ihren Charakter einer Rebellion gegen die errichtete Gesellschaft beibehalten. Ihr Gang in die Natur war folglich ein Anreiz zur befreienden Selbstreflexion. In Brasilien wäre dies unvorstellbar, vor allem deshalb, weil die erste romantische Generation, die Generation der Gonçalves de Magalhães und Porto-Alegre, auf die kaiserliche Unterstützung zählte. Mit seiner Bemühung, die von ihm regierte Nation zu zivilisieren, begünstigte Pedro II, so gut er konnte, die Jungen, die die europäische Strömung ins Land brach-

29 »(...) Der tosende Wasserfall / Verfolgte mich wie eine Leidenschaft: der große Felsen, / Der Berg und der tiefe und düstere Wald, / Ihre Farben und ihre Formen, waren mir dann / Eine Anregung; (...)« (Wordsworth, W., 1798, 1944, S. 261).

ten, sei es durch die Ausstattung mit diplomatischen Posten, sei es durch die Unterstützung bei der Publikation ihrer Werke, oder aber indem er ihre Verteidigung übernahm, wie er es auf feine Weise aus Anlaß der Angriffe Alencars auf die *Confederação dos tamoios [Die Konföderation der Tamoios]* tun sollte. Ohne den Kampf gegen die etablierte Gesellschaft mußte der Kontakt mit der Natur wohl ein anderes Ziel verfolgen, nicht dasjenige der Stimulation der Selbstreflexion, sondern das Ziel der Entwicklung der Ekstase angesichts ihrer wilden Schönheit. Und wenn ein Hauch von Revolte die spätere Romantik durchzieht, etwa diejenige eines Gonçalves Dias, so wird er ebenfalls aus anderen Beweggründen geboren. Wie bereits Gilberto Freyre gut zum Ausdruck brachte:

> Die literarische Romantik in Brasilien – Stimmen von Männern, die winseln und jammern, so daß sie manchmal wie Frauenstimmen erscheinen – war kaum wie andere Romantiken: jene »Revolte des Individuums« gegen das Ganze – Gesellschaft, Epoche, Spezies –, von dem der französische Kritiker spricht. In einigen Fällen scheint sie weniger Ausdruck von revoltierenden Individuen gewesen zu sein als von Menschen niederer Rasse, die, wie diejenigen des niederen Geschlechtes, die soziale und manchmal physische Distanz zwischen sich und der als weiß und rein definierten Rasse fühlten; oder des als männlich und gebieterisch definierten Geschlechts (Freyre, G., 1936, 1968, II, S. 590). [135]

Darüber hinaus wurde in einer Nation, der jeder Ansatz eines intellektuellen Systems fehlte, dieses Unglücksgefühl nicht stimuliert, um andere Verhältnisse zu übernehmen, die aus der Lektüre und/oder der Kritik kommen sollten, die von aufgeklärten Amateuren oder Denkern unternommen wurde. Unfähig, den intellektuellen Austausch fruchtbar zu machen, der so sehr die deutsche und, wenngleich in geringerem Ausmaß, die englische Romantik begünstigt hatte, ist das Unglücksgefühl als reiner Sentimentalismus aus der Welt geschafft worden. Auf diese Weise wurde die Natur entweder wegen ihres Reichtums besungen oder zur Bühne der Klagelieder der verletzten Seele. In beiden Fällen deutete Europa sich an. Im ersten Fall entweder deswegen, weil die Ausländer, die sich mit der Literatur im Land beschäftigten, diese kritisierten, weil sie nicht besser die Singularität der tropischen Natur erforschte, oder weil, wenn die Einführung der Romantik mit der gefühlten Bedrohung einer »Reeuropäisierung« des Landes zusammenfiel (a.a.O., I, S. 309), eine Hineinsteigerung in die Beobachtung der Natur einer Verteidigung unserer Autonomie gleichkommen sollte. Aber Europa brachte sich auch im zweiten Fall in Erinnerung:

> Obwohl [die Autoren] sich von Europa und von der Metropole, in der sie studiert hatten, verschieden fühlten und ein unabhängiges und republikanisches Brasilien wollten, hatte die europäische Ausbildung ihnen den Geschmack für die rohe und heiße Natur der Tropen entzogen und sie durch einen lauen und bloß literarischen Naturalismus ersetzt, im Schatten der Mangos eines Gutshofes und zwischen Affen, die von den Schwarzen des Hauses gezähmt worden waren, und Papageien, die anstatt Wörter der Tupi-Sprache lateinische und sogar französische Sätze wiederholten, die sie bereits von diesen neuen Herren gelernt hatten (a.a.O., II, S. 576).

Der Kult der Traurigkeit und der Sehnsucht sowie die Häufigkeit des Themas Exil bei den jungen Dichtern verschmolzen die Melancholie desjenigen, der nicht mehr in Europa war, mit der Melancholie desjenigen, der sich in seinem eigenen Land minderwertig oder nicht anerkannt fühlte. So entsprang selbst der Sentimentalismus, welcher der brasilianischen Romantik und der »normalen« Romantik gemein war, verschiedenen Motiven. Und die Divergenz vergrößert sich noch, wenn wir wiederholen, daß bei uns der Kult der Beobachtung kein Sprungbrett zur Selbstreflexion und von dort zur Frage des Imaginären war. Die Selbstreflexion wurde durch sentimentale Nostalgie ersetzt. In wenigen Worten, die Dialektik zwischen Beobachtung und Selbstreflexion überläßt das Feld dem engen Bogen, der durch Beobachtung und Sentimentalität gebildet wird. Während die Natur uns zumindest mit ihrer Formen- und Farbenvielfalt entzückte, erschien die Gesellschaft klein und dürftig, wie eine Parodie der wahren Zivilisation. In Europa prägte der negative Dialog mit der Gegenwart der Selbstreflexion, die aus dem Kontakt mit der Natur hervorging, den Charakter einer Erforschung des Imaginären auf. Gegenwärtig, wenngleich negiert, forderte die zeitgenössische Welt [136] von der romantischen Phantasie, sie solle nicht bloß selbstkompensatorisch, selbstgenügsam sein bzw. nicht nur um ihren eigenen Nabel kreisen. Bei uns dagegen machte die Verachtung, die von der Zivilisationsparodie hervorgerufen wurde, der Art und Weise, wie die Gegenwart gesehen wurde, zur Auflage, daß die Selbstreflexion etwas mehr sein sollte als die phantasievolle Inszenierung der Klagen des Dichters. Wir sehen also, wie sich das Einverständnis zwischen Denis' Entwurf und seiner nationalen Rezeption herstellte: unsere mögliche Originalität würde in der kontemplativen Beobachtung der Natur bestehen. Das individuelle *ich* verdoppelt sich nicht im phantasmagorischen Sturm Turners oder in Hölderlins poetisch-philosophischer Durchdringung; es kann sich mit der Phantasie seines Exils begnügen. Auf diese Weise wird das *Oh welche Sehnsucht* für unsere Romantiker paradigmatisch. Was sollte man indessen mit der Natur machen, wenn sie unsere Originalität aufrechterhalten sollte? Die Passagen von Denis geben auch hier Anregungen:

> Welches Spektakel, und wie könnte man es nicht bewundern? An den Ufern des Meeres, im Inneren der tiefen Buchten, wo die schwachen Wellen auf dem Strand auslaufen, wiegen fast immer die Kokospalmen leicht hin und her, bedecken die Pervinca-Rosa- oder die Iponeia-Bäume die nackten Flächen des Küstenstreifens, bildet der Mangowald Labyrinthe von Grün; und wenn sich die Augen im Panorama dieser grünenden Wälder auf irgendeine ferne Insel richten, (...) kollaboriert die Imagination mit der Idee der stillsten Abgeschiedenheit, der Einsamkeit, die niemand durchbrechen würde (Denis, F., 1826, 1978, S. 39).

Nachdem die Gesellschaft eliminiert worden war, gegen deren Profil bereits die Reflexion über das Imaginäre in *La Nouvelle Héloïse* angeregt wurde, verwandelte sich die gesuchte, süße Abgeschiedenheit in das Szenario, wo der Stil kasteit wurde, bis auf der Seite die Sehnsucht nach irgendetwas oder der Enthusiasmus für irgendetwas Anderes tränte. So verlor die Natur ihren reflexiven Impuls und wurde geeignet, aufgeschrieben und mit Hilfe eines Wörterbuchs minuziös im Detail dargestellt zu werden. In Denis' europäischem Blick konnte der Exotismus allein gewinnen, wenn diese Beobachtung sich in einer Aufmerksamkeit für die Gebräuche verdoppelte:

> Der Literatur, und insbesondere den Wissenschaften, wäre die Gründung einer Wochenzeitschrift sehr zuträglich, in der die aus den Provinzen geschickten Berichte neben den täglich gesammelten oralen Traditionen abgedruckt würden; auf diese Weise würden nicht allein die natürlichen Produkte besser bekannt werden und der Handel bereichert, sondern dies würde auch zur Folge haben, daß man Informationen von größtem Interesse im Hinblick auf die wilden Völker erhielte, die noch in diesem riesigen Teil Südamerikas leben (a.a.O., S. 78). [137]

Wir insistieren noch einmal darauf: während für die Europäische Romantik die Betrachtung von Legenden und Gebräuchen Teil der negativen Dialektik mit der Gegenwart war, dient sie bei uns als Anregung für den Exotismus dieses »überlegenen« Menschen, des Dichters, der seine Differenz und Originalität darin bezeugt, daß er zu sehen und zu zeigen versteht. Von daher versteht man besser, warum sich hier der Übergang von der Romantik zum Realismus ohne große Schlachten vollzieht. Da die Natur nicht Gegenstand jener spezifischen Spannung zwischen Beobachtung und Reflexion ist, geht es für den Realisten nur darum, die sentimentale Übertreibung anzugreifen, wozu er sich auch der Beobachtung des Häßlichen widmet. Der Exotismus kombinierte unseren Willen, unsere Singularität aufzuzeigen, mit demjenigen, die europäische Meinung darüber verinnerlicht zu haben, was unser richtiges Vorgehen sei.

Aus den oben dargelegten Motiven verstärkten schließlich die Vorschläge anderer Europäer denselben Kanon.

In demselben Jahr, in dem das *Résumé* erschienen war, publizierte Almeida Garrett den Essay *História abreviada da língua e da poesia portuguesa [Kurze Geschichte der portugiesischen Sprache und Poesie]*. Ohne die Portugiesenfreundlichkeit eines Gama e Castro, der die Möglichkeit einer Autonomie der brasilianischen Literatur negierte, da »die Literatur nicht den Namen der Erde annimmt, sie nimmt den Namen der Sprache an« (Gama e Castro, 1842, 1978, S. 124), hatte Garrett nicht gezögert, den (archaischen) brasilianischen Dichtern einen Sonderplatz einzuräumen, indem er beklagte, daß ihre europäische Erziehung ihnen »den nationalen Geist« ausgetrieben habe:

> Es ist gewiß, daß die majestätischen und neuen Szenen der Natur in jener riesigen Region ihren Dichtern mehr Originalität gegeben haben mußten (...); die europäische Erziehung löschte ihnen den nationalen Geist aus: es scheint, daß sie sich verordnen, sich als Amerikaner zu zeigen (Garrett, A., 1826, 1978, S.90).

Ohne die Komplexität eines Denis wird die Natur vom portugiesischen Dichter als physisches Element gerühmt, das an sich für fähig gehalten wird, »verschiedene Bilder, Ausdrücke und Stil« auszulösen.

Das Bemerkenswerte an der Beobachtung wird noch expliziter in der Passage, in der der Deutsche Schlichthorst die Vorliebe des »brasilianischen Gebildeten« für die *Luzíadas* erklärt:

> Jeder, der weite Seereisen gemacht hat, muß dieses Gedicht höchst anziehend finden; die Beschreibungen, welche der ritterliche Dichter von fremden Ländern und Gebräuchen giebt, sind überraschend treu, dabei naiv und so malerisch, daß man das zu sehen glaubt, was er in seinen schönen Versen darstellen will (Schlichthorst, C., 1829, S. 203). [138]

Noch bei Herculano taucht der Ton des dem nationalen Dichter suggerierten Projektes wieder auf. Während er Gonçalves Dias lobt, tadelt er ihn nur deswegen, weil er sich nicht weit genug von Europa loslöse, weil er nicht den Ruf des Urwaldes erhöre:

> Diese Neue Welt, die Saint-Pierre und Chateaubriand so viel Poesie gab, ist reich genug, um die Dichter zu inspirieren und zu nähren, die im Schatten ihrer primitiven Urwälder aufwuchsen (Herculano, A., 1847, 1978, S. 136).

Beim Österreicher Ferdinand Wolf schließlich, dessen *Le Brésil littéraire – Histoire de la littérature brésilienne [Das literarische Brasilien – Geschichte der brasilianischen Literatur]* auf Kosten von Pedro II publiziert wurde (Wien, 1863), findet eine Hinwendung zur Insistenz auf der Kraft der Natur bei der Schaffung der literarischen Autonomie statt. Wolf ging so weit anzudeuten, daß die Natur nicht nur ein Differenzierungselement sei, sondern ein Bestimmungsfaktor der Ausdrucksform. So schreibt er, um zu rechtfertigen, daß die Novelle weniger Erfolg gehabt habe als der Roman:

> Eine so präzise, so realistische Form konnte nicht zu einem Volk passen, das seine tropische Natur den Überfluß der Materien, eine exuberante Imagination, eine luxuriöse Entwicklung und den Charme des Phantastischen lieben läßt (Wolf, F., 1863, S. 240).

In Wahrheit war es genau umgekehrt: um die Terminologie des Autors beizubehalten, war die Novelle bei uns selbst während der Romantik viel häufiger als der Roman. Wolfs Irrtum war indessen ausgehend von der europäischen Optik erklärbar: falls man hier die Dialektik von Beobachtung und Selbstreflexion beibehielt, war es nur folgerichtig, daß der »Roman« überwog. Heron de Alencar sagte jedoch schon vor Jahren:

> Im brasilianischen Fall wurde dieser Typ von Roman [der regionenspezifische] ebenfalls aus der romantischen Ästhetik geboren, nicht aber aus einer Reaktion gegen den übertriebenen Subjektivismus, den wir niemals in besonderer Weise hatten. In unserem romantischen Roman dominierte immer (...) die realistische Tendenz, welche dem historischen Roman Gestalt gab und einschließlich unserer sentimentalen Novelle Substanz verlieh (Alencar, H. de, 1955, S. 880).

In der Tat hatten wir anstelle eines »übertriebenen Subjektivismus« einen schwachen, einfachen, selbstgefälligen und rhetorisch aufgeblasenen Sentimentalismus. Vielleicht ist die Qualifizierung »übertrieben« bequem gewesen, um nicht mit größerer Umsicht in die Analyse dessen einzusteigen, was die nationale Romantik war, und aus welchen Gründen. Von daher erklärt sich die Neuheit der von Haroldo de Campos vorgeschlagenen Neulektüre: [139]

> Ihr kohärenterer Freiheitsraum hat sich gemäß der Linie geringerer Resistenz des Ideologischen geöffnet, jener, die ihr besser erlaubte, ihre (in Werken so fruchtbare wie in tatsächlich dauerhaften Realisierungen kärgliche) romanhafte Faktizität auszuüben: die ethnographische Rückkehr zur Vorgeschichte des bürgerlichen Romans, zum Diesseits der Epik, zum rituellen Fundus des Mythos und der Legende, der volkstümlichen Vorgeschichte des Romanesken, dem Ur-Epos (Campos, H. de, 1982, S. 3).

Anstatt auf der Halbwahrheit zu beharren, daß unser *indianismo* die nationale romantische Antwort war, weil wir nicht über ein

Mittelalter verfügten, erfaßt der Dichter und Essayist aus São Paulo die formale Neuheit jenes Alencarschen Romans: diesseits der Epik zu gelangen, die ebenso von den archaischen Autoren wie von Gonçalves Dias versucht worden war, das Tupi als Leitsprache zu nehmen, nicht die glaubwürdige Fixierung eines »Ursprungs« zu suchen, sondern ihn ebenso fiktional zu begründen wie das Tupi selbst, das als »ästhetisches Dispositiv« erfunden wurde.

Durch den Rückzug auf die literarische Reihe gelang es dem Alencar von *Iracema*, den Exotismus der Natur und den Realismus ihres Wesens zu neutralisieren. Daß die Lösung ebensogut in der weiteren Entwicklung der Reihe liegen konnte, zeigen uns zeitgenössisch die fortgeschritteneren Passagen des *Guesa* von Sousândrade (*Iracema* ist von 1865; die erste Version der Episode, von der wir die Anfangsstrophen zitieren, von 1867):

(*historische* Muxurana:)
– Die ersten hatten
Uns zu Sklavinnen gemacht;
Sie raubten unsere Töchter,
Benutzten sie
Und verkauften sie danach.
(Tecuna *wiegte sich in der Hängematte*
und wollte ihre Unabhängigkeit:)
– Sie brandmarkten die Gesichter
Geschmückt mit Blumen,
Hohe pralle Brüste
Spitz zulaufend,
Wo es Liebes-Mittagspausen gibt.
(Mura, *für elf Groschen gekaufte Sklavin*:)
– Für ein nettes Mädchen,
Ein guter Preis.
Oder der Rock aus billigem Stoff
Hübsch,
Der König gab *pro-rata*[30] [140]

30 Um das Verständnis der Passage zu erleichtern, zitiere ich aus dem »Kleinen Glossar eingeborener Begriffe« (Campos, A. & H. de, 1982, S. 275 ff.) die notwendigen Klärungen:

Die Szene wird von einem dispersen Set Eingeborener gebildet, die verschiedenen Nationen angehören und nur ihre Akkulturation gemeinsam haben. Die unzusammenhängenden Reden sprechen von ihrer Entwurzelung. Die Tropen antizipieren die Hölle. Es gibt kein kriegerisches Bewußtsein oder lyrische Klagen; ein jeder windet sich wie er kann, obwohl sie sehr wohl wissen, wer sie verkauft hatte, wer sie aufgeteilt hatte und auf wen sie wegen Schlägen oder einer Orgie warten.

Da sie zur literarischen Reihe zurückkehrten oder sich an ihre Spitze stellten, mußten der Alencar von *Iracema* und der Sousândrade von *Tatuturema* entweder in der Interpretation der Romantik »normalisiert« oder von der empfehlenswerten Literatur ausgeschlossen werden. In der Tat werden sich ihre Schicksale erst dann ändern können, wenn die Romantik selbst bei uns neu interpretiert wird. Wie Haroldo de Campos andeutet, stimmen die beiden zeitgenössischen Hauptmodelle der brasilianischen Literaturgeschichte, diejenigen von Antônio Cândido und Afrânio Coutinho, trotz ihrer tiefgreifenden inneren Differenzen darin überein, die Nationalliteratur gemäß des Bildes eines keimenden, wachsenden und reifenden Samenkorns in Übereinstimmung mit »einem Prozeß genealogischer Konstruktion« zu sehen (Cândido, A., zitiert nach Campos, H. de, 1981, S. 14). Wenn dieser Moment der Revision noch fern zu sein scheint, so lassen sich zumindest die Elemente aufzeigen, die in Betracht zu ziehen sind. Sie präsentieren sich seit den ersten Wirkungen der Essays von Denis, Garrett, Herculano und Wolf.

Muxurana – »vom Tupi-Wort *muçurana*, eine Schlangenart; ein Band, mit dem die Indianer die Gefangenen fesselten; im Text der Name einer Indiofrau oder des Stammes, zu dem sie gehört«.
Tecuna – »dasselbe wie *tucuna*, ein Individuum der Tucunas, eines Stammes vom Amazonas«.
Mura – »Indianerin vom Stamm der Muras, im Becken des Madeira«.
Currupira/curupira – »*currupira* oder *curupira*, phantastisches Wesen, ein Indio, dessen Füße die Ferse vorn und die Zehen hinten haben«.
Parintins – »*Parintintim*, Tupi-Stamm aus dem Becken des Madeira«.
Tatu – »Im Text die Abkürzung von *tatuturema*, eines wilden Tanzes«.

5.2. Die nationale Gewöhnung an die romantische Ideenwelt

Wir wollen einige Texte hervorheben, die zwischen 1836, dem Datum der Publikation der Zeitschrift *Niterói*, und 1888, als Sílvio Romero die erste systematische Geschichte der brasilianischen Literatur publiziert, die bei uns entwickelten Konzeptionen der Literatur absteckten.

Es mag fremd anmuten, daß die Romantik in Brasilien ein offizielles Siegel trug und zur gleichen Zeit eine Bewegung [141] volkstümlicher Durchdringung gewesen sein soll. Aber die Untersuchung dieser Texte entdeckt, daß es kein Mysterium gibt. Ihre Autoren verstehen es, einen leeren und hochtrabenden Ton zu prägen, der lediglich den Feinden der nationalen Unabhängigkeit unbequem wäre. Trotzdem bleibt es kurios, bei einem Gonçalves de Magalhães die gleichzeitige Verteidigung der Religion und das Lob auf die Französische Revolution zu finden, »die alle Throne Europas erschütterte und das Purpur und die Zepter der Könige unter den Menschen aufteilte« (Magalhães, G. de, 1836, 1865, S. 260). Daraus folgt, daß das libertäre romantische Prinzip hier nach Belieben einen Feind traf: die portugiesische Herrschaft. Durch ihr Joch wurde erklärt, warum das Vaterland seine besten Früchte noch nicht kennengelernt hatte, wurde gerechtfertigt, daß seine Autoren noch nicht genügend von den überseeischen Schriftstellern unterschieden waren, und wurde die Notwendigkeit des Dichters gerühmt. Dazu war außerdem notwendig, daß die Literatur politisiert wurde, jedoch auf eine Art, die für die Ohren der Herrschenden und desjenigen, der lesen konnte, angenehm waren. Schon die Einleitung des Essays von Gonçalves de Magalhães ist symptomatisch:

> Die Literatur eines Volkes ist die Entwicklung dessen, was es am Sublimsten in den Ideen, am Philosophischsten im Denken, am Heroischsten in der Moral und am Schönsten in der Natur besitzt; es ist der Rahmen, der von seinen Tugenden und seinen Leidenschaften belebt wird, der Erwecker seines Ruhms und der fortschreitende Reflex seiner Intelligenz (a. a. O., S. 241).

In wenigen Worten ausgedrückt war es notwendig, daß die Literatur sich als Kapitel der Nationalgeschichte rechtfertigte. Darin unterschied sich Gonçalves de Magalhães nicht von den zeitgenössischen Seiten von Gervinus; mit dem Vorteil für den Brasilianer, daß das Deutschland von Gervinus sich noch nicht vereint hatte, während der Dichter aus Rio notgedrungenermaßen dem Monarchen schmeicheln mußte, als er den dem Vaterland geschuldeten Dienst rühmte:

> Zu Beginn des jetzigen Jahrhunderts, mit den Veränderungen und Reformen, die Brasilien erfahren hat, präsentiert seine Literatur einen neuen Aspekt. Eine einzige Idee absorbiert alle Gedanken, eine bis dahin fast unbekannte Idee; es ist die Idee des Vaterlandes; sie beherrscht alles, und für sie oder in ihrem Namen wird alles getan (a.a.O., S. 263).

Indem er das Schicksal der Literatur mit dem Loblied auf die Nationalität verbindet, kann Magalhães die Gesellschaft, so wie sie konstituiert ist, beiseite lassen und direkt zur Natur übergehen. Sie wäre nichts anderes als in den Jahrhunderten der Zivilisation betrogen worden: [142]

> Die brasilianische Poesie ist keine zivilisierte Eingeborene; sie ist eine im französischen und im portugiesischen Stil gekleidete und in Brasilien heimisch gewordene Griechin. Verzaubert (...) von dieser fremden Schönen, hatten die brasilianischen Dichter sich von ihren Gesängen fortreißen lassen und die einfachen Bilder geschaut, die eine jungfräuliche Natur ihnen in so großer Vielfalt darbot (a.a.O., S. 256f.).

Hier wird die Opposition zwischen der travestierten Natur, die Ergebnis eines servilen politischen Geistes ist, und der authentischen Natur errichtet, die auf ihren Sänger warten sollte. Dies ist aber keine individuelle These, wie dieselbe Insistenz von Pereira da Silva zeigt:

> In Brasilien ließ sich jedoch unglücklicherweise diese poetische Revolution noch nicht spüren, unsere Seher sagen sich von ihrem Vaterland los, sie hören auf, die Schönheiten der Palmen, die köstlichen Ufer des Amazonas und des Prata, die jungfräulichen Wälder, die Aberglauben und Denkweisen unserer Landsmänner, ihre Gebräuche, Sitten und Religion zu besingen, um die Götter des griechischen Polytheismus willkommen zu heißen, (...) und auf

> diese Weise sind sie nicht mehr als bloße Nachahmer und Wiederholer fremder Ideen und Denkweisen (Pereira da Silva, 1836, S. 238).

Diese Passagen zeigen bereits die Differenz, welche die Natur in der brasilianischen Romantik einnimmt. Sie wird hier zum Synonym des Kampfes gegen Portugal und der Bemühung um nationale Identität. Von dort entspringt unmittelbar die Funktion, die der Literatur zugesichert wird: den Sieg des Geistes und der Moral zu zeigen, denn

> je mehr sich der Geschmack und die Unabhängigkeit der Literatur in einer Nation ausbreitet, desto mehr blüht und gedeiht diese. Es ist eine Erfahrungstatsache, daß die Kultur des Geistes großen Einfluß auf unsere Qualitäten nimmt und daß die Praxis der für die Gesellschaften notwendigen moralischen Tugenden in einem Volk auf mehr oder weniger Widerstand trifft, je nach dem Grad ihrer Illustration (a.a.O., S. 214).

Um welche Moral aber handelte es sich? Der brasilianische Schriftsteller lernt früh den Gebrauch edler Worte, die so fraglos edel sind, daß sie *a priori* mit der Zustimmung der Zuhörerschaft rechnen. Diese Abstraktion muß jedoch eine Grenze haben und in der Lage sein, dem aufmerksamen Zuhörer die Partei zu bedeuten, für die plädiert wird:

> Im Gegensatz zu den Untertanen der despotischen Regierungen, die dazu verdammt sind, ihre Tugenden zu verbergen, erheben die Menschen in einer freien Regierung, die gezwungen sind, ihre Laster zu verbergen, indem sie sich dem Studium der Literatur widmen, ihren Charakter und stärken ihn gegen die Verführung der Leidenschaften, die sie auf tausend verschiedene Wege lenken, wie die entgegengesetzten Winde eines aufgewühlten Meeres (a.a.O., S. 216). [143]

Die Anspielung auf die »despotischen Regierungen« richtete sich auf die ehemaligen Königreiche, während die »freie Regierung«, das heißt die eingeführte Monarchie, mit denjenigen würde rechnen können, die sich der Literatur widmen, da sie sie gegen die von den Leidenschaften Verführten unterstützen würden ... Der Satz könnte in einem romantischen Kopf fremd erscheinen, aber er ist bei dieser Elite, die das staatliche Mäzenatentum vorbereite-te, hinreichend erklärbar. Der Dichter hielt sich somit für einen treuen Untertan und Wortführer des Volkes:

> So ist auch der Literat, der nicht als Interpret dient, der sich nicht in die Aberglauben und geheimen Denkweisen des Volkes einbringt, die er mit seinem Skalpell zu zerlegen wünscht, ein Anachronismus (...) (ebd.).

Der Dichter bereitet sich auf seine Mission als charismatischer Helfer vor. Für die Erfüllung dieser Aufgabe erscheint es unerläßlich, daß seine Worte in der Lage seien, Enthusiasmus zu vereinen, zu schaffen, während sie gleichzeitig generisch und abstrakt bleiben, das heißt dafür Sorge tragen, daß es keinen großen Aufwand an mentaler Verstehensbemühung gibt und daß man sich nicht zur scharfen Untersuchung der Argumente herabläßt.

Eine solche abstrakte Anordnung manifestiert sich zum Beispiel in der Passage, in der Santiago Nunes Ribeiro die Religiosität des Volkes verteidigt:

> In ganz Brasilien manifestierte sich (und manifestiert sich zum Glück noch immer in einigen Punkten) dieses göttliche Gefühl. Die volkstümliche Poesie entdeckte es überall (...). Durchdringt die Wildnis, besucht die Hauskapellen der Farmer, die Kirchen der kleinen Städte und Siedlungen, und ihr werdet dort die Hingabe und die Rührung sehen, mit der die Brasilianer die Psalmen, die Hymnen und die frommen Gebete nationaler Komposition zu Ehren Gottes, der Heiligen Jungfrau und der Helden des Christentums singen (Ribeiro, S. N., 1843a, S. 19).

Die Untersuchung des Konkreten hatte keine Bedeutung; vor allem wenn sie Aspekte hervorhob, die die rhetorische Idylle des Textes nicht interessierten. Die Einklammerung der Reflexion hatte also eine präzise Funktion: mit Kräfteökonomie die »gute Seite« zu rechtfertigen, für die der Schriftsteller plädierte. Es ist jedoch gewiß, daß diese Abstraktion häufig gezwungen wird, Farbe zu bekennen. Santiago Nunes macht dies, indem er Gregório de Matos aufs Korn nimmt:

> Als Satiriker ist Gregório de Matos berühmt; aber es ist nötig einzugestehen, daß Brasilien in diesem Genre noch keinen Dichter

besitzt, den man mit den portugiesischen Satirikern, und speziell mit dem Original Nicolau Tolentino vergleichen könnte. Dies bekümmert uns jedoch nicht, da *die Satire nicht zu den Genres gehört, in denen die Idealität die Kunst veredelt* (a. a. O., S. 22, Hervorhebung von mir). [144]

Die Auswahl des Dichters durch den Kritiker verläuft über die Kontrolle seiner Sprache, die auf sublime Weise gefaßt zu sein hat. Deshalb wird Gregório de Matos erneut angeklagt, jetzt vom Historiker und Diplomaten Varnhagen:

Während er uns in den im allgemeinen zu langatmigen Beschreibungen der Feste oder Jagden unterhält und ablenkt, müssen wir in den persönlichen Satiren immer beklagen, daß der Dichter die Grenzen des Anstandes überschreitet und einige Male aufhört, Kavalier zu sein (Varnhagen, F. A., 1850, 1961, S. 77).

Folglich mußte der Dichter, und darüber hinaus der Intellektuelle, den so berühmten Gesang auf die Natur disziplinieren, um inthronisiert zu werden. Ihre Nichtverdoppelung in der Selbstreflexion hatte somit auch etwas mit der politischen Situation dieser jungen *Intelligenzija* zu tun. Die Selbstreflexion konnte nicht nur ihr Verständnis bei den dünngesäten Lesern gefährden, sondern ebenfalls die Kontrolle verringern, die Varnhagen präzisiert:

Amerika muß in seinen verschiedenen Staaten eine Poesie, hauptsächlich im Deskriptiven, besitzen, der einzigen Tochter der Kontemplation einer neuen und jungfräulichen Natur; wer aber meinte, auf das *ABC* der Kunst zurückweichen zu müssen, um origineller Dichter zu sein, würde enttäuscht werden (...). *Das Gegenteil könnte damit verglichen werden, daß er, um Originalität zu suchen, alle Elemente der Zivilisation, alle Gebote der Religion verachtete, die uns unsere Väter überliefert hatten* (a. a. O., S. 73, Hervorhebung von mir).

Es ist wahr, daß ein Abschnitt von Alencar, in dem die erste Pflicht des Dichters die Sprache betrifft, auf einen anderen Weg führte:

Aber wenn der Mensch anstelle einer Idee ein Gedicht schreibt; wenn das Leben des Individuums sich zum Leben eines Volkes erhebt; wenn er, gleichzeitig als Historiker der Vergangenheit und

> Prophet der Zukunft, aus dem Nichts eine Generation rekonstruiert, die von der Erdoberfläche verschwand, um sie der Nachwelt zu zeigen, so ist es notwendig, daß er genügend Vertrauen hat, nicht nur in sein Genie und seine Imagination, sondern auch in das Wort, das diese neue und unbekannte Welt hervortreten lassen soll (Alencar, J. de, 1856b, 1953, S. 33f.).

Obwohl die Rechtfertigung weiterhin abstrakt blieb, wurde mit Alencar ein Differenzkriterium des Poetischen angedeutet. Anstelle einer politischen Ethik, die bei Varnhagen dominierte, werden das »Genie«, die »Imagination« und das enthüllende Wort hervorgehoben. Die Zeitgenossen selbst spüren es, wie die Antwort desjenigen zeigt, der den Autor der *Confederação dos tamoios* verteidigt: [145]

> Der Kritiker sah im Gedicht von Sr. Magalhães weder einen Angriff auf die Religion, noch Tendenzen, das Wort von Ipiranga zu entkräften. Die Dogmen der Moral und der Nationalität bleiben neben den großen Ausmaßen jenes künstlerischen Ganzen bestehen und begleiten die Entwicklung der Handlung in diesem Antagonismus zwischen Wildem und Zivilisiertem (Porto-Alegre, M. de, 28. 7. 1856, 1953, S. 71).

Es stehen sich zwei Rechtfertigungsformen gegenüber, durch das thematische Kriterium – gegenüber den Dogmen der Religion und des politischen Regimes – und durch das formale Kriterium. Das erste hat den Vorteil, indem es generisch und abstrakt bleibt, bei dem, was es interessiert, konkret sein zu können, während das zweite eine reflexive Fähigkeit über das Spezifische der Poesie entwickeln mußte, und diese erwarb unsere Romantik nicht. Von daher erklärt sich, daß Alencars Lob des Wortes sich früh in ein fast ausschließlich grammatikalisches und dann stilistisches Kriterium verwandelte. Unglücklicherweise für die brasilianische Literatur besaß Alencar kein kritisches Talent, was er selbst wußte. Seine Gegenposition zu Magalhães zeigt ihn erfolgreich im Widerspruch hinsichtlich des thematischen Kriteriums, aber unfähig, seine eigene Position zu untermauern. Er weiß zum Beispiel, daß es nicht genügt, im Kontakt mit der Natur zu sein, daß es darüber hinaus notwendig ist, eine adäquate Einstellung zu entwickeln:

> Wenn ich eines Tages Dichter wäre und meine Erde und ihre Schönheiten besingen wollte, wenn ich ein nationales Gedicht komponieren wollte, so würde ich Gott bitten, daß er mich einen Moment lang meine Ideen des zivilisierten Menschen vergessen ließe (Alencar, J. de, 1856a, 1953, S. 5).

Der indirekte Beweis, daß er sie eventuell zu finden wußte, besteht darin, daß er sich ausgehend von der Unzufriedenheit mit seinen eigenen Versen für *Iracema* entschieden hatte (vgl. den Brief in der ersten Ausgabe von *Iracema*, 1865). Aber der Erfolg des Romans scheint zufällig gewesen zu sein. Die nationalistische Präokkupation des Autors führte ihn dazu, seine Feder dort zu fixieren, wo es ihm möglich erschien, ein nationales Thema zu erfassen. Deshalb praktiziert er ebenso den städtischen wie den regionalen Roman, deshalb geht er vom Indio zum Bewohner des Hinterlandes *(sertão)* oder bis zum Gaúcho. Der Glaube an das Wort wird zum Glauben an die Fähigkeit, das Nationale zu erklären. Somit gelangte Alencar in seiner Praxis als Schriftsteller dazu, das rein thematische Kriterium zu verstärken, dem er sich entgegengestellt hatte. In die brasilianische Mentalität der Epoche eingegliedert, war der Übergang zur Indio-Mode nicht nur ihm eigen:

> Der *sertanismo* wurde folglich aus dem *indianismo* geboren. Die falsche Eingeborenenillusion von der Unabhängigkeit hatte unsere Literatur auf die Suche nach einem neuen Geist, nach Themen gelenkt, die von der Erde geliefert wurden und sich im lokalen Milieu entwickelten. [146]
> Im Indio, der Rasse der Ureinwohner, die von den Invasoren ausgeraubt worden war, einer Rasse, deren Verfolgung und unbändiger Charakter den Geschmack des Romanesken der Epoche entflammten, glaubten sie den typischen Repräsentanten der Nation zu sehen (...). Nachdem die Illusion der Urwälder zerstört worden war, sie aber immer noch die Notwendigkeit verspürten, eine lokale Originalität zu suchen, waren sie zu den Feldern zurückgekehrt, die von dieser gekreuzten, bereits nationalisierten und in den Körper der Nation integrierten Rasse bewohnt wurde: dem Mestizen aus dem Hinterland. Daraus ergab sich der *sertanismo* (Lima, A. A., 1922, S. 138f., Hervorhebung d. Ü.).

Diese Kontinuität hat eine doppelte Bedeutung für die hier vertretene These: (a) sie zeigt, daß der Primat der »Beobachtung« bei uns dazu führt, daß die Antithese der Romantik gegenüber dem Realismus weniger markant ist; (b) sie zeigt, daß *jene Vorrangstellung nicht sosehr die Entwicklung des Geschmacks durch die Feldforschung, durch die Suche nach Fakten bedeutet, sondern vielmehr die Verteidigung der »lokalen Originalität«.*

Da der Dienst am Vaterland durch die Aufmerksamkeit, die seiner Natur gewidmet wird, durch den Respekt für die Dogmen des Fortschritts, der Religion und des Nationalstaates konsolidiert ist, rettet sich der brasilianische romantische Dichter vor der Abwesenheit eines Publikums für die geschriebene Seite, indem er zu einem Staatsbeamten wird. Neben ihm ist es der Literarhistoriker, der, ebenfalls einer reflexiven Praxis beraubt, das Projekt voranzutreiben sucht, das die »Nation« ihm anvertraute. Welche andere als die Frage der Nationalität konnte unter diesen Umständen denjenigen ausschlaggebend erscheinen, die über die Literatur schrieben? Sie scheint der unvermeidliche Ausgangspunkt der Prämissen Vaterland und Natur zu sein. Symptomatisch für die Präokkupation und die Vagheit, mit der sie formuliert wird, ist der Essay von Santiago Nunes Ribeiro, *Da Nacionalidade da literatura brasileira [Über die Nationalität der brasilianischen Literatur]*. Durch ihn können wir die Bedrohung verstehen, die die dürftigen Schriften von Gama e Castro dargestellt hatten. Wie können wir schließlich eine Literatur wie die unsrige erklären? Ihren Auftrag zu erforschen, ein Problem, das Santiago Nunes anfangs beschäftigt, wäre der einfachste Weg:

> Die Wirkungen der schädlichen Lehre zu neutralisieren, die jene Bücher [die von der sensualistischen Philosophie stammen] uns gegeben haben, und anschließend das Moralgefühl auf die Höhe seines göttlichen Sinns zu erheben, ist zweifellos der Auftrag der aktuellen Literatur der großen Völker (Ribeiro, S. N., 1843a, S. 7).

Die heikelste Frage aber blieb: haben wir eine »eigene Nationalliteratur« oder nicht? Um sie anzugehen, sucht der Autor sich mit dem Prinzip der Differenzierung zu wappnen: [147]

> Es ist kein unbestrittenes Prinzip, daß die Einteilung der Literaturen unabänderlich gemäß der Sprachen vollzogen werden muß, in

> denen sie sich niedergelegt befinden. Eine andere, vielleicht philosophischere Einteilung wäre diejenige, die den animierenden Geist, die Idee berücksichtigte, die die intellektuellen Arbeiten eines Volkes, das heißt eines Systems, eines Zentrums, eines Fokus des sozialen Lebens beherrscht. Dieses literarische und künstlerische Prinzip ist das Ergebnis der Einflüsse, des Gefühls, der Glauben, der Sitten und Gebräuche, die in besonderer Weise auf eine gewisse Anzahl von Menschen zutreffen, die in gewissen und festgelegten Beziehungen stehen und die sehr verschieden bei einigen Völkern sein können, obwohl sie dieselbe Sprache sprechen. Die sozialen Bedingungen und das Klima der Neuen Welt müssen notwendigerweise die in ihnen in der einen oder anderen Sprache des alten Europa geschriebenen Werke verändern (a.a.O., S. 9).

Kurzum, eine Literatur würde zur Nationalliteratur durch die kombinierte Handlung eines äußeren Bedingungsfaktors, des Klimas, gemeinsam mit einem kulturellen Bedingungsfaktor, den sozialen Bedingungen. Der Begriff »Klima« scheint nur ein wissenschaftlich würdigerer Name für Natur zu sein – sosehr, daß der Autor später Buffon und Montesquieu zitiert. Darüber hinaus rekurriert der Autor bei der Entwicklung des Argumentes auf dieselbe Rechtfertigung durch die Landschaft:

> Ja: das phänomenale Schöne zeigt sich mit größter Pracht auf diesem vom Glück begünstigten Boden; und nicht wenige brasilianische und ausländische Künstler haben aus ihm die reinste Inspiration getrunken, die kreative Inspiration herausragender Werke, die mit lebendigen Farben und anmutigen Formen ausgestattet sind, die in den Harmonien der musikalischen und poetischen Kunst idealisiert werden (a.a.O., S. 10).

Was aber hat der Autor über den sozialen Bedingungsfaktor zu sagen? Obwohl ihm das Verdienst zukommt, die Dichter des XVIII. Jahrhunderts vor der abgedroschenen Beschuldigung in Schutz zu nehmen, sie wären nur den europäischen Modellen unterworfen gewesen, hat Santiago Nunes in Wirklichkeit in dieser Hinsicht wenig anzubieten. Indirekt wird bestätigt, was wir über die Reise der romantischen Ideenwelt nach Brasilien sagten: die Natur wird zum Vorwand für den Ausdruck von Emotionalität oder verwandelt sich in ein Zeugnis für das Vaterland. Wir wollen jedoch nicht vergessen, daß dem Autor das Verdienst zukommt, es vor uns gesagt zu haben:

> Wenn wir vom deskriptiven zum sentimentalen Teil übergehen, wer könnte leugnen, daß einige brasilianische Poesien eine rührende Melancholie ausströmen, die wohlverschieden von der düsteren Traurigkeit vieler romantischer Balladen, Romane und Elegien ist? (Ribeiro, S. N., 1843b, S. 115).

Während der hier umfaßten Periode bleibt die Frage der Nationalität ein Streitroß. Dies beweist noch 1873 der wertvolle Artikel von Machado de Assis, *Instinto de nacionalidade [Nationalitätsinstinkt]*. Er [148] hätte mit seiner einwandfreien Formulierung eine Schaufel Kalk auf das Problem werfen können:

> Was man vor allem vom Schriftsteller verlangen muß, ist ein gewisses intimes Gefühl, das ihn zu einem Menschen seiner Zeit und seines Landes macht, selbst wenn er zeitlich und räumlich entfernte Themen behandelt (Assis, M. de, 1873, 1962, III, S. 804).

Das Nationalgefühl hörte auf, als eine *Substanz* gesehen zu werden, die geeignet ist, beschrieben und gewichtet zu werden, und beginnt, für eine *Form* gehalten zu werden, gewiß eine Form, sich angesichts seiner Zeit und seines Landes zu verhalten und zu fühlen. Als Form ist es variierbar und mit der Position des Sprechers wieder justierbar, da es aufhört, mit einem konstanten Seinsmodus verwechselt zu werden, der aus ewigen Wurzeln hervorgegangen ist. In einem Werk zu erfassen, was es bedeutet, Mensch seiner Zeit und seines Landes zu sein, erforderte aber eine Feinheit der Beurteilung, die unserer Kritik unbekannt war. Folglich ist die Frage der Nationalität aktuell geblieben und erhielt später die eher »wissenschaftliche« Unterstützung der sogenannten Generation von 1870.

Innerhalb dieses nationalistischen Paradigmas tauchten einige flüchtige Reflexionen über Besonderheiten von uns auf. Vor kurzem zeigten wir dies für die Äußerung von Santiago Nunes auf. Im *Ostensor brasileiro* wurde eine andere, interessantere von jemandem abgedruckt, der nur mit Gz unterzeichnete (wobei in Klammern erschien: übersetzt von M). Es handelt sich um eine Art fiktionaler Phantasie, in der der Autor eine Frau zu begleiten beabsichtigt, die vielmehr eine Allegorie des Kontinents ist:

> Schon bevor ich sie sprechen hörte, hatte ich erkannt, daß sie eine Tochter Amerikas war, wegen der Winzigkeit ihres Fußes und besonders wegen der Farbe ihrer Augen und ihrer Haare, die schwarz wie poliertes Palisanderholz waren.

Das Stück ist ein kurioses Potpourri von Beobachtungen über das Land, die mit dem Ruinenkult vermischt werden. Unter dem Titel *Os Monumentos em ruína [Die Ruinen-Monumente]* erscheint es vor allem als Vorwand, um die verschiedenen Bedeutungen herauszustellen, die die Ruinen hier übernehmen. Wir zitieren die entscheidende Passage:

> Mit der Zeit werden die amerikanischen Städte über die europäischen Größen mit der Größe ihre Paläste, ihrer Tempel spotten. Vorläufig hat die Zeit in Amerika bereits das ruchloseste Werk über die heitere Jungfräulichkeit ihres Bodens hervorgebracht, das sie machen konnte – sie übersäte ihn mit Ruinen. Sie sind jedoch weder wie die Ruinen der asiatischen Größe noch wie die Ruinen des griechischen Glanzes, die Ruinen für immer sind; sie sind verfluchte Ruinen, die die Zeit immer weiter vernichtet; Ruinen, gegen die sich die Natur selbst offenbart, indem sie sie mit ihrem Sand bedeckt oder mit dem Meer geißelt. Nein, die amerikanischen Ruinen sind im Wandel begriffen: sie sind die [149] Larve eines unvollständigen Denkens, die nach wenigen Jahren auf den Flügeln der Anmut und der Perfektion von den Toten auferstehen wird. Die Zeit hilft der Natur in Amerika. Die Zeit ordnet in ihr ihre Ruinen an, damit es schwere und melancholische Orte gibt, an denen sich unser Geist auf dem Gipfel angenehmer Impressionen erholen kann, die uns in den Tropen zerstreuen (Gz, 1845/1846, S. 130).

In der Neuen Welt sollten die Ruinen nicht die schwermütigen Reflexionen der Europäer wecken. Der *topos* wird eingewöhnt, damit der Geist zerstreut wird. Nichts ist klarer als dieser unbekannte Text in der Rechtfertigung der Anti-Reflexivität, mit der die Romantik in den Tropen Gestalt annahm. Das tropische Eden verschonte uns mit der Anstrengung, über die Zeit und ihre Verwüstungen nachzudenken. Selbst die Ruinen dort sind zu unserem Vergnügen: die Natur selbst übernimmt es, den Fortschritt des Denkens herbeizuführen. Die reflexive Anstrengung konnte sogar als Beweis eines geringen brasilianischen Charakters erachtet werden. (Vergessen wir nicht, daß Sílvio Romero Machado beschuldigen sollte, Züge zu präsentieren, den Humor und den Pessimismus, die nicht brasilianisch wären.) Und wurde im Falle der Literatur diese imaginierende Reflexivität nicht mit der unnützen und müßigen Träumerei verwechselt? Es wird folglich nicht befremden, daß bei allen Kritikern, an die wir bereits erinnert haben, die Beobachtung der Natur und die Aneignung ihres Lokalkolorits die Elemente der Hervorhebung sind. In der Tat läßt sich nur ein einziger Kritiker der Epoche finden, der den Primat der Beobachtung in Zweifel zog. In einem Artikel von 1861, in dem er die Poesie von Gonçalves Dias kommentiert, wiederholt Macedo Soares die Klage, daß wir weiterhin keine »nationale Poesie in ihrer ganzen Integrität« besitzen. Aber im Unterschied zu den übrigen Kritikern fügt er später hinzu:

> Man weiß vielleicht nicht, wo man die Quelle der Inspiration suchen soll (Soares, M., 1861, 1980, I, S. 294).

Die darauffolgende Passage zeigt, daß der Satz nicht nur eine rhetorische Leerformel ist, daß er vielmehr auf die Revision der Kanones der Kritik hinwies:

> (Gonçalves Dias) zieht die Beschreibung dem Gefühl vor, und das sagt alles. Die Beschreibung denotiert ein großes Beobachtungstalent, eine Feinheit der Blicke, ein Zartgefühl und eine Korrektheit des Pinsels, eine Kenntnis der Perspektive; aber der Dichter macht nichts von alledem, es sind Gaben des Malers, und die Poesie steht sosehr über der Malerei, wie das Wort der Linie und der Farbe hinsichtlich des Ausdrucks der Idee und des Gefühls überlegen ist (ebd.).

Der nächste Schritt nach vorn, so kann man zu Recht denken, ist ziemlich gering. Auf jeden Fall wird die Hervorhebung des Gefühls es Soares erlauben, sich besser dem Problem des Wortes im Gedicht anzunähern: [150]

> Niemals wird der Ton zum Vorteil mit dem Wort hinsichtlich des individuellen Ausdrucks jedes sinnlichen Phänomens konkurrieren können. Der Bereich der Musik ist die Leere, das Undefinierte (...). Sie kann im allgemeinen die Freude, die Traurigkeit, den

Zorn, die Unachtsamkeit ausdrücken, aber ihre Kraft reicht nicht bis zur Unterscheidung der tausend verschiedenen Formen, die diese Zustände der Seele einnehmen können (a.a.O., S. 297).

So gering dieser Schritt nach vorn auch war, Macedo Soares machte keine Schule. Und die romantische Kritik befand sich nicht jenseits dieser Stufe. Unfähig, eine Konzeption des Gedichts zu entwickeln, scheinen ihre realistischen, wissenschaftlichen und positivistischen Gegner an nicht mehr interessiert zu sein als an einer Verteidigung der Flüge einer geringen Imagination, des Rechts des Dichters zu sagen, er sehe, was die anderen nicht sehen könnten. Bereits 1878 sollte Urbano Duarte de Oliveira schreiben:

> Der Dichter, der Künstler, mit aller Macht des Wortes, ein unwissender, prädestinierter Mikrokosmos, fühlt und singt; er ist der Schmetterling eines Lichtes, das wir nicht sehen, wir, Bürgerliche ohne Ideal (...) (Oliveira, U. D., 1878, I, S. 4).

Eine ebenso lächerliche Verteidigung wie diejenige, die Pedro Ivo in derselben Zeitschrift präsentieren sollte:

> Wir beabsichtigen mit diesem bescheidenen Artikel nicht, den Adepten in der realistischen Schule einen Fehdehandschuh hinzuwerfen (...), sie sollen mit ihrer geometrischen Meinung dort bleiben, da ich noch an die hohen Spekulationen des menschlichen Geistes glaube (...) (Ivo, P., 1878, II, S. 30).

Gegen diese defensive Poetik, die auf Geschmack, Intuition, Inspiration und Phantasie basiert, die hingegen nicht über das *ich* hinausführen, sollte der Positivist Dantas Barreto den Optimismus der doktrinär geleiteten Wahrheit ins Feld führen:

> Die positive Philosophie, das grandiose Licht, das mit dem außergewöhnlichen Genie von A. Comte auftauchte, die Grenze aller Evolutionen des menschlichen Geistes seit der entferntesten Vergangenheit, mußte auf fatale Weise die Künste ebenso wie alle Zweige des menschlichen Wissens beeinflussen (Barreto, D., 1878, III, S. 56).

Der Romantiker ist ein armer Wicht, der der »unbeschränkten Subjektivität« ausgeliefert ist, die nichts »Nützliches und Angenehmes« produziert, während der »moderne Dichter« sein Gegenpol ist (a.a.O., S. 58f.). Der Optimismus grassiert wie eine Epidemie, und Licínio Cardoso erklärt emphatisch, daß [151]

> die Schönen Künste und die Industrie im Verbund marschieren (Cardoso, L., 1878, III, S. 72).

Wie kann man indessen unabhängig von der Unbedeutsamkeit dieser Texte sagen, daß Romantik und Realismus sich hier keine intensive Schlacht geliefert haben? Es gibt zweifellos eine unvermeidliche Opposition: die Generation der Realisten geht von einem Wissenschaftskult aus, den kein Romantiker toleriert hätte. Man vergißt jedoch anzumerken, daß beide Strömungen von derselben Vorrangstellung der Naturbeobachtung ausgingen. Nur die Realisten fügten hinzu, daß sie ohne Mitwirkung der Wissenschaft von geringem Nutzen wäre. Dies waren nicht die Worte, die Dantas Barreto gebrauchte, aber es genügt, »die Natur besingen« durch ›sich ihrer Beobachtung zuwenden‹ zu übersetzen und »vorherige Kenntnis der [ihrer] äußerst verschiedenen Geheimnisse« durch ›Wissenschaft‹, damit die perfekte Gleichung konstituiert wird:

> Wie kann man die Natur besingen ohne vorherige Kenntnis der äußerst verschiedenen Geheimnisse, in die sie verwickelt ist, wie kann man die Gesellschaft studieren, ohne sich den geringsten Begriff von der Geschichte der Menschheit gemacht zu haben? (Barreto, D., 1878, III, S. 60).

Indem sie also die Rolle, die die Wissenschaft für den Künstler selbst spielen sollte, hinzufügte, dachte die Generation der Realisten, die Furcht vor einer müßigen Literatur zu überwinden. Aber um welchen Preis? Um den Preis einer Verbreitung des Vetos hinsichtlich des Fiktionalen, ohne das geringste Risiko zu laufen, es zu theoretisieren. Wir müssen also einen Autor finden, der mit der reinen Naivität dieses Salomé Queiroga ausgestattet ist, um das emphatische Eingeständnis zu hören:

> *Maricota e o Padre Chico* ist nicht einfach eine Schrift der Imagination; sie ist ein historisches Faktum, dessen Authentizität durch eine Legende in Versen bestätigt wird, die noch heute die Schiffer des Flusses von S. Francisco singen. Wenn sie eine einfache Phan-

> tasie wäre, würde sie vielleicht dem Leser mehr gefallen, weil sie dann, ohne irgendein Hindernis für das Denken, indem das Thema der Imagination freien Lauf ließe, brillante Szenen produzierte, die mit der Gewandung der Fabel geschmückt wären. *Unglücklicherweise jedoch ist die Tatsache real, und hoffentlich wird sie heute nicht mehr bei uns reproduziert.* Die Phantasie hingegen findet selten Eingang in unsere stets schlichte Narration (Queiroga, J. S., 1871, 1961, S. 63, Hervorhebung von mir).

Diese Verstärkung des Faktischen vollzog sich nicht aufgrund einer bloßen Ablehnung der Romantik: seit ihr wurde die Literatur entweder mit dem Kult der Melancholie oder mit der Fixierung regionaler Typen und ihres Lokalkolorits vermischt. Man soll ebensowenig denken, daß diese Phase überwunden sei: noch heute wird bei denjenigen, die Literatur machen, generisch das Veto hinsichtlich des Imaginären aufrechterhalten. Ganz zu schweigen von ihren Kritikern und Historikern. [152] Viele hatten sosehr ihre Ideen ausgehend vom Prinzip der Nationalität hypostasiert, daß einer von ihnen vor kurzem dazu gelangt ist, die folgende Preziosität zu schreiben:

> Das Kuriose, und Unvermeidliche, ist, daß diese Erzählungen sich in demselben Maße von der *brasilianischen* Literatur entfernen, wie sie ihr Ideal auf die Suche nach der *Literatur* legen.

Wie ließe sich für solche Leute die Praxis und das Studium der Literatur ohne die vorgängige Figur der Nation rechtfertigen? Und warum sollte die Historiographie eine andere Basis benötigen? Die Nationalität war und ist das Mittel, um vor sich das Veto hinsichtlich des Fiktionalen zu rechtfertigen, indem man ihr eine »Nützlichkeit« verleiht.

Literaturverzeichnis

Abrams, M. H. (1953) (1974), *The Mirror and the Lamp. Romantic Theory and Critical Tradition.* London/Oxford/New York: Oxford University Press.

Abrams, M. H. (1966) (1983), »Coleridge, Baudelaire, and modernist poetics«. In: W. Iser (Hg.) (1966) (1983), *Immanente Ästhetik, Ästhetische Reflexion. Lyrik als Paradigma der Moderne. Poetik und Hermeneutik* 2. München: Fink. S. 113–138.

Abrams, M. H. (1971) (1973), *Natural Supernaturalism. Tradition and Revolution in Romantic Literature.* New York: Norton Library.

Alencar, H. de (1955), »José de Alencar e a ficção romântica«. In: A. Coutinho (Hg.) (1955), *A Literatura no Brasil.* Vol. I, 2, A. Rio de Janeiro: Editorial Sul Americana. S. 837–887.

Alencar, J. de (1856a) (1953), »Primeira carta sobre *A Confederação dos tamoios*«. In: J. A. Castelo (Hg.) (1953), *A Polêmica sobre* A Confederação dos tamoios. São Paulo: Fac. de Filosofia, Ciências e Letras da Universidade de São Paulo. S. 4–9.

Alencar, J. de (1856b) (1953), »Ultima carta (por numeração a quinta) sobre *A Confederação dos tamoios*«. In: J. A. Castelo (Hg.) (1953), *A Polêmica sobre* A Confederação dos tamoios. São Paulo: Fac. de Filosofia, Ciências e Letras da Universidade de São Paulo. S. 30–41.

Arendt, H. (1968) (1980), *Between Past and Future. Eight Essays in Political Thought.* Harmondsworth: Penguin.

Assis, M. de (1873) (1962), »Notícia da atual literatura brasileira – Instinto de nacionalidade«. In: ders. (1962), *Obra completa.* Hgg. v. A. Coutinho. Vol. III, Rio de Janeiro: Aguilar. S. 801–809.

Auerbach, E. (1949) (1967), »Vico and aesthetic historism«. In: ders. (1967), *Gesammelte Aufsätze zur romanischen Philologie.* Bern/München: Francke. S. 266–274.

Auerbach, E. (1951) (1967), »Baudelaires *Fleurs du mal* und das Erhabene«. In: ders. (1967), *Gesammelte Aufsätze zur romanischen Philologie.* Bern/München: Francke. S. 275–290.

Bandy, W. T./Pichois, Cl. (Hgg.) (1957), *Baudelaire devant ses contemporains.* Monaco: Éd. du Rocher.

Barreto, D. (1878), »A Poesia no século XIX«. In: *Revista da Sociedade Phenix Literária* (1878).

Barthes, R. (1973), »Aujourd'hui, Michelet«. In: *L'Arc* 52 (1973), S. 19–27.

Benjamin, W. (1920) (1973), *Der Begriff der Kunstkritik in der deutschen Romantik.* Hgg. v. H. Schweppenhäuser. Frankfurt a.M.: Suhrkamp (stw 4).

Boileau, N. (1675) (1975), »Épitre à M. le Marquis de Seignelay«. In: ders. (1975), *Satires, Épîtres, Art poétique*. Paris: Gallimard. S. 202–206.

Böttcher, K. (1977), *Romantik, Erläuterungen zur deutschen Literatur.* DDR-Berlin: Volkseigener Verlag.

Bourdon, L. (1958), »Lettres familières et fragment du journal intime *Mes sottises quotidiennes* de Ferdinand Denis à Bahia (1816–1819)«. In: *Brasilia* 10 (1958). Coimbra: Fac. de Letras da Universidade de Coimbra, Inst. de Estudos Brasileiros. S. 143–286.

Brown, M. (1979), *The Shape of German Romanticism*. Ithaca/London: Cornell University Press.

Campos, A. & H. de (^{2}1982), *ReVisão de Sousândrade*. Rio de Janeiro: Nova Fronteira.

Campos, H. de (1981), »Da Razão antropofágica: a Europa sob o signo da devoração. In: *Colóquio/Letras* 62 (1981). Lissabon: Fund. C. Gulbenkian.

Campos, H. de (1982), »*Iracema*: uma arqueografia de vanguarda«. In: *Jornal da Tarde*, »Caderno de programas e leituras«, 2. 1. 1982. São Paulo. S. 3.

Cândido, A. (1959), *Formação da literatura brasileira*. 2 vol. São Paulo: Livr. Martins Editora.

Cardoso, L. (1878), »O Destino do realismo«. In: *Revista da Sociedade Phenix Literária* (1878). Rio de Janeiro.

Carter, A. E. (1963), *Baudelaire et la critique française (1868–1917).* Columbia University of South Carolina.

Cassirer, E. (^{2}1932), *Die Philosophie der Aufklärung*. Tübingen: Mohr (Siebeck).

Cassirer, E. (1945) (1947), *Rousseau, Kant, Goethe. Two Essays*. Princeton: Princeton University Press.

Cassirer, E. (1950) (1973), *Das Erkenntnisproblem in der Philosophie und Wissenschaft der neueren Zeit. Von Hegels Tod bis zur Gegenwart. (1832–1932)*. Darmstadt: Wissenschaftliche Buchgesellschaft.

Chladenius, J. M. (1742) (1976), *Von Auslegung Historischer Nachrichten und Bücher.* Abgedruckt in: H. G. Gadamer/G. Boehm (Hgg.) (1976), *Seminar: Philosophische Hermeneutik*. Frankfurt a. M.: Suhrkamp (stw 144). S. 69–79.

Coleridge, S. T. (1798) (1977), »France: An Ode«. In: I. A. Richards (Hg.) (1977), *The Portable Coleridge*. Harmondsworth: Penguin. S. 130–134.

Coleridge, S. T. (1799) (1966), »To William Wordsworth«. In: E. L. Griggs (Hg.) (1966), *Collected Letters of Samuel Taylor Coleridge*. Oxford: Clarendon Press. Vol. I, S. 527.

Coleridge, S. T. (1817) (1958), *Biographia literaria*. 2 vol. Hgg. v. J. Shawcross. Oxford: Oxford University Press.

Coleridge, S. T. (1818) (1958), »On poesy or art«. In: ders. (1958), *Biographia literaria.* 2 vol. Hgg. v. J. Shawcross. Oxford: Oxford University Press. Vol. II, S. 253–263.

Costa Lima, L. (1980), *Mimesis e modernidade. Formas das sombras.* Rio de Janeiro: Graal.

Costa Lima, L. (²1983), »Hermenêutica e experiência literária«. In: ders. (²1983), *Teoria da literatura em suas fontes.* Rio de Janeiro: Francisco Alves. Vol. I, S. 52–83.

Denis, F. (12. 3. 1817) (1958), »Lettre«. In: Bourdon (1958), S. 191–193.

Denis, F. (9. 1817) (1958), »Lettre«. In: Bourdon (1958), S. 209–211.

Denis, F. (3. 4. 1818) (1943), »Carta«. In: A. Arinos (1943), »Algumas cartas copiadas no arquivo de Ferdinand Denis«. In: *Brasilia* 2 (1943). Coimbra: Fac. de Letras da Universidade de Coimbra, Inst. de Estudos Brasileiros. S. 649–667.

Denis, F. (1826) (1978), »Résumé de l'histoire du Brésil«. Übersetzt in: G. César (Hg.) (1978), *Historiadores e críticos do romantismo* 1. *A contribuição européia: crítica e história literária.* São Paulo: EDUSP. S. 35–82.

Diderot, D. (1761) (1951), »Éloge de Richardson«. In: ders. (1951), *Œuvres.* Hgg. v. A. Billy. Paris: Gallimard (Bibliothèque de la Pléiade). S. 1059–1074.

Diderot, D. (1765) (1951), »Essai sur la peinture«. In: ders. (1951), *Œuvres.* Hgg. v. A. Billy. Paris: Gallimard *(Bibliothèque de la Pléiade).* S. 1113–1170.

Dilthey, W. (1909–1910) (1970), »Die Auslegung oder Interpretation«. In: ders. (1970), *Der Aufbau der geschichtlichen Welt in den Geisteswissenschaften.* Frankfurt a.M.: Suhrkamp. S. 267–272.

Droysen, J. G. (1857) (⁶1971), *Historik. Vorlesungen über Enzyklopädie und Methodologie der Geschichte.* Hgg. v. R. Hübner. München: Oldenbourg.

Ferguson, A. (1767) (1986), *Versuch über die Geschichte der bürgerlichen Gesellschaft.* Hgg. v. H. Medick. Frankfurt a.M.: Suhrkamp.

Fielding, H. (1749) (1955), *The History of Tom Jones.* Hgg. v. J. M. Dent. 2 vol. London.

Fontius, M. (1977), »Produktivkraftentfaltung und Autonomie der Kunst. Zur Ablösung ständischer Voraussetzungen in der Literaturtheorie«. In: G. Klotz/W. Schröder/P. Weber (Hgg.) (1977), *Literatur im Epochenumbruch. Funktionen europäischer Literaturen im 18. und beginnenden 19. Jahrhundert.* Berlin/Weimar: Aufbau-Verlag. S. 409–530.

Freyre, G. (1936) (1968), *Sobrados e mucambos.* 2 vol. Rio de Janeiro: Livr. J. Olympio.

Fuhrmann, M. (1983), »Die Geschichte der Literaturgeschichtsschreibung von den Anfängen bis zum 19. Jahrhundert«. In: B. Cerquiglini/H. U.

Gumbrecht (Hgg.) (1983), *Der Diskurs der Literatur- und Sprachhistorie. Wissenschaftsgeschichte als Innovationsvorgabe.* Frankfurt a.M.: Suhrkamp (stw 411). S. 49–72.

Furet, Fr. (1982), *L'Atelier de l'histoire.* Paris: Garnier-Flammarion.

Gama e Castro (1842) (1978), »Correspondência (satisfação a um escrupuloso)«. In: G. César (Hg.) (1978), *Historiadores e críticos do romantismo* 1. *A contribuição européia: crítica e história literária.* São Paulo: EDUSP. S. 123–126.

Garret, A. (1826) (1978), »História abreviada da língua e poesia portuguesa«. In: G. César (Hg.) (1978), *Historiadores e críticos do romantismo* 1. *A contribuição européia: crítica e história literária.* São Paulo: EDUSP. S. 87–92.

Gervinus, G. G. (1833) (1975), »Prinzipien einer deutschen Literaturgeschichtsschreibung«. In: Th. Cramer/H. Wenzel (Hgg.) (1975), *Literaturwissenschaft und Literaturgeschichte. Ein Lesebuch zur Fachgeschichte der Germanistik.* München: Fink. S. 19–64.

Getto, G. (1942), »La storia letteraria«. In: A. Momigliano (Hg.) (1942) *Tecnica e teoria letteraria. Problemi ed orientamenti critici di lengua e di letteratura italiana* II. Mailand: Marzoratti. S. 109–176.

Goethe, J. W. v. (1810) (1977), *Sämtliche Werke.* Vol. XVII *(Materialien zur Geschichte der Farbenlehre).* Zürich: Artemis.

Gumbrecht, H. U. (1982), »›Das in vergangenen Zeiten Gewesene so gut erzählen, als ob es in der eigenen Welt wäre‹. Versuch zur Anthropologie der Geschichtsschreibung«. In: R. Koselleck/H. Lutz/J. Rüsen (Hgg.) (1982), *Formen der Geschichtsschreibung. Theorie der Geschichte. Beiträge zur Historik* 4. München: dtv. S. 480–513.

Gumbrecht, H. U. (1984), »›Un souffle d'Allemagne ayant passé‹. Friedrich Diez, Gaston Paris und die Genese der Nationalphilologien«. In: *Zeitschrift für Literaturwissenschaft und Linguistik* 52/53 (1984), S. 37–78.

Gz (1845–1846), »Os Monumentos em ruína«. In: *Ostensor brasileiro. Jornal literário e pictoral* I (1845–1846). Rio de Janeiro.

Hartman, G. (1973), »Reflections on Romanticism in France«. In: D. Thorburn/G. Hartman (Hgg.) (1973), *Romanticism. Vistas, Instances, Continuities.* Ithaca/London: Cornell University Press. S. 38–61.

Hazard, P. (1927), »De l'ancien au nouveau monde: les origines du romantisme au Brésil«. In: *Revue de Littérature Comparée* 7 (1927), S. 111–128.

Herculano, A. (1847) (1978), »Futuro literário de Portugal e do Brasil«. In: G. César (Hg.) (1978), *Historiadores e críticos do romantismo* 1. *A contribuição européia: crítica e história literária.* São Paulo: EDUSP. S. 133–136.

Hernadi, P. (1981), »The Erotics of Retrospection: Historytelling, Audience Response, and the Strategies of Desire«. In: *New Literary History* 12 (1981), H. 2, S. 243–252.

Hölderlin, F. (1799) (1970), »Hyperion oder der Eremit in Griechenland«. In: ders. (1970), *Sämtliche Werke und Briefe*. Vol. I. München: Hanser, S. 481–767.

Hültenschmidt, E. (1983), »Tendenzen und Entwicklungen der Sprachwissenschaft um 1800: ein Vergleich zwischen Frankreich und Deutschland«. In: B. Cerquiglini/H. U. Gumbrecht (Hgg.) (1983), *Der Diskurs der Literatur- und Sprachhistorie. Wissenschaftsgeschichte als Innovationsvorgabe*. Frankfurt a.M.: Suhrkamp (stw 411). S. 135–166.

Huizinga, J. (1913) ([8]1966), *Homo ludens. Versuch einer Bestimmung des Spielelementes der Kultur.* Hamburg: Rowohlt.

Humboldt, W. v. (1821) (1960), »Über die Aufgabe des Geschichtsschreibers«. In: ders. (1960), *Werke in fünf Bänden.* Hgg. v. A. Flitner/K. Giel. Darmstadt: Wissenschaftliche Buchgesellschaft. Vol. I. S. 585–606.

Ivo, P. (1878), »O Realismo na arte«. In: *Revista da Sociedade Phenix Literária* (1878). Rio de Janeiro.

Jauß, H. R. (1970) ([5]1974), »Geschichte der Kunst und Historie«. In: ders. ([5]1974), *Literaturgeschichte als Provokation.* Frankfurt a.M.: Suhrkamp (es 418). S. 208–251.

Koselleck, R. (1975), »Die Herausbildung des modernen Geschichtsbegriffs«. In: ders./O. Brunner/W. Conze (Hgg.) (1975), *Geschichtliche Grundbegriffe. Historisches Lexikon zur politisch-sozialen Sprache in Deutschland.* Stuttgart: Klett-Cotta. Vol. II. S. 647–691.

Le Goff, J. (1977), »Les Moyen Age de Michelet«. In: ders. (1977), *Pour un autre Moyen Age.* Paris: Gallimard. S. 19–45.

Leibniz, G. W. (1714) (1962), *Grundwahrheiten der Philosophie. Monadologie.* Frankfurt a.M.: Europäische Verlagsanstalt.

Lévi-Strauss, Cl. (1962), »Histoire et dialectique«. In: ders. (1962) *La Pensée sauvage* (1962). Paris: Plon.

Lima, A. A. (1922), *Afonso Arinos. Anuário do Brasil.* Rio de Janeiro/Lissabon: Seara Nova.

Marquard, O. (1968) (1983), »Zur Bedeutung der Theorie des Unbewußten für eine Theorie der nicht mehr schönen Kunst«. In: H. R. Jauß (Hg.) (1968) (1983), *Die nicht mehr schönen Künste. Grenzphänomene des Ästhetischen. Poetik und Hermeneutik* III. München: Fink. S. 375–392.

Magalhães, G. de (1836) (1865), »Discurso sobre a história da literatura no Brasil«. In: ders. (1865), *Obras de Domingos José Gonçalves de Magalhães.* Vol. VIII *(Opúsculos históricos e literários).* Rio de Janeiro: Garnier. S. 241–271.

Megill, A. (1978), »Aesthetic Theory and Historical Consciousnous in the Eighteenth Century«. In: *History and Theory* 17 (1978), H. 1. S. 29–62.

Michelet, J. (1862) (1974), *Die Hexe*. Hgg. v. Tr. König. München: Rogner & Bernhard.

Montaigne, M. Eyquem de (1580) (1967), *Essais*. Hgg. v. R. Barral. Paris: Seuil.

Nora, P. (1973), »Le troisième homme?«. In: *L'Arc* 52 (1973), S. 54–58.

Novalis (1799) (1981), »Die Christenheit oder Europa«. In: ders. (1981), *Dichtungen. Rowohlts Klassiker der Literatur und der Wissenschaft. Deutsche Literatur* 11. Hgg. v. E. Grassi. Reinbek: Rowohlt. S. 35–52.

Oliveira, U. D. (1878), »A Propósito da chamada poesia científica«. In: *Revista da Sociedade Phenix Literária* (1878). Rio de Janeiro.

Pereira da Silva (1836), »Estudos sobre a literatura«. In: *Niterói* 2 (1836). Paris. S. 214–243.

Porto-Alegre, M. de Araújo (1856) (1953), *»A Confederação dos tamoios.* Ainda uma palavra às cartas do Sr. Ig..., no *Diário de Notícias«*. In: J. A. Castelo (Hg.) (1953), *A Polêmica sobre* A Confederação dos tamoios. São Paulo: Fac. de Filosofia, Ciências e Letras da Universidade de São Paulo. S. 71–75.

Preisendanz, W. (1962) (²1974), »Voraussetzungen des poetischen Realismus in der deutschen Erzählkunst des 19. Jahrhunderts«. In: R. Brinkmann (Hg.) (1974), *Begriffsbestimmung des literarischen Realismus*. Darmstadt: Wissenschaftliche Buchgesellschaft. S. 453–479.

Preisendanz, W. (1967), »Zur Poetik der deutschen Romantik I: Die Abkehr vom Grundsatz der Naturnachahmung«. In: H. Steffen (Hg.) (1967), *Die deutsche Romantik. Poetik, Formen und Motive*. Göttingen: Vandenhoeck und Ruprecht. S. 54–74.

Queiroga, J. S. (1871) (1961), »›Advertência‹ a *Maricota e o Padre Chico*«. In: J. A. Castelo (Hg.) (1961), *Textos que interessam à história do romantismo*. Vol. I: São Paulo: Cons. Est. de Cultura.

Ranke, L. von (1824) (1966), »Vorrede zur ›*Geschichte der romanischen und germanischen Völker von 1494 bis 1514*«. In: F. Stern (Hg.) (1966), *Geschichte und Geschichtsschreibung. Möglichkeiten, Aufgaben, Methoden*. München: Piper. S. 59–61.

Ranke, L. von (1830) (1966), »Fragment aus den dreißiger Jahren«. In: F. Stern (Hg.) (1966), *Geschichte und Geschichtsschreibung. Möglichkeiten, Aufgaben, Methoden*. München: Piper. S. 61–64.

Ranke, L. von (1860) (1966), »Fragment aus den sechziger Jahren«. In: F. Stern (Hg.) (1966), *Geschichte und Geschichtsschreibung. Möglichkeiten, Aufgaben, Methoden*. München: Piper. S. 64–66.

Reill, H. P. (1975), *The German Enlightenment and the Rise of Historism*. Berkeley/Los Angeles/London: University of California Press.

Ribeiro, S. N. (1843a), »Da Nacionalidade da literatura brasileira«. In: *Minerva Brasilense* I.1 (1843). Rio de Janeiro. S. 1–23.

Ribeiro, S. N. (1843b), »Da Nacionalidade da literatura brasileira«. In: *Minerva Brasilense* I.4 (1843). Rio de Janeiro. S. 111–115.

Rüsen, J. (1976), *Ästhetik und Geschichte. Geschichtstheoretische Untersuchungen zum Begründungszusammenhang von Kunst, Gesellschaft und Wissenschaft.* Stuttgart: Metzler.

Scherer, W. (1878) (1974), »Zur Geschichte der deutschen Sprache«. In: V. Zmegač (Hg.) (1974), *Methoden der deutschen Literaturwissenschaft.* Frankfurt a. M.: Fischer Athenäum. S. 17–19.

Schlegel, Fr. (1797) (^{3}1971), »Kritische Fragmente«. In: ders. (^{3}1971), *Kritische Schriften.* München: Hanser. S. 5–24.

Schlegel, Fr. (1798) (^{3}1971), »Fragmente«. In: ders. (^{3}1971), *Kritische Schriften.* München: Hanser, S. 5–108.

Schlegel, Fr. (1800) (^{3}1971), »Brief über den Roman« und »Rede über die Mythologie«, in: »Gespräch über die Poesie«. In: ders. (^{3}1971), *Kritische Schriften.* München: Hanser. S. 473–529.

Schlichthorst, C. (1829), *Rio de Janeiro wie es ist. Beiträge zur Tages- und Sitten-Geschichte der Hauptstadt von Brasilien.* Hannover: Im Verlage der Hahn'schen Hofbuchhandlung.

Shelley, P. B. (1816) (1964), »To Lord Byron«. In: Fr. L. Jones (Hg.) (1964), *Letters of Percy Bysshe Shelley.* 2 vol. Oxford: Clarendon Press. Vol. I, S. 504.

Shelley, P. B. (1821) (1963), »A Defence of Poetry«. In: E. D. Jones (Hg.) (1963), *English Critical Essays (Nineteenth Century).* London: Oxford University Press. S. 102–138.

Soares, M. (1861) (1980), »Gonçalves Dias«. In: A. Coutinho (Hg.) (1980), *Caminhos do pensamento crítico.* Vol. I. Brasília: Pallas/INL. S. 280–297.

Sterne, L. (1760–1767) (1982), *Leben und Meinungen von Tristram Shandy,* Gentleman. Hgg. v. N. Kohl. Frankfurt a. M.: Suhrkamp.

Strohschneider-Kohrs, I. (1967), »Zur Poetik der deutschen Romantik II: Die romantische Ironie«. In: H. Steffen (Hg.) (1967), *Die deutsche Romantik. Poetik, Formen und Motive.* Göttingen: Vandenhoeck und Ruprecht. S. 75–97.

Strohschneider-Kohrs, I. (1977), *Die romantische Ironie in Theorie und Gestaltung.* Tübingen: Max Niemeyer.

Taine, H. (1865) (1980), *Philosophie de l'art.* 2 vol. Paris/Genf: Slatkine (Ressources).

Varnhagen, Fr. (1850) (1961), »Introdução ao Florilégio da poesia brasileira«. In: J. A. Castelo (Hg.) (1961), *Textos que interessam à história do romantismo.* Vol. I. São Paulo: Cons. Est. de Cultura.

Voltaire, F. M. A. de (1764a) (1967), »Histoire. Des Monuments«. In: ders. (1764) (1967), *Dictionnaire philosophique* III. *Œuvres complètes* XIX. (Paris) Nendeln/Liechtenstein: Kraus Reprint. S. 348–352.

Voltaire, F. M. A. de (1764b) (1967), »Histoire. De la Certitude en Histoire«. In: ders. (1764) (1967), *Dictionnaire philosophique* III. *Œuvres complètes* XIX. (Paris) Nendeln/Liechtenstein: Kraus Reprint. S. 358f.

Weber, H.-D. (1971), *Über eine Theorie der Literaturkritik.* München: Fink.

Weber, H.-D. (1973), *Friedrich Schlegels »Transzendentalpoesie«.* München: Fink.

White, H. (1973), *Metahistory. The Historical Imagination in Nineteenth Century.* Baltimore/London: John Hopkins University Press.

White, H. (1980), »The Value of Narrativity in the Representation of Reality«. In: *Critical Inquiry* 7 (1980), H. 1., S. 5–27.

Williams, R. (1958) (1972), *Gesellschaftstheorie als Begriffsgeschichte. Studien zur historischen Semantik von Kultur.* München: Rogner & Bernhard.

Wolf, F. (1863), *Le Brésil littéraire – Histoire de la littérature brésilienne.* Berlin: Asher & Co.

Wolfzettel, F. (1982), *Einführung in die französische Literaturgeschichtsschreibung.* Darmstadt: Wissenschaftliche Buchgesellschaft.

Wordsworth, W. (1798) (1944), »Lines composed a few miles above Tintern Abbey, on revisiting the Banks of the Wye during a Tour. July 13, 1798«. In: ders. (1944), *The Poetical Works of William Wordsworth.* Hgg. v. E. de Selincourt. Oxford: Clarendon, S. 259–262.

Wordsworth, W. (1850) (1976), *The Prelude.* A Parallel Text. Hgg. v. J. C. Maxwell. Harmondsworth: Penguin.

ANHANG 1

Friedrich Schlegel: Fragment 116 (der »Fragmente«, 1798)*

Die romantische Poesie ist eine progressive Universalpoesie. Ihre Bestimmung ist nicht bloß, alle getrennten Gattungen der Poesie wieder zu vereinigen und die Poesie mit der Philosophie und Rhetorik in Berührung zu setzen. Sie will und soll auch Poesie und Prosa, Genialität und Kritik, Kunstpoesie und Naturpoesie bald mischen, bald verschmelzen, die Poesie lebendig und gesellig und das Leben und die Gesellschaft poetisch machen, den Witz poetisieren und die Formen der Kunst mit gediegnem Bildungsstoff jeder Art anfüllen und sättigen und durch die Schwingungen des Humors beseelen. Sie umfaßt alles, was nur poetisch ist, vom größten wieder mehrere Systeme in sich enthaltenden Systeme der Kunst bis zu dem Seufzer, dem Kuß, den das dichtende Kind aushaucht in kunstlosen Gesang. Sie kann sich so in das Dargestellte verlieren, daß man glauben möchte, poetische Individuen jeder Art zu charakterisieren, sei ihr Eins und Alles; und doch gibt es noch keine Form, die so dazu gemacht wäre, den Geist des Autors vollständig auszudrücken: so daß manche Künstler, die nur auch einen Roman schreiben wollten, von ungefähr sich selbst dargestellt haben. Nur sie kann gleich dem Epos ein Spiegel der ganzen umgebenden Welt, ein Bild des Zeitalters werden. Und doch kann auch sie am meisten zwischen dem Dargestellten und dem Darstellenden, frei von allem realen und idealen Interesse, auf den Flügeln der poetischen Reflexion in der Mitte schweben, diese Reflexion immer wieder potenzieren und wie in einer endlosen Reihe von Spiegeln vervielfachen. Sie ist der höchsten und der allseitigsten Bildung fähig; nicht bloß von innen heraus, sondern auch von außen hinein; indem sie jedem, was ein Ganzes in ihren Produkten sein soll, alle Teile ähnlich organisiert, wodurch ihr die Aussicht auf eine grenzenlos wachsende Klassizität eröffnet wird. Die romantische Poesie ist unter den Künsten, was der Witz der Philosophie, und die Gesellschaft, Umgang, Freundschaft und

* Schlegel (1798) ([3]1971) 38f.

Liebe im Leben ist. Andre Dichtarten sind fertig und können nun vollständig zergliedert werden. Die romantische Dichtart ist noch im Werden; ja das ist ihr eigentliches Wesen, daß sie ewig nur werden, nie vollendet sein kann. Sie kann durch keine Theorie erschöpft werden, und nur eine divinatorische Kritik dürfte es wagen, ihr Ideal charakterisieren zu wollen. Sie allein ist unendlich, wie sie allein frei ist und das als ihr erstes Gesetz anerkennt, daß die Willkür des Dichters kein Gesetz über sich leide. Die romantische Dichtart ist die einzige, die mehr als Art und gleichsam die Dichtkunst selbst ist: denn in einem gewissen Sinn ist oder soll alle Poesie romantisch sein. [159]

ANHANG 2

Friedrich Schlegel: Brief über den Roman (1800)*

Das unsrige [Gespräch] fing damit an, daß Sie behaupteten, Friedrich Richters Romane seien keine Romane, sondern ein buntes Allerlei von kränklichem Witz. Die wenige Geschichte sei zu schlecht dargestellt, um für Geschichte zu gelten, man müsse sie nur erraten. Wenn man aber auch alle zusammennehmen und sie rein erzählen wolle, würde das doch höchstens Bekenntnisse geben. Die Individualität des Menschen sei viel zu sichtbar, und noch dazu eine solche!

Das letzte übergehe ich, weil es doch wieder nur Sache der Individualität ist. Das bunte Allerlei von kränklichem Witz gebe ich zu, aber ich nehme es in Schutz und behaupte dreist, daß solche Grotesken und Bekenntnisse noch die einzigen romantischen Erzeugnisse unsers unromantischen Zeitalters sind.

Lassen Sie mich bei dieser Gelegenheit ausschütten, was ich lange auf dem Herzen habe!

Mit Erstaunen und mit innerm Grimm habe ich oft den Diener die Haufen zu Ihnen hereintragen sehn. Wie mögen Sie nur mit Ihren Händen die schmutzigen Bände berühren? – Und wie können Sie den verworrnen, ungebildeten Redensarten den Eingang durch ihr Auge in das Heiligtum der Seele verstatten? – Stundenlang Ihre Phantasie an Menschen hingeben, mit denen von Angesicht zu Angesicht nur wenige Worte zu wechseln Sie sich schämen würden? – Es frommt wahrlich zu nichts, als nur die Zeit zu töten und die Imagination zu verderben! Fast alle schlechten Bücher haben Sie gelesen von Fielding bis zu La Fontaine. Fragen Sie sich selbst, was Sie davon gehabt haben. Ihr Gedächtnis selbst verschmäht das unedle Zeug, was eine fatale Jugendgewohnheit Ihnen zum Bedürfnis macht und was so emsig herbeigeschafft werden muß, wird sogleich rein vergessen.

Dagegen erinnern Sie sich noch vielleicht, daß es eine Zeit gab, wo Sie den Sterne liebten, sich oft ergötzten, seine Manier anzunehmen, halb nachzuahmen, halb zu verspotten. Ich habe noch einige

* Schlegel (1800) (^{3}1971) 508–518.

scherzhafte Briefchen der Art von Ihnen, die ich sorgsam bewahren werde. – Sternes Humor hat Ihnen also doch einen bestimmten Eindruck gegeben; wenngleich eben keine idealisch schöne, so war es doch eine Form, eine geistreiche Form, die Ihre Phantasie dadurch gewann, und ein Eindruck, der uns so bestimmt bleibt, den wir so zu Scherz und Ernst gebrauchen und gestalten können, ist nicht verloren; und was kann einen gründlicheren Wert haben als dasjenige, was das Spiel unsrer innern Bildung auf irgendeine Weise reizt oder nährt. [160]

Sie fühlen es selbst, daß Ihr Ergötzen an Sternes Humor rein war und von ganz andrer Natur als die Spannung der Neugier, die uns oft ein durchaus schlechtes Buch in demselben Augenblick, wo wir es so finden, abnötigen kann. Fragen Sie sich nun selbst, ob Ihr Genuß nicht verwandt mit demjenigen war, den wir oft bei Betrachtung der witzigen Spielgemälde empfanden, die man Arabesken nennt. – Auf den Fall, daß Sie sich selbst nicht von allem Anteil an Sternes Empfindsamkeit freisprechen können, schicke ich Ihnen hier ein Buch, von dem ich Ihnen aber, damit Sie gegen Fremde vorsichtig sind, voraussagen muß, daß es das Unglück oder das Glück hat, ein wenig verschrien zu sein. Es ist Diderots *Fatalist*. Ich denke, es wird Ihnen gefallen, und Sie werden die Fülle des Witzes hier ganz rein finden von sentimentalen Beimischungen. Es ist mit Verstand angelegt und mit sichrer Hand ausgeführt. Ich darf es ohne Übertreibung ein Kunstwerk nennen. Freilich ist es keine hohe Dichtung, sondern nur eine – Arabeske. Aber eben darum hat es in meinen Augen keine geringen Ansprüche; denn ich halte die Arabeske für eine ganz bestimmte und wesentliche Form oder Äußerungsart der Poesie.

Ich denke mir die Sache so. Die Poesie ist so tief in dem Menschen gewurzelt, daß sie auch unter den ungünstigsten Umständen immer noch zuzeiten wild wächst. Wie wir nun fast bei jedem Volk Lieder, Geschichten im Umlauf, irgendeine Art wenngleich rohe Schauspiele im Gebrauch finden: so haben selbst in unserm unphantastischen Zeitalter, in den eigentlichen Ständen der Prosa, ich meine die sogenannten Gelehrten und gebildeten Leute, einige Einzelne eine seltne Originalität der Phantasie in sich gespürt und geäußert, obgleich sie darum von der eigentlichen Kunst noch sehr entfernt waren. Der Humor eines Swift, eines Sterne, meine ich, sei die Naturpoesie der höhern Stände unsers Zeitalters.

Ich bin weit entfernt, sie neben jene Großen zu stellen; aber Sie werden mir zugeben, daß, wer für diese, für den Diderot Sinn hat, schon besser auf dem Wege ist, den göttlichen Witz, die Phantasie eines Ariost, Cervantes, Shakespeare verstehn zu lernen als ein andrer, der auch noch nicht einmal bis dahin sich erhoben hat. Wir dürfen nun einmal die Forderungen in diesem Stück an die Menschen der jetzigen Zeit nicht zu hoch spannen, und was in so kränklichen Verhältnissen aufgewachsen ist, kann selbst natürlicherweise nicht anders als kränklich sein. Dies halte ich aber, solange die Arabeske kein Kunstwerk, sondern nur ein Naturprodukt ist, eher für einen Vorzug, und stelle Richtern also auch darum über Sterne, weil seine Phantasie weit kränklicher, also weit wunderlicher und phantastischer ist. Lesen Sie nur überhaupt den Sterne einmal wieder. Es ist lange her, daß Sie ihn nicht gelesen haben, und ich denke, er wird Ihnen etwas anders vorkommen wie damals. Vergleichen Sie dann immer unsern Deutschen mit ihm. Er hat wirklich mehr Witz, wenigstens für den, der ihn witzig nimmt: denn er selbst könnte sich darin leicht unrecht tun. Und durch diesen Vorzug erhebt sich selbst seine Sentimentalität in der Erscheinung über die Sphäre der engländischen Empfindsamkeit.

Wir haben noch einen äußern Grund, diesen Sinn für das Groteske in uns zu bilden und uns in dieser Stimmung zu erhalten. Es ist unmöglich, in diesem Zeitalter der Bücher nicht auch viele, sehr viele schlechte Bücher durchblättern, ja sogar lesen zu müssen. Einige unter diesen sind, darauf darf man mit einiger Zuversicht rechnen, glücklicherweise immer von der albernen Art, und da kommt es wirklich nur auf uns an, sie unterhaltend zu finden, indem wir sie nämlich als witzige Naturprodukte betrachten. Laputa ist nirgends oder überall, liebe Freundin; es kommt nur auf einen Akt unsrer Willkür und unsrer Phantasie an, so sind wir mitten darin. Wenn die Dummheit eine gewisse Höhe erreicht, zu der wir sie jetzt, wo sich alles schärfer sondert, meistens gelangen sehn, so gleicht sie auch in der äußern Erscheinung der Narrheit. Und die Narrheit, werden Sie mir zugeben, ist das [161] Lieblichste, was der Mensch imaginieren kann, und das eigentliche letzte Prinzip alles Amüsanten. In dieser Stimmung kann ich oft ganz allein für mich über Bücher, die keinesweges dazu bestimmt scheinen, in ein Gelächter verfallen, was kaum wieder aufhören will.

Und es ist billig, daß die Natur mir diesen Ersatz gibt, da ich über so manches, was jetzt Witz und Satire heißt, durchaus nicht mitlachen kann. Dagegen werden mir nun gelehrte Zeitungen z.B. zu Farcen, und diejenige, welche sich die allgemeine nennt, halte ich mir ganz ausdrücklich, wie die Wiener den Kasperle. Sie ist, aus meinem Standpunkte angesehen, nicht nur die mannigfaltigste von allen, sondern auch in jeder Rücksicht die unvergleichlichste: denn nachdem sie aus der Nullität in eine gewisse Plattheit gesunken und aus dieser ferner in eine Art von Stumpfheit übergegangen war, ist sie zuletzt auf dem Wege der Stumpfheit endlich in jene närrische Dummheit verfallen.
Dieses ist im ganzen für Sie schon ein zu gelehrter Genuß. Wollen Sie aber, was Sie leider nicht mehr lassen können, in einem neuen Sinn tun, so will ich nicht mehr über den Bedienten schelten, wenn er die Haufen aus der Leihbibliothek bringt. Ja, ich erbiete mich selbst, für dieses Bedürfnis Ihr Geschäftsträger zu sein und verspreche, Ihnen eine Unzahl der schönsten Komödien aus allen Fächern der Literatur zu senden.
Ich nehme den Faden wieder auf: denn ich bin gesonnen, Ihnen nichts zu schenken, sondern Ihren Behauptungen Schritt vor Schritt zu folgen.
Sie tadelten Jean Paul auch, mit einer fast wegwerfenden Art, daß er sentimental sei.
Wollten die Götter, er wäre es in dem Sinne, wie ich das Wort nehme und es seinem Ursprunge und seiner Natur nach glaube nehmen zu müssen. Denn nach meiner Ansicht und nach meinem Sprachgebrauch ist eben das romantisch, was uns einen sentimentalen Stoff in einer phantastischen Form darstellt.
Vergessen Sie auf einen Augenblick die gewöhnliche, übel berüchtigte Bedeutung des Sentimentalen, wo man fast alles unter dieser Benennung versteht, was auf eine platte Weise rührend und tränenreich ist und voll von jenen familiären Edelmutsgefühlen, in deren Bewußtsein Menschen ohne Charakter sich so unaussprechlich glücklich und groß fühlen.
Denken Sie dabei lieber an Petrarca oder an Tasso, dessen Gedicht gegen das mehr phantastische Romanzo des Ariost wohl das sentimentale heißen könnte; und ich erinnre mich nicht gleich eines Beispiels, wo der Gegensatz so klar und das Übergewicht so entschieden wäre wie hier.

Tasso ist mehr musikalisch, und das Pittoreske im Ariost ist gewiß nicht das schlechteste. Die Malerei ist nicht mehr so phantastisch, wie sie es bei vielen Meistern der venezianischen Schule, wenn ich meinem Gefühl trauen darf, auch im Correggio und vielleicht nicht bloß in den Arabesken des Raffael, ehedem in ihrer großen Zeit war. Die moderne Musik hingegen ist, was die in ihr herrschende Kraft des Menschen betrifft, ihrem Charakter im ganzen so treu geblieben, daß ichs ohne Scheu wagen möchte, sie eine sentimentale Kunst zu nennen.

Was ist denn nun dieses Sentimentale? Das, was uns anspricht, wo das Gefühl herrscht, und zwar nicht ein sinnliches, sondern das geistige. Die Quelle und Seele aller dieser Regungen ist die Liebe, und der Geist der Liebe muß in der romantischen Poesie überall unsichtbar sichtbar schweben; das soll jene Definition sagen. Die galanten Passionen, denen man in den Dichtungen der Modernen, wie Diderot im Fatalisten so lustig klagt, von dem Epigramm bis zur Tragödie nirgends entgehn kann, sind dabei grade das wenigste, oder vielmehr sie sind nicht einmal der äußre Buchstabe jenes Geistes, nach Gelegenheit auch wohl gar nichts oder etwas sehr Unliebliches und Liebloses. Nein, es ist der heilige Hauch, der uns in den Tönen der Musik berührt. Er läßt sich nicht gewaltsam fassen und mechanisch greifen, [162] aber er läßt sich freundlich lokken von sterblicher Schönheit und in sie verhüllen; und auch die Zauberworte der Poesie können von seiner Kraft durchdrungen und beseelt werden. Aber in dem Gedicht, wo er nicht überall ist oder überall sein könnte, ist er gewiß gar nicht. Er ist ein unendliches Wesen, und mitnichten haftet und klebt sein Interesse nur an den Personen, den Begebenheiten und Situationen und den individuellen Neigungen: für den wahren Dichter ist alles dieses, so innig es auch seine Seele umschließen mag, nur Hindeutung auf das Höhere, Unendliche, Hieroglyphe der einen ewigen Liebe und der heiligen Lebensfülle der bildenden Natur.

Nur die Phantasie kann das Rätsel dieser Liebe fassen und als Rätsel darstellen; und dieses Rätselhafte ist die Quelle von dem Phantastischen in der Form aller poetischen Darstellung. Die Phantasie strebt aus allen Kräften sich zu äußern, aber das Göttliche kann sich in der Sphäre der Natur nur indirekt mitteilen und äußern. Daher bleibt von dem, was ursprünglich Phantasie war, in der Welt der Erscheinungen nur das zurück, was wir Witz nennen.

Noch eines liegt in der Bedeutung des Sentimentalen, was grade das Eigentümliche der Tendenz der romantischen Poesie im Gegensatz der antiken betrifft. Es ist darin gar keine Rücksicht genommen auf den Unterschied von Schein und Wahrheit, von Spiel und Ernst. Darin liegt der große Unterschied. Die alte Poesie schließt sich durchgängig an die Mythologie an, und vermeidet sogar den eigentlich historischen Stoff. Die alte Tragödie sogar ist ein Spiel, und der Dichter, der eine wahre Begebenheit, die das ganze Volk ernstlich anging, darstellte, ward bestraft. Die romantische Poesie hingegen ruht ganz auf historischem Grunde, weit mehr als man es weiß und glaubt. Das erste beste Schauspiel, das Sie sehn, irgendeine Erzählung, die Sie lesen: wenn eine geistreiche Intrige darin ist, können Sie fast mit Gewißheit darauf rechnen, daß wahre Geschichte zum Grunde liegt, wenngleich vielfach umgebildet. Boccaccio ist fast durchaus wahre Geschichte, ebenso andre Quellen, aus denen alle romantische Erfindung hergeleitet ist.

Ich habe ein bestimmtes Merkmal des Gegensatzes zwischen dem Antiken und dem Romantischen aufgestellt. Indessen bitte ich Sie doch, nun nicht sogleich anzunehmen, daß mir das Romantische und das Moderne völlig gleich gelte. Ich denke, es ist etwa ebenso verschieden, wie die Gemälde des Raffael und Correggio von den Kupferstichen, die jetzt Mode sind. Wollen Sie sich den Unterschied völlig klar machen, so lesen Sie gefälligst etwa die *Emilia Galotti*, die so unaussprechlich modern und doch im geringsten nicht romantisch ist, und erinnern sich dann an Shakespeare, in den ich das eigentliche Zentrum, den Kern der romantischen Phantasie setzen möchte. Da suche und finde ich das Romantische, bei den ältern Modernen, bei Shakespeare, Cervantes, in der italienischen Poesie, in jenem Zeitalter der Ritter, der Liebe und der Märchen, aus welchem die Sache und das Wort selbst herstammt. Dieses ist bis jetzt das einzige, was einen Gegensatz zu den klassischen Dichtungen des Altertums abgeben kann; nur diese ewig frischen Blüten der Phantasie sind würdig, die alten Götterbilder zu umkränzen. Und gewiß ist es, daß alles Vorzüglichste der modernen Poesie dem Geist und selbst der Art nach dahin neigt; es müßte denn eine Rückkehr zum Antiken sein sollen. Wie unsre Dichtkunst mit dem Roman, so fing die der Griechen mit dem Epos an und löste sich wieder darin auf.

Nur mit dem Unterschiede, daß das Romantische nicht sowohl eine Gattung ist als ein Element der Poesie, das mehr oder minder herrschen und zurücktreten, aber nie ganz fehlen darf. Es muß Ihnen nach meiner Ansicht einleuchtend sein, daß und warum ich fordre, alle Poesie solle romantisch sein, den Roman aber, insofern er eine besondre Gattung sein will, verabscheue. [163]
Sie verlangten gestern, da der Streit eben am lebhaftesten wurde, eine Definition, was ein Roman sei; mit einer Art, als wüßten Sie schon, Sie würden keine befriedigende Antwort bekommen. Ich halte dieses Problem eben nicht für unauflöslich. Ein Roman ist ein romantisches Buch. – Sie werden das für eine nichtssagende Tautologie ausgeben. Aber ich will Sie zuerst nur darauf aufmerksam machen, daß man sich bei einem Buche schon ein Werk, ein für sich bestehendes Ganze denkt. Alsdann liegt ein sehr wichtiger Gegensatz gegen das Schauspiel darin, welches bestimmt ist, angeschaut zu werden: der Roman hingegen war es von den ältesten Zeiten für die Lektüre, und daraus lassen sich fast alle Verschiedenheiten in der Manier der Darstellung beider Formen herleiten. Das Schauspiel soll auch romantisch sein, wie alle Dichtkunst; aber ein Roman ists nur unter gewissen Einschränkungen, ein angewandter Roman. Der dramatische Zusammenhang der Geschichte macht den Roman im Gegenteil noch keineswegs zum Ganzen, zum Werk, wenn er es nicht durch die Beziehung der ganzen Komposition auf eine höhere Einheit, als jene Einheit des Buchstabens, über die er sich oft wegsetzt und wegsetzen darf, durch das Band der Ideen, durch einen geistigen Zentralpunkt wird.
Dies abgerechnet, findet sonst so wenig ein Gegensatz zwischen dem Drama und dem Roman statt, daß vielmehr das Drama, so gründlich und historisch wie es Shakespeare z.B. nimmt und behandelt, die wahre Grundlage des Romans ist. Sie behaupteten zwar, der Roman habe am meisten Verwandtschaft mit der erzählenden, ja, mit der epischen Gattung. Dagegen erinnre ich nun erstlich, daß ein Lied ebensogut romantisch sein kann als eine Geschichte. Ja, ich kann mir einen Roman kaum anders denken, als gemischt aus Erzählung, Gesang und andern Formen. Anders hat Cervantes nie gedichtet, und selbst der sonst so prosaische Boccaccio schmückt seine Sammlung mit einer Einfassung von Liedern. Gibt es einen Roman, in dem dies nicht stattfindet und nicht

stattfinden kann, so liegt es nur in der Individualität des Werks, nicht im Charakter der Gattung; sondern es ist schon eine Ausnahme von diesem. Doch das ist nur vorläufig. Mein eigentlicher Entwurf ist folgender. Es ist dem epischen Stil nichts entgegengesetzter, als wenn die Einflüsse der eignen Stimmung im geringsten sichtbar werden; geschweige denn, daß er sich seinem Humor so überlassen, so mit ihm spielen dürfte, wie es in den vortrefflichsten Romanen geschieht.

Nachher vergaßen Sie Ihren Satz wieder oder gaben ihn auf und wollten behaupten: alle diese Einteilungen führten zu nichts; es gäbe nur Eine Poesie, und es komme nur darauf an, ob etwas schön sei; nach der Rubrik könne nur ein Pedant fragen. – Sie wissen, was ich von den Klassifikationen, die so im Umlauf sind, halte. Aber doch sehe ich ein, daß es für jeden Virtuosen durchaus notwendig ist, sich selbst auf einen durchaus bestimmten Zweck zu beschränken; und in der historischen Nachforschung komme ich auf mehrere ursprüngliche Formen, die sich nicht mehr ineinander auflösen lassen. So scheinen mir im Umkreise der romantischen Poesie selbst Novellen und Märchen z. B., wenn ich so sagen darf, unendlich entgegengesetzt. Und ich wünsche nichts mehr, als daß ein Künstler jede dieser Arten verjüngen möge, indem er sie auf ihren ursprünglichen Charakter zurückführt.

Wenn solche Beispiele ans Licht träten, dann würde ich Mut bekommen zu einer Theorie des Romans, die im ursprünglichen Sinne des Wortes eine Theorie wäre: eine geistige Anschauung des Gegenstandes mit ruhigem, heitern ganzen Gemüt, wie es sich ziemt, das bedeutende Spiel göttlicher Bilder in festlicher Freude zu schauen. Eine solche Theorie des Romans würde selbst ein Roman sein müssen, der jeden ewigen Ton der Phantasie phantastisch wiedergäbe, und das Chaos der Ritterwelt noch einmal verwirrte. Da würden die alten Wesen in neuen Gestalten leben; da würde der heilige Schatten des Dante sich aus seiner Unterwelt erheben, Laura himmlisch vor uns wandeln, und Shakespeare mit Cervantes trauliche Gespräche wechseln; – und da würde Sancho von neuem mit dem Don Quixote scherzen. [164]

Das wären wahre Arabesken, und diese nebst Bekenntnissen seien, behauptete ich im Eingang meines Briefs, die einzigen romantischen Naturprodukte unsers Zeitalters.

Daß ich auch die Bekenntnisse dazu rechnete, wird Ihnen nicht mehr befremdend sein, wenn Sie zugegeben haben, daß wahre Geschichte das Fundament aller romantischen Dichtung sei; und Sie werden sich, wenn Sie darüber reflektieren wollen, leicht erinnern und überzeugen, daß das beste in den besten Romanen nichts anders ist als ein mehr oder minder verhülltes Selbstbekenntnis des Verfassers, der Ertrag seiner Erfahrung, die Quintessenz seiner Eigentümlichkeit.

Alle sogenannten Romane, auf die meine Idee von romantischer Form freilich gar nicht anwendbar ist, schätze ich dennoch ganz genau nach der Masse von eigner Anschauung und dargestelltem Leben, die sie enthalten; und in dieser Hinsicht mögen denn selbst die Nachfolger des Richardson, so sehr sie auf der falschen Bahn wandeln, willkommen sein. Wir lernen aus einer *Cecilia Beverley* wenigstens, wie man zu der Zeit, da das eben Mode war, sich in London ennuyierte, auch wie eine britische Dame vor Delikatesse endlich zu Boden stürzt und sich blutrünstig fällt; das Fluchen, die Squires und dergleichen sind im Fielding wie aus dem Leben gestohlen, und der *Wakefield* gibt uns einen tiefen Blick in die Weltansicht eines Landpredigers; ja dieser Roman wäre vielleicht, wenn Olivia ihre verlorne Unschuld am Ende wiederfände, der beste unter allen engländischen Romanen.

Aber wie sparsam und tropfenweise wird einem in allen diesen Büchern das wenige Reelle zugezählt! Und welche Reisebeschreibung, welche Briefsammlung, welche Selbstgeschichte wäre nicht für den, der sie in einem romantischen Sinne liest, ein besserer Roman als der beste von jenen? –

Besonders die Confessions geraten meistens auf dem Wege des Naiven von selbst in die Arabeske, wozu sich jene Romane höchstens am Schluß erheben, wenn die bankerotten Kaufleute wieder Geld und Kredit, alle armen Schlucker zu essen bekommen, die liebenswürdigen Spitzbuben ehrlich und die gefallnen Mädchen wieder tugendhaft werden.

Die *Confessions* von Rousseau sind in meinen Augen ein höchst vortrefflicher Roman; die *Heloise* nur ein sehr mittelmäßiger.

Ich schicke Ihnen hier die Selbstgeschichte eines berühmten Mannes, die Sie, soviel ich weiß, noch nicht kennen: die *Memoirs* von Gibbon. Es ist ein unendlich gebildetes und ein unendlich drolliges Buch. Es wird Ihnen auf halbem Wege entgegenkommen, und wirklich ist der komische Roman, der darin liegt, fast ganz fertig.

Sie werden den Engländer, den Gentleman, den Virtuosen, den Gelehrten, den Hagestolzen, den Elegant vom guten Ton in seiner ganzen zierlichen Lächerlichkeit durch die Würde dieser historischen Perioden so klar vor Augen sehn, wie Sie nur immer wünschen können. Gewiß, man kann viel schlechte Bücher und viele unbedeutende Menschen durchsehn, ehe man so viel Lachstoff auf einem Haufen beisammen findet. [165]

III. Woraus werden die Ziegel der Geschichte gemacht?

> Le Professeur avoua qu'il était maintenant dérouté en fait d'histoire.
> – Elle change tous les jours. On conteste les rois de Rome et les voyages de Pythagore. On attaque Bélisaire, Guillaume Tell et jusqu'au Cid, devenu, grâce aux dernières découvertes, un simple bandit. C'est à souhaiter qu'on ne fasse plus de découvertes, et même l'Institut devrait établir une sorte de canon prescrivant ce qu'il faut croire![1]
>
> G. Flaubert (1881) (1964) S. 240

1. Bindeglied und Entwurf

Die Form, wie sich die verbale Schrift entfaltet, übt einen spezifischen Druck auf ihr Produkt aus, den Text: da sie notwendigerweise linear ist, linearisiert sie ihn. Das, was in ihm zu formulieren gelingt, wird durch die Überwindung zweier entgegengesetzter Grenzen erreicht. Die erste könnten wir Grenze des Chaos nennen: durch die Unfähigkeit des Schreibers, durch seine mangelnde Beherrschung des Sprachcodes oder durch dessen Ausdrucksschwäche fließt die Linearität nicht, scheinen die Sätze gekittet zu sein, sind ihre Übergänge konfus oder doppeldeutig; wie das Werk eines schlechten Malers ist sein Strich bald zu grob, bald zu fein. Aber die Sachkenntnis, die hinsichtlich dieser Grenze gewonnen wird, setzt uns um so mehr der anderen aus. Hier offenbart sich der literarische oder nichtliterarische Schreiber derart als Meister

1 »Der Professor gab zu, daß er nun in Sachen Geschichte abgeschweift war. / – Sie ändert sich alle Tage. Man ficht die Könige von Rom und Pythagoras' Reisen an. Man attackiert Bélisaire, Wilhelm Tell und bis hin zum Cid, der dank der letzten Entdeckungen zu einem einfachen Banditen geworden ist. Es ist zu wünschen, daß man keine Entdeckungen mehr mache und selbst daß das Institut eine Art Kanon etablieren sollte, der vorschreibt, was man glauben soll!«

des Flusses und sprachlicher Korrektheit, daß seine Textur von der Attraktivität der Transparenz besessen zu sein scheint. Die Narration ist geschaffen worden, aber um den Preis ihrer ausschließlichen Linearität, der Auslöschung des Volumens, das in demjenigen beinhaltet war, das geäußert wird. Der Satz wird somit [166] singbar, eben weil er nurmehr eine einfache Melodie enthält.

Jede Schrift wird zwischen diesen Grenzen geschrieben – derjenigen des Chaos und derjenigen der absoluten Transparenz, derjenigen des Gekitteten und derjenigen der exzessiven Leichtigkeit. In zwangsläufiger Ermangelung einer Technik, die derjenigen des Kontrapunktes oder derjenigen der orchestralen Organisation der Klangmassen vergleichbar wäre, weist die verbale Schrift immer das Merkmal der Linearität auf. Dieses Schicksal ruft zur gleichen Zeit, wie es seinen Arbeiter dazu führt, sich der Gefahr der angedeuteten Grenzen bewußt zu werden, die Notwendigkeit hervor, sein Material durch das zu organisieren, was Hayden White *emplotment* nannte, die Ausstattung mit einer Handlung, über die die Teile der Erzählung verkettet und nach und nach motiviert werden. Aber diese Verkettung trifft auf eine materiale Begrenzung. Sagen wir, die Exposition eines Themas *A* habe erlaubt, den Eintritt von *B, C,* usw. zu motivieren. Damit das *emplotment* jedoch nicht die Strenge einer Linie oder eines Berichts besitzt, ist es notwendig, daß jeder einzelne der Kerne *A, B, C* usw. Zonen beinhaltet, die intern differenziert und artikuliert werden. Das Risiko besteht also darin, daß diese Segmente A^1, A^2 usw. eine so große Ausdehnung erfahren, daß sie das Gleichgewicht der Architektur des *emplotment* kompromittieren.

Es ist klar, daß niemand beim Schreiben die vollständige Kontrolle über diesen Prozeß besitzt – sofern es sich nicht um die bloße Zusammenstellung des bereits Geschriebenen handelt. Nur die extreme Praxis und das intuitive Schauen auf die Kompetenz, die vom potentiellen Leser erwartet wird, werden sagen, wann die Entwicklung die Harmonie der Darstellung zu zerstören droht und ein neues *emplotment* erforderlich macht. (Offensichtlich denke ich an den Fall, wenn man *bereits während des Schreibprozesses* wahrnimmt, daß eine gewisse Ausführung notwendig, dort aber unmöglich ist.)

Die Wahrnehmung, daß ähnliche Ausschließungen im Verlauf des vorherigen Kapitels stattgefunden hatten, wurde mir in dem Maße deutlicher, wie ich erneut seine maschinengeschriebenen Seiten las. Das vorliegende Kapitel tritt einer der Folgen entgegen, daß sie somit nicht ihren vollen Ertrag gebracht haben. Dies zu sagen mag aber den falschen Eindruck erwecken, daß es aus den Resten des früheren *emplotment* gebildet wird. Obwohl dies im Prinzip zutrifft, wäre es nicht die volle Wahrheit. Wenn ein Segment, das zuvor untergeordnet war, zum Orientierungsprisma einer neuen Handlung wird, ist es nicht mehr Teil des damals konstituierten *Horizonts,* sondern steigt zur Bedingung eines *Themas* oder zu einer ersten Ebene auf. Auf diese Weise erlaubt ihm – und zwingt ihn zugleich – der breitere Raum, der ihm gewährt wird, sich derart zu organisieren, daß die Verbindung zur bereits vollzogenen Behandlung zwar aufrechterhalten bleibt, diese jedoch angesichts ihrer Ausweitung in Zonen, die dort entweder nicht präsent gewesen oder nicht direkt angesprochen worden waren, mehr oder weniger ausgespart wird. Diese [167] Metamorphose ist die notwendige Bedingung dafür, daß wir es mit einem neuen *emplotment* zu tun haben, und nicht mit einem bloßen Anhang zu dem, was bereits abgehandelt worden war.

Was untergeordnetes Segment und aufgrund der linearen *Beschränkung* [frz. im Original] vom vorherigen Kapitel ausgeschlossen worden war, betrifft die Vertiefung der Beobachtungen über Michelets Historiographie. Wenn diese Ausdehnung außerdem die Grenzen eines Nachtrags überschreitet, so aus zwei Gründen: (a) weil die so noch umfassendere Erörterung Michelets Gelegenheit zum Überdenken der Beziehungen der Geschichte mit der sprachlichen Fiktion (der Literatur) auf einer eher theoretischen als historiographischen Ebene bietet; (b) weil sie darüber hinaus, wenngleich als untergeordnetes Segment, erlauben wird, daß es, wenn es zur Frage der *Mimesis* kommt, im Anschluß daran darum gehen wird, den zweiten mit dem ersten Grund zu verketten.

2. Die Kompositionsebenen in der Historiographie von Jules Michelet

Das Interesse für das Werk des französischen Historikers hatte sich in Kapitel II an der Darlegung der Beziehungen aufgehängt, die die Geschichte während der Romantik mit der Poesie unterhielt. Nach Beendigung der Lektüre des Kapitels könnte man sich aber fragen: was hatte seine Darlegung letzten Endes bezweckt? War es wirklich ein riesiges Panorama, durch das der Kontrast der europäischen mit der brasilianischen Romantik, mit ihrer Armut und der Verzerrung fundamentaler romantischer Prinzipien zu beweisen gesucht wurde? Falls dies die Schlußfolgerung des Lesers wäre, tun wir gut daran zu erklären, daß wir gescheitert sind. Abgesehen davon, daß die Problematik, der die Natur unterworfen wird, und der verschleierte Angriff, der die Verbindungen der Geschichte mit der Literatur in der Romantik begleitet, hinreichend wichtig sind, um eine eigene Beachtung zu verdienen, stehen diese Fragen mit einer anderen, sehr viel umfassenderen in Verbindung: seit der Renaissance hat sich die Theorie des Fiktionalen darum bemüht, ihrem Objekt einen angemessenen Ort innerhalb der intellektuellen Aktivitäten zuzusichern, während sie es jedoch gleichzeitig als Ort der Wahrheit verleugnete und ihm somit einen niedrigeren Platz in der Hierarchie der Diskurse einräumte. In diesem Sinne bestand die Anstrengung vorrangig der italienischen Traktatschreiber darin, das Existenzrecht des Fiktionalen zu rechtfertigen, indem sie es dem Wahrheitsdiskurs unterwarfen. Genau von dort stammt die Woge des Begriffs, mit dem sie es für sich bezeichnete: *imitatio.* Seit ihren Ursprüngen also ist es der modernen Epoche nicht gelungen, mit der Frage der *Mimesis* abzurechnen, außer, indem sie sie entweder in einem niedrigeren Territorium verortete oder, wie es ausgehend vom XIX. Jahrhundert geschehen sollte, indem sie sie einfach zurückwies. Wir erinnern hier an diese Frage, um die Lektüre mit einem früheren Ausgangspunkt des vorliegenden Textes abzustimmen. Die nachfolgende Untersuchung wird uns so [168] auch dazu führen müssen, die Anwesenheit von etwas zu zeigen, das sich zwischen den untersuchten Seiten davonstiehlt, das Phantasma der *Mimesis.*

Es befremdet nicht, daß dieses Phantasma so obskur ist, daß man nicht einmal seinen Namen vernimmt; daß seine Anwesenheit niemals konstatiert werden kann, so daß wir uns damit zufrieden geben müssen, es durch Überlegung zu folgern. Ohne ihm die geringste Aufmerksamkeit geschenkt zu haben, beschäftigte Michelet sich sehr wohl mit der Verpflichtung, die er sich auferlegt hatte, angesichts der Fixierung seiner realen Vergangenheit in aufeinanderfolgenden Bänden dem Vaterland zu dienen, in denen die

Kraft und die Strenge eines höheren Agenten hervorgehoben werden sollte, das Volk. In klarer Abweichung von der Historiographie seiner Zeit hebt Michelet nicht individualisierte Persönlichkeiten hervor, zumindest nicht, ohne das Terrain in Betracht zu ziehen, aus dem sie ihr Lebenselixier gewonnen hatten. Wie er am 22./23. Februar 1845 in seinem *Journal* notiert:

> Der letzte Held, der erschienen ist, das ist nicht Napoleon, wie sie sagen, das ist die Revolution. Und ihre Größe bestand genau darin, daß es überhaupt keinen großen Mann gab, um die Fruchtbarkeit der Bewegung in der Phantasmagorie eines neuen Mystizismus zu absorbieren. Sie präsentiert dieses große und neue Spektakel einer Idee, die auf große Männer, auf Helden, auf falsche Götter, auf Idole verzichtet hat. Sie war, viel mehr als Kant, die Kritik der reinen Vernunft (Michelet, J., 1828–1848, ³1959, S. 592).

Gegen die Passage des *Journal* könnte man behaupten, daß seine aufeinanderfolgenden Kapitel, wenn nicht sogar sämtliche seiner Bücher, dem Volk keinen besonderen Ort zuweisen. Wenn wir zum Beispiel den zweiten Band der *Histoire du XIXe siècle [Geschichte des XIX. Jahrhunderts]* von 1872 betrachten, begegnen wir dem Historiker vor der folgenden Entwicklung: da es auf der einen Seite die Royalisten und auf der anderen die Union der durch Babeuf repräsentierten alten Kommune mit den verbleibenden Jakobinern gab, befand sich das Direktorium in einer prekären Situation. Deshalb suchte es Unterstützung bei Bonaparte, der aufgrund seiner Siege in Italien bereits berühmt war. Zur gleichen Zeit befürchteten die Mitglieder des Direktoriums jedoch, daß die Macht des jungen Generals schließlich die Revolution in die Arme der Militärdiktatur treiben könnte. Aus diesem Grund versuchten sie, gemäß des Zeugnisses von Carnot, sich seiner zu entledigen (vgl. Michelet, J., 1872, 1880, S. 163). Bonaparte seinerseits schwankte zwischen dem Respekt vor dem Direktorium, das er noch benötigte, und den Royalisten, denen er sich sympathisch zu zeigen suchte und die er indirekt bevorzugte, indem er verhinderte, daß die italienische Revolution sich festigte, sei es durch die Weigerung, den Verkauf der Kirchengüter vorzunehmen, sei es dadurch, daß er die Aufrechterhaltung des österreichischen Thrones erlaubte.

Obwohl es sich um ein extrem verkürztes Résumé handelt, würde seine Erweiterung nicht verändern, was man jetzt bereits sieht, das heißt die schwierigen Hintergründe der politischen Entscheidungen. Wo würde in ihnen das Volk Eingang finden? Es scheint zweifellos vor allem deshalb nicht, weil es von den höfischen Intrigen entfernt war. [169] Genau in seiner Entfernung sollte für Michelet das Scheitern der Revolution bestehen. In dem Moment, den wir hervorheben, war ihr Hauptmotor also bereits schweigsam. Um ihm zu begegnen, müssen wir einen Schritt zurückgehen und zu jenem früheren Moment gelangen, in dem die Revolution »den fortdauernden Haß« vernichtet hat, »mit dem sie auf der ganzen Erde der Priester und der Engländer verfolgt haben« (Michelet, J., 1847b, 1924, Kap. III, S. 205). Dieser frühere Moment ist der eigentliche Beginn des revolutionären Prozesses. Das erklärt das *Vorwort von 1847*, in dem Michelet das Ruhmesmodell mit demjenigen vom Anfang des Untergangs konfrontiert:

> Eine Sache, die man allen sagen muß und die leicht zu beweisen ist, besteht darin, daß die menschliche und unserer Revolution wohlwollende Epoche das Volk selbst, das ganze Volk, die ganze Welt zum Akteur hat. Und die Epoche der Gewalttätigkeiten, die Epoche der Blutbäder, wohin die Gefahr sie später treibt, hat nur eine verschwindend geringe, eine unendlich kleine Anzahl von Menschen zum Akteur (Michelet, J., 1847a, 1928, S. 43f.).

Nachdem dies errichtet ist, ist es natürlich, daß der Gipfel des Ruhms in einer eher symbolischen als effektiven Handlung gesehen wurde: dem Sturm auf die Bastille. Seine Beschreibung zu lesen läuft darauf hinaus, Michelet auf dem Gipfel seines Enthusiasmus zu begegnen. Der Schöpfer stößt auf seine Kreatur, erkennt sie wieder, ahmt sie mit Worten nach, identifiziert sich mit ihr, indem er in ihr den eigentlichen Grund seiner harten Arbeit rühmt. Wir zitieren nur die symbolischste Szene:

> Die Schlüssel wurden ebenfalls gebracht, diese monströsen, schändlichen, groben, durch die Jahrhunderte und durch die Schmerzen der Menschen abgenutzten Schlüssel. Der Zufall oder die Vorsehung wollte es, daß sie einem Mann ausgehändigt wurden, der sie nur zu gut kannte, einem ehemaligen Gefangenen. Die Nationalversammlung placierte sie in ihren Archiven, die alte Ma-

> schine der Tyrannen neben den Gesetzen, die die Tyrannen zerschmettert hatten. Wir haben sie heute noch, diese Schlüssel, im Eisenschrank der Archive Frankreichs... Ah! könnten in dem Eisenschrank die Schlüssel jeder Bastille der Welt eingeschlossen werden! (a.a.O., S. 247f.).

Unser Mißtrauen gegenüber offensichtlich rhetorischen Wendungen kann uns dazu führen, angesichts des letzten Satzes die Nase zu rümpfen. Wenn wir das aber täten, hätten wir Michelet vollkommen mißverstanden. Seine rhetorische Wendung enthielt die Verbitterung angesichts der Zeit, in der er sie schrieb. Denn 1847 war die Wehklage des revolutionären Volkes bereits durch eine andere, subtilere und berechnendere erstickt worden, die seiner ebenso kritischen wie desillusionierten Beobachtung nicht entgangen war:

> Wer würde angesichts des geringen Lärms, der gemacht wird, sagen, daß wir ein so lärmendes Volk gewesen sind? das Ohr gewöhnt sich mehr und mehr daran, die Stimme ebenfalls. Die Tonlage [170] verändert sich. Dieser denkt zu schreien und schreit ganz leise. Der einzige etwas größere Lärm ist derjenige der Börse (Michelet, J., 1846, 1946, S. 111).

Ein Wandel, der nicht isoliert auftrat, sondern sich parallel zur eigentlichen Not vollzog. Während in den Zeiten des revolutionären Enthusiasmus allgemeine Not würdevoll war, entfernt sie sich nun vom Zentrum des Geschehens und flüchtet sich in:

> Die Armenviertel unserer Großstädte, diesen riesigen Büros des Todes, in denen die miserabel fruchtbaren Frauen nur gebären, um zu weinen (...) (a.a.O., S. 166).

Nachdem der Absprung von der Basis geschafft ist, tauchen nun die individuellen Porträts auf. Das Porträt des früh verstorbenen Hoche, der, in der *Histoire du XIXe siècle*, durch die Hand derjenigen gestorben war, die für die Rückkehr des *Ancien Régime* kämpften; das Porträt von Marie Antoinette, die, immer im Geiste mit dem österreichischen Hof verbunden, halb devot, halb von den *philosophes* aufgeklärt, zu Beginn ihrer Heirat nicht einmal das Vertrauen des Königs besaß und die für eine der Verantwortlichen der Schande der Königsfamilie gehalten werden sollte; das Porträt Robespierres, der von allen am meisten beeindruckt:

> Man braucht sich nicht zu wundern, wenn diese eminent zurückgebliebene Provinz [Artois] zu den Generalständen einen rigiden Anhänger der neuen Ideen schickte, wenn dieser Mann, der keine Kurven, sondern nur die Gerade kannte, in die Revolution eine Art geometrischen Geistes, das Winkeleisen, den Zirkel, das Lot brachte (Michelet, J., 1847b, 1924, Kap. V, S. 258).

Diese Schilderungen werden noch wirksamer, wenn sie plastisch die spezifische Gruppe umfassen, innerhalb derer die individualisierten Figuren hervortreten. So verbindet sich die Schilderung Robespierres mit derjenigen des jakobinischen Ambientes:

> Die Jakobiner hatten durch ihren Korpsgeist, der ständig wuchs, durch ihren scharfen und trockenen Glauben, durch ihre rauhe Neugier von Inquistitoren etwas Priesterhaftes (a.a.O., S. 274).

Dort endet aber nicht Michelets Technik, die Ebenen herauszuarbeiten. Nach dem, was wir bisher gezeigt haben, hebt der »Maler« insgesamt drei Ebenen hervor: die allgemeinste Ebene, die vom Volk besetzt wird, die mittlere, die von der spezifischen Gruppe eingenommen wird, die individualisierte, die isolierten Personen vorbehalten wird. Seine narrative Technik konnte sich indessen auch anderen Feinheiten widmen, z.B. der Kontrastierung einer spezifischen Gruppe, ausgehend von ihrem eigenen physischen Milieu, mit einer anderen. [171] So beginnt die ideologische Differenz zwischen den Jakobinern und der Gruppe der »Cordeliers« mit der Fixierung des Ambientes, in dem sich letztere versammeln:

> Fast gegenüber der Medizinschule, steht im Hintergrund eines Innenhofes diese Kapelle in schwerem und mächtigem Stil. Es ist die sibyllinische Höhle der Revolution, der Club der Cordeliers. Sie hatte dort ihr Delirium, ihren Dreifuß, ihr Orakel. Niedrig und dennoch auf massive Strebepfeiler gestützt, muß ein derartiges Gewölbe ewig sein: ohne einzustürzen hat es die Stimme Dantons gehört (a.a.O., Kap. VI, S. 276).

In dem Maße also, wie sich die Beschreibung entwickelt, wird der Kontrast mit den Jakobinern, von deren ideologischer Differenz die Passage noch nicht spricht, durch die Hervorhebung Dantons antizipiert. Michelet, ein Meister der Ebenen, hat es jedoch nicht eilig, sich auf seine Figur zu stützen. Er verweilt stattdessen dabei, von der eigentlichen Versammlung zu erzählen, wo Arbeiter, Studenten, Priester, Mönche und Gebildete sich drängen. Erst danach konzentriert es sich auf die Figur, die den Vorsitz hat:

> Wer aber hat dort unten den Vorsitz? Mein Gott, das Grauen selbst ... Ein schreckliches Antlitz, dieser Danton! ein Zyklop? ein niederer Gott? ... Dieses von Blattern entsetzlich entstellte Gesicht hat mit seinen kleinen dunklen Augen das Aussehen eines finsteren Vulkans ... Nein, das dort ist kein Mensch, das ist das Element der Unruhe selbst; dort schweben die Trunkenheit und der Schwindel, die Fatalität ... Dunkles Genie, Du machst mir Angst! sollst Du Frankreich retten oder zugrunde richten? (Michelet, J., 1847b, 1942, Kap. VI, S. 286).

Sobald man diese Ebenenüberlagerung bemerkt, während man auf eine isolierte Figur stößt, gewinnt der Leser Bedingungen, sie in ihre Umwelt einzufügen und dann die Integralität der Szene zu veranschaulichen. Michelet hätte Schwierigkeiten zu akzeptieren, daß er eine bildhafte Kompositionsmethode übernommen hatte. Das Wichtige besteht nicht einmal darin, uns hinsichtlich dessen nach dem Grad seiner Bewußtheit fragen, sondern in der bei der Lektüre des *Journal* flagranten Feststellung des immensen Interesses, das er der Malerei entgegenbrachte. Von seinen Reisen nach Italien, nach Deutschland, nach England, von seinen Besuchen in französischen Palästen und Museen werden häufig Beschreibungen von Gemälden von Rembrandt, Rubens, van Eick, Memling, Tizian, Raffael, Michelangelo, Tintoretto, Veronese, Albrecht Dürer, Holbein, van Dick, Géricault, Masaccio und Murillo geliefert. Michelet beschränkt sich in Wahrheit nicht darauf, sie zu bewundern, sondern die Fixierung seiner alltäglichen Eindrücke vollzieht sich, direkt oder indirekt, über bildhafte Modulationen. Wir halten nur einige wenige Beispiele fest: [172]

> In Lecco, Jahrmarkt. (...) Wir sind hier in einem keltischen Land. Eine charmante Unentschlossenheit der Physiognomien, lombardische Anmut bei den Kindern und Mädchen; (...) Es gibt in diesen

schönen lombardischen Städten des Nordostens eine bewundernswerte rhythmische Progression (Michelet, J., 1828–1848, 1959, S. 263; 20./23. Juli 1838).

Nach dem Abendessen Besuch bei den Armeniern auf dem Lido. Schöne und ursprüngliche Situation des Konvents, klein und orientalisch, mit Gärten aus rosa Lorbeerbäumen. Im Inneren der Zellen, Köpfe im Stil Rembrandts (a.a.O.,S. 270; 27. Juli 1838).

Tagsüber kreuzte mein Wagen mit hoher Geschwindigkeit den Wagen von M. Rothschild, so schnell, daß ich ihn nicht begrüßen konnte; sein Profil eines intelligenten Affen frappierte mich wie eine Skizze von Rembrandt, ein Kreidestrich, der alles sagt ... (a.a.O., S. 458; 21. Juli 1842).

Die Frage hat eine wesentlich größere Reichweite, als Michelets Bewunderung für gewisse Maler zu beweisen. Im Moment jedoch wollen wir sie mit einer Anmerkung vom 19. Mai 1846 verbinden:

Der Roman interessiert als individuelles Schicksal; man sagt sich: *Dies könnte mir passieren.* Aber das Volk gefällt sich darin nicht; es braucht Wahres (...) Nicht die kollektive, sondern die biographische Geschichte hat bei ihm eine größere Wirkung (a.a.O., S. 642).

Das heißt, der Historiker sieht, daß er mit dem Roman wetteifern kann, indem er dessen Individuierungstechnik übernimmt, mit dem Vorteil, mit der vorgängigen Zustimmung des Lesers rechnen zu können, daß es sich um wahre Personen handelt. Wenn der Roman das narrative Genre ist, mit dem rivalisiert werden soll, so ist die Malerei das Mittel, dies zu erreichen. Durch sie gelang es dem vom Historiker konstituierten *emplotment*, die Sicht auf die kollektiven Massen mit der Hervorhebung nur scheinbar autonomer Figuren auszudenken, welche die Garantie des Interesses und der Anerkennung der Leser mit sich brachten. Hinzu kommt außerdem, daß diese Ebenengliederung, die von der Malerei, die er bewunderte – beispielsweise nicht diejenige eines Goya, auf die nur flüchtig Bezug genommen wird, oder diejenige eines Cranach, dem Kälte vorgeworfen wird –, »gelehrt worden war«, jegliche konzeptuelle Anstrengung von seiten des Autors ungenutzt ließ. Müßte ein Maler seine Begriffe definieren oder würde sein Wert vielmehr aus der Komposition der Szene abgeleitet? Die Bewunderung für die Malerei diente bei Michelet als Rechtfertigung für die eigene konzeptuelle Armut. Deshalb war ihm jeder verbale Rekurs legitim, sofern er dazu diente, die Kraft der Komposition zum Ausdruck zu bringen. So wird die Natur selbst in eine Allegorie der menschlichen Geschäfte verwandelt. Wenn die landwirtschaftlichen Erträge im Verlauf des XVIII. Jahrhunderts zunehmend dezimiert wurden, warum sollte man nicht zugeben, daß dies eine Konsequenz des Freiheitsmangels war? [173]

> Wie kann man sich darüber wundern, daß die Ernten magerer werden, bei diesem mageren Arbeiter, daß die Erde leidet und sich weigert? Das Jahr ernährt nicht mehr das Jahr. In dem Maße, wie man auf 1789 zugeht, gewährt die Natur weniger. Wie das zu erschöpfte Tier, das nicht mehr weitergehen will und es vorzieht, sich hinzulegen und zu sterben, wartet sie und produziert nicht mehr. Die Freiheit ist nicht allein das Leben des Menschen, sie ist das Leben der Natur (Michelet, J., 1847a, 1928, S. 90; *Einleitung*).

Und wenn der König sich weigert, die Generalstände einzuberufen, selbst nachdem die Deputierten gewählt sind, warum dann nicht zwischen den Stimmen der Protestierenden diejenige der Natur selbst aufzeigen:

> Gefährliche Verzögerung! Zu den vielen Stimmen, die sich erhoben, hatte sich eine gesellt, weiß Gott!, die sehr oft im XVIII. Jahrhundert zu hören war, die Stimme der Erde ... die verzweifelte, sterile Erde, die den Menschen das Leben verweigerte! ... Der Winter war schrecklich gewesen, der Sommer war trocken und gab nichts, der Hunger begann (a. a. O., S. 138).

Niemand wird bezweifeln, daß wir hier ziemlich weit von dem Motto entfernt sind, mit dem Ranke die Aufgabe des Historikers benannte, der Beschreibung des Vergangenen, *wie es eigentlich gewesen ist*. Eine Distanz, die weniger über den Unterschied ihrer Persönlichkeiten als über die Ausbildung des deutschen und französischen Intellektuellen auszusagen scheint. Während der Deutsche keinen politischen oder öffentlichen Einfluß besitzt, der vielmehr auf den Kontakt mit den Abteilungen an seinem Gymnasium oder an der Universität beschränkt ist, behält der französische Intellektuelle das Modell der *philosophes* bei, das auf die Bildung der öffentlichen Meinung abzielte, indem er sich also eher einer persuasiven als einer strikt demonstrativen oder einer spekulativen Sprache bediente. Damit wir uns nicht in einer Argumentation verlieren, die in diesem Kontext sekundär ist, wollen wir nur an das erinnern, was Voltaire über den zeitgenössischen Gebildeten unter dem Stichwort *Gens de lettres* in der *Encyclopédie* sagte:

> (...) der Geist des Jahrhunderts hat sie zum Großteil ebenso für die Gesellschaft wie für das Kabinett geeignet gemacht; & darin sind sie den vorangegangenen Jahrhunderten stark überlegen. Sie waren bis zur Zeit von Balzac & von Voiture aus der Gesellschaft ausgeschlossen; seitdem stellen sie einen notwendig gewordenen Teil derselben dar (Voltaire, 1757, 1969, II, S. 170).

Der polemische Schriftsteller irrte sich bis zu einem gewissen Punkte nicht, indem er den Gebildeten (französischer Sprache) sowohl in den Lesekabinetten wie in ›le monde‹, das heißt der hohen Gesellschaft, für notwendig hielt, so daß Robert Darnton vor kurzem den erbitterten Streit zwischen den Herausgebern interpretieren konnte, die darin wetteiferten, verschiedene Editionen der *Encyclopédie* als Beweis dafür anzubieten, »daß das Interesse an aufgeklärten Ideen sich weithin über Frankreich ausgebreitet hatte [174] – zu einem großen *Publikum*, wenn nicht sogar zu einer Massenleserschaft« (Darton, R., 1973, S. 1344).

Diese Präokkupation mit dem allgemeinen Leser erklärt nicht nur die Allegorien der Natur und die Adaptation des bildhaften Modells in Michelets *emplotment*, sondern auch seine Nachlässigkeit, zu definieren, woher die Kraft des Volkes kommen sollte. Nehmen wir zum Beispiel das kleine Buch von 1846, *Le Peuple [Das Volk].* Darin untersucht Michelet die Arbeitsbedingungen und die Unsicherheit oder Notsituation verschiedener sozialer Segmente. Seinen Beobachtungen zufolge – die in vieler Hinsicht für den modernen Historiker fruchtbar sind, weil sie auf die Bedeutung nicht generischer, sondern besonderer und konkreter Faktoren hinweisen, wie die Bedingungen des Klimas, der Ernährung, der Gesundheitsschädlichkeit der Arbeitsstätten – wäre es unmöglich zu sagen, wer die schlimmste Situation hatte, ob es der Bauer, der Arbeiter, der Kleinhändler, der untere Staatsdiener oder der Schulmeister war. Der Pessimismus sollte angesichts der scharfen Bemerkung über den besonderen Druck noch wachsen, der von der Familie auf den Hausherrn ausgeübt wurde und ihn zur Praxis kleiner stillschweigender Duldungen zwang, um eine gewisse finanzielle Ruhe zu erreichen:

> Es ist traurig und hart zu sagen, aber es muß gesagt werden: heute wird der Mann nicht durch die Welt korrumpiert, er kennt sie zu gut; ebensowenig durch seine Freunde... wer hat Freunde?... Nein, wer ihn am häufigsten korrumpiert, das ist seine eigene Familie. Eine ausgezeichnete Frau, beunruhigt wegen ihrer Kinder, ist zu allem fähig, um ihren Mann voranzubringen, sogar dazu, ihn zu Feigheiten zu zwingen (Michelet, J., 1846, 1946, S. 106).

Welchen Faktor stellt Michelet also einer solchen Untersuchung entgegen? Nichts weniger als den Glauben an die Tugenden des französischen Volkes:

> Die Abscheu für alles, was falsch und perfide ist, ist in diesem noblen Land unbesiegbar. Die Masse ist gut; beurteilen Sie sie nicht nach dem Abschaum, der umhertreibt (a.a.O., S. 106f).

Eine Hoffnung, die gewiß das Verdienst hatte, die öffentliche Meinung zufriedenzustellen, ohne die Autoritäten zu belästigen. Aber die Frage bleibt dieselbe, auch wenn sie jetzt von der Notwendigkeit kompliziert wird, diese französische Tugend zu erklären: woher würde das Volk seine unbezwingbare Energie beziehen? Vielleicht macht die Art der Frage selbst eine Antwort unmöglich. Tatsache ist, daß Michelet selbst weder die Frage noch die Antwort je zu formulieren versucht hat. Das Maximum dessen, was man seinem Werk entnehmen kann, wäre die Idee einer Verbindung zwischen dem uralten Volk und der aktuellen Präsenz des Vaterlandes. Sie erscheint in der Passage, in der er seine »Methode« beschreibt: [175]

> 1. Sympathie für diese verschiedenen Nationalitäten, indem zugleich eine unheilbare Zwietracht verdammt wird. (...)
> 2. Eine Sympathie für die einsame Arbeit, für den Weber, der von Gott in seiner Finsternis getröstet wird. (...) Aber nach der einsamen Arbeit vervollständigte die Familienarbeit und die Korporationsarbeit die Harmonie, und darüber hinaus läuteten alle Korporationen die Glocke, die große Stimme des öffentlichen Friedens, der alles harmonisierte. (...) Alle beteten gemeinsam, ohne sich zu sehen.

3. Schließlich eine Sympathie für das wahre, das große Vaterland, das die Kommune ersetzt hat, für die wahre Zentralisierung, für Frankreich (Michelet, J., 1828–1848, S. 358f.; 11. März 1841).

Das heißt, diachronisch kündigen die mittelalterlichen Korporationen das Volk an, das sich synchron mit der zentralisierenden Aktion des Nationalstaates konstituieren sollte. Dies ist gewiß weit davon entfernt, die Abwesenheit eines konzeptuellen Rahmens zu kompensieren. Würde es, so betrachtet, genügen, die Bedeutung des bildlichen Modells aufzuzeigen? Oder wäre es ausreichend, wie es häufig bei den derzeitigen französischen Historikern geschieht, die Antizipationen Michelets hervorzuheben? Keine dieser Antworten genügt. Keine andere, zumindest positive, wäre praktikabel. Wir wollen daher versuchen, die Frage zu entwickeln, indem wir zur eigentlichen Analyse übergehen.
An erster Stelle wird sichtbar, daß, wie Hayden White beobachtet, Michelets Mißachtung der Theorie kein Einzelfall war. Während die Umwandlung der Geschichte in eine legitimierte akademische Disziplin zu Beginn des vergangenen Jahrhunderts in der Publikation der großen Zeitschriften historiographischer Studien kulminierte, geschah dies hingegen nicht parallel zu »der Art konzeptueller Revolution, die solche Transformationen anderer Felder begleitet hat, wie zum Beispiel die Physik, die Chemie und die Biologie. Die Unterweisung in der ›historischen Methode‹ bestand im wesentlichen in einer Anweisung, die raffiniertesten philologischen Techniken für die Kritik historischer Dokumente zu verwenden, in Kombination mit einem Set von Aussagen darüber, was der Historiker *nicht* auf der Basis der so kritisierten Dokumente versuchen sollte« (White, H., 1973, S. 136). Unter dem, was er nicht verwenden sollte, befand sich die Stellungnahme in den zeitgenössischen Kontroversen, das Vermeiden eines parteilichen Engagements, alles im Namen der Objektivität. Die Instruktionen dienten zur praktischen Unterstützung der Politik der dominanten nachrevolutionären Sektoren und rechtfertigten den Triumph eines armen und naiven Empirismus: »Die ›historische Methode‹ – wie die klassischen Historiographen des XIX. Jahrhunderts den Begriff verstanden – bestand in einer Bereitschaft, ohne irgendeine vorgängige Konzeption in die Archive zu gehen, um die dort gefundenen Dokumente zu studieren und anschließend eine Ge-

schichte über die Ereignisse zu schreiben, die von den Dokumenten bestätigt wurden, dergestalt, daß sie die Geschichte [*story*] selbst zur Erklärung dessen machten, ›was‹ in der Vergangenheit ›passiert war‹. Die Idee bestand darin, die Erklärung auf natürliche Weise aus den Dokumenten selbst hervortreten zu lassen, und dann [176] ihre Bedeutung in Form einer Geschichte [*story*] zu figurieren« (a. a. O., S. 141).
Es ist und bleibt paradox, daß dieser Sachverhalt auf Michelet zutreffen soll, da sein Volkskult den Restauratoren nicht gefiel, die ihn 1852 endgültig vom *Collège de France* entfernten, ebensowenig ging er von empiristischen Grundannahmen aus. Um aber konsequent zu sein, hätte Michelet seine Historiographie explizit auf anderen Grundlagen errichten müssen. Darauf war er nicht eingestellt. Die Kritiken, die er zeit seines Lebens erhielt, wie die von Paul Viallaneix in der Edition seines *Journal* angefügten Anmerkungen zeigen, heben häufig seine literarischen Qualitäten hervor, um gerade seinen antipositivistischen Enthusiasmus zu tadeln. Angesichts der akademischen Gemeinschaft seiner Epoche kompromittierte Michelet sich durch die Weigerung, sich erfolgreich zu verstellen, sich im Hinblick auf die Steine, die er sammelte, für einen neutralen Archäologen auszugeben. Mit Blick auf die heutige akademische Gemeinschaft kompromittierte er sich dadurch, daß er keine Kritik des historiographischen Wissens vollzog wie Droysen, oder weil er keine Theorie der Geschichte hervorgebracht hat wie Marx. Zwischen die beiden Fronten geraten, trifft Michelet entweder auf die Hintertür der literarischen Rettung, die ihm Barthes öffnet, oder auf das doppeldeutige Lob derjenigen, die ihn für einen Vorläufer halten. Aber gab es bei ihm nicht zumindest den Ansatz einer Theoretisierung? Es gab ihn, und der erste, der darauf hindeutete, obwohl auf versteckte und ironische Weise, war Heinrich Heine in einem Artikel vom 15. Juli 1843. Wir zitieren nur den entscheidenden Teil:

> Ist er ein großer Historiker? Besteht die Aufgabe des Historikers, nach seinen Recherchen und Überlegungen, darin, Euch unsere Vorfahren und ihre Sitten vor Augen zu führen, durch die magische Kraft der Sprache die Vergangenheit aus dem Grab auferstehen zu lassen, die unter ihrem Leichentuch ruht? Wenn dies der Fall ist, so können wir bestätigen, daß Michelet es verstanden hat,

> sie zu erfüllen. Mein berühmter Meister, Hegel, sagte mir eines Tages: »Wenn man die Träume aufschriebe, die die Menschen während einer gewissen Periode gehabt haben, gäbe die Lektüre dieser Sammlung von Träumen die angemessenste Idee vom Geist dieser Periode.« Die *Histoire de France* von Michelet ist ein solches Buch von Träumen (zitiert nach Viallaneix, P., 1959, S. 857).

Der deutsche Dichter erfaßte genau den Geist, der den Historiker bewegte: seine Besessenheit, den Toten der Geschichte ein Überleben zu sichern. Scheinbar weist dies keine Differenz zu der berühmten Idee auf, die Fakten zu errichten, wie sie sich ereignet hatten. In Wahrheit jedoch ist der Unterschied gravierend. Die Fixierung der Faktoren setzte die Neutralität desjenigen voraus, der sie entwickelte. Ungeachtet seiner jeweiligen Neigungen bestand die Aufgabe des Historikers darin, die Fakten zu registrieren und unterwürfig die Richtigkeit ihrer Ordnung und Übereinstimmung festzustellen. Obwohl Michelet sich niemals in der Kühnheit Droysens versucht und noch weniger Sympathie für die Spekulationen [177] Hegels in den *Vorlesungen über die Philosophie der Geschichte* gezeigt hatte, schätzte er sich doch hinreichend als professoraler *Verursacher* und als Schriftsteller, damit er jene implizite Auslöschung des *ich* akzeptierte. Somit wurde die Beziehung zwischen der Individualität des Historikers und dessen Objekt problematisch, selbst wenn er nicht beabsichtigte, sie formal zu thematisieren. Wie sollte man sie also behandeln? Genau in diesem entscheidenden Bereich nähert sich Michelet unbewußt dem Beispiel der Malerei und eignet es sich an. So wie der Maler *sich nicht in dem* malt, was er malt, sondern sich darin *exponiert*, so sieht Michelet auch in der historiographischen Praxis die vorübergehende Möglichkeit des Ausschlusses des *ich* zugunsten des Überlebens, das er der Vergangenheit konzediert. In der wertvollen Anmerkung vom 18. Juni 1841 erklärt er:

> Die Geschichte: eine gewaltsame moralische Chemie, in der meine individuellen Leidenschaften sich in Allgemeinheiten verwandeln, wo meine Allgemeinheiten zu Leidenschaften werden, wo meine Völker zu mir werden, wo mein *ich* dazu zurückkehrt, die Völker zu beleben (Michelet, J., 1828–1848, 1959, S. 362).

Ausgehend von diesem Übergang wird die Gegenposition zur Geschichte expliziter, die für tatsachengetreu gehalten wird. Sie ist, wie er in einer anderen Passage erklärt, eine Praxis der Wiederauferstehung:

> Thierry nannte es [das heißt das Ziel der Geschichte] *Narration* und Herr Guizot *Analyse*. Ich habe es *Wiederauferstehung* genannt, und dieser Name wird ihm bleiben (Michelet, J., 1848, 1946, S. 25).

Eine Äußerung, die er fast wörtlich in einer Überlegung aus seinem Tagebuch vom März 1844 wieder aufnimmt:

> (...) die Philosophie der Geschichte als Wiederauferstehung, als Kunst, das Volk in der Antike und im Mittelalter wieder auferstehen zu lassen (...) (Michelet, J., 1828–1848, 1959, S. 549).

Diese Zitate berechtigen uns, über das hinauszugehen, was vor kurzem hinsichtlich des Unterschiedes, der der Geschichte als glaubwürdiger Narration und der Geschichte als Wiederauferstehung zugrunde liegt, gesagt worden ist. Sie stehen nicht nur in Opposition, solange sie insbesondere das *ich* des Schriftstellers abschaffen oder es einer Metamorphose in eine »gewaltsame moralische Chemie« unterziehen. Was bedeutet also diese Metamorphose, wenn nicht eine mimetische Übersiedlung, ein Sich-Ausweiten bis zum Anderen, ein Ausweiten der Differenz des Anderen, ausgehend von der Sympathie, daß heißt von der angetroffenen Ähnlichkeit mit sich selbst? Man soll nicht denken, ich behauptete, Michelet hätte beabsichtigt, aus der Historiographie eine Kunstform zu machen. Für ihn war nichts willkürlicher als der sogenannte historische Roman. Und wir zitierten bereits die [178] Passage des *Journal*, in der er, indem er das, was er macht, demjenigen annähert, was dem Roman eigen ist – »der Roman interessiert als persönliches Schicksal« –, hinzufügt, daß dies das Volk – man lese: das Publikum – nicht zufriedenstellt, weil »es die Wahrheit braucht«, welche die »nicht kollektive, sondern biographische« Geschichte ihm geben kann. Für unsere Frage ist es außerdem von Interesse, daran zu erinnern, daß in der Epoche, in der er schreibt, die *Mimesis* jegliches Ansehen verloren hatte und daß die Art und Weise, wie er sie praktiziert, nichts mit dem normativen Charakter zu tun hat, mit dem die Ausübung der *Mimesis* von der

Renaissance bis zu den Neoklassikern verfolgt worden war. Ich möchte also sagen: Michelet wurde in seinem nie frontalen Kampf gegen die Geschichtsidee des XIX. Jahrhunderts dazu gezwungen, eine Form der Theoretisierung zu erahnen, die in der Epoche nicht existierte. Um nicht zu wiederholen, was bereits im ersten Kapitel geschrieben worden ist, beschränken wir uns darauf, einige Punkte hervorzuheben, die für das Verständnis des Problems notwendig sind.

Die traditionelle Konzeption der *Mimesis,* gegen die die Romantiker rebelliert hatten, wurde zeitgleich mit der Konstituierung der klassischen Wissenschaft ausgearbeitet. So wie für diese die Wahrheit im Objekt lag und das Subjekt als Träger von Werten zum Schweigen gebracht werden sollte, indem es in einen verständnisvollen Registrator der Phänomene – empiristische Position – oder in den Übermittler der Art und Weise verwandelt wird, wie die Phänomene ausgehend von den Aprioris des menschlichen Verstandes kodifiziert werden – die Kantianische Position –, so sollte auch für die traditionelle Theorie der *Mimesis* das Subjekt (das heißt der Künstler) der universalen Gesetzgebung des Schönen gehorchen, indem er den Regeln folgte, die bereits von den paradigmatischen (klassischen) Werken erreicht und/oder von den geheiligten Traktatschreibern errichtet worden waren. Indem die Historiographie des XIX. Jahrhunderts die Betonung auf die Glaubwürdigkeit der Rekonstruktion der Vergangenheit legte, folgte sie dem Paradigma der klassischen Wissenschaft. Da ihm das nicht paßte, ging Michelet über sie hinaus und praktizierte, ohne es zu wissen, das, was uns heute mittels der Neuerarbeitung der Theorie der *Mimesis* erklärbar wird. Diese Neuerarbeitung setzt voraus, daß die Beziehung zwischen Subjekt und Objekt nicht ausschließlich ist – entweder gewinnt das Subjekt die Oberhand über das Objekt und läßt ihm keinen Raum, um seine Autonomie manifestieren zu können, oder das Objekt »leitet« die Hand des menschlichen Subjekts und erlaubt, daß es seine Wahrheit entdeckt. Diese ausschließliche Sicht lag der drastischen Trennung zwischen Fiktion und Wissenschaft, im spezifischen Fall zwischen Roman und Geschichte, voraus. Eine Trennung, die um so obligatorischer war, als die »Wissenschaft als eine Art Religion, als ein letzter Referenzrahmen zur Bestimmung dessen, was wirklich und wahr ist, hervortrat« (Brown, R. H., 1980, S. 548).

Michelet wagte es nicht, mit dieser Religion zu brechen. Nur, wenn diese Einschränkung gültig ist, unterminierte er sie. Er höhlte sie aus, indem er, ohne es zu wissen, einen mimetischen Akt vollzog: der Agent – das heißt der Schriftsteller – ist nicht die dargestellte Figur, aber die Figur wäre nicht, wie sie ist, wenn ihr Produzent nicht der wäre, der er ist. Die *Mimesis* ist konkret eine Strategie gegen die Unauflöslichkeit der Instanz des *ich*. [179] Es befremdet daher auf der Stufe einer individualistischen Gesellschaft nicht, daß die *Mimesis* für unnütz gehalten worden war. Ausgehend von dem Moment jedoch, in dem sich die Kritik am *cogito ergo sum* ausbreitete, die von Nietzsche und später von Freud ausging, so daß die *Mimesis* in ein weites zeitgenössisches Wissen integriert wurde, stellten sich Bedingungen ein, unter denen erneut darüber nachgedacht werden konnte, was *Mimesis* eigentlich bedeutet. Da dies nicht der geeignete Ort ist, soll es uns genügen zu sagen: sie ist die Praxis, durch welche wir uns dem annähern, was wir nicht sind, das heißt dem, was wir nicht als unser *ich* internalisieren, eine Praxis also, die uns erlaubt, uns als ein Anderer zu exponieren, ausgehend jedoch von der Differenz dessen, was wir sind. Es fällt die Nähe dieser Formulierung zu der folgenden Aussage auf: »Die Geschichte erfüllt ihre vereinende Funktion daher nur, wenn ein vereinendes Element in ihre Unordnung eingreift und sie zwingt, die Wahrheit ans Licht zu bringen. Ihre vereinende Kraft hängt ab von der Existenz eines ›Subjekts, von dem man annimmt, daß es weiß‹, und das diese Macht in ihrem eigenen Namen ausübt. Dieses Subjekt historischen Wissens ist natürlich der allwissende Erzähler, der totalisierende Erzähler« (Gaillard, F., 1980, S. 149). Gewiß, die zitierte Passage behandelt nicht die *Mimesis*, nichtsdestoweniger wollen wir sagen, wie der weitere Verlauf des Kapitels zeigen wird, daß das Konzept der Arbeit des Historikers Rechnung trägt. Die Ähnlichkeit resultiert daraus, daß die *Mimesis* ebenso wie die Aufgabe des Historikers den Bruch mit der klassischen Konzeption der Erkenntnistheorie implizieren, welche die radikale Differenz zwischen Wissenschaft und Fiktion dadurch provozierte, daß sie das allwissende Subjekt in Klammern setzte. Wenn wir damit nicht sagen, daß die Rettung der Geisteswissenschaften darin läge, sich unter das Gewand der *Mimesis* zu flüchten, so behaupten wir folglich nur, daß die stillschweigende Rebellion Michelets gegenüber den historiographischen Vätern seiner Epoche ihn einer Theoretisierung annäherte, die damals nicht erkannt wurde und die heute erblüht. Aber die Passagen, die uns stützen, sind noch nicht vollzählig dargelegt worden. So muß zum Beispiel diese seine Öffnung auf das theoretisch damals Unveröffentlichte noch zu den oben dargelegten Problemen in Beziehung gesetzt werden, die seine Inthronisierung des Volkes betreffen. Was den ersten Aspekt angeht, so handelt es sich darum, seine Idee der Geschichte als Wiederauferstehung mehr an die Art von *Mimesis* anzunähern, die auf diese Weise spezifiziert würde. – Anfang Januar 1838 schrieb Michelet:

> Hartes Schicksal des Historikers, zu lieben, so viele Dinge zu verlieren, alle Lieben, alle Trauern der Menschheit wieder zu beginnen. Ich habe soeben einige Sonette von Petrarca gelesen. Aber wieviele Sonette und *canzoni* brauchte ich, um so viele unglückliche Lieben zu beweinen, wie mein Herz von Jahrhundert zu Jahrhundert angetroffen hat (...) Die Toten zu lieben, das ist eine Unsterblichkeit (Michelet, J., 1828–1848, 1959, S. 289). [180]

Dieselbe Reflexion taucht in einer Passage aus dem darauffolgenden Jahr wieder auf:

> Camões, exiliert in Macao, hatte dort einen kleinen Posten als *provedor mor dos defuntos*, als Gutsverwalter der Verstorbenen. Einen kleinen Posten? Aber das ist die wahre Aufgabe des Historikers und des epischen Sängers (a.a.O., S. 326).

Es ist die erklärte Liebe zu den Toten, zu gewissen Toten, welche die Wanderung des *ich*, die »moralische Chemie« erlaubt, die die Leidenschaften in Allgemeinheiten und die Allgemeinheiten in Leidenschaften verwandelt. Charakteristisch für Michelet ist indessen die Veränderung, die sich zwischen den Grenzen des *ich* und der Alterität vollzieht, zwischen den Grenzen der Emotion und des Wissens. Implizit wird erklärt, daß es im Brennpunkt dieser Arbeit, das heißt in der historiographischen Arbeit, keine reine Objektivität gibt, vor allem weil das subjektive *ich* seinen Kokon aufgebrochen, seine Abgeschiedenheit verlassen hat und nun mit den Leidenschaften und Werten gemeinsam anwesend ist, die dieser Arbeit ihre Besonderheit verleihen. Ähnliche Seiten könnten in den Bekenntnissen eines Dichters oder Romanautors gefunden werden. Warum gehen wir dann nur so weit zu sagen, daß ein ähnliches Programm wie das von Michelet *eine Art* von *Mimesis* realisiert, anstatt es als reine *Mimesis* zu identifizieren? Aus zwei Motiven: (a) weil der historiographische Diskurs eigene Merkmale aufweist, die ihn von einem poetischen Genre unterscheiden, (b) weil Michelet trotz seiner Antizipation, um sich als Historiker auszuweisen und zu identifzieren, weiterhin in Begriffen der traditionellen *Mimesis* dachte. Da wir dem nachfolgenden Item die Rechtfertigung des ersten Arguments überlassen, konzentrieren wir uns unmittelbar auf das zweite. Dazu wollen wir noch einmal an den bereits zitierten Eintrag vom 19. Mai 1846 erinnern. In diesem erklärte Michelet das große Interesse, das der Roman in der Empfindung des Lesers weckt, daß das individuelle Schicksal der Charaktere mit seinem eigenen zu tun hat, indem es ihm *wahrscheinlich* erscheint, daß das, was die fiktive Kreatur betrifft, ihn auch betreffen könnte. Ein solcher Eindruck der Ähnlichkeit resultiert nicht aus irgendeiner mysteriösen Eigenschaft, die dem Roman als Genre eignet. Er entstammt im Gegenteil einem präzisen historischen Umstand: »Wenn Narrationen Darstellungen von Agenten sind, deren Charakter oder Schicksal durch Handlungen und Ereignisse in der Zeit entfaltet werden, dann setzen solche Narrationen eine soziale Ordnung der Bedeutung, eine politische Ökonomie und eine kollektive Psychologie voraus, in denen eine öffentliche Handlung von moralischen Agenten möglich war, in denen ein Sinn gelebter Verbindung zwischen persönlichem Charakter und öffentlichem Verhalten vorherrschte. Eine solche Voraussetzung ist in fortgeschrittenen industriellen Kulturen nicht länger gültig (...)« (Brown, R. H., 1980, S. 545). In anderen Worten, der Erfolg des Romans des XVIII. und XIX. Jahrhunderts hing von der Aufrechterhaltung eines Netzes homogener Repräsentationen ab, das dem Leser ermöglichte, sich selbst in den Peripetien des fiktiven Individuums zu begegnen und wiederzuerkennen. [181] Während der historische Umstand selbst dieses Interesse hervorrief, räumte hingegen das Wissen, das seine Dekodierung leitete, dem Genre eine sekundäre Position ein: der Roman erfaßte nicht die Wahrheit, die der Ausübung der Wissenschaften vorbehalten blieb. Michelet dachte sich folglich die beiden Erwartungen aus: als Historiker wird er der »religiösen« Notwendigkeit genügen, die Wahrheit der Vergangenheit zu präsentieren. Andererseits jedoch besitzt er die Umsicht, sich das anzueignen, was er für den Ursprung des Erfolgs des Romans hält, und folglich wird die historische Narration mit individualisierten Charakteren durchsetzt. Das heißt, vom Gesichtspunkt der *Mimesis,* die wir bereits am Werke zeigten, setzte dies die Verfügung über ein Realitätsmodell voraus – die Person würde aufgrund ihrer Historizität porträtiert, *wie es eigentlich gewesen ist* [dt. im Original] –, an das sich die Schrift des Historikers angleichen würde. Seine Passionen und sein subjektiver Fokus würden bloß geweckt und stimuliert werden, ohne daß sie in der Wahrhaftigkeit der Charakterisierung interferieren würden. Sie würden sie sozusagen umgeben, indem sie durch die rhetorische Kombinierung des Porträts präsent wären. Die rhetorischen Verfahren würden den Rahmen konstituieren und den Wahrheitskern intakt lassen; ohne ihrem Passagier anzuhaften, würden sie seine Reise erleichtern. *Dieses Programm glich sich dem traditionellen Modell der Mimesis an, insofern es die Aufrechterhaltung eines Prototyps oder einer Quelle voraussetzte, die getreu übertragen werden sollte, ungeachtet der Idiosynkrasien des Künstlers oder der Wahl des Rhetoriktyps, mit Hilfe dessen er das Porträt malen würde.* Die Rhetorik würde auf den Bereich der Schönheit beschränkt sein, auf die Schaffung einer Aura des Entzückens, die die Kommunikation des Wahren erleichtern würde. Aber diese ganze Interpretation mutet fremd an, da sie mit einem elementaren Anachronismus zu tun hat. War der Zeitgenosse der Romantiker und zu Recht als romantischer Historiker beschriebene Michelet tatsächlich in der Zeit zurückgeschritten und hatte er eine bereits verbrauchte Idee der *Mimesis* adaptiert? Wir wollen darauf mit einer anderen Frage antworten: Wie aber konnte ein Historiker, der die Prämisse der Objektivität der Fakten akzeptierte, *tout court* das romantische Prinzip der Expressivität übernehmen? Diesem zufolge ist ein Kunstwerk »im wesentlichen etwas Internes, das zum Externen gemacht worden ist, Ergebnis eines schöpferischen Prozesses, der sich unter dem Impuls des Gefühls vollzieht und der das kombinierte Produkt der Wahrnehmungen, Gedanken und Gefühle des Dichters verkörpert. Die primäre Quelle und der Gegenstand eines Gedichts sind daher die Attribute und Handlungen des eigenen Geistes des Dichters; oder wenn es sich um Aspekte der äußeren Welt handelt, so nur in dem Fall, wenn sie mittels der Gefühle und Operationen des Geistes des Dichters von Tatsachen in Poesie verwandelt worden sind« (Abrams, M. H., 1953, 1974, S. 22). Eine Definition, aus der sich ergab, daß die Poesie für den Antipoden der Wissenschaft und der Glaubwürdigkeit der Fakten gehalten wurde: »Die Essenz und das Ziel der Poesie ist einfach der Ausdruck der Gefühle des Dichters; daher ist die Poesie in ihren [182] Satzkomponenten von jeglichem Urteil über die Treue zu den Tatsachen unabhängig« (a.a.O., S. 323).

Michelets romantische Grundlage manifestiert sich in dem Recht, das er seinem *ich* zugesteht, sich zu exteriorisieren, mit seiner Lebensflamme die Wiederauferstehung verlorener Lieben aus Epochen und Jahrhunderten anzustreben, die ihm unbekannt gewesen waren. Aber diese mentale, und von dort schriftliche Ausdehnung hatte die Dimensionen der Wissenschaft zu respektieren, deren Praktizierung er niemals aufzugeben beabsichtigte. In Ermangelung einer spezifischen Reflexion über die Erkenntnistheorie und einer drastischen Kritik an der Idee der »Tatsache« sollte es Michelet nur möglich sein, die romantische Expressivität mit der Basis der klassischen Doktrin der *Mimesis* zu verschmelzen. Obwohl seine Lösung auch dort nur eine gewisse zeitgenössische theoretische Praxis vorwegnimmt, sehen wir nicht, daß ein anderer Weg hätte eingeschlagen werden können. Kurzum, wir müssen also beim Eindringen in die Problematik der *Mimesis* über Michelets Historiographie aufpassen, daß wir ihn bei unserem Vorschlag nicht für unsere Zwecke mißbräuchlich in ein geniales und ruhmreiches Beispiel dessen verwandeln, was wir selbst sind. Dies würde genau bedeuten, anachronistisch zu verfahren, und darüber hinaus eine Umkehrung der Erkenntnistheorie implizieren, die der Historiographie der Epoche zugrunde lag: die Wahrheit würde nicht mehr mit den Fakten vermischt, sondern mit dem identifiziert werden, was wir über die Fakten denken. Folglich blieb Michelet, um Romantiker und zugleich Historiker zu sein, nur eine Kompromißlösung: das *ich* des Historikers wird sehr wohl zum Ausdruck gebracht und sein Objekt wird im Hinblick auf seine Werte – das Vaterland, das Volk – dimensioniert; um aber seine Identität in den Parametern der Geschichte beizubehalten, muß er glauben, daß er die Toten auferweckt, so wie sie im Leben gewesen waren. Die Schrift, die Selektion des Materials, das sie nährt, und die Modalität des *emplotment*, die von daher resultiert, interferieren nicht in der ›Objektivität‹ ihrer Materie. Das Objekt besitzt einen Status der Transparenz und der Unversehrtheit. Das Gegenteil davon wäre, Michelet behaupten zu lassen, daß »der Historiker mit der Zange arbeitet. Die Bedeutung erscheint nur um den Preis einer Künstlichkeit in der Schrift« (Gaillard, F., 1980, S. 149). Das heißt, für Michelet wie für die große Mehrheit der Historiker bis heute wäre dies eine absurde Behauptung. Trotzdem bleibt jedoch sein Beispiel für denjenigen markant, der heute über die Erkenntnistheorie reflektiert, welche die historiographische Praxis in ihrer Beziehung mit dem Fiktionalen begründet.

Nachdem wir dies dargelegt haben, wollen wir ein letztes Mal zum Schlußstein des Gewölbes seines Werkes, dem Volk, zurückkehren. Wir hatten gesehen, daß der Historiker kein Konzept anbietet, welches das Volk näher bestimmte, daß er die Tugenden des Volkes bestenfalls aus dessen Abhängigkeit vom Vaterland ableitete. Es erscheint uns folglich angebracht, nun explizit zu fragen: was haben sein bildhaftes Modell und die praktische Übernahme einer gewissen Vorstellung von *Mimesis* mit diesem Mangel zu tun? Die Antwort erscheint zunächst leicht: [183] ausgehend von Hayden White zeigten wir bereits, daß die Historiographie des XIX. Jahrhunderts nicht mit einer im eigentlichen Sinne aufgestellten Theorie operiert. Wenn dies bei einem reinen Dokumentarhistoriker nicht der Fall war, warum sollte es auf jemanden zutreffen, der glaubte, seine Passionen könnten im Kontakt mit der Erinnerung an die geschehenen Tatsachen diese erneut zum Leben erwecken? Mit anderen Worten, der Glaube an die aufklärerische Attraktivität der Erkenntnis, die die »gewaltsame moralische Chemie« der Geschichte hervorrufen sollte, ließ Michelet zugleich an die Wirkungslosigkeit von Konzepten glauben. Und daher an ihre mangelnde Notwendigkeit. Das Herz sollte eine empathische Fähigkeit besitzen, die kein Konzept ergänzen könnte. Unterdessen geschieht etwas Kurioses: die tatsächlich ausgewählte Materie, das Volk, scheint zu revoltieren und entspricht in entscheidenden Momenten nicht dem ungestümen und naiven Bild, das ihm sein Verehrer zuerkennt. Trotz ihrer Länge können wir nicht darauf verzichten, einige wenige Beispiele zu zitieren. Das erste gehört zur Beschreibung des Massakers, das am 2. September 1792 in Paris stattfand:

> Die Nationalversammlung hatte ebenfalls mehrere ihrer populärsten Mitglieder entsandt: den guten alten Dusaulx, dessen nobles Militärgesicht und schöne weiße Haare das Volk an seine Zeit heroischer Reinheit erinnern konnten, den Sturm auf die Bastille; auch Isnard, den Kriegsredner mit den flammenden Reden. Man hatte ihnen einen gewalttätigen, zotigen Helden des Pöbels zugesellt, der fähig war, auf die schlechten Leidenschaften zu antworten, sie vielleicht zu mäßigen, indem er sie teilte; ich spreche vom Kapuziner Chabot.
> Alles dieses war unnütz. Die Menge war taub und blind; sie trank mehr und mehr, sie verstand immer weniger. Die Nacht kam; die dunklen Höfe der Abtei wurden noch dunkler. Die Fackeln, die man anzündete, ließen noch düsterer erscheinen, was sie nicht mit ihrem finsteren Schein erhellten. Die Abgeordneten inmitten dieses furchtbaren Tumultes waren keineswegs in Sicherheit (Michelet, J., 1850, 1925, Buch III, Kap. V, S. 141 f.).

Hatte die Erklärung dieses unvernünftigen Blutdurstes für den Historiker darin bestanden, daß das Volk sich in eine Masse oder einen Pöbel verwandelt hatte, der nicht mehr von den vaterländischen Werten geleitet wurde? Der Autor selbst wagt nicht zu antworten. Oder sollte das Volk wie ein Gott erscheinen, selbst dann noch bewundernswert, wenn es willkürlich und animalisch ist, bewundernswert, weil es die menschliche Leidenschaft in Aktion verkörpert? Oder sollte, als dritte Vermutung, seine Hervorhebung, anders als in der vorherigen Annahme, überhaupt keinen Wert illustrieren? Sich selbst überlassen, verblendet und stur, sollte das Volk die Geschichte als reinen und wilden Zustand zeigen, in dem Unvernunft, Widersinn und Barbarei sich dicht neben Explosionen von Zärtlichkeit, Gerechtigkeit und Selbstaufopferung zeigen, in einem Beziehungsgeflecht, das kein anderes Rechtfertigungsverdienst hätte, als die nackte Kraft des Menschen zu zeigen. Das Volk wäre dann *a priori* bewundernswert, weil es die Physiognomie des Menschen vor seiner Knebelung durch den [184] »Gesellschaftsvertrag« verkörperte. Wie anders sollten wir seine uneingeschränkte Verehrung verstehen, wenn wir auf eine Passage wie die folgende stoßen:

> Die Teilnehmer am Massaker (...) setzten sich aus verschiedenen Gruppen zusammen, die, am ersten Tag voneinander nicht unter-

> schieden und ineinander enthalten, anschließend auseinanderbrachen; die schlimmste sollte den Sieg davontragen. Es gab bezahlte Leute; es gab Betrunkene und Fanatiker; es gab Räuber; diese tauchten nach und nach auf. Außer den ca. fünfzig Bürgerlichen, die in der Abtei töteten und sich wahrscheinlich wenig davon entfernten, gingen die anderen (insgesamt zwei- oder dreihundert) von Gefängnis zu Gefängnis, betranken sich, besudelten sich mehr und mehr mit Blut, beschmutzten sich mehr und mehr und durchliefen in drei Tagen ein langes Leben der Ruchlosigkeit. Das Massaker, das am 2. für viele eine Anstrengung war, wurde am 3. zu einem Vergnügen. Nach und nach mischte sich der Diebstahl darunter. (...)
> Der Beginn war bescheiden. In der Nacht vom 2., oder in der Nacht vom 2. auf den 3., betrachteten mehrere von denjenigen, die in der Abtei töteten und weder Strümpfe noch Schuhe besaßen, mit Neid die Schuhe der Adeligen. Sie wollten sie nicht nehmen, ohne dazu die Befugnis erhalten zu haben; sie gingen zur Sektion hinauf, deren Büro in der Abtei selbst residierte, und baten um die Erlaubnis, die Schuhe der Toten anziehen zu dürfen. Nachdem die Sache leicht erreicht worden war, kam ihr Appetit und sie verlangten mehr: guten Wein, der den Händlern weggenommen werden sollte, um die Arbeiter zu unterstützen und sie bei ihrer Arbeit zu animieren (a.a.O., Buch VII, Kap. VI, S. 156).

Hier versucht der Historiker ebensowenig, das Volk von der ruchlosen Handlung zu trennen. Wenn diese zumindest als Verteidigung der Revolution gerechtfertigt würde, könnte man sagen, daß die gewünschte Objektivität seinen unangebrachten Protest zum Schweigen bringen würde. Aber Michelet selbst würde mit der Rechtfertigung nicht übereinstimmen. In Wahrheit waren nach seiner Interpretation diese Vorfälle das Vorspiel zur *Terreur*, die zur abschließenden Katastrophe der Revolution führte. Was also? Vielleicht wäre es am korrektesten, in Übereinstimmung mit der oben angeführten dritten Vermutung zu sagen, daß die Unvernunft zum Volk gehört, weil auch die Geschichte unvernünftig ist. Aber wir wollen nicht die beruhigende Aussage, die von Michelet selbst getätigt wurde, hören. Stattdessen zeigt der Fortgang der Beschreibung der Episode, wie er sich auf das bequeme und banale Lager der ersten Vermutung zurückzieht:

> Es war eine schändliche Sache, ungefähr fünfzig Menschen zu sehen, die überhaupt nicht vom Volk unterstützt wurden, die im Namen des Volkes sprachen und seine wahren Repräsentanten, die Mitglieder der Kommune, zurückweichen ließen (a.a.O., S. 159).

In demselben Sinne behandelt er bereits die Maßnahmen, die gegen die Massaker ergriffen wurden:

> Die wahre Stimme des Volkes verschaffte sich schließlich Gehör (a.a.O., Buch VII, Kap. VII, S. 193). [185]

Warum aber sollte die wahre Stimme des Volkes nur den vom gesunden Menschenverstand geleiteten Manifestationen vorbehalten bleiben? Zweifellos um dessen Glut aufrechtzuerhalten, weicht Michelet zurück, nimmt er Distinktionen vor, die im geringsten arbiträr erscheinen, fürchtet er, sich auf die Ebene der Virulenz dessen zu begeben, das er soeben beschrieben hat. Dort, wo der »neutrale« und »objektive« Historiker auf keine Hindernisse stoßen würde – wie zum Beispiel Ranke, dessen *Geschichte der Päpste* nicht nur den Katholiken, sondern selbst den Protestanten mißfallen hatte, die sich von ihm dargestellt fühlen mußten –, sieht Michelet sich verpflichtet, entweder mehr zu *sagen*, als er effektiv geschrieben hat, oder Distinktionen zwischen der »wahren Stimme des Volkes« und der verblendeten Aktion anonymer Banden zu errichten, die er niemals begründen wird. So werden wir zu der Annahme geführt, daß Michelet gegen sein eigenes Vorhaben gezwungen wird, zu formulieren, daß die Geschichte einen starken Anteil von Zufall und Unvernunft besitzt. Auf gewisse Weise konnte er diese Position akzeptieren, da sie sich der reinen Kausaldetermination der Geschichte entgegenstellte. Im Sinne dieser Annahme wird man an sein Porträt Robespierres erinnert, das Porträt von jemandem, der keine Kurven, der allenfalls die Gerade kannte und deswegen in die Revolution »eine Art geometrischen Geistes« einführte. Das heißt, der Historiker bekundet in keinem Augenblick Sympathie für den jakobinischen Tribun. Stattdessen wollen wir diese Beschreibung mit der ebenfalls bereits zitierten vom Sturm auf die Bastille kontrastieren. Während er die Allegorie vom Besitz der Schlüssel der Festung entwickelt, erklärt er, daß »der Zufall oder die Vorsehung gewollt hat, daß sie übergeben wurden« an einen, der sie sehr gut kannte

– einen ehemaligen Gefangenen. Der Zufall oder die Vorsehung ist gewiß der Kern, der demjenigen des Geometrikers der *Terreur* entgegengestellt wird. Die Analyse seiner Metaphern liefert somit einen unerwarteten Zugang, um das besser zu interpretieren, was seine effektiven Äußerungen allein nicht erklären. Michelet findet sozusagen größtes Vergnügen an der Situation, in der der Historiker nur auf narrative Weise die Vielfalt von Fakten und Ereignissen ausrichten kann, die zu jeder Stunde dem historischen Phänomen eine andere Wendung geben, ohne daß es dem Historiker möglich wäre, auf eine logische Vernunft zurückzugreifen, die sie mittels Lineal und Kompaß vollständig verketten könnte. Die Geschichte besitzt, kurzum, gemäß seiner Konzeption einen Motor, das Volk, der ebenso durch Vernünfte – in diesem Fall den Haß auf das Symbol der Übermacht des *Ancien Régime* – wie durch simultane Leidenschaften beschleunigt wird. Diese Mischung wird so kompliziert, daß – ähnlich wie bei Bergsons Schmetterling, der zuvor präpariert werden mußte, um dann erst seine Bewegung erklären zu können – allenfalls *a posteriori* die von den Ereignissen verfolgte Logik postuliert werden kann. Gegen dieses bewußte Modell des Historikers entscheiden wir uns vorzugsweise für eine gewagtere Hypothese: der schönen rechtfertigenden Worte beraubt, repräsentiert die Hervorhebung des Volkes für [186] Michelet das Lob der Geschichte selbst in ihrem wildesten Kern. Die Geschichte lacht der *Vernunft* der Historiker Hohn. Die wahre reine Vernunft ist, wie er sagte, nicht diejenige Kants, sondern die von den Bewegungen des Volkes verkörperte Vernunft. Michelet erlaubt sich nur nicht zu sehen, daß die wahre reine Vernunft nichts mit der Verehrung der natürlichen Güte des Menschen zu tun hat. Dies einzugestehen hieße, sich zu einem Abgrund zu verdammen, den die französische *clarté* nicht zulassen würde.

Wir wollen schließlich auf einem letzten Detail insistieren. Würde die Erklärung, daß die Geschichte vom Zufall gearbeitet wird, nicht bedeuten, daß man auf diese Weise noch immer *eine realistische* Sicht der Geschichte vertritt, indem man sagt, daß sie dies und nicht jenes *sei*? Nein, dies ist nicht der Fall. Während diese Annahme im Falle Michelets plausibel sein könnte, da er, obwohl er die kausalistische Erklärung aus dem Zentrum seiner Historiographie entfernte, den Objektivitätsstatus hinsichtlich der Fakten beibehielt, wäre sie aus meiner Sicht trotzdem nicht korrekt. Das

Zugeständnis der relativen Unvernunft der Wege, die die Geschichte beschreitet, wird durch das Prisma konditioniert, das ihre Formulierung leitet, das heißt durch Michelet selbst. Auf einem anderen Weg war Hayden White zu einer Schlußfolgerung gelangt, die wir nur übernehmen können. Am Anfang war die Revolution heilig, weil sie »in einer Auflösung aller Unterschiede zwischen Menschen, zwischen Männern und Frauen, Jungen und Alten, Reichen und Armen endete, die schließlich die Nation in ein Volk verwandelte« (White, H., 1973, S. 157). Ihre Entfaltung rief aber neue Differenzen hervor, eine neue Klassenhierarchie, die sich bereits in den Jahren, in denen Michelet seine *Histoire* schrieb, konsolidiert zeigte. Deshalb beurteilte er die Revolution als verraten. So erklärt sich die abschließende Einsicht von H. White: »Obwohl Michelet sich selbst für einen Liberalen hielt und auf eine Weise Geschichte schrieb, um in seinem Sinne der liberalen Sache zu dienen, sind in Wirklichkeit die ideologischen Implikationen seiner Geschichtskonzeption anarchistisch. (a.a.O., S. 161 f.). So resultieren sein vorbehaltloser Volkskult und die mangelnde Einsicht in die Notwendigkeit, diesen mit einem Konzept zu justieren, aus einer anarchistischen Optik. Die Bedeutung dieses Resultates besteht nicht darin, daß wir dem Anarchismus einen spezifischen Wert oder dessen Abwesenheit zuschreiben, sondern darin, jeden Substantialismus-Verdacht zurückzuweisen, der in unserer Interpretation verblieben sein mochte. Das heißt, das in Michelets historiographischem Werk implizite Zugeständnis der Anwesenheit des Zufälligen auf den Wegen der Geschichte nahm in dem anarchistischen Keim seinen Ausgang, der es strukturierte. [187]

3. Das Beispiel Michelets im Lichte der zeitgenössischen Reflexion

Der vorangegangene Teil war im wesentlichen der analytischen Beschreibung der Historiographie Michelets gewidmet. Die eingeführten theoretischen Reflexionen waren Enklaven, die nur dazu bestimmt waren, deren Untersuchung zu begünstigen. Die Ordnung der Faktoren verkehrt sich nun: wir nehmen das schriftliche Material als Unterstützung für eine in zentraler Weise theoretische

Diskussion. In dieser springt unmittelbar das hervor, was der Historiker als real betrachtet. Wenn wir uns nicht primär auf die methodologischen Differenzen, sei es aufgrund der Zugehörigkeit zu einer Schule, sei es aufgrund individuellen Talentes, konzentrieren, resultiert in der Tat die Unterscheidung zwischen den Historiographie-Modalitäten aus der Art und Weise, wie sie das Reale betrachten, und daher, wie sie ihr Objekt, das historische Reale, begreifen. Wie Michel de Certeau zeigt, stehen sich dort zwei Konzeptionen gegenüber, die sie sich jedoch häufig überschneiden: »Einerseits ist das Reale *Resultat* der Analyse, und andererseits ist es ihr *Postulat*«. Der »erste Geschichtstyp untersucht das, was *denkbar* ist, und die Verstehensbedingungen; der andere beabsichtigt, an das *Gelebte* anzuschließen, das dank einer Kenntnis des Vergangenen exhumiert worden ist«. Ihnen entsprechen wiederum entgegengesetzte Darstellungsmodi: während der erste den Bericht privilegiert, »konfrontiert« der andere, »der viel weniger deskriptiv ist, vielmehr die Serien, die verschiedene Typen von Methoden hervorbringen« (De Certeau, M., 1975, S. 47).
Es ist klar, daß die von Michelet praktizierte Geschichte die Wiederbelebung des Vergangenen zur Aufgabe hatte, indem die Wiedergewinnung des Realen ihr Postulat war, was über die narrative Verkettung erreicht werden sollte. Es wurde vorausgesetzt, daß das Reale mit sich selbst identisch blieb, transparent und unbeeindruckt von der über ihm vollzogenen Chemie. Das heißt, trotz der von Michelet angesichts seiner Berufskollegen beobachteten Differenzen folgte seine Historiographie ebenso wie diejenige dieser anderen einem und demselben Design: »Vor einhundert Jahren stellte sie eine Gesellschaft über den Modus einer Sammlung ihres gesamten Werdens dar. Es stimmt, daß die Geschichte in eine Vielzahl von (biologischen, ökonomischen, sprachlichen, etc.) Geschichten zerfallen war. Aber zwischen diesen verschiedenen positiven Elementen, wie zwischen den differenzierten Zyklen, die ein jedes von ihnen charakterisierten, stellte das historische Wissen das *Identische* durch ihre gemeinsame Beziehung zu einer *Evolution* wieder her (a.a.O., S. 98). Und welchen anderen Namen sollte dieses *Identische* haben, das von den partiellen Geschichten eingeschrieben, erreicht und reproduziert wurde, als die Realität, die in den Registern der Vergangenheit aufbewahrt wird? Und weshalb sollte sie so generisch begriffen werden, wenn nicht deshalb,

weil die Wissenschaft der Diskurs war, der mit der Enthüllung des Realen beauftragt war, und damit, wie wir bereits zuvor schrieben, eine wahrhaft religiöse Funktion übernahm? Wenn die Geschichtskonzeption sich indessen heute verändert, so nicht deshalb, weil ihre Methoden einfach [188] verfeinert worden, die Archive bereichert worden und die Computer in den Dienst der Wissenschaft getreten sind. Ihre fundamentale Veränderung resultiert vielmehr aus dem Wandel der Realitätskonzeption. Wiederum in Übereinstimmung mit De Certeau können wir sagen: »Die Geschichte besetzt nicht mehr, wie im XIX. Jahrhundert, diesen *zentralen* Ort, der von einer Epistemologie organisiert wird, welche, indem sie die Realität als ontologische Substanz verlor, sie als historische Kraft, als *Zeitgeist* [dt. im Original] und im Inneren des sozialen Körpers verborgene Entwicklung wiederzufinden suchte. Sie hat nicht mehr die totalisierende Funktion, die darin bestand, die Philosophie in ihrer Rolle abzulösen, den Sinn zu sagen« (a.a.O., S. 93). Auf Kosten dieser Prämisse arbeitete Michelet mit einer Version der klassischen *Mimesis*. Die *Mimesis* wurde zu einer Strategie für die Wiedergewinnung dessen, was bereits vorhanden war und das, nachdem es einmal präsent war, die menschliche Welt auf eine so unzerstörbare Weise gezeichnet hatte, daß die Zeit selbst es nicht verändern konnte: die Realität des historischen Ereignisses. Die Unbeweglichkeit des Realen diente folglich als epistemologische Garantie für das Erfolgserlebnis des Historikers. Es befremdet indessen nicht, daß diese Historiographie, von seltenen Ausnahmen abgesehen, nie eine im eigentlichen Sinne theoretische Konstruktion aufwies. Eine Theorie drängt sich nur dann auf, wenn wir hinsichtlich unseres eigenen Wissens unsicher werden. Und der Historiker brauchte sein Wissen nicht systematisch anzuzweifeln, da seine Verwandten, die höchstes Ansehen genossen, die exakten Wissenschaften, die Realität in ähnlichen Termini dachten: die Wissenschaft leitete in ihren Anfängen »einen erfolgreichen Dialog mit der Natur ein, dessen Ergebnis jedoch recht überraschend war. Sie enthüllte dem Menschen eine tote, passive Natur, eine Natur, die sich wie ein Automat verhielt, der, wenn er einmal programmiert worden ist, in alle Ewigkeit den in seinem Programm niedergelegten Regeln folgt« (Prigogine, I./Stengers, I., 1979, ^{5}1986, S. 15).
Die Natur, dieses dumme und stimmlose Objekt, war unabhängig

von der Position des Forschers in seiner globalen und zeitlosen Wahrheit erfaßbar: »Galilei und seine Nachfolger hielten die Wissenschaft für fähig, die *umfassende* Wahrheit über die Natur zu entdecken. Nicht nur ist die Natur in einer mathematischen Sprache geschrieben, die durch das Experiment entziffert werden kann; es gibt in der Tat nur die eine Sprache. Die Welt ist homogen; ein örtlich begrenztes Experiment kann daher die umfassende Wahrheit enthüllen« (a.a.O., S. 51.). Es stimmt, daß, wie die Autoren später hervorheben, Kants Entwurf verhinderte, diese Wissenschaftskonzeption als *realistischen* Typ aufzufassen (vgl. a.a.O., S. 102). Aber der Unterschied ist praktisch nicht entscheidend: ob es sich um die Universalität der Gesetze handelt, die aus der zeitlosen Dauer des Objektes resultiert, oder ob es sich um transzendentale Aprioris handelt, mit denen der Mensch diese Gesetze bestimmt, Tatsache ist, daß das Objekt der wissenschaftlichen Untersuchung praktisch mit sich selbst identisch bleibt. Somit erklärt sich die Wirkungslosigkeit der Kritik Droysens gegenüber den Zeitgenossen an der Historiographie seiner Epoche, die er in einem Zirkel von drei [189] Illusionen versunken sah – der Illusion, ein vollständiges Ganzes zu beinhalten, der Illusion, daß Perioden einen definierten Anfang und ein definiertes Ende hätten, sowie der Illusion des objektiven Rückblicks auf die Vergangenheit (vgl. Droysen, J. G., 1857, [6]1971). Die Pertinenz seiner Kritik wurde erst anerkannt, als sie das Echo ähnlicher Entwürfe fand, die aus anderen Bereichen eintrafen.

Nur ein Spezialist für Wissenschaftsgeschichte wird zeigen können, wie sich der Zerfall der Annahme entwickelt hat, auf den sich jene Historiographie stützte. Wir wollen nur einige wenige Zeugnisse dieser Veränderung aufzeigen. Im Feld der Theorie der Physik ist symptomatisch, was Heisenberg schreibt: »Es hat sich herausgestellt, daß jene erhoffte objektive Realität der Elementarteilchen eine zu grobe Vereinfachung des wirklichen Sachverhaltes darstellt (...). Wenn wir Gegenstände unserer täglichen Erfahrung beobachten, spielt ja der physikalische Prozeß, der die Beobachtung vermittelt, nur eine untergeordnete Rolle. Bei den kleinsten Bausteinen der Materie aber bewirkt jeder Beobachtungsvorgang eine grobe Störung; *man kann gar nicht mehr vom Verhalten des Teilchens losgelöst vom Beobachtungsvorgang sprechen*« (Heisenberg, W., 1955, S. 11f., Hervorhebung von mir). Und: »Die wissenschaftliche Methode des Aussonderns, Erklärens und Ordnens wird sich der Grenzen bewußt, die ihr dadurch gesetzt sind, daß *der Zugriff der Methode ihren Gegenstand verändert und umgestaltet, daß sich die Methode also nicht mehr vom Gegenstand distanzieren kann*« (a.a.O., S. 21, Hervorhebung von mir).

Obwohl es keinen direkten Einfluß der Epistemologie der exakten Wissenschaften auf die Theorie der Geschichte gegeben zu haben braucht – es ist gewiß wichtig, die Wirkung von Lévi-Strauss' Kritik in *Histoire et ethnologie [Geschichte und Ethnologie]* hervorzuheben –, läßt sich die Übereinstimmung der Passagen von Heisenberg mit der Beobachtung von De Certeau festhalten: die Geschichte »ist eine *Erzählung*, die in der Tat als *Diskurs* funktioniert, der durch den *Ort* der ›Kommunikationsteilnehmer‹ organisiert und auf den Ort gegründet wird, den sich der ›Autor‹ in bezug auf seine Leser zuweist. Es ist der Ort, von dem aus sich derjenige produziert, der den Text autorisiert, und vor allen anderen Zeichen gesteht der Rückgriff auf die Chronologie dies ein« (De Certeau, M., 1975, S. 106).

Es handelt sich indessen nicht um ein zufälliges Zusammentreffen. Auf seiten der physikalischen Theorie wiederholt Prigogine die Entsprechung der Konzeptionsänderung über die Beziehungen des wissenschaftlichen Agenten mit seinem Objekt: der Physiker entdeckt nicht eine gegebene Wahrheit, die das System verbarg, er »hat zu entscheiden, welche Sprache, welches makroskopische Meßinstrument er wählt. (...) Bohr pflegte zu sagen, daß die Bedeutung der Quantenmechanik ihn schwindeln mache, und es ist sicherlich schwindelerregend, wenn man aus den bequemen Gewohnheiten des Alltagsdenkens herausgerissen wird; die Realität ist zu reich [190] und in ihren Umrissen zu komplex, als daß eine einzige Lampe Licht auf sie werfen könnte« (Prigogine, I./Stengers, I, 1979, ^{5}1986, S. 237).

Der Leser könnte sich inzwischen fragen, was diese ganze Darlegung soll, warum wir uns mit Bereichen wie der Physik und der Chemie befassen, in denen wir uns offensichtlich nicht auskennen? Weil diese verschiedenen Argumentationen uns dazu führen, die Umkehrung der gewöhnlichen Auffassung bezüglich der Beziehungen zwischen wissenschaftlicher Aktivität und ... fiktionalem Tun zu thematisieren! Bis heute hält das Alltagswissen sie für antithetische Ausrichtungen. Indem die alte platonische Dichotomie aufrechterhalten wird, glaubt man, das Poetische verschöne, was es nicht kennt, während die Wissenschaft, nachdem sie die Philosophie abgelöst hat, die Wahrheit aus der Tiefe des Brunnens ziehe. Wenn es aber keine Wahrheit mehr gibt, die voll und ganz wiederzugewinnen wäre, wenn die Wissenschaft dazu übergeht, sich als einen Dialog zu begreifen, der zwischen den Eigenschaften des Objektes und einer *Sprache* geführt wird – was die Einnahme eines *Ortes* voraussetzt –, die gewisse seiner Aspekte formuliert und erörtert, welchen Stellenwert kann dann noch die alte Dichotomie und folglich die Hierarchie, die sie implizierte, erhalten? Für die Seite der Wissenschaft antwortet uns Prigogine: »In unserer Gesellschaft mit ihrem breiten Spektrum an kognitiven Verfahren nimmt unsere Wissenschaft die eigentümliche Stellung einer poetischen Befragung der Natur ein – in dem ursprünglichen Wortsinne, daß der Poet ein Macher ist, das heißt, daß er aktiv manipuliert und erforscht. Mittlerweile ist diese Wissenschaft jedoch imstande, die Natur, welche sie befragt, zu respektieren« (a.a.O., S. 290). Das *Poietische* wird also zu einer umfassenden Kategorie, die die Umzäunung des »Naturreservats« niederreißt, in das die Dichter verbannt worden waren, als ob sie Eingeborene wären; es wird für einen speziellen Zweig der »Anthropologie« reserviert: die Anthropologie der Kritiker, der Ästheten und der Historiker der Literatur. Was aber bedeutet der umfassende Charakter? Wirklich eine vollständige Abschaffung der Grenzen? Wären Geschichte und Roman somit gleichermaßen literarische Genres? Oder bestünde der Unterschied nun, wie Barthes postuliert, indem er die alte Dichotomie mit umgekehrter Gewichtung beibehält, zwischen Schriftstellern und Kritzlern, wobei erstere letztere durch den Überfluß der Signifikanten überträfen, mit denen sie arbeiten? Auf den Tod der Götter folgt immer die Geburt anderer. Dem Tod des Gottes »Realität«, dessen Minister der Wissenschaftler war, hat das Auftauchen der Sekte der *écriture* [Schrift] entsprochen, deren Oberpriester der *écrivain* [Schriftsteller] ist. Wir wollen hier nicht von ihren »Theologen« sprechen, weil wir uns von unserem Zielpunkt entfernen würden. Da ihre Namen bekannt sind, vernachlässigen wir sie zugunsten der Reflexion über einige ihrer, vielleicht unfreiwilligen »Reisebegleiter«. Ihre Ideen zu diskutieren hat einen zusätzlichen Vorteil: dabei zu helfen, daß ihre Beiträge nicht mit der Kirche der *écriture* verwechselt werden.

Ich bezweifele nicht, daß ich nur wenige dieser *fellow travellers* kenne. [191] Auf jeden Fall wäre ihre vollständige Auflistung müßig. Wir werden uns auf vier Namen beschränken, Robert Nisbet, Richard H. Brown, Hayden White und Hans Robert Jauß.

Das grundlegende Thema von Nisbets Buch, *Sociology as an Art Form* [*Soziologie als Kunstform*], ist es, deskriptiv zu zeigen, daß die Logik der Entdeckung nicht mit der Logik der Darstellung verwechselt werden darf. Aus der Verwechselung der einen mit der anderen resultierte, daß die wissenschaftliche Praxis willkürlich mit der Praxis der Darstellung identifiziert wurde. Dies wäre nur gültig, wenn wir nicht, um mit Thomas Kuhn zu sprechen, zwischen den revolutionären wissenschaftlichen Theorien und der Ausübung der »normalen« Wissenschaft unterscheiden würden. Während die Darstellung kein konstitutives Prinzip im Feld der Literatur (und der Künste) ist, vereinigt dagegen die Logik der Entdeckung die Soziologie und die Literatur eher, als daß sie sie trennt: »Ich kann nicht umhin zu denken, daß die Erneuerung oder Stärkung von Idee und Theorie, die wir derzeit so dringend in der Soziologie, ja in den gesamten Sozialwissenschaften, benötigen, sehr stark beschleunigt werden könnte, wenn ein hinreichendes Bewußtsein für die Einheit von Kunst und Wissenschaft, speziell im Hinblick auf die Quellen der Imagination in jedem Bereich, auf allen Ebenen der Lehre und Forschung präsent wären« (Nisbet, R., 1976, S. 10). Denn: »Abgesehen von Stil und Format lassen sich wenige Unterschiede zwischen einem Dickens und einem Marx, einem Zola und einem Proudhon (...) finden« (a.a.O., S. 58).

Das kleine Buch des Soziologen ist somit ein geballter Angriff gegen die Aufrechterhaltung einer alten Trennung, die für den Wissenschaftler schädlicher geworden ist als für den Fiktionsautor, weil sie zumindest letzteren von der Zwangsjacke freihält, den sie für seinen Mitspieler bereithält. Wir können also nur seine Nützlichkeit und sogar seinen Mut loben – wir wollen nicht vergessen, daß Nisbet innerhalb einer wissenschaftlichen Gemeinschaft schreibt, in der das Gewicht des Neopositivismus evident ist. Ebensowenig dürfen wir jedoch den Hinweis unterlassen, daß sein Beitrag möglicherweise zu relativieren ist, da er eine zum jetzigen Zeitpunkt noch unerläßlichere Frage außer Acht läßt: wenn zwischen einem Dickens und einem Marx nur »wenige Unterschiede«

bestehen, so wäre es zwingend zu entwickeln, worin diese genau bestünden. Das heißt, die Lektüre von *Sociology as an Art Form* enttäuscht nicht nur diese Erwartung, sondern könnte uns Anlaß zu dem Gedanken geben, der Unterschied sei so unbedeutend, daß sich die Mühe der Anstrengung nicht lohnte. Was können wir also, um nur im Bereich der bereits erörterten Fragen zu bleiben, über die sowohl im Roman als auch in der Historiographie des vergangenen Jahrhunderts gleichermaßen vorherrschende Funktion der Narration sagen? Und wie können wir sie, um eine korrekte Vorstellung von der Rolle der *Mimesis* in Michelets Geschichte zu gewinnen, von der *Mimesis* im Werk Balzacs trennen? Vielleicht reduziert Nisbet seinen Beitrag, um sein Spezialgebiet nicht zu überschreiten.

Etwas Ähnliches geschieht mit *A Poetic for Sociology [Eine Poetik für die Soziologie]* von Richard H. Brown, obwohl es sich um ein epistemologisch [192] wesentlich ausgefeilteres Werk handelt. Ein Teil der Arbeit des Autors besteht darin, die klassische Realitätskonzeption zu demontieren, die dem Paradigma zugrundeliegt, in dem Wissenschaft und Fiktion als Antipoden erscheinen. Gegen die Annahme, die Realität sei etwas Autonomes und mit sich selbst Identisches, schreibt Brown mit Präzision: »Die Suche nach einer Entsprechung zwischen Maßstäben und Realität ist fruchtlos, weil ›Realität‹ nur über irgendeinen Set von Maßstäben erkennbar ist. Was wir jedoch erreichen können, ist eine Entsprechung zwischen zwei Sets von Konzepten – das heißt zwischen unseren nominalen und unseren operationalen Definitionen« (Brown, R. H., 1977, S. 96). Es geht daher darum, gegen den Strich nicht nur die Anwesenheit, sondern auch die Fruchtbarkeit der Verwendung poetischer Rückgriffe – des Gebrauchs des Standpunktes, der Modalitäten von Metapher und Ironie – in der soziologischen Praxis zu zeigen. Er nähert somit die soziologische Praxis der poetischen bis zu jenem Punkt an, daß er die erste als konstitutiv für eine »strukturierte *Mimesis*« hält: »Im Gegensatz zu diesem Ansatz [das heißt demjenigen, der das Wissen als vom Subjekt unabhängig beurteilt] haben wir argumentiert, daß Wissen nur durch den interpretativen Prozeß möglich ist, den der Wissende bei seiner Begegnung mit den fraglichen Gegenständen vollzieht. In dieser Perspektive ist Objektivität nicht Entpersonalisierung, sondern eine Beherrschung der Leidenschaft. Durch eine

solche Einstellung ist der Forscher wahrscheinlich in der Lage, ›die Illusionen der anderen für bare Münze zu nehmen‹, und dann zu fragen, wie solche ›Illusionen‹ möglich sind. (...) Die verschiedenen Stimmen heben einander nicht auf, noch ist Wahrheit auf jene Punkte beschränkt, in denen sie übereinstimmen; so wie die Charaktere in einem Schauspiel bereichert stattdessen jede Stimme die anderen, jede trägt zur dialektischen Konstruktion immer umfassenderer *Meta*perspektiven bei. Diese Metaperspektiven sind nicht deshalb objektiv, weil sie das Vorurteil ausgeschlossen haben, sondern deshalb, weil sie die ›Vorurteile‹ verschiedener Akteure zu einer strukturierten Mimesis des zu erklärenden Erfahrungsbereichs organisieren« (a. a. O., S. 69f.).
Vor langer Zeit von der Poetologie zurückgewiesen, kehrt die *Mimesis* über Spezialisten anderer Bereiche auf die Bühne zurück, die das wiedergewinnen zu wollen scheinen, was die romantische Expressivität zwischen dem Gerümpel zurückließ. Wir zeigten dies bereits in einem früheren Essay anhand von Irving Goffman und der extremen Fruchtbarkeit seines Konzepts des *keying* für die Untersuchung der Fiktion (vgl. Costa Lima, L., 1981).
Trotz ihrer Provokationen begnügt sich die Reflexion des Soziologen entweder damit, die Natur als Konstrukt zu zeigen, das die Realität in den Sozialwissenschaften besitzt, oder sie insinuiert – wie in der Analyse der kommunizierenden Röhre zwischen den alltäglichen Dramen und dem Theater (Brown, R. H., 1977, S. 153ff.) –, daß die Distinktionen zwischen den Alltagsfiktionen und der Selbsterkenntnis transitorischer Natur sind. [193] Wenngleich wir der leichten Transitivität beipflichten wollen, die die Alltagspragmatik zu einem fiktionalen *frame* [Rahmen] führt und umgekehrt, insistieren wir auf der Notwendigkeit, diese bewegliche Grenze mit größerer Anstrengung zu untersuchen.
Diesen Versuch finden wir ebensowenig in *Der historische Text als literarisches Kunstwerk* von Hayden White. Dies geschieht vielleicht, weil die Autoren, die wir zitieren, sich sosehr in die Position von Pionieren stellen, von Verteidigern einer Position, die weit davon entfernt ist, den objektivistischen und faktenorientierten Primat in der Soziologie und Geschichte zu bedrohen, daß sie die Vorsicht besitzen, die Flanke nicht im Übermaß zu öffnen. Ungeachtet dessen, ob diese Erklärung plausibel ist oder nicht, ist es eine Tatsache, daß der Ansatz von White zu einer Epistemologie

der Geschichte führt, die in Analogie zu der Epistemologie steht, die wir bei seinen soziologischen Kollegen angetroffen hatten. Nur daß er sie auf eine noch direktere Weise formuliert: »*Wie* eine bestimmte historische Situation anzuordnen ist, hängt von der Geschicklichkeit des Historikers ab, mit der er eine bestimmte Plotstruktur und eine bestimmte Menge von historischen Ereignissen, der er eine bestimmte Bedeutung verleihen will, einander anpaßt. Das ist im wesentlichen ein literarisches, das heißt fiktionsbildendes Verfahren« (White, H., 1978, 1986, S. 106). Es ist wohl wahr, daß H. White im Schlußparagraphen seines Essays präzisiert, es sei nicht seine Absicht, die Grenzen zwischen Historiographie und Fiktion abzuschaffen, sondern, indem er sie einander wiederannähert, eine vom Szientismus zerstörte Allianz wiederherzustellen und somit zu einer genuinen Theorie der Geschichte beizutragen: »Meiner Ansicht nach befindet sich die Geschichte als Disziplin deshalb heutzutage in einem desolaten Zustand, weil sie ihre Ursprünge in der literarischen Einbildungskraft aus dem Blick verloren hat. Weil sie wissenschaftlich und objektiv *erscheinen* möchte, hat sie ihre wichtigste Quelle der Stärke und der Erneuerung verdrängt und sich selbst vorenthalten. Wenn wir die Geschichtsschreibung wieder enger an die literarische Grundlage zurückbinden, sollten wir uns (...) auch daran machen, zu jener ›Theorie‹ der Geschichte zu gelangen, ohne die wir überhaupt nicht als ›Disziplin‹ gelten können« (a.a.O., S. 122).
Es wird nicht notwendig sein, auf der extremen Aktualität dieser Auseinandersetzung zu insistieren. Und da ich mich weder als Historiker noch als Soziologe rechtfertigen muß, möchte ich sie auf eine andere Front ausweiten. Von dort gelangen wir zur relativen Enttäuschung, die der kürzlich erschienene Essay von H. R. Jauß bei uns hinterläßt.
Indem er die Periode, die sich von Richardson zu Balzac erstreckt, als jene betrachtet, die »im Medium der Fiktion Geschichte als alltägliche Realität und gesellschaftliche Totalität zu deuten und zu beurteilen unternahm«, hält Jauß sie für einen Prozeß, in dem »die klassische Scheidung von *res fictae* als Reich der Poesie und *res factae* als Gegenstand der Historie dadurch aufgehoben wird, daß die poetische Fiktion zum Horizont der Wirklichkeit, die geschichtliche Wirklichkeit zum Horizont der Poesie erhoben wird« (Jauß, H. R., 1982, S. 417). Innerhalb dieser Reziprozität hörte die

Präsenz des Fiktionalen in der Geschichte – trotz dessen, was die Historiker des vergangenen Jahrhunderts [194] hätten sagen können – auf, fremd zu sein, denn: »*Fiktionalisierung* ist in geschichtlicher Erfahrung immer schon am Werk, weil das ereignishafte *Was* eines historischen Geschehens immer schon durch das perspektivische *Wann* seiner Wahrnehmung und Rekonstruktion, aber auch durch das *Wie* seiner Darstellung und Deutung bedingt ist, in seiner Bedeutung also ständig weiterbestimmt wird« (a. a. O., S. 416). Diese Infiltration des Fiktionalen in die Geschichte würde ihrerseits durch die Kategorie des Wahrscheinlichen legitimiert werden, die »hinfort die gemeinsame Zone der Dichtung und der Geschichtsschreibung bilden wird« (a. a. O., S. 418). Wir werden also zu der Schlußfolgerung geleitet, daß für Jauß die Illusionen, deren Droysen die Historiographie seiner Zeit bezichtigte, zuvor als *Kennzeichen des Fiktionalen* betrachtet werden müßten, so daß der Fehler derjenigen, die die Geschichte praktizierten, nur darin bestünde, sie nicht als solche erkannt zu haben. Die Umkehrung, die Jauß uns somit vorschlägt, ist jedoch nicht überzeugend. Wir sagen dies, weil die Gültigkeit des Begriffs »fiktional«, so wie er in der Historiographie wie in der Literatur präsent ist, davon abhinge, daß man eine substantialistische Realitätskonzeption beibehielte. Wir erklären dies. Der Historiker würde handeln, *als ob* sein Werk die Totalität einer Periode präsentierte, *als ob* sie *de facto* in einem Moment *x* begonnen und in einem anderen *y* geendet hätte. Der Historiker selbst wüßte, daß seine Beschreibung *de facto* nicht mit der Ordnung der Realität identisch ist. Er würde jedoch an der Idee festhalten, daß das Reale mit sich identisch ist, wie ein Kunstgriff, ein anfängliches Gesuch, das es ihm erlauben würde, sein Spiel auszurüsten. Wenn wir den Entwurf von Jauß richtig verstehen, geht die Idee der Fiktionalität also dazu über, sich ausgehend von einer axiomatischen Fiktion zu behaupten. Wenn dies aber zuträfe, warum sollte man dann noch den Bereich der wirksamen Fiktionalität auf die Geschichte und auf die Literatur beschränken? Das Zugeständnis einer solchen axiomatischen Fiktion würde jede menschliche Produktion... fiktional werden lassen! Und die absolute Ausdehnung des Begriffs würde ihn schlicht dysfunktional werden lassen. Da dies nicht meine Absicht ist, werde ich einen anderen Weg suchen müssen.

Es erscheint mir, daß dies ausgehend von Alfred Schütz' ausgereiftem Essay *Über die mannigfaltigen Wirklichkeiten* praktikabel wird. Wir beschränken uns darauf, kurz das zu präsentieren, was hier entscheidend ist.

Das unvordenkliche Apriori in der Erfahrung der Welt ist nicht die Feststellung, daß sich etwas vor mir befindet, das heißt daß etwas von mir wahrgenommen wird. Ganz im Gegenteil wird das Wahrgenommene für mich in dem Maße *sichtbar*, wie ich ihm einen Sinn gebe. Der Sinn verwandelt das Wahrnehmbare in ein Objekt. Die Illusion, daß die Wahrnehmungsgegenstände die Grundbegriffe eines jeden Erkenntnisprozesses seien, resultiert daraus, daß die große Mehrheit der Erkenntnisakte sich auf eine derartig automatisierte Weise vollziehen, daß wir uns darüber keine Rechenschaft ablegen. Diese Automatisierung wird um so größer sein, je älter sie ist, je habitualisierter also der Interpretationsprozeß ist, aus dem der Sinn hervorgegangen ist. Somit können wir nur über die Reflexion [195] das Verstehen des Erkenntnisprozesses korrigieren. »Der Sinn einer Erfahrung ist (...) keine Eigenschaft, die bestimmten Erfahrungen, die innerhalb unseres Bewußtseinsstroms auftauchen, innewohnt. Vielmehr ist er die Folge einer Deutung der vergangenen Erfahrung, die vom gegenwärtigen Jetzt in reflexiver Einstellung betrachtet wird« (Schütz, A., 1954, 1971, S. 240f.). Der Realitätsbegriff stammt von der Äußerung dieser Interpretationen ab, die als Sinn aufgenommen werden. Die Realität scheint uns folglich fraglos (a) den generischen Namen anzuzeigen, den die Gesamtheit der Sachen erhält, die, indem sie für uns *Sinn* sind, uns das zu *sein* scheinen, was wir von ihnen sagen, und (b) nur eine Identität mit sich selbst sein zu können. Der Grund des Irrtums von (a) wurde bereits erklärt – das heißt in dem Maße, wie vergangene Interpretationen zu Sinn *eingefroren werden*, gehen wir dazu über, sie für *natürlich* zu halten, für Eigenschaften der Sachen, denen wir einen Sinn geben. Es bleibt der Grund des Irrtums von (b) zu erklären. Dies ist schließlich ziemlich einfach. Unser Ort in der Welt wird durch die Art und Weise konditioniert, wie wir sehen, daß die anderen uns sehen, und folglich durch die Art und Weise, wie wir sie zu sehen beginnen. Das heißt, unser Ort wird durch eine Gemeinschaft von Agenten konditioniert, die gemeinsamen Erwartungen und Verhaltensmodellen zufolge handeln. Es ist offensichtlich, daß diese Modelle ihre kulturell spezifischen Inhalte besitzen. Die Verschiedenheit der Inhalte schafft jedoch nicht die *Orientierungsleistung* der Modelle ab. Diese Orientierung impliziert, daß die *Realität* für die in ihrem Feld vereinten Mitglieder als identische erscheint, und identisch aufgrund ihrer Konstitution durch identische Prinzipien. »(...) es ist bezeichnend für die natürliche Einstellung, daß sie die Welt und ihre Gegenstände – so lange sie nicht in Frage gestellt werden – als selbstverständlich gegeben hinnimmt« (a.a.O., S. 228). Es befremdet also nicht, daß die Welt uns folglich *natürlich* erscheint, wenn es nur natürlich ist, daß die Grundannahmen, die sie konstituiert hatten, folglich als natürlich gegeben erscheinen. Diese Grundannahmen bilden also die Eigenschaften eines *Erkenntnisstils*. Zusammengefaßt handelt es sich um die folgenden Eigenschaften: 1) eine spezifische Bewußtseinsspannung, die das Hell-Wach-Sein gegenüber dem Leben hervorruft; 2) eine spezifische Ausklammerung des Zweifels – wir suspendieren jeden Zweifel hinsichtlich dessen, was wir für natürlich real halten, bis zu dem Zeitpunkt, wenn es durch eine Inkongruenz gestört wird; 3) eine vorherrschende Form der Spontaneität, diejenige des Wirkens, das heißt, die Absicht, ausgehend von einem entworfenen Gegenstand auf die äußere Welt zu wirken; 4) eine spezifische Form der Selbsterfahrung – das wirkende Selbst als Gesamt-Selbst; 5) eine spezifische Form der Sozialität, die auf die gemeinsame intersubjektive Welt gegründet ist; 6) eine spezifische Zeitperspektive, das heißt eine Zeitperspektive, die durch die »Zeitstruktur« beherrscht wird, die Zeit, die allen, die durch diesen Erkenntnisstil dimensioniert werden, gemeinsam ist (vgl. a.a.O., S. 265). *In anderen Worten, wir bemächtigen uns der grundlegenden Welterfahrung,* [196], *indem wir die Verhaltensregeln internalisieren, die der Alltagserfahrung eigen sind.* Die oben aufgeführten Eigenschaften respektieren diesen grundlegenden Bereich. Die Alltagswelt des gemeinsamen Wirkens konstituiert folglich den Kern unseres Ortes in der Welt. Dieser erscheint uns, zumindest so lange, wie die Ausklammerung des Zweifels regiert, als *die Realität.* Der so bestimmte Bereich deckt jedoch, wie Schütz hervorhebt, nur einen *geschlossenen Sinnbereich* ab. Er ist nur *eine Realität.* An seiner Seite akkumulieren sich andere Bereiche, die andere Erkenntnisstile auferlegen. »All diese Welten – die Welt der Träume, der imaginären Vorstellungen und der Phantasie, insbesondere die Welt der Kunst, die Welt der religiösen Erfahrung, die Welt

der wissenschaftlichen Kontemplation, die Spielwelt des Kindes und die Welt des Wahnsinns – sind geschlossene Sinnbereiche« (a.a.O., S. 266). So haben wir statt einer einzigen Realität eine Vielfalt von Realitäten, von denen jede einzelne durch Regeln konstituiert wird, die das Verfahren derjenigen sozialisieren, die in ihnen handeln.
Diese Klärungen erscheinen uns als ein entscheidender Vorstoß bei dem Problem der Beziehungen zwischen Geschichte – den Sozialwissenschaften allgemein – und Fiktion. Die erste kann *Diskurs der Realität* genannt werden, einfach weil ihr Objekt sich in jener Provinz ansiedelt, die wir selbst fraglos für die Realität halten. Dies muß nicht der Feststellung widersprechen, daß ihre Erforschung *poietisch* ist, einen *faber*, einen Erfinder benötigt. Als Diskurs der Realität – die jetzt bereits nicht mehr für eine Substanz in sich selbst gehalten wird – wird die Historiographie, wie bereits Lévi-Strauss bestätigt hatte, so sehr von einem operatorischen Code geleitet, wie irgendeine andere Wissenschaft oder irgendeine menschliche Aktivität. Ihr Code wird durch die Chronologie konstituiert: »(...) jede Historiographie setzt eine *Zeit der Dinge* als Kontrapunkt und Bedingung einer *diskursiven Zeit* (der Diskurs ›schreitet‹ mehr oder weniger schnell voran, er verzögert oder überstürzt sich)« (De Certeau, M., 1975, S. 104). In diesem Sinne, und nur in diesem Sinne, können wir sagen, daß die Narration, die sie verwendet, mit einem Anfang und einem Ende dessen *zusammenfällt*, was sie beschreibt und interpretiert. Eine solche Koinzidenz wird von dem chronologischen Code postuliert, der sie orientiert. Dies hat also nichts mit der Präsenz einer Fiktionalität zu tun, die in ihr immer am Werke ist, wie Jauß verteidigt. Mit Hayden White können wir hinzufügen, daß sich das narrative Prinzip ebenso der voll verwirklichten Geschichte auferlegt wie der Volkserzählung und dem Roman, weil sie alle unter dem Druck des »Gesetzes, der Legalität, der Legitimität oder, allgemeiner, der *Autorität«* (White, H., 1980, S. 17) leiden. Das Autoritätsprinzip verwandelt die Narration hingegen in eine »anthropologische Konstante« (H. U. Gumbrecht, in einem persönlichen Gespräch). Wir können keinesfalls alle Narrationen egalisieren, ohne zuvor die [197] *geschlossene Provinz* zu betrachten, in der sie jeweils wirken. Nun, die Provinz der Fiktion ist diejenige des Teilsystems der Kunst. Nicht daß dieses nicht die Welt der Alltags-

erfahrung thematisierte oder daß Äußerungen wie die berühmte Aussage »die Marquise ging um fünf Uhr« in ihm ungültig wären. Nur daß diese Thematisierung einer anderen Optik untergeordnet wird. Um mit Wolfgang Iser zu sprechen, zielt sie nicht auf eine direkte Einwirkung auf die Welt ab, um in ihr zu interferieren und sie zu manipulieren. Sie zielt allerdings darauf ab, im Leser den doppelten Eindruck der Vertrautheit und der Verfremdung hervorzurufen. Die vertrauten Bedingungen werden fremd, weil sie im spezifischen Raum der Fiktion nicht die Antwort implizieren, die wir ihnen in der Provinz des pragmatischen Alltags geben würden. Das heißt, die fiktionale Thematisierung der Welt zielt, zumindest für den Menschen der Moderne, darauf ab, die eigenen habituellen Verhaltensnormen in Frage zu stellen (vgl. Iser, W., 1976). Wenn Iser so formuliert, gibt er sich nicht für einen Aufklärer aus, da er diese Infragestellung nicht für eine Art und Weise hält, eine andere Realität vorzuschlagen. Das heißt, die Macht der Infragestellung der habituellen Normen durch das Fiktionale setzen nicht die Präsenz einer revolutionären Programmatik voraus, die durch den Text »illustriert« würde. Wie der Leser ausgehend von dieser Infragestellung eine Verbindung zu seiner Alltagswelt herstellen wird, ist ein Problem, das die Theorie des Fiktionalen an sich nicht betrifft. Diese kann gewiß an eine politische Position der Interferenz in der etablierten Ordnung gekoppelt werden, aber wenn dies geschehen sollte, so deshalb, weil der Fiktionstheoretiker nicht aufhört, ein politischer Mensch zu sein.

Ausgehend von der oben formulierten Eigenschaft erscheint eine zweite Eigenschaft, die besser klärt, warum die vom Fiktionalen hervorgerufene Infragestellung nicht von einem Programm geleitet wird, das auf die »Realität« (das heißt die Provinz des Zeitmodells und der Alltäglichkeit) abzielt. Während die in der Alltagswelt getätigten Äußerungen eine vorrangig semantische Grundlage besitzen – das heißt es wird *a priori* vorausgesetzt, daß das, was gesagt wird, tatsächlich das *bedeutet*, was gesagt wird, sein Autor wird folglich der Frage unterworfen »ist es wahr oder falsch, daß ...?« –, besitzen die fiktionalen Äußerungen keine letzte semantische Dimension, die sich durch die Formel »dies will sagen, daß« interpretativ übersetzen ließe. Anstatt das Semantische als seine letzte Dimension zu besitzen, präsentiert die Fiktion eine imaginäre Grundlage: »Das Imaginäre ist schon deshalb nicht semantischer Natur, weil es angesichts seiner Gegebenheit den Charakter des Diffusen besitzt. Sinn aber wird zum Sinn durch den Grad der Präzision, der sich in ihm zur Geltung bringt. Das Diffuse des Imaginären ist jedoch die Bedingung dafür, daß es der Überführung in die verschiedenartigsten Gestalten fähig ist, und eine solche ist immer dann geboten, wenn es gilt, das Imaginäre einsatzfähig zu machen. Die Fiktion ist die einsatzfähige Gestalt des Imaginären« (Iser, W., 1979, S. 371). Die fiktionale Äußerung verwendet das Semantische als einen *Set von Orientierungen*, der vom Leser selbst semantisiert werden muß. Da wir [198] hier jedoch weder beabsichtigen, die gesamte Theorie von W. Iser zu kommentieren, noch sie als Sprungbrett für eine andere Explizierung zu verwenden, beschränken wir uns darauf zu beobachten, daß sich aus dem Dargelegten nicht ergibt, daß jeder Rezipient den fiktionalen Text so semantisieren könnte, wie er es gerne möchte. Der deutsche Theoretiker ist hinreichend explizit: wenn die fiktionale Äußerung *Leerstellen* enthält, die durch die Interpretation des Lesers semantisiert werden, ist diese Ergänzungshandlung nicht arbiträr, die vom fiktionalen Text beinhalteten Orientierungen bilden vielmehr eine Struktur (vgl. Iser, W., 1976). Nur ist die Beziehung zwischen Leerstelle und Struktur nicht eine einfache Übersetzung, die »Lektüre« der Leerstellen ist dann korrekt, wenn sie die Struktur »erfaßt«. Dies ist der Fall, weil, und insofern birgt *Der Akt des Lesens* den Weg, der sich mit dem Essay von 1979 zu öffnen beginnt, die Struktur des fiktionalen Werkes vom Diffusen des Imaginären beherrscht wird (worin, das sei nebenbei gesagt, der große Unterschied zur Idee der Struktur von Lévi-Strauss besteht). Der Gegensatz also zu einer substantialistischen Sicht des Fiktionalen – die sich bei denjenigen zeigt, die eine sogenannte *Literarizität* suchen – führt uns nicht zu einer Einstellung, daß alles gültig sei. Wenn hingegen ein sozialwissenschaftliches Werk die Möglichkeit sehr zahlreicher Interpretationen bietet, so geschieht dies nicht, weil es analoge *Leerstellen* zu einem fiktionalen Werk hätte. Im Rückgriff auf eine bereits zitierte Passage von R. H. Brown resultiert das Interpretationsspektrum eines Textes in den Sozialwissenschaften daraus, daß *die Entsprechung zwischen den nominalen und den operationalen Definitionen* auf verschiedene Weisen erörtert werden kann, sei es durch Versagen des Autors, sei es durch eine – nicht erklärte oder nicht erkannte – Veränderung seiner eigenen Positionen, sei es aufgrund der Verschiedenheit von *Orten*, ausgehend von denen jenes Werk gelesen wird. Diese Verschiedenheit von Orten kann ihrerseits den nominalen Definitionen ebensosehr ein anderes Gewicht oder einen anderen Sinn geben bzw. einfach das Auftauchen anderer hervorrufen. Im Gegensatz dazu hängt die Lektüre des fiktionalen Textes immer von dem *Ort* ab, von dem aus sie sich vollzieht.

Obwohl wir wissen, daß die Frage sehr viel weiter entwickelt werden müßte, beschränken wir uns für jetzt darauf, ein letztes Problem zu berühren: die Präsenz der *Mimesis* im Werk des Sozialwissenschaftlers. Sie dort für wirksam zu halten, würde dies nicht implizit bedeuten, den Autor als Fiktionsautor anzuklagen (oder zu loben)? Absolut nicht. Die *Mimesis* besitzt einen legitimen Zugang in den Sozialwissenschaften, wie sie ihn in unserem eigenen Alltag besitzt. Nur folgt daraus, daß sie in den Händen eines Sozialwissenschaftlers den Charakter einer analytischen Strategie nicht überwindet, während sie nicht das Schlüsselkonzept konstituiert, das sie im Fiktionalen ist.

Der Leser wird verstanden haben, daß die Entwicklung der letzten Fragen ein anderes *emplotment* erforderte. Es bleibt nur zu hoffen, daß diese letzten Variationen, gesehen als *untergeordnete Segmente*, für Teile des zentralen Themas dieses Kapitels gehalten werden, in dem die Analyse [199] der Historiographie Michelets als Basis für die Erörterung der Beziehungen zwischen Geschichte und Fiktion gedient hat, ohne daß die Ablehnung der substantialistischen Realitätskonzeption der Übernahme, oder auch nur der geringsten Sympathie, für die Idee einer generellen und umfassenden Fiktionalität entspräche.

Rio, Januar 1983

Literaturverzeichnis

Abrams, M. H. (1953) (1974), *The Mirror and the Lamp. Romantic Theory and Critical Tradition.* London/Oxford/New York: Oxford University Press.

Brown, R. H. (1977), *A Poetic for Sociology. Toward a logic of discovery for the human sciences.* Cambridge/London/New York/Melbourne: Cambridge University Press.

Brown, R. H. (1980), »The Position of the Narrative in Contemporary Society«. In: *New Literary History* 11 (1980), H. 3. S. 545–550.

Costa Lima, L. (1981), »Representação social e *mimesis*«. In: ders. (1981), *Dispersa demanda.* Rio de Janeiro: Francisco Alves. S. 216–236.

Darnton, R. (1973), »The *Encyclopédie* wars of prerevolutionary France«. In: *American Historical Review* 78 (1973). S. 1331–1352.

De Certeau, M. (1975), *L'Écriture de l'histoire.* Paris: Gallimard *(nrf).*

Droysen, J. G. (1857) (⁶1971), *Historik. Vorlesungen über Enzyklopädie und Methodologie der Geschichte.* Hgg. v. R. Hübner, München: Oldenbourg.

Flaubert, G. (1881) (1964), *Bouvard et Pécuchet. Œuvres complètes.* Vol. II. Paris: Seuil.

Gaillard, Fr. (1980), »An Unspeakable (Hi)story«. In: *Yale French Studies* 59 (1980). S. 137–154.

Goffman, E. (1974) (1980), *Rahmen-Analyse. Ein Versuch über die Organisation von Alltagserfahrungen.* Frankfurt: Suhrkamp (stw 329).

Heisenberg, W. (1955), *Das Naturbild der heutigen Physik.* Hamburg: Rowohlt.

Iser, W. (1976), *Der Akt des Lesens. Theorie ästhetischer Wirkung.* München: Fink (UTB 636).

Iser, W. (1979), »Zur Problemlage gegenwärtiger Literaturtheorie. Das Imaginäre und die epochalen Schlüsselbegriffe«. In: H. Sund/M. Timmermann (Hgg.) (1979), *Auf den Weg gebracht. Idee und Wirklichkeit der Gründung der Universität Konstanz.* Konstanz. S. 355–374.

Jauß, H. R. (1982), »Der Gebrauch der Fiktion in Formen der Anschauung und Darstellung der Geschichte«. In: R. Koselleck/H. Lutz/J. Rüsen (Hgg.) (1982), *Formen der Geschichtsschreibung. Theorie der Geschichte. Beiträge zur Historik* 4. München: dtv 4389. S. 415–451.

Michelet, J. (1828–1848) (³1959), *Journal.* Hgg. v. P. Viallaneix. Vol. I. Paris: Gallimard.

Michelet, J. (1846) (1946), *Le Peuple.* Paris: Marcel Didier.

Michelet, J. (1847a) (1928), *Histoire de la Révolution Française. La prise de la Bastille.* Paris: Calmann-Lévy.

Michelet, J. (1847b) (1924), *Histoire de la Révolution Française. Les Fédérations.* Paris: Calmann-Lévy.

Michelet, J. (1848) (1946), »A M. Edgar Quinet«. In: ders. (1946), *Le Peuple.* Paris: Marcel Didier. S. 3–29.

Michelet, J. (1850) (1925), *Histoire de la Révolution Française. La Gironde et la Montagne.* Paris: Calmann-Lévy.

Michelet, J. (1872) (1880), *Histoire du XIXe siècle.* Vol. II. Paris: Flammarion.

Nisbet, R. (1976), *Sociology as an Art Form.* London: Heinemann.

Prigogine, I./Stengers, I. (1979) (^{5}1986), *Dialog mit der Natur. Neue Wege naturwissenschaftlichen Denkens.* München: Piper.

Schütz, A. (1954) (1971), »Über die mannigfaltigen Wirklichkeiten«. In: ders. (1971), *Gesammelte Aufsätze* III. Den Haag: Martinus Nijhoff. S. 237–298.

Viallaneix, P. (1959), »Notes«. In: Michelet, J. (1828–1848) (1959). S. 703–934.

Voltaire, F. M. A. de (1779), »Gens de lettres«. In: D. Diderot/J. Le Rond d'Alembert (Hgg.) (1779), *Encyclopédie ou dictionnaire raisonné des sciences, des arts et des métiers.* Genf. Vol. VII. S. 599–600 (Repr. Paris/New York: Pergamon Press, 1969. Vol. II. S. 170).

White, H. (1973) (1979), *Metahistory. The historical imagination in nineteenth-century Europe.* Baltimore/London: The John Hopkins University Press.

White, H. (1978) (1986), »Der historische Text als literarisches Kunstwerk«. In: ders. (1986), *Auch Klio dichtet oder Die Fiktion des Faktischen. Studien zur Tropologie des historischen Diskurses.* Stuttgart: Klett-Cotta. S. 101–121.

White, H. (1980), »The Value of Narrativity in the Representation of Reality«. In: *Critical Inquiry* 7 (1980), H. 1. S. 5–27.

IV. Im Inland der verborgenen Mimesis

> Weil Brasilien eine Art Museum für retrospektive Soziologie oder Sozialgeschichte ist ...
>
> O. Vianna (1955) (1959) II, S. 516

1. Euclides da Cunha unter seinen Zeitgenossen

Euclides da Cunha war nicht nur zeitlebens ein Außenseiter, er war gezeichnet durch den frühen Verlust seiner Mutter, die finanziellen Beschränkungen seines Vaters, seine scheue Art, sein stürmisches Aufbegehren, seine emotionale Sterilität und seine strenge Moral, wie seine Biographen übereinstimmend hervorgehoben haben. Im Rückblick betrachtet, nimmt er im Hinblick auf die Intelligentsija der Jahrhundertwende, seine Zeitgenossen, eine ähnliche Außenseiterposition ein. Wo ließe er sich, in der Tat, zwischen den Intellektuellen-Typen des bereits fernen Jahres 1900 einreihen? Unter ihnen befanden sich die akademisch anerkannten – allen voran Machado de Assis und Coelho Neto, ersterer aufgrund seiner ironischen Gewandtheit, der zweite aufgrund seines sprachlichen Reichtums –, die international ausgewiesenen Intellektuellen – unter denen der Dichter Olavo Bilac vor den Parnassiens und den wortgewandten Rednern rangierte –, und die aristokratischen Stars, die in der Politik und/oder im diplomatischen Dienst hervorgetreten waren und regelrecht eine Gruppe bildeten – Rui Barbosa, Joaquim Nabuco, Rio Branco, Taunay, Oliveira Lima.

Obwohl Euclides da Cunha Mitglied der Akademie, mit Coelho Neto befreundet und vielleicht von dessen Suche nach einem esoterischen Vokabular beeinflußt war, obwohl er Mitarbeiter und Protegé des einflußreichen Rio Branco war, fühlte er sich in Wahrheit in keiner dieser Kategorien zuhause. (Sehr viel weniger noch in der Kategorie, die sich um Lima Barreto bildete, der sehr wohl eine Randfigur war, allerdings aufgrund eines ökonomischen Mangels, [202] den Euclides da Cunha nicht gekannt hat.) Können wir ihn uns beispielsweise vorstellen, wie er sich erhebt, um mit »aristokratischer Distinktion« einen Besucher zu empfangen,

»ganz in weißes Leinen gekleidet, mit schneeweißem Hemd mit Manschetten und steifem Kragen«, um – wie Bilac – gegen 8 Uhr morgens seinen Gesprächspartner João do Rio zu empfangen (Rio, J. do, 1908, S. 2)? Seine Ingenieursbaracke in der Nähe der Brücke in São José do Rio Pardo (São Paulo) würde dem Vergleich nicht standhalten. Oder könnten wir ihn uns vorstellen, wie er im Stile Rio Brancos Diners für ausländische Persönlichkeiten des intellektuellen Lebens ausrichtet, oder wie er seinen Diplomatenurlaub mit Konsultationen bei europäischen Antiquaren und Museen verbringt, wie Oliveira Lima? Euclides da Cunha, der sich selbst für einen Mischling der keltischen, der griechischen und der Tapuio-Indianer-Rasse hielt, obwohl er in Rio geboren war, erschien vielmehr als der Typ des Provinzlers, der fälschlicherweise zwischen die besseren Familien des Südens geraten war. In einer Zeit, in der »wir keine Universitätsbewegung [besaßen] und unser gesamtes Denken auf die präsidentialen Nachfolgen gerichtet« war (Lima, O., 1937, S. 64), wäre der ideale Ort für Euclides da Cunha an der Seite von Männern wie Sílvio Romero und José Veríssimo als Sekundarschullehrer gewesen, was er selbst anstrebte, darüber hinaus derjenige eines gelegentlichen Zeitungsmitarbeiters. Aber wer weiß, ob er sich an das seßhafte Leben, an den Kontakt mit Jugendlichen, an die unvermeidlichen Dienstbesprechungen gewöhnt hätte? Tatsache ist, daß er sich mit einem schlecht bezahlten Ingenieursposten im Öffentlichen Dienst mit wechselndem Einsatzort begnügen mußte. Aber auf diesem Posten hatte er zumindest den partiellen Vorteil, sich des Juridizismus eines Rui Barbosa enthalten zu können – der selbst nach dem Ende der Canudos-Kampagne beklagte, keinen Haftbefehl zugunsten der *jagunços*[1] [Banditen], seiner damaligen Mandanten, erwirkt zu haben; ebenso konnte er sich vom Idealismus der politischen und diplomatischen Positionen eines Joaquim Nabuco freihalten. Ein gewiß nur partieller Vorteil, denn er reichte nicht aus, ihn von den Modellen tremulierender Rhetorik, vom Geschmack für das »bombastische Reden«, vom Kompromiß des geschriebenen Wortes mit dem Pomp und der Emphase des Redners auf öffentlichen Plätzen fernzuhalten. Mit Recht behauptete Afrânio Peixoto von

1 »Individuum der Gruppe von Fanatikern und Revolutionären um Antônio Conselheiro (1828–1897) in der Kampagne von Canudos« (Novo Dicionário Aurélio da Língua Portuguesa, S. 980) [Anm. des Übers.].

ihm, »daß er die natürlichen Mängel seiner Qualitäten besaß« und somit »das Wort wohlklingend und esoterisch zu sein hatte; das Bild wurde verworfen, wenn es nicht bombastisch war; das eigene Denken, heitere Gabe derjenigen, die ohne Anstrengung und Hast nachdenken, würde ihm fremd erscheinen, wenn es ihm nicht in einer Attitüde arroganter Emphase den Rücken aufrichtete« (Peixoto, A., 1911, 1944, S. 36). Eine Beobachtung, die in der Kritik entfaltet wird, mit der José Veríssimo seinen Artikel über *Os Sertões* beginnt, in dem er einen gewissen »Ton von Gongorismus, von Künstlichkeit« beklagt (Veríssimo, J., 1902, 1977, S. 46). Aber Afrânio Peixoto beschränkte sich nicht darauf, Veríssimos Kritik auszuweiten – eine Kritik, nebenbei gesagt, die sein Freund Euclides da Cunha niemals verwinden sollte; er gab ihr eine andere Richtung, indem er Cunhas Stil als Verkörperung des nationalen Geistes betrachtete, denn: [203]

> Die Brasilianer bleiben pompös, klangvoll, leer, eingebildet, indem sie esoterische Ideen in ungeeigneten und schwierigen Begriffen ausdrücken... Euclides verleugnete sein Volk nicht (Peixoto, A., 1911, 1944, S. 36).

Der heute wenig gelesene Peixoto bereitete die Saat für die Erklärung, die Gilberto Freyre für den Erfolg des Meisterwerkes von Euclides da Cunha bei den Ausländern liefern sollte:

> (...) der brasilianische Autor scheute sich nicht, den europäischen Leser mit seinem tropischen Ausdruck zu brüskieren; oder ihn mit seinem brasilianischen Ausdruck zu pikieren. Im Gegenteil: er trug ihn zur Schau (Freyre, G., 1966, S. 22).

Das, was bei Afrânio Peixoto noch mit einer Spur von Verschwiegenheit und Ironie versehen war, erscheint bei Freyre als erklärtes Lob: das Merkmal des brasilianischen Ausdrucks verlangt von seinem Schriftsteller, daß er gewissermaßen ein Barbar ist, ohne die Feinheiten eines Machado de Assis oder die Zartheiten eines Alphonsus Guimarães; gongoristisch, ungerecht und gewalttätig. Das Verdienst, eine systematisch kulturologische Sicht des Landes eingeführt zu haben, hindert Gilberto Freyre nicht daran, vom brasilianischen Schriftsteller weiterhin die Manifestierung eines gewissen Merkmals, den Ausdruck einer gewissen *Substanz* zu fordern, wie es bereits die Romantiker und die Verfechter der biologischen Interpretation taten. Wir werden noch auf die lange Geschichte zu sprechen kommen, die in diesem Klischee kondensiert ist, welches, obwohl es die Anerkennung der Prosa von Machado de Assis keineswegs verweigert, nicht umhin kann, seine Vorbehalte gegenüber dessen vermeintlichem englischen Getue zu bekunden. Insofern hätte Euclides da Cunhas Marginalität diesem Klischee den Weg bereitet, um zur Quintessenz des Landes zu werden. Die Suche nach Anerkennung unserer nationalen Substanz erlegte uns die Knechtschaft der bombastischen Ausdrucksweise auf. Und dennoch war Euclides da Cunha nicht deswegen ein marginaler Schriftsteller. Während sein Geschmack für technische Wörter und Ausdrücke von seinem Umgang mit Ingenieurshandbüchern herrührte, war er dem Vergnügen für hohle und leere Worte keineswegs abgeneigt, was sowohl seine Lektüre von Wörterbüchern als auch die Dürre seiner Ideen bezeugen. In diesem Sinne ist Euclides da Cunha kein Monument der Nationalität, sondern vielmehr ihr ausdrucksstärkstes (und beklagenswertestes) Dokument. Seine gewundene Schreibweise hat nichts mit dem Ingenieursberuf zu tun, von dem der Dichter Cabral de Mello sagen sollte:

> Bleistift, Winkel, Papier;
> Skizze, Projekt, Zahl:
> der Ingenieur denkt die richtige Welt,
> eine Welt, die kein Schleier verhüllt.

Die Alltagspraxis des Ingenieurberufs schloß in der Tat eine extreme Aufmerksamkeit für die kulturelle Wirklichkeit des Terrains ein, über das er reflektierte, sei es das Inland von Bahia *[sertão]*, [204] sei es die Welt des Amazonas; es war diese Aufmerksamkeit, die Euclides da Cunha zu einem Vorläufer dessen machte, was Oliveira Vianna »Kulturologie des Staates« nennen sollte, das heißt ein Staatsverständnis weniger in juristisch-legalen Begriffen, als vielmehr im Hinblick auf die Verschiedenheit der Sitten und Werte seiner verschiedenen Territorien. Deutlicher formuliert: die Marginalität des Schriftstellers Euclides da Cunha bestand nicht in der Aufrechterhaltung eines Stils, der für Ohren geschaffen war, die mit seiner lexikalischen Gelehrsamkeit zu beeindrucken waren, sondern in der scharfsinnigen Erforschung einer noch unbekannten Nation im Inneren des Landes. Sprachlich gesehen befand er sich, im Vergleich mit seinen Zeitgenossen, in Nähe zu Rui Barbosa und Coelho Neto. Aufgrund seines Außenseiterdaseins öffnet er den Weg zu der Erkenntnis unserer Verschiedenartigkeiten. Dies ist aber nicht die einzige Distinktion, die man bei ihm vornehmen kann. Im Gegensatz zu seinem Gefallen an einfachen Oppositionen – Mensch der Küste *versus* Mensch des Inlandes *[sertanejo]*, Mensch des Inlandes *versus gaúcho*, etc. – fordert Euclides da Cunha uns eine subtilere Fähigkeit ab, Unterschiede und Ähnlichkeiten herauszuarbeiten. Wir würden jedoch auf halbem Wege stehenbleiben, sollte es uns nicht gelingen, eine letzte Schnittstelle zu finden, die geeignet ist, in einem Konvergenzpunkt zu vereinen, was wir vor kurzem als Aspekt seiner Gemeinsamkeit mit den zeitgenössischen Intellektuellen – der Satz für die Ohren – und als Aspekt seiner Marginalität – die Betrachtung der kulturellen Verschiedenartigkeiten – unterschieden haben. Dieser Konvergenzpunkt bezeugt in Wahrheit einen »Ursprung« – der sich bei jenen ersten Essayisten romantischer Provenienz findet, die in Kapitel II untersucht wurden und für die die tropische Natur nicht die Bewegung hin zur Selbstreflexion auslöste, sondern eine Bewegung zur deskriptiven Kommentierung, welche der Darlegung ihrer Originalität für die Augen der Alten Welt gewidmet war. Bevor wir dies jedoch hervorheben, suchen wir das »Klima« zu erfassen, in dem *Os Sertões* ausgearbeitet wurde, und die Art von Interpretationstradition, die es hervorbrachte. Was den ersten Aspekt angeht, so bezogen wir uns bisher nur auf Euclides da Cunhas Position im Verhältnis zu seinen intellektuellen Zeitgenossen. Bereits dort drängt sich indessen eine weitere Unterscheidung auf: seine tatsächliche Marginalität entsprach nicht vollständig seiner Marginalität als Schriftsteller, da sein »gelehrter« Stil seinesgleichen suchte. Um von der Analyse des intellektuellen Klimas zur Interpretationstradition, die sein Werk begleitet hat, und von dort zum Beobachtungskult zu gelangen, der sich seit dem Beginn unseres XIX. Jahrhunderts hinzog, müssen wir zuvor noch auf eine Reihe kondensierter Informationen zurückgreifen.

Die Generation von Euclides da Cunha bildete sich in jener Wissenschaftstradition, in der Comte, Haeckel und Spencer die großen Väter waren. Als Student der militärischen Ingenieurwissenschaften wurde Euclides da Cunha, der sich wenig an die Disziplin der Uniformierten gewöhnte und deren Karriere er später aufgeben sollte, ebensosehr vom positivistischen wie – und nachhaltiger – vom evolutionistischen Denken beeinflußt. Sie waren in der Tat die Strömungen, in die sich die militärische und zivile Jugend spalteten: [205]

> Bei der Militärjugend, hauptsächlich der Schule von Rio, an der Benjamin Constant unterrichtete, besaß die Philosophie von Comte mit ihren mathematischen Grundlagen, ihrer Primärkonzeption der moralischen Fakten, ihrem Antimystizismus, ihrer starken dogmatischen und disziplinarischen Neigung, einen großen doktrinären Einfluß. Während Freiheit und Gleichheit für die Rationalisten und Evolutionisten der zivilen Akademien die höchsten Ideale waren, war die disziplinierende Autorität für die Positivisten allem übergeordnet. Freiheit und Gleichheit fanden sich ebenso in Republiken wie der Schweiz oder den Vereinigten Staaten, wie in Monarchien skandinavischen oder englischen Typs wieder. Die moralistische Autorität der Anhänger Comtes erhob die diktatorische Republik zur perfekten Staatsform (Bello, J. M., 1940, S. 31).

Wenn man jedoch in Betracht zieht, daß beide Strömungen die Evolution als Gesetz der Geschichte lehrten, verwundert es nicht, daß ein Evolutionist von einem Positivisten protegiert werden konnte, obwohl dieser sich im Dienste der Monarchie befand. Dies trifft auf Medeiros e Albuquerque zu, der in jungen Jahren als Primarschullehrer in skandalöser Weise die Kinder indoktrinierte, indem er »die besten Formen, die einfachsten und eloquentesten Beispiele« suchte, »um ihnen die Hauptprobleme des Transformismus verständlich zu machen«. (Albuquerque, M. e, 1933, S. 93). Obwohl der Sachverhalt vom Schulinspektor konstatiert wird, erwächst daraus keine negative Konsequenz. Im Gegenteil, er läßt ihm von der Autorität »ein außerordentliches Lob« ausrichten. Sie war positivistisch, wie der Autor hinzufügt. In diesem Mischverhältnis waren Transformismus und Positivismus die markanten intellektuellen Strömungen gegen Ende des Kaiserreichs und in der Anfangsphase der Republik:

> In dieser Gruppe republikanischer Ideologen und bombastischer Phrasendrescher stach ein kleines Kontingent hervor, für das der Glaube an das republikanische Ideal eine solide philosophische Basis besaß. Es waren die Positivisten.

> Die Positivisten waren Republikaner, aber auf ihre Art, auf ihre sehr originelle Art. (...) Sie verdächtigten die Parlamentsmehrheiten; sie taten alles Mögliche, um das Funktionieren der Demokratie bei den Regierungsgeschäften zu verhindern (...) Ihre Traumregierung, ja die ideale Regierung, die perfekte Regierung war die diktatorische Republik von Comte, und nicht die demokratische Republik von Ledru-Rollin (Vianna, O., 1925, 1959, S. 114).

Aus den Jahren der Militärschule zog Euclides da Cunha die ersten positivistischen Lehren und übernahm er den leidenschaftlichen Traum der Republikaner, der ihn dazu führen sollte, den Kadettensäbel in Gegenwart des Kriegsministers hinzuwerfen, wodurch er seine Entlassung bewirkte. Euclides da Cunha selbst zufolge ist es gewiß, daß er sich früh vom Positivismus lossagen und abstreiten sollte, die Strömung hätte den Anklang gehabt, den man ihr gemeinhin zusprach: [206]

> Weil das, was geschah, in Wirklichkeit die Transformation einer Gesellschaft war, in der zum ersten Mal der stärkende Impuls der zeitgenössischen Philosophie durchdrang. Und diese Philosophie werden wir gewiß nicht in dem so verleumdeten und unverstandenen Positivismus suchen, der ohne den Einfluß, der ihm verliehen wird, unbeweglich, in der tief religiösen und nicht korrumpierbaren Seele von Teixeira Mendes kristallisiert ist (Cunha, E. da, 1909, 1966, S. 375).

Die Lehre Comtes sollte nur eine der Richtungen gewesen sein, die das Land zu den »großen liberalen Eroberungen unseres Jahrhunderts« (a.a.O., S. 376) getrieben hatten. In der Tat hatte das politische Programm Comtes wenig mit dem von Euclides da Cunha gerühmten Idealismus zu tun, wobei es kein Zufall war, daß es auf die Mitglieder des Militärs der ersten beiden republikanischen Regierungen beschränkt war. Ungeachtet der Kraft dieser Differenz ist es eine Tatsache, daß die Republik allen Schattierungen des Evolutionismus als eine fortschrittlichere Form der Regierung erschien. Für Euclides da Cunha ist die Rückkehr zur Monarchie eine so absurde und demoralisierende Möglichkeit, daß er nicht einmal die Notwendigkeit fühlt, seine Abscheu zu rechtfertigen. »Das ist es, was uns fehlt«, wird er in der Korrespondenz mit seinem Schwiegervater am 10. Januar 1895 sagen, »um unsere

Demoralisierung in den Augen der Welt zu vervollständigen«. Dies sollte der Glaube der »philosophischen Kadetten«, der Kasernenphilosophen und der Mehrheit der politisch aktiven Intellektuellen sein. Deshalb konnte Artur Azevedo während des Aufsehens, das durch das Scheitern der militärischen Expeditionen gegen Canudos hervorgerufen wurde, schreiben, wodurch er der gängigen Meinung Stimme verlieh, die in dem Widerstand von Antônio Conselheiro restaurative politische Konnotationen erblickte:

> Ein Bandit *[jagunço]* ist der dumme Schwätzer,
> Der von der Nation keinen Fortschritt verlangt,
> Und, ohne Überzeugungen im Schädel zu haben,
> Ideale der Restauration predigt
> (zitiert nach Rabelo, S., 1948, 1966, S. 82).

Es ist gewiß, daß der Einfluß des nordamerikanischen Beispiels, das Nabuco »den Magneten des Kontinents« genannt hatte, die Attraktivität der evolutionistischen Doktrin verstärkt haben mußte, während auf seiten der Monarchisten ein größerer Kampfgeist gefehlt hatte, sei es auf Grund des Temperaments des Kaisers, sei es aufgrund der Verschleißerscheinungen der Allianz des Regimes mit den Grundbesitzern. In Wahrheit hatten die evolutionistischen Strömungen trotz der zahlenmäßigen Unscheinbarkeit ihrer Anhänger eine entscheidende Rolle gespielt, nicht nur für die Ausprägung der Intellektualität gegen Ende des XIX. Jahrhunderts und zu Beginn des XX. Jahrhunderts, sondern sogar beim Fall der Monarchie. An sich zu einer solchen Tat unfähig, trugen die Anhänger des evolutionistischen Denkens, in diesem Fall repräsentiert durch die militärischen Positivisten, dazu bei, daß die militärische Frage an Bedeutung gewann, [207] welche in Verbindung mit der religiösen Frage und der Art und Weise, wie sich die Abschaffung vollzogen hatte, Oliveira Vianna zufolge der Grund für die Niederlage des Throns gewesen war. Obwohl Euclides da Cunha trotz seines Alters durch die Ereignisse der Praia Vermelha berühmt und ein Republikaner der ersten Stunde war, konnte noch wollte er einen Vorteil aus dem Stellenangebot ziehen, das ihm Floriano Peixoto machte. Das Dokument stammt aus seiner eigenen Feder:

> Ich habe hier eine Einladung, die ich heute mit Traurigkeit lese und die ich unter diesen Umständen mit Indifferenz aufnahm. »29. Januar 1893. Euclides – der Marschall muß Sie heute sprechen. Pinto Peixoto«. (...) Der große Stellenvergeber erklärte mir, indem er sich auf meine kürzliche Auszeichnung und auf meine Begeisterung für die Republik bezog, daß *ich das Recht hätte*, mir selbst eine Stelle auszusuchen, und daß *er sich nicht* als kompetent *erachtete*, mir eine bestimmte anzutragen... Welche Aussicht! Es würde genügen, ihm zu sagen, daß wir uns in einer Zeit des völligen Ausfalls der Staatsgouverneure befänden (Brief an Lúcio de Mendonça, o. D., zitiert nach A. Coutinho, Hg., 1966, II, S. 641).

Darüber hinaus verliert er später die Begeisterung für die Republik selbst, denn:

> Während Euclides, wie er es sein ganzes Leben lang tun sollte, jenes Ideal hoher Moral kultivierte, welches, gemeinsam mit der Ordnungsliebe, den Einfluß des Positivismus charakterisierte, konnte er inzwischen nicht länger die Illusionen im Hinblick auf die Möglichkeit eines Einflusses der Doktrin im Inneren der Regierung aufrechterhalten (Andrade, O. de S., 1966, S. 55).

Im Gegensatz jedoch zu Oliveira Lima, der sich, nachdem er dem neu errichteten Regime beachtliche Dienste erwiesen hatte, dem Monarchismus zugewandt und damit seiner diplomatischen Karriere geschadet hatte, gab Euclides da Cunha niemals die Treue zur Republik auf. Dies zu tun hätte die Aufgabe des Transformismus bedeutet, der ihm als Kompaß diente. Der Kompaß, der schließlich für die Sackgasse verantwortlich war, in der wir ihn am Ende von *Os Sertões* vorfinden. Obwohl sie hinter der gewünschten Form zurückblieb, blieb die Republik immer eine fortschrittlichere politische Form. Ob die Überzeugung nur seine eigene war, oder die seiner intellektuell Gleichgesinnten, sie konnte noch revidiert werden. Aber das Schlüsselerlebnis seines Lebens, die Episode von Canudos, wurde von der Presse in Rio und São Paulo als Beginn eines Kampfes zugunsten der monarchischen Restauration verbreitet. Die journalistische Berichterstattung über das Ereignis vermittelt eine sehr klare Vorstellung davon, wie die »Rebellion« manipuliert wurde. Am Anfang der Interpretation von Canudos als anarchistisches Bollwerk lagen die eigentlichen politischen

Mißgeschicke des Augenblicks. Floriano war vor kurzem gestorben und sein Nachfolger, der Zivilist Prudente de Morais, lebte unter der Drohung seiner Absetzung. In einem Brief an Bernardino de Campos bemerkte der Präsident: [208]

> Ich weiß, daß die Jakobiner mich hassen und von Tag zu Tag arroganter werden – so weit, daß sie von den kommandierenden Generälen Quintino und Glicério aufgestachelt werden –, und sobald sie sich stark genug fühlen, um mich durch irgendeinen General zu ersetzen, der die starke Politik des Marschalls macht, werden sie nicht bis zum nächsten Tag warten (zitiert nach Faoro, R., 1975, II, S. 157).

Unter militärischer Vorherrschaft geboren, begann die Republik, als sie ihren ersten zivilen Präsidenten erhielt, unter der mangelnden Stabilität zu leiden, die sie bis heute begleitet. Die Adepten des verstorbenen Marschalls machten aus Antônio Conselheiros Gemeinschaft ein weiteres Kampfinstrument gegen die zivile Präsidentschaft:

> Die Jakobiner, die die rote Weste aus der »Zeit Florianos« trugen – Zivilisten und Militärs, für die der Eiserne Marschall und die Republik einen und denselben Körper bildeten – ließen die Gelegenheit nicht verstreichen: sie machten aus Canudos ein Bollwerk der Restauratoren der Monarchie. Eine Bedrohung für die republikanischen Institutionen, welche die Toleranz oder sogar die Duldung der zivilen Regierung von Prudente de Morais ungestraft anwachsen ließ (Rabelo, S., 1948, 1966, S. 73).

Und die Presse war – mit derselben Absicht oder aus Sensationslust – verantwortlich für die Verbreitung der These vom monarchistischen Canudos, indem sie sowohl imaginäre Verschwörungen schuf, als auch über Kriegsberichterstatter die bevorstehende Enthüllung des definitiven Beweises der Allianz der Banditen *[jagunços]* mit den Befürwortern der Restauration meldete. Jene Verschwörungen kommentiert Walnice Nogueira Galvão:

> Interessanter und noch unvorstellbarer – obwohl gleichermaßen phantasievoll – sind die Verschwörungen, die von den Zeitungen mit der gesamten verfügbaren journalistischen Berichterstattung geschaffen werden, indem sie auf Reporter zählt, die anhand von

> unverdächtigen, aber geheimen Informationsquellen Untersuchungen machen; die Leser werden mehrere Tage oder Wochen in Spannung gehalten, ohne daß sie am Ende wüßten, was die Wahrheit ist, selbst wenn sie dafür eingetreten waren, daß die Schuldigen entdeckt und exemplarisch bestraft würden (Galvão, W. N., 1974, S. 56).

Was die Beweise der abgekarteten Sache angeht, so begnügen wir uns mit einigen wenigen Zitaten. In einem Brief an die Zeitung *República* schreibt der Leiter der vierten Expedition, General Artur Oscar:

> Ich halte weder Unterlagen in Händen, die sich auf Munitionslieferungen von der Hauptstadt dieses Staates an die Banditen beziehen, noch ist mir derartiges bekannt.
> Aber ich warte auf die Stunde der vollständigen Besetzung der Stadt, um [209] aus dem Archiv den beredten Beweis der Pläne der Restauration zu holen, die, unter dem Deckmantel *Neue Christen*, in einer Kirche untergebracht sind, die die Mauer ist, die sie schützt *(sic)* ... (zitiert nach Galvão, W. N., 1974, S. 69).

Und am 29. August 1897 kündigte der Korrespondent der *Gazeta de Notícias* von Rio an:

> Man hat einen Karabiner der Marke *Mauser* gefunden, mit der Kennzeichnung – Buenos Aires (zitiert nach Galvão, W. N., 1974, S. 156).

Es stimmt, daß selbst ein Offizier der vierten Expedition nicht zögerte, vom Schlachtfeld zu bestätigen, daß keine Verbindung der Inländer *[sertanejos]* mit externen Kräften existierte:

> Wie andere, glaubte auch ich an solche Hilfskräfte, die der monarchischen Intention von außen geschickt worden waren, aber nach meinem Marsch auf das Inland von Sergipe und Bahia, und auch nach meiner Ankunft in Canudos, war ich überzeugt, daß dies alles bloße Hirngespinste waren (...) (a. a. O., S. 88).

Es stimmt ebenfalls, daß sich von Salvador aus Stimmen gegen die vermeintliche Verschwörung erhoben (vgl. a. a. O., S. 93). Dies aber waren Stellungnahmen von Minderheiten, die in der Hauptstadt nicht vernommen wurden. Sie wurden durch die stärkeren politischen Interessen erstickt, denn die »Jakobiner« waren durch den Tod des Kommandanten der dritten Expedition, Moreira César, irritiert, der ihnen die Hoffnung auf einen rettenden General raubte, wenn sie nicht durch die Machtlosigkeit der so gut bewaffneten Truppen gegen eine Gemeinschaft ohne entsprechende Vorbereitung und Bewaffnung alarmiert waren. Aus diesem Grunde teilt Euclides da Cunha vor seiner Ankunft in Canudos die allgemeine Ansicht und schreibt in einem Artikel für *O Estado de São Paulo*:

> Wie im Falle der *Vendée*, wird der religiöse Fanatismus, der ihre naiven und einfachen Seelen beherrscht, geschickt von den Propagandisten des Imperiums ausgeschlachtet (Cunha, E. da, 1897a, 1966, II, S. 578).

Und in Bahia, als Korrespondent derselben Zeitung, bleibt er derselben Überzeugung:

> In Kürze werden wir den Boden betreten, auf dem die Republik mit Sicherheit denjenigen das letzte Gefecht liefern wird, die sie stören (Cunha, E. da, 8. 8. 1897, 1966, II, S. 495). [210]

In derselben Korrespondenz fügt er unerschrocken hinzu, indem er den Vergleich mit der *Vendée* der *chouans* beibehält:

> Unsere *Vendée* sollte sich in einen großen finsteren Wolkenumhang einhüllen und die Gestalt des Schattens eines Hinterhaltes im gleißenden Licht des großen tropischen Tages annehmen, der uns erwärmt. (...)
> Die Republik ist unsterblich! (a.a.O., S. 496).

Allmählich jedoch ändert der Journalist die Richtung. Er spricht nicht mehr von einer Herausforderung der institutionellen Form der Republik, sondern sucht eine Erklärung auf biologischer Basis. Antônio Conselheiro ist eine »bizarre Art großer Mann der Gegenseite«, »ist ein bemerkenswertes Beispiel atavistischer Rückwirkung« (Korrespondenz vom 15. 8. 1897, 1966, S. 506). Die Idee der monarchischen Verschwörung wird dem soziologischen Transformismus das Feld räumen. Obwohl die Metapher der *Vendée* hier nicht mehr explizit und wörtlich auftaucht, orientiert sie Euclides da Cunha auch weiterhin. Die Republik, eine fortschrittliche Form sozialer Organisation, wird durch die atavistische Verkörperung der Vergangenheit attackiert. Die Erklärung war, wie uns Sílvio Romero in seinem wichtigen und kaum bekannten Essay *O haeckelianismo em sociologia [Der Haeckelianismus in der Soziologie]* zeigt, in der Epoche äußerst gebräuchlich. Bei der Ersetzung der Biologie durch die Soziologie wurde es für ein Gesetz gehalten, daß »immer wenn die Zivilisation sich von einer Region zu anderen bewegt und die zivilisierte Gruppe mit Leuten aus niedrigeren Kulturstufen Kontakt aufnimmt und Verbindungen eingeht, die Geschichte um Jahrhunderte zurückfällt und *dazu übergeht, insgesamt die vergangenen Phasen der Geschichte der Menschheit zu rekapitulieren*« (Romero, S., 1901, S. 4f.). Ohne bei der Negation der ethnischen Basis in der Erklärung der verschiedenen Verhaltensweisen der Völker anzugelangen, wendet Romero sich gegen deren Anerkennung, weil er sie für eine willkürliche Generalisierung hält, während er nur »eine gewisse Portion Wahrheit im speziellen und einzigen Fall des Vergleichs der Kolonialvölker mit denjenigen, die sie hervorbrachten«, zugesteht (a. a. O., S. 23). Euclides da Cunha macht nicht einmal diese Unterscheidung. Die Idee des bei Conselheiro gegenwärtigen Atavismus und des Rückschrittes seiner Gemeinschaft zu einer früheren und niedrigeren Form der Gesellschaft wird weiterhin in *Os Sertões* behauptet. Die Metapher der *Vendée* verwandelt sich in sein Verdun. Aber der Übergang von der politischen Interpretation zur transformistischen Interpretation vollzieht sich nicht sprunghaft. Jene erscheint noch in seiner Korrespondenz vom 9. und 10. September:

> Wir brauchen keine Männer, die bereit sind, von Kugeln durchlöchert für die Republik zu sterben (a. a. O., S. 94). [211]

Und am 26. September stellt er Überlegungen zur Herkunft, Anzahl und Qualität der Waffen des Gegners an:

> Wie können wir diesen enormen Überfluß der Banditen *[jagunços]* erklären?
> Täuschen wir uns nicht. Es gibt in diesem ganzen Kampf einen mysteriösen Zug, der aufgedeckt werden muß (a. a. O., S. 555).

> [Einige Geschoßtypen] sind aus Stahl, ähnlich denen der *Mannlicher*, einige andere völlig unbekannt. Es handelt sich unleugbar um Projektile moderner Geschosse, die wir nicht besitzen (a. a. O., S. 557).

Aber zwei Tage später beginnt der Widerstand der Inländer, eine andere Erklärung zu erhalten:

> Die befremdende Monotonie der Belagerung dauert an. Noch vor drei Tagen glaubte ich, daß unsere Gegner nicht einmal drei Stunden Widerstand leisten könnten, daß sie in einem schnellen Durchbruch des Belagerungsrings niedergeschmettert würden. (...)
> Solche Momente des Heldentums sind fast unverständlich (a. a. O., S. 558).

Gegen Ende des *Diário [Tagebuch]* erstickt das Zugeständnis des Heroismus die unterstellten politischen Absichten:

> Seien wir gerecht – es gibt etwas Großes und Feierliches in diesem stoischen und unermüdlichen Mut, in dem souveränen und starken Heroismus unserer rauhen, fehlgeleiteten Landsmänner, und ich glaube immer mehr, daß der schönste Sieg, die wirkliche Eroberung darin bestünde, sie morgen, in Kürze, endgültig in unsere politische Existenz einzugliedern (a. a. O., S. 565).

Von nun an können wir vermuten, daß Euclides da Cunha überzeugt war, daß das Niederschmettern der Belagerung ein Verbrechen wäre, daß die Gründe des Konfliktes vielmehr einer langen Untersuchung unterzogen werden müßten. Nachdem er nach São Paulo zurückgekehrt war, sollte er sich bis 1901, dem Jahr, in dem die Originale an den Herausgeber abgeschickt wurden, einer solchen Untersuchung widmen. *Os Sertões* wird das Buch zur Verteidigung der Nationalität sein. Euclides da Cunhas Bemühung war zweifellos ohne Parallele. Während der gefeierte Bilac noch 1908 mit Vergnügen zugab, daß wir vom Vorbild von Paris regiert wurden, auf Grund dessen wir sogar »begannen, sozialistische Bücher zu machen« (Rio, J., 1908, S. 7), benutzte Euclides da Cunha, vergraben im Inneren von São Paulo, seine Baracke voller Bücher, um die Tragödie zu verstehen zu versuchen, deren Zeuge er geworden war. Ist es ihm gelungen? Die Antwort ist nicht eindeutig. Einerseits gewiß, da er einen Willen aufweist, das Land zu verstehen, »die höchst legitimen Brasilianer«, wie Afrânio Peixoto schreiben würde. Andererseits aus heutiger Sicht gewiß nicht: die Metapher der *Vendée* unterstützt eine transformistische Erklärung mit [212] eindeutig biologischer Basis, die das gesamte Buch durchzieht. Damit würde dem Phänomen Conselheiro und seine

Anhänger eine grobe und irrige Erklärung gegeben, die die gesamte Interpretation des Landes kontaminieren würde. Selbst diese Unterscheidung zwischen Erfolg und Scheitern ist jedoch nicht einfach. Wenn der Transformismus aufgrund seiner ethnischen Grundlage – und zwar negativ – die Frage der Mischung mit den »niedrigeren« Rassen hervorhebt, können und müssen die Beobachtungen anthropologischer Prägung, die ebenfalls reichlich vorhanden, wenngleich dem biologischen Schema untergeordnet sind, von diesem getrennt werden. Eine solche Trennungsbemühung muß jedoch gegen Euclides da Cunha vollzogen werden, der niemals die Idee der Biologie als *scientia princeps* der soziologischen Interpretation aufgab. Und obwohl es nicht korrekt wäre zu denken, daß dieses interpretative Verschließen durch den Horizont der Epoche selbst auferlegt worden wäre, muß man in Wahrheit, als mildernden Umstand, die wichtige Rolle in Betracht ziehen, die der ethnische Faktor in den Anfängen der brasilianischen Sozialwissenschaften gespielt hat. Auch wenn wir nicht auf die Rolle des Beitrags von Nina Rodrigues und von Artur Ramos eingehen, genügt es, an das zu erinnern, was Sílvio Romero in einem Essay des hier bereits zitierten Buches schrieb. Obwohl er sich gegen das Gesetz des Rückschritts in der Geschichte wandte, wie wir im vorherigen Zitat sahen, sah Romero im Kapitel *A Imigração e o futuro do povo brasileiro [Die Immigration und die Zukunft des brasilianischen Volkes]* die Zukunft der Nationalität bedroht, falls es nicht gelänge, eine adäquate Einwanderungspolitik zu praktizieren:

> Das Mittel, in Brasilien eine starke Nation zu bilden, besteht darin, die ausländische Kolonisierung durch eine Art und Weise für sich zu gewinnen, die völlig von derjenigen verschieden ist, die bisher praktiziert worden ist (Romero, S., 1901, S. 227).

Denn die alleinige Ansiedelung europäischer Emigranten im Süden würde zwei gleichzeitige Übel hervorrufen: die Zukunft der portugiesischen Rasse, ihrer Sprache und ihrer Kultur würde in der betroffenen Region aufgelöst, während der »ausgezehrte Norden an Kräfteverfall sterben würde, entstellt und abgemagert unter dem übermäßigen Andrang des Blutes der minderwertigen Rassen« (a.a.O., S. 222). Für Euclides da Cunha war das Problem, noch größer, da er nicht, wie Sílvio Romero, die Rückschritts-

These aufgegeben hatte: Das Volk, sagt er, befindet sich nicht auf einem Niveau, das es befähigen würde, die Abstraktionen sowohl der monarchisch-konstitutionellen Staatsform als auch der republikanischen Staatsform zu begreifen; es ist folglich nicht in der Lage, sich »an die höhere Gesetzgebung des kürzlich errichteten politischen Systems« (Cunha, E. da, 1902, 1966, S. 281) anzupassen. Aus diesem Grunde macht er eine erste Tragödie aus:

> Nachdem wir vierhundert Jahre auf dem riesigen Küstenstrich gelebt hatten, auf dem die Reflexe des zivilisierten Lebens verblassen, erhielten wir plötzlich, als unerwartetes Erbe, die Republik. Unversehens steigen wir auf, fortgerissen im Strom der modernen Ideen, [213] während wir ein Drittel unseres Volkes im jahrhundertealten Halbdunkel, in dem es schlummert, im Inneren des Landes zurücklassen. Getäuscht von einer Zivilisation, die wir als Leihgabe erhalten haben; indem wir mit dem blinden Eifer von Kopisten all das sammeln, was in den organischen Codes anderer Nationen an Besserem existiert, vergrößern wir auf revolutionäre Weise, indem wir die leichteste Nachgiebigkeit hinsichtlich der Erfordernisse unserer eigenen Nationalität scheuen, den Gegensatz zwischen unserer Lebensart und derjenigen jener rohen Landsmänner, die in unserem Land fremder sind als die Einwanderer aus Europa (a.a.O., S. 231).

Sein Transformismus wird folglich kompliziert, weil er die These aufrechterhält, aus der sich die Idee von Conselheiro als atavistischer Synthese von Fehlern und Rückschritten ableitet. Was sich also für Sílvio Romero als ein geringeres Problem darstellte, das mit der ausgewogenen Injektion weißen Blutes lösbar erschien, verwandelt sich für Euclides da Cunha in ein Vorspiel jener Sackgasse, die wir sich in *Os Sertões* konstituieren sehen werden. Auf diese Weise ist *Os Sertões* weniger ein schwieriges Buch als vielmehr ein Werk, das angesichts der Menge im einzelnen zu gewichtender Bewertungen schwierig in seiner Gesamtheit zu beurteilen ist. Stattdessen können wir uns von der Gegenüberstellung dieser Ungleichheiten eine weniger routinemäßige Erörterung erhoffen. Dazu ist es gewiß angebracht hervorzuheben, daß die Schulden des Autors nicht allein, wie man gewöhnlich behauptet, im Szientismus der Epoche liegen: dieser fiel allein aufgrund der Kraft der Tradition auf fruchtbaren Boden, welche sich, wie wir in Kapitel

II.2 sahen, seit unserer Unabhängigkeit ausbildete. In Kapitel II.C suchten wir in der Tat den Funktionswandel zu zeigen, der hier von der Reflexion im Hinblick auf die Natur verwirklicht wurde. Während die Natur in der europäischen Romantik einen Anreiz für die Selbstreflexion bewirkte, indem sie wie eine Art Buch funktionierte, das nur durch suggestive Linien konstituiert war, deren Auffüllung allein in der meditierenden Seele geschehen könnte, bot sich uns die Natur als etwas dar, das mit Vergnügen beobachtet und beschrieben werden konnte, indem der Landschaftsmaler beim Anblick ihres Reichtums, ihrer wilden Fülle verweilte, die im Kontrast zu den Gartenlandschaften des zivilisierten Europas stand. Die Beobachtung verwies sozusagen nicht auf das Imaginäre eines Subjektes zurück, das die Natur in ein Mittel verwandelte, die Lektüre seiner selbst zu stimulieren und zu ordnen; sie verwies sehr wohl auf das beobachtete Objekt zurück, auf das Land, das auf der geschriebenen Seite wiederhergestellt werden sollte. Nun sollte diese Tendenz, gleichsam als Abschwächung der Differenzen zwischen Romantik und Realismus, mit der innovativen Lehre des Transformismus von Tobias Barreto und der Schule von Recife sowie des ebenso orthodoxen wie heterodoxen Positivismus gefördert werden. Während der Primat der Beobachtung des tropischen Reichtums darauf abzielte, unserem Schriftsteller eine Funktion zu verleihen – unsere Besonderheit, bereits im realistischen Sinne, zu *imitieren*, von ihr ein *wahres* Zeugnis abzulegen –, betonte der Primat der Biologie in der soziologischen Interpretation jene Funktion, indem er sie präzisierte: der Schriftsteller, der Intellektuelle allgemein, besaß aufgrund seiner Ausstattung mit wissenschaftlicher Objektivität [214] die Voraussetzungen, ein Publikum aufzuklären, das nicht nur unwissend, sondern auch durch das minderwertige Blut in seinen Adern stigmatisiert war. Warum aber, ist es auch angebracht zu fragen, hielt dieser Intellektuelle sich nicht für einen Mandarin, der sich auf die Privilegien der Kultur stützte und die Minderwertigen verachtete? Warum verirrte er sich, im Gegenteil, schließlich in einem Idealismus, der, während er *de facto* das Volk nicht begünstigte, dem zu helfen er vorgab, in der Unkenntnis ihrer tatsächlichen Bedingungen bestand? Vielleicht, weil die Monarchie es nicht verstand oder nicht beabsichtigte, einen Stand privilegierter Erben zu schaffen – die Adelstitel wurden nicht vererbt –, weshalb dem Intellektuellen kein spezifisches System besonderer Werte auferlegt wurde, die zu verteidigen gewesen wären. So erklärt sich die Kombination aus Naturverehrung, Verehrung des kleinen Mannes und Verachtung für die feinen Leute, die man beispielsweise in den mittelmäßigen Versen eines anderen Kriegsberichterstatters von Canudos, Fávila Nunes, findet. Wenn man nichts über den Autor wüßte – er war Exoffizier des Heeres, Beamter, Journalist und Kaufmann (vgl. Galvão, W. N., 1974, S. 111) –, könnte man ihn für einen fortschrittlichen »Denker« halten:

Sollen andere adlige Frauen bewundern
Opulente Baroninnen
reiche Töchter von Marquisen,
– reiche Mädchen aus dem Salon.

Meine Geschmäcker sind anspruchsloser:
Ich bewundere das zarte Mädchen vom Lande,
den leichten Schmetterling,
die Königin meines Inlandes!

Sollen sie die reichen Damen bewundern
mit wehendem Haar
mit pulsierenden weißen Brüsten
erschöpft vom Walzertanzen:
Ich liebe vom Mädchen des Inlandes
den heiligen Reiz der Brust
und das Pulsieren ihrer Brust
erschöpft von der Arbeit!

(...)

Ich will das Leben der Wälder
um das Zittern des Wasserfalls zu spüren
und zu hören, wenn sich austobt,
der Sturm im Inland!...
Von Natur aus frei sein,
in der Seele die Natur genießen,
und inmitten der Armut
ein fröhliches Herz zu haben

(Nunes, J. P. Fávila, 1878, S. 15f.). [215]

Diese Skizze einer Erklärung ist gewiß noch provisorisch. Hier kommt es mir nur darauf an zu betonen, daß der Szientismus der Generation von 1870 die Rolle verlängerte und verstärkte, die der Beobachtung im Anschluß an den *Discurso sobre a história da literatura do Brasil [Diskurs über die Literaturgeschichte Brasiliens]* (1836) von Gonçalves de Magalhães zugedacht worden war. Er verstärkte sie, möchten wir betonen, indem er ihr eine präzisere Funktion zuwies. Ihr Träger sollte die wissenschaftlichen Prinzipien auf die Untersuchung der Gesellschaft anwenden, um so zu ihrer Verbesserung beizutragen. Die vorausgesetzte Verbindung zwischen jenem Primat und der Wissenschaft beruhte gewiß, wie wir heute wissen, auf einem Irrtum. Die Beobachtung erschien in jener Epoche – und erscheint noch im heutigen Alltagswissen – als unabhängig von einem theoretischen Rahmen, weil dieser für abstrakt und von operationalen Bedingungen losgelöst gehalten wurde. Wir wollen einige wenige Zeugnisse festhalten. Als Rechtfertigung seiner Geringschätzung Benjamin Constants schrieb Medeiros e Albuquerque:

> Die große Wissenschaft der Mathematiker flößte mir niemals Respekt ein, weil ich mir nicht darüber im Klaren bin, bis zu welchem Punkt sie wirklich Wissenschaft ist und wo sie Phantasie zu sein beginnt.
> Die außerordentlichen Konstruktionen und Hypothesen, die sie bilden, beweisen nur die Kohärenz ihrer Folgerungen; *nicht jedoch, daß die Dinge, über die sie nachdenken, exakt wären* (Albuquerque, M. e, 1933, S. 165, Hervorhebung von mir).

Was Medeiros e Albuquerque über die Mathematik sagt, könnte auf das ausgeweitet werden, was er über die wissenschaftlichen Theorien im allgemeinen denken mußte, da sie klassischerweise ausgehend vom Ideal der mathematisierbaren Quantifizierung konstruiert wurden. Aber bis zu diesem Punkt wagt er sich nicht vor. Die anderen Wissenschaften würden aufgrund der Rolle, welche die Beobachtung in ihnen spielt, von seiner Verachtung verschont bleiben. Ebensowenig machte Euclides da Cunha ein Hehl aus der Ähnlichkeit seiner eigenen Position. Als er seine geringen Kenntnisse in Botanik beklagte, stellte er fest:

> Niemals habe ich so sehr die Abwesenheit einer praktischen und soliden Erziehung beklagt, und niemals habe ich so sehr die fehlende Nützlichkeit der wunderbaren Theorien erkannt, mit denen wir uns in der akademischen Epoche etwas vormachen (Cunha, E. da, 1. 9. 1897, 1966, S. 531).

Ein Gedanke, der in seinem Artikel *Contrastes e confrontos [Kontraste und Vergleiche]* wieder auftauchen sollte, in dem er, während er Marx und den wissenschaftlichen Sozialismus lobte, auf befremdende Weise schreiben sollte:

> Keine Idealisierungen: Fakten; und unerschütterliche Induktionen, die aus einer rigorosen Analyse der objektiven Materialien resultieren; und die Erfahrung und die Beobachtung, die in klarer Lehre über die minderwertigen Wissenschaften geschult werden; und die unflexible Logik der Ereignisse; und diese schreckliche Alltagsargumentation, [216] ohne die Windungen von Syllogismen, ohne die transzendentale Idiotie der alten Dialektik, statt dessen vollkommen aus Axiomen gearbeitet, aus wahrhaftigen Truismen, auf eine Weise, daß vom Verstand nicht die geringste Anstrengung gefordert wird, um sie zu erfassen, denn sie ist es, die ihn unabhängig von seinem Willen erfaßt und beherrscht, und mit der Kraft ihrer eigenen Einfachheit fortreißt (Cunha, E. da, 1907, 1966, S. 194).

Wir können nicht wissen, in welchem Text von Marx unser Autor eine solche Einfachheit, eine solche »Alltagsargumentation«, eine solche Unabhängigkeit der Fakten finden konnte. Der einzige plausible Text wäre das *Kommunistische Manifest*. Wichtig aber sind die Begriffe, in denen das Lob fundiert wird: die Fakten gegen die Idealisierungen, die Induktionen, die aus der Untersuchung der objektiven Materialien resultieren, die Erfahrung und die Beobachtung. Uns interessiert nicht, was Euclides da Cunha vom Marxismus verstanden hat – es soll nur hervorgehoben werden, daß sein Lob ihn nicht dazu führte, das evolutionistische Denken aufzugeben, denn unter denjenigen, die konkrete Maßnahmen zur Verwirklichung des Sozialismus aufzeigen, ist seine Zustimmung Ferri und Caloganni vorbehalten, die »auf korrekte Weise Evolutionisten« sind (a. a. O., S. 195) –, sondern lediglich, daß er die Richtigkeit des Marxismus in Abhängigkeit vom Privileg der Tatsache, der Beobachtung, der Erfahrung und der Induktion sieht. In Wahrheit bietet sich in der Privilegierung dieser Operationen und in der Geringschätzung der Theorie, die vermeintlich über eine der Wahrheit der Fakten konträre Idealisierung nicht hinausging, der hartnäckigste unserer Irrtümer hinsichtlich dessen, was die wissenschaftliche Konstruktion bedeutet. Implizit erklärt Euclides da Cunha, daß die Fakten aus sich selbst heraus sprechen; es genüge, in der Lage zu sein, sie gut zu beobachten. Hinter diesem Irrtum sehen wir den Entwurf der brasilianischen romantischen Idee, derzufolge es notwendig war, den Blick zu entwickeln, um eine genuine Nationalliteratur zu konstituieren. Mit den szientistischen Strömungen, die seit dem Ende des Kaiserreichs propagiert wurden, verließ dieses Prinzip das rein literarische Feld und exponierte sich an den Toren der Wissenschaft. Dort verband es sich mit dem Postulat der qualitativen Verschiedenheit der Rassen, das das Imaginative für ein besonderes und negatives Merkmal der minderwertigen ethnischen Gruppen hielt. Das folgende Zitat findet sich bei keinem Geringeren als Oliveira Vianna, der vielleicht der Autor unseres größten soziologischen Werkes ist:

> Was dem Ideal der Abolitionisten eine solche Intensität verlieh und dazu beitrug, daß es einen solchen Ruhm erlangen konnte, war der Druck des ausländischen Beispiels, *der auf eine imaginative Rasse einwirkte*, die extrem empfänglich für den Idealismus und reich ausgestattet für den Enthusiasmus ist (Vianna, O., 1925, 1959, S. 63).

So wird der Gebrauch des Imaginären zum Merkmal minderwertiger Menschen. Wenn nicht ethnisch Minderwertiger – denn von diesen spricht [217] Oliveira Vianna strenggenommen nicht mehr –, so zumindest derjenigen, die sich im Vergleich zum strengen Verhalten der Wissenschaft so aufführen. Man sieht also, daß das Beobachtungsparadigma nicht nur für die Reinterpretation der Literaturkonzeption in Brasilien wichtig ist; sie ist ebenfalls für die Wissenschaftskonzeption von Bedeutung, die sich bei uns entwickelte, und für die Allianz, die sie mit der messianischen Funktion konstituierte, die der Intelligenzija anvertraut war. Infolge der Ausdehnung dieses Paradigmas bis auf die Wissenschaft schrieb Euclides da Cunha an José Veríssimo als Rechtfertigung gegen dessen Kritik an seinem Stil:

> Ich bin überzeugt, daß der wahre künstlerische Eindruck in fundamentaler Weise den wissenschaftlichen Begriff des Ereignisses erfordert, das ihn weckt – und daß sich in diesem Ereignis zwangsläufig die mäßige Intervention einer eigenen Technographie auferlegt –, und daß dies richtig ist, solange man nicht so weit übertreibt, daß man dem Buch, das geschrieben wird, den Aspekt eines Kompendiums verleiht (...) (Cunha, E. da, Brief vom 3. 12. 1902, 1966, II, S. 621).

Ohne die grundlegende Erfahrung der Tatsache, ohne den Vollzug der Beobachtung wäre die Kunst bloße Phantasie, die sich in gefährlicher Nähe zum »Animismus« jener Völker befände, die nicht in der Lage sind, höhere Abstraktionen zu leisten. Aus diesem Grunde fügt er in demselben Brief hinzu:

> Nichts rechtfertigt die systematische Geringschätzung, die ihnen [den *termini technici*] die Literaten entgegenbringen – vor allem, wenn wir in Betracht ziehen, daß das Konsortium aus Wissenschaft und Kunst unter gewissen ihrer Aspekte heute die höchstentwickelte Tendenz des menschlichen Denkens ist (ebd.).

Der Brief ist für uns außerdem wichtig, um zu zeigen, daß die bewußte Absicht des Autors darin bestand, eine größere Übereinstimmung zwischen der wissenschaftlichen Grundlage und der künstlerischen Verschönerung zu erzielen. Eine Absicht, die ihren ersten Kommentatoren, einem José Veríssimo, einem Araripe Junior und einem Afrânio Peixoto nicht entging. Der erste erklärt in seinem Anfangsparagraphen:

> Das in vielerlei Hinsicht bemerkenswerte Buch des Herrn Euclides da Cunha ist zugleich das Buch eines Wissenschaftlers, eines Geographen, eines Geologen, eines Ethnographen; eines Denkers, eines Philosophen, eines Soziologen, eines Historikers; und eines Gefühlsmenschen, eines Dichters, eines Romanciers, eines Künstlers, der zu sehen und zu beschreiben versteht, der ebenso beim Anblick der Natur wie im Kontakt mit dem Menschen vibriert und fühlt, den alles erschaudern läßt, der angesichts des menschlichen Schmerzes bis in die Tiefe seiner Seele berührt ist, der bis zu Tränen gerührt ist, egal, ob er von den fatalen Bedingungen der physischen Welt herrührt, von den »Dörren«, die das Inland des brasilianischen Nordens heimsuchen, oder von der Dummheit

> oder Bösartigkeit der Menschen, wie in der Kampagne von Canudos (Veríssimo, J., 1902, 1975, S. 45). [218]

Euclides da Cunha war also auch ein Dichter, weil er fähig war, zu vibrieren und zu fühlen, bis in die Tiefe der Seele berührt und zu Tränen gerührt zu werden. Die entgegengesetzten Qualitäten – Beobachten, Experimentieren, Kalkulieren – waren seiner wissenschaftlichen Seite vorbehalten. Und wie sollten sich jene Vibration und Gefühlskraft manifestieren, wenn nicht über den Sprachgebrauch? Folgerichtig verletzen daher die Kritiken, die Veríssimo an seinem Stil äußert, Euclides da Cunhas literarischen Anspruch und provozieren seine Verteidigung im Brief vom 3. 12. 1902.
Die zweite große kritische Widmung von *Os Sertões* ging auf das Konto von Araripe Junior. Viel sympathischer und ausführlicher als Veríssimos Würdigung, verweilt Araripe bei der Beschreibung und Kommentierung der Hauptteile des Werkes. Seine Untersuchung Antônio Conselheiros führt den Irrtum einer Würdigung fort, die erst nach Kenntnis der 1974 von Ataliba Nogueira veröffentlichten *Prédicas e discursos [Predigten und Reden]* des Anführers der Bewohner des Inlandes aufgehoben werden konnte. Aber dieses Detail betrifft uns hier nicht. Als der Kritiker Euclides da Cunha mit Walter Scott vergleicht, macht er sich nicht die Mühe, darauf hinzuweisen, daß es sich um unterschiedliche Genres handelte:

> Wir befinden uns voll im Roman von Walter Scott; und nur so läßt sich verstehen, wie der schottische Schriftsteller ohne große Mühe wahre Fakten von den Kämpfen der *highlanders* sammeln konnte, um sie mit seinen poetischen Fiktionen auszuschmücken (Araripe Junior, 1903, 1966, S. 106).

Den Vergleich beim Wort zu nehmen, würde in der Tat auf die Behauptung hinauslaufen, daß auch *Os Sertões* mit »poetischen Fiktionen« ausgeschmückt wäre, was für die Absicht des Buches und die Konzeption der Epoche geradezu ein Vorwurf wäre. Worin also liegt die Logik der Übereinstimmung? Implizit antwortet der Kritiker im letzten Teil seines Essays. Der Stil macht den Künstler aus:

> Von den Seiten dieses Buches gehen herzzerreißendes Wimmern, Kriegsgeschrei, Explosionen, Gebrüll in Käfigen gefangener wilder

> Tiere, Seufzer von Toten, Geräusche aller Art, Zähneklappern, weit entfernte Echos aus dem Inland und Getöse von Signalhörnern aus. Und der Stil umfaßt alles, indem er sich an alle Modulationen des Geistes anpaßt (a.a.O., S. 123).

Der letzte Teil des letzten Satzes wird Araripe wiederum als Prüfstein dienen, um in einem späteren Artikel anläßlich von *Contrastes e confrontos [Kontraste und Vergleiche]* Rui Barbosas Stil mit demjenigen Euclides da Cunhas zu vergleichen, wobei er diesem den Sieg zuspricht, weil bei ihm das Vibrieren die monotone Tonlage des Publizisten aus Bahia überwindet: [219]

> Ganz im Gegenteil zu dem, was sich am Stil des Gerichtsrates Rui Barbosa beobachten läßt, hat der Stil von Euclides da Cunha nichts Steifes. Das Gefühl bewegt sich bei ihm ganz dicht über der Erdkruste, die er beschreitet (Araripe Junior, 1907, 1966, S. 244).

Die Würdigungen Afrânio Peixotos als bekannt voraussetzend, sehen wir also, daß Euclides da Cunha für die meisten seiner Kommentatoren aufgrund der Tugenden seiner Sprache ein Dichter war; daß dies durch die Bescheinigung der Fähigkeit bestätigt wurde, zu fühlen und zu bewegen, die Harfe der Affekte erklingen zu lassen. Wiederholen wir noch einmal die Schlußfolgerung: dies ist die Kraft, die den Dichter vom Wissenschaftler unterscheidet, dem Herrn der kühl übermittelten Beobachtung. Wir insistieren auf dieser Schlußfolgerung, weil sie stichhaltig beweist, wie sich der Beobachtungskult durch entsprechende Anpassung bis zur Generation des Szientismus durchhielt. Erst jetzt ist der Baum ausgewachsen: die Fähigkeit guter Beobachtung wird der wissenschaftlichen Beurteilung vorbehalten, während vom Künstler verlangt wird, auf ihrer Grundlage die Mobilisierung der Gefühle des Lesers hinzuzufügen. Ausgehend von diesem Reflexionstyp ist die Idee von Euclides da Cunha als Mischung aus einem Soziologen und einem Schriftsteller, als Kombination aus einem Wissenschaftler und einem Literaten gefestigt worden. Die Grundlagen der Beurteilung, es fällt leicht, dies zu wiederholen, setzen eine radikale Differenz zwischen Wissenschaft und Kunst voraus – wobei die erste zerebrale Fähigkeiten kultiviert und die zweite die Saiten des Herzens erklingen läßt. Das Klischee hat derartige Wurzeln geschlagen, daß es noch in einem kürzlich erschienenen Text Gilberto Freyres Kommentar orientiert:

> Nur der Schriftsteller, der auch Dichter im weiten deutschen Sinne des Wortes ist, entdeckt die charakteristischsten inneren Eigenschaften der Personen, der Landschaften und der Gesellschaften, die er in seiner Kunst wieder zum Leben erweckt oder die er noch in der Bewegung überrascht. (...) Nur der große Schriftsteller: niemals ist es der Wissenschaftler, der nur Wissenschaftler ist, der klar und korrekt schreibt; auch nicht der Spezialist, der unfähig ist, über sein eigenes Spezialgebiet hinauszugehen, nicht um in fremde Spezialgebiete einzudringen, sondern um die Gegenstände, die er behandelt, als untereinander verbundene Ganze in den Griff zu bekommen (Freyre, G., 1966, S. 27).

Damit der Wissenschaftler nicht nur Wissenschaftler ist, ist es notwendig, daß er sein Gebiet verläßt und auch zum Dichter wird. Wenn diese Aussage so verstanden werden soll, daß er auch ein *faber* – ein *Schöpfer* [dt. im Original] im Deutschen – zu sein hat, geht der Satz nicht über einen abgegriffenen Gemeinplatz hinaus. Der Wissenschaftler, der nur Wissenschaftler ist, wäre das Äquivalent zu dem, was Thomas Kuhn »normale Wissenschaft« genannt hat, das heißt jene Wissenschaft, die das Modell eines bereits gefestigten Paradigmas nur auf Bereiche ausdehnt, die noch nicht erforscht sind (vgl. Kuhn, Th., 1962, ^{3}1978, S. 50). Wenn es sich aber um eine Binsenweisheit handelte, könnte man auf die Äußerung verzichten. Sie interessiert uns, um zu zeigen, daß das Zugeständnis einer poetischen Grundlage in *Os Sertões* eine bessere Rechtfertigung verlangt, um akzeptiert zu werden. Zuvor ist es noch interessant zu zeigen, daß [220] von José Veríssimo bis zu Gilberto Freyre die *Poetizität des Werkes von Euclides da Cunha ausgehend vom Primat der Beobachtung bestätigt wird,* der sich nach seiner Festigung zu Beginn des vergangenen Jahrhunderts und seiner Ausweitung infolge der Eingewöhnung der evolutionistischen Strömungen bis heute unbestreitbar hält. In den Kapiteln II und III sahen wir, daß sich die unterschiedliche Charakterisierung des Poetischen und des Wissenschaftlichen seit dem XVIII. Jahrhundert ausgehend von der Theoretisierung über den Diskurs der Geschichte gefestigt hatte. Dabei handelte es sich aber nicht nur um eine verspätete und vereinfachte Adaptation unsererseits. Seit unserer Romantik ließ das Privileg der Beobachtung die Autoreflexivität dysfunktional werden, indem die kompensatorische Phantasie, die vom paradigmatischen »Oh, welche Sehnsucht ich habe« verkörpert wurde, mit der Ausübung des Imaginären vermischt wurde, und die Literatur stellte sich in den Dienst des Landes und der Melancholien des Autors. Mit dem Eintritt des Szientismus, und dem europäischen Paradigma der klassischen Wissenschaft, wurde die Distinktion zwischen der »neutralen«, unpersönlichen, rein analytischen Beobachtung, die für wissenschaftliche Beobachtung gehalten wurde, und der bewegten, personalisierten, konkretisierenden Beobachtung aufgestellt, die als poetische Beobachtung betrachtet wurde. Da Euclides da Cunha beide beherrschte, eröffnete sich ihm ein hervorragendes Alibi: sollte die Wissenschaft, auf die er sich gestützt hatte, nicht mehr akzeptiert werden, öffnete ihm die Literatur großzügig ihre Pforten. Das zuvor betrachtete Beispiel Michelets zeigt, daß es nicht unser Privileg ist, die Literatur als Erlösung von Schriftstellern zu verwenden, unter der Gefahr freilich, daß sie die Ewigkeit verlieren. Wir sagen also nicht, daß Euclides da Cunha kein Recht hatte, auch literarisch betrachtet zu werden. Wir behaupten nur, daß es, wenn dem so geschah, dafür andere Gründe als die bereits publizierten gibt. Die folgenden Seiten werden in die Richtung dieses Ziels gelenkt, die sich aus genau diesem Grunde in das Meisterwerk von Euclides da Cunha selbst versenken müssen.

2. Der soziologische Transformismus in *Os Sertões*

Im Oktober 1897 kehrt der Korrespondent des *O Estado de São Paulo* nach Beendigung des Widerstandes im Inland nach Salvador zurück und geht anschließend wieder in den Süden. Nach einer Erholungsphase auf dem Anwesen seines Vaters kehrt er in die Hauptstadt von São Paulo zurück, wo er im Januar 1898 zum Ingenieur für Öffentliche Bauarbeiten ernannt wird. Im darauffolgenden Jahr treffen wir ihn in São José do Rio Pardo (São Paulo), wo er bis 1901 bleiben sollte. Dies ist, wie seine Biographen feststellen, die fruchtbarste Periode im Leben des Nomadenschriftstellers. In São José studiert Euclides da Cunha in der Nähe der Baustelle in den Augenblicken der Ruhepausen während der Rekonstruktionsarbeit an der Brücke die Komposition des Buches und führt die Arbeiten daran fort. Umgeben von einigen wenigen Freunden, darunter der legendäre Francisco Escobar, der ihm seltene Bücher leiht und ihm Texte aus dem Lateinischen übersetzt, [221] zählt Euclides da Cunha auf eine Equipe von desinteressierten Mitarbeitern, die bis heute seinen Namen und sein Werk verehren. Wie der verständnisvolle Olímpio de Sousa Andrade (vgl. 1966, insbes. Kap. 11–13) informiert, wandte der Schriftsteller sich ihretwegen, um eine seiner Bildungslücken zu schließen, den portugiesischen Klassikern zu und las Vieira, Bernardes, Herculano und Camilo. Im Jahre 1900 war das Werk vollendet. Erst im Dezember des darauffolgenden Jahres wurden die Bedenken des Herausgebers, des Laemmert Verlages, zerstreut, der es im Dezember 1902 veröffentlichte. In den intellektuellen Kreisen der Bundeshauptstadt unbekannt, fürchtete Euclides da Cunha vor allem die Reaktion des Militärs. Sie hat sich jedoch nur in zwei Artikeln von zwei Offizieren manifestiert, José da Penha (*Gazeta de Notícias,* 14. und 18. 12. 1902) und Moreira Guimarães (*Correio da Manhã,* 1903) (vgl. Peregrino, U., 1956, S. 67ff.). Von diesen winzigen Ausnahmen abgesehen, wurde die Reaktion durch die Lobeshymnen in den Artikeln von José Veríssimo (*Correio da Manhã,* 3. 12. 1902) und Araripe Junior (*Jornal do Comércio,* 27. 2. 1903) und durch den unerwarteten Verkaufserfolg erstickt. In zweieinhalb Monaten waren die tausend Exemplare verkauft, und im Juli 1903 erschien die zweite Auflage. »Es handelte sich«, sagt Sílvio Rabelo, »um einen Fall, den der Buchmarkt unseres Landes noch nicht gekannt hatte« (Rabelo, S., 1948, 1966, S. 215). Während die Berichterstattung über Canudos schon seit langem aus der Tagespresse verschwunden war, sollte das Werk von Euclides da Cunha sie wiederbeleben, aber nicht in der Form journalistischer Aktualität, sondern als Reflexion über die Unwissenheit hinsichtlich unserer selbst. Ja gerade wegen dieses Charakters einer Entdeckung des unbekannten Inlandes sollte das Publikum der Epoche, während es die vom Buch proklamierten literarischen Tugenden akzeptierte, nicht zugestehen, daß es ein fiktionales Werk wäre, zumindest aber ein historischer Roman. Aus diesem Grunde entkam Euclides da Cunha dem Skandal, der sich ereignet hätte, falls Siqueira de Menezes, einer der Offiziere, die der Autor am meisten glorifiziert hatte, die Erklärungen publiziert hätte, die er einem mündlichen Gespräch mit Gilberto Amado vorbehielt. Dieser erzählt in seinen Memoiren, daß sich Ende 1911, als er nach Aracaju [der Hauptstadt des Staates Sergipe] ging, der damals bereits zum General avancierte Siqueira de Menezes im Regierungspalast zu einer Visite beim Präsidenten von Sergipe aufhielt. Mit der Absicht, ihn zu rühmen, brachte er ihm den Autor von *Os Sertões* in Erinnerung. Zu seiner Verblüffung soll sich der folgende Dialog entsponnen haben:

> ›Das ist eine Lüge! Erzählen Sie mir nichts von diesem ...‹ (Ein Wort, das mir schwerfällt, über Euclides zu schreiben).
>
> ›Er hat mich nicht gesehen! Alles Lüge! Er ist nie dort gewesen! Ich habe ihn nie gesehen! Niemand hat ihn gesehen!‹ (...) Ich erinnere mich, daß ich noch, bevor ich ihm die Hand reichte, um mich zu verabschieden ... gestammelt habe: ›Aber General, die Details ... die Kleinigkeiten ... Euclides zeigt, wie Sie reiten, Entwürfe zeichnen, Grotten durchqueren, studieren, betrachten, führen ...‹
>
> Er blickte mich mit ernster Miene an und sagte:
>
> ›Lüge! Er hat nichts gesehen. Nichts von alledem ist wahr‹ (Amado, G., 1956, S. 177, 180).

Und Gilberto Amado kommentiert: [222]

> Die Schlußfolgerung ist zwingend: Euclides poetisierte die Person (...). Die Wissenschaft, die Tapferkeit, die Kontemplativität, die tiefgründige Seele des Expeditionsteilnehmers des Inlandes, des Banditen *[jagunço]* mit sonnengebleichtem Haar, sind prozessuale Überhöhungen, die von derselben eigenartigen Deformierung abstammen, von derselben sublimierenden Beredtsamkeit, die Castilhos dazu führte, das Wasser bei Ovid Lymphe zu nennen, und Coelho Neto dazu, das Messer oder die Machete, deren sich der Neger der Zuckerrohrplantage bediente, als Dolch zu bezeichnen (a.a.O., S. 181 f.).

Es ist unmöglich zu sagen, ob die Schlußfolgerung korrekt ist oder welche Motive den Gefühlsausbruch des Exkombattanten rechtfertigten[2]. Seine eigene Entrüstung verweist jedoch darauf, warum das Zugeständnis des literarischen Charakters des Werkes

2 Für eine ausführliche Untersuchung der Rolle von Siqueira de Menezes in Canudos vgl. Calasans, J. (1959), S. 25–43.

nicht auf das gefährliche Epithet »Fiktionswerk« rekurrieren konnte, das sich mit stilistischen Eigenschaften begnügen mußte. Während unsere Intellektuellen durch die Rua do Ouvidor schlenderten, sich am Eingangsportal von Garnier unterhielten, lautstarke Reden über Trivialitäten von sich gaben (vgl. Broca, B., 1957), die Stechuhr in irgendeinem Büro bedienten und auf Neuigkeiten aus Paris warteten, vertiefte Euclides da Cunha sich in »das tiefgründige Herz« des Landes und ließ »den brasilianischen Nationalismus« (Peixoto, A., 1919, 1944, S. 72) entstehen. Sein Werk rief dann eine Art von Empathie bei seinen Lesern hervor, die durch die Tragödie aus Leidenschaft verstärkt werden sollte, die ihn im August 1909 traf [er wurde vom Liebhaber seiner Frau erschossen]. Seit dem 50. Jahrestag des Erscheinens von *Os Sertões* scheint dieses gereizte Klima jedoch eher analytischen Werken zu weichen, unter denen die Sammlung von Artikeln der zeitgenössischen Presse über Canudos hervorsticht, die von Walnice Nogueira Galvão zusammengestellt worden ist, und die Veröffentlichung der Manuskripte von Antônio Conselheiro, die Euclides da Cunha selbst gehört hatten und einer Schenkung von Afrânio Peixoto entstammen, der sie offensichtlich nie konsultiert hat (vgl. Nogueira, A., 1974). Damit wollen wir zum Werk selbst kommen.
Bereits das *Vorwort* präsentiert uns einen Euclides da Cunha, der von der evolutionistischen Wahrheit überzeugt ist: da der Wandel der Zeit ihm nicht erlaubte, eine einfache Entwicklung dessen zu präsentieren, was die Kampagne war und aus der freilich die dort gegenwärtigen »Unterrassen« früh verschwinden sollten, sucht er »vor den Augen zukünftiger Historiker die ausdrucksstärksten aktuellen Züge der Unterrassen des Inlandes von Brasilien zu skizzieren« (Cunha, E. da, 1902, 1966, S. 93). Eine vorhersehbare Ausrottung – in Übereinstimmung mit einer Doktrin, die das Verschwinden der minderwertigen Rassen im Kontakt mit den stärkeren vorsah –, die als tragisch angesehen wurde, weil sie ein Symptom dafür war, daß die Zeit gegen uns war, indem sie nicht die notwendige langsame Fusion zur Errichtung einer großen Rasse erlaubte. Denn wenn, wie Afrânio Peixoto sagt, der »brasilianische Nationalismus« [223] mit *Os Sertões* anhebt, verläuft seine Entstehung parallel zur pessimistischen Sicht auf das Schicksal des Landes. Das Stigma der Rassen wird dreißig Jahre später durch das Stigma der Unterentwicklung ersetzt, das die Basis des zu-

künftigen Romans des Nordosten ist. Aber das durch unsere Ausbildung vererbte Drama sollte noch viel gravierender sein, als diese Anfangsüberlegungen andeuten. In Wahrheit nimmt das Drama mit dem ersten der drei großen Teile des Werkes, *A Terra [Das Land]*, Gestalt an. Die geologische Studie über die Region, die das Becken des Flusses São Francisco einschließt, zeigt den möglichen Irrtum des Ortsunkundigen:

> Zuerst tauchen die mächtigen Granit-Gneis-Massen auf, die sich vom äußersten Süden her in einer Kurve zu einem ungeheueren Amphitheater wölben und die bewundernswerten Landschaften erheben, die so sehr die ungewohnten Blicke der Ortsunkundigen entzücken und trügen (a. a. O., S. 96).

Sie werden getäuscht, nicht weil die Küstenlandschaft nicht schön wäre, sondern weil dieser Eindruck nicht widergibt, wie die Region ist. Die Entfernung von der brasilianischen Küste und das Eindringen in das Becken des São Francisco würden ihren wahren Anblick zeigen:

> Die letzten Überreste der begrabenen Felsen, von denen nur kleine Stücke sichtbar werden, die kaum die Größe des sehr alten »brasilianischen Himalaja« in Erinnerung rufen, das im Laufe der Zeit in kontinuierlicher Auflösung begriffen, zerbröckelt ist (a. a. O., S. 99).

Die unerfahrenen Ortsunkundigen würden sich schließlich täuschen, weil jene Wüste des Inlandes das Bild des Todes, der Auslöschung und des verdunsteten Wassers verbirgt:

> Und je unerfahrener der Beobachter ist – wenn er sich von den majestätischen Anblicken abwendet, die sich im Süden entfalten und die er für die bewegenden Szenerien jener gegeißelten Natur hält, gewinnt er den nachhaltigen Eindruck, den vor kurzem an die Erdoberfläche gekommenen Grund eines erloschenen Meeres zu betreten, der in seinen harten Schichten noch die stereotype Bewegung der Wellen und der Strudel aufweist (a. a. O., S. 107).

Sogar bevor man das Inland *[sertão]* betritt, ist die Natur »deprimierter und aufrührerischer« (a. a. O., S. 100). Das Bild des in die Erde gepflanzten Todes wird folglich durch das Bild des Ungleichgewichts antizipiert – eines der Lieblingswörter des Autors:

> In der Tat gibt es bei dem erstaunlichen Grad, in dem die ausgewaschenen Abhänge der Hochebene zum Meer oder zum toten Wasser von Paulo Afonso abfallen, [224] keine Gleichgewichtssituationen für ein normales hydrographisches Netzwerk. Dort regiert die chaotische Drainage der Sturzbäche, die jener Gegend von Bahia außergewöhnliche und wilde Erscheinungsformen aufdruckt (ebd.).

Die Landschaft nimmt somit einen phantasmagorischen Charakter an, ist ein »fremdes Territorium«, das von den Expeditionen ins Landesinnere gemieden wird, so daß »die vierhundert Jahre unserer Geschichte vollständig vergessen sind« (a. a. O., S. 101). So verläuft die geologische Beschreibung, die, wie Sílvio Rabelo und Sousa Andrade sagen, auf den Anmerkungen und Lehren von Teodoro Sampaio und Orville Derby basiert, parallel zur Konstruktion eines monströsen Amphitheaters, das aus Ruinen und Klima- bzw. Regenfallschwankungen gemacht ist. Ein Ungleichgewicht und eine Dürre, die sich nur mit der aggressiven Einöde der Kakteen zu vertragen scheinen. Die geologische und klimatische Beschreibung dient der objektiven Beobachtungsabsicht des Autors als Unterstützung (nur einem Techniker käme es zu, über ihre Korrektheit zu sprechen). Zur gleichen Zeit wird eine Anthropomorphie der Natur konstituiert, so daß sie stark expressionistisch erscheint. Die Dichte des Satzes, preziös und gewunden, ein mit Wissenschaft bewaffneter Zentaurus, gibt sich für diese doppelte Funktion her:

> Die reißenden Regenfluten, die für solche extremen Klimawechsel typisch sind, die nach langen Sonnenperioden plötzlich eintreten und auf jene Hänge niederprasseln, fördern schon seit langer Zeit, indem sie alsbald alle gelockerten Elemente fortreißen, die ältesten Serien jener letzten Sprößlinge der Berge zutage: alle Arten von Kristallen, rauhe Quarze, Phylliten und Kalzite, die aufeinanderfolgen oder verwachsen sind, und die bei jedem Schritt rauh erscheinen, kaum verdeckt von einer verkümmerten Flora – dies fügt sich zu Szenerien zusammen, in denen vor allem der gequälte Aspekt der Landschaften hervorsticht (a. a. O., S. 105).

Aber der Interpret würde sich irren, wenn er zu dem Schluß käme, die Anthropomorphisierung der Natur wäre durch die Absicht geleitet, den Satz zu verschönern oder ihn über die Aussagen »eines Wissenschaftlers, der nur Wissenschaftler ist«, hinauszuführen. Diese Behauptung setzt voraus, daß eine neutrale Beobachtung möglich wäre und der Agent wie ein bloßer Registrator des Phänomens funktionierte. Dies war vielleicht Euclides da Cunhas Glaube – vgl. den Brief an José Veríssimo. In Wahrheit jedoch hört eine Beschreibung nicht auf, wissenschaftlich zu sein, weil sie selektiv ist – ungeachtet der Tatsache, ob sie gut oder schlecht formuliert wird. Die zu diskutierende Frage ist der *Grad* dieser selektiven Subjektivität, die fähig oder unfähig ist, ihren Charakter als *Realitätsdiskurs zu überschreiten* und *ihn* im positiven Fall in einen fiktionalen Diskurs *zu verwandeln*. Aber die Erfassung des phantasmischen Charakters der Region erschöpft sich noch nicht in dem, was wir bereits präsentiert haben. Während er häufig aus der Darlegung alter Kataklysmen resultiert, hängt er in vielen anderen Fällen von aufeinanderfolgenden Sinnestäuschungen ab. Kataklysmus, Ruine und Sinnestäuschung werden in einigen Fällen in einem und demselben verschlungenen [225] Satz miteinander verbunden – »dieselben Gneis-Erscheinungen, die launisch in fast geometrische Ebenen gespalten sind, in Form von Quaderblöcken, die an zahlreichen Punkten zum Vorschein kommen, vermitteln manchmal die Illusion, plötzlich auf jene leeren, majestätisch ruinenhaften Orte von Schlössern zu stoßen (...)« (a.a.O., S. 105) –, in anderen Fällen werden sie getrennt, mit der Hervorhebung dieses oder jenes Aspektes. Da die Vision des Wüsten- und Katastrophenlandes viel reichhaltiger vorhanden ist, wollen wir nur ein Beispiel von der Sinnestäuschung geben:

> Wenn der Beobachter aus der Ferne jene herausragenden Gipfel am Horizont sieht, hat er den vergnügten Eindruck, sich auf einem sehr hohen Plateau zu befinden, einer unvergleichlichen Schönheit, die auf den Bergen ruht (a.a.O., S. 111).

Wir befinden uns bereits in der Nähe der Kampfszene auf der Höhe des Berges Favela, und die wunderbare, soeben entfaltete Illusion diente dazu, die »naive Imagination« der Bewohner des Inlandes *[sertanejos]* glauben zu lassen, daß »dort der Himmel war« (a.a.O., S. 110). Dem ortsunkundigen Schriftsteller stellte sich die Sinnestäuschung in anderen Farben dar; anstatt ihm als Himmel zu erscheinen, stellte sie sich ihm wie eine schnelle Abfolge halluzinatorischer Bilder dar:

> Nachdem es den steilen Abhang hinuntergerutscht war, blieb es weiter unten, auf halbem Abhang, zwischen Felsen eingeklemmt. Es blieb, fast stehend, mit den Vorderhufen fest auf dem Felsvorsprung, und dort verharrte es wie ein Fabelwesen, aufgerichtet über dem Berghang, als ob es beim letzten Abwurf seiner paralysierten Last bockte, mit allen Lebenszeichen, vor allem als die rauhen Böen des »Nordostens« vorbeizogen, um seine auf und ab wehende Mähne zu bewegen... (a.a.O., S. 114).

Eine Halluzination, die im zitierten Kapitel intensiver wird, da ihrer Formulierung die Lokalisierung der Überreste eines der Opfer einer früheren Expedition vorausgeht:

> Am Eingang des Lagers in Canudos hob sich eines der Pferde auf beeindruckende Weise von allen anderen ab. Es war das Pferd eines Mutigen, des Alferes Wanderley; und es hatte sich gemeinsam mit seinem Kavalleristen zu Tode gestürzt (ebd.).

Abgesehen von dem expressionistischen Zug, der bei Tolstoj nicht existierte, erklären derartige Passagen, warum die Leser von Euclides da Cunha bei ihm Ähnlichkeiten mit *Krieg und Frieden* entdeckten. Aber wir wollen nicht vergessen: diese ganze Anthropomorphisierung ist weder ein autonomes noch ein auferlegtes, paralleles Gewebe zur Absicht der Beschreibung der geologischen Bedingungen, unter denen sich der Kampf abspielte. Sie wäre gewiß von der Feder eines Analytikers vermieden worden, [226] dem weniger an einer persönlich gehaltenen Würdigung gelegen hätte. Zweifellos hätte eine solche Vermeidung das Werk auch in die Nähe eines Berichtes gerückt, der heute bereits von anderen, detaillierteren und präziseren, überboten werden könnte. Würde aber die parallele Anthropomorphisierung ausreichen, um Euclides da Cunha im Feld der Literatur anzusiedeln? Wir begnügen uns an dieser Stelle damit, an eine der Schlußfolgerungen zu erinnern, die dem vorherigen Kapitel entnommen ist: im Gegensatz zum Glauben an die absolute Objektivität, die der Historiographie und der Wissenschaftstheorie des vergangenen Jahrhunderts eigen ist, wissen wir heute, daß die Arbeit des Wissenschaftlers nicht impliziert, seine Position im sozialen Raum und seine Reaktionsweise im Untersuchungsfeld zwischen Klammern zu setzen. Sogar die physische Position des Beobachters greift in den Charakter seiner Beobachtung ein.

Für unser Vorhaben reichen die oben gemachten Anmerkungen aus: der erste konstitutive Block von *Os Sertões* zielt darauf ab, das physische Ambiente von Canudos zu präsentieren. So, wie es jedoch aufgezeigt wird, ist dieses Ambiente keine reine und neutrale Verpackung, sondern ein Amphitheater, das das Schicksal seines Bewohners antizipiert, den es zu kontaminieren scheint oder das von ihm kontaminiert zu sein scheint. So wie Euclides da Cunha das Inland präsentiert, tritt der Mensch auf, bevor er behandelt wird. Somit beginnt sein Teil, *O Homem [Der Mensch]*, indem die biologische Soziologie noch mehr hervorgehoben wird. Er hebt an erster Stelle das Portugiesische hervor, »den aristokratischen Faktor unserer *Leute* [frz. im Original]« (a.a.O., S. 138). Ihm wird die Brutalität des Eingeborenen hinzugefügt, dessen »mentaler Zustand« den Versuch der Jesuiten hatte scheitern lassen, ihn «zu den Abstraktionen des Monotheismus« (a.a.O., S. 155) gelangen zu lassen. Eine Minderwertigkeit, die mit derjenigen identisch ist, die für das Afrikanische reserviert wird, das es trotz der Anstrengung der besten Lehrer nicht geschafft hatte, »sich zumindest dem durchschnittlichen intellektuellen Niveau des Indoeuropäers anzunähern« (a.a.O., S. 168). Der Makel der minderwertigen Rasse sollte auf die Mestizen übergehen, von denen der Bewohner des Inlandes *[sertanejo]* eine Variante ist, so daß er in einer »Entwicklungsphase« zurückgelassen wurde, »in der nur das Reich eines Oberpriesters oder Kriegers angemessen ist« (a.a.O., S. 231).[3] Euclides da Cunha macht die Idee, die bereits zu Beginn

3 Der Satz von Euclides da Cunha wird in der Äußerung von Nina Rodrigues breitgetreten: »Die Bevölkerung des Inlandes ist und wird lange Zeit monarchisch sein, denn in dem minderwertigen Stadium der sozialen Evolution, in dem es vermutet wird, fehlt ihm die präzise mentale Fähigkeit, um die Substitution des konkreten Repräsentanten der Macht durch die Abstraktion, die er verkörpert, durch das Gesetz, zu verstehen und zu akzeptieren. Sie braucht instinktiv einen König, einen Führer, einen Mann, der sie leitet, der sie führt, und lange Zeit noch werden der Präsident der Republik, die Präsidenten der Staaten und die lokalen politischen Führer ihr König sein, wie in ihrer religiösen Minderheit der Priester und die Bilder weiterhin ihre Götter bleiben. Sie werden Monarchisten sein, wie sie Fetischisten sind, weniger aus Unwissen als aufgrund ihrer mangelhaften oder unvollständigen intellektuellen, ethischen und religiösen Entwicklung« (Rodrigues, N., 1897, 1939, S. 69f.).

des Werkes geäußert wurde, komplexer: da wir keine einheitliche Rasse besitzen, andererseits aber zur Zivilisation verdammt sind, «und weil wir nicht die notwendige Zeit [227] für die Bereinigung der Kreuzungen haben, bleibt uns nur zu hoffen, daß die Stabilität der Institutionen die ethnische Stabilität garantiert, die uns die Zeit entzieht« (a.a.O., S. 141). Zu diesem Zweck wäre es in den Regionen mit feindlichem Klima außerdem unerläßlich, daß der Weiße sich kreuzte, um somit die größere Widerstandskraft der minderwertigen Rassen zu erlangen. Sonst würde im Lande das geschehen, was der Euclides da Cunha von damals glaubte, daß es im Gebiet des Amazonas und anderen Gebieten geschähe, in denen zwangsläufig Kontakt zwischen den verschiedenen Rassen herrscht:

> Wie der Engländer auf Barbados, in Tasmanien oder in Australien, so wird der Portugiese im Amazonasgebiet, wenn er vor der Kreuzung flüchtet, nach wenigen Generationen auf tiefgreifende Weise seinen physischen und moralischen Charakter verändern, angefangen von der Hautfarbe, die sich auf Grund des Bodens und der unvollständigen Eliminierung des Kohlenstoffs verfärbt, bis zum Temperament, das, bar der primitiven Qualitäten, geschwächt wird (a.a.O., S. 148).

Obwohl der Autor das Postulat der Überlegenheit der weißen Rasse beibehält, besitzt er die Geschicklichkeit, den Absolutheitsanspruch der Behauptung abzuschwächen: die Rassenmischung wird für ihn ein Makel bleiben; in der unmittelbaren, derzeitigen Situation jedoch wäre sie ein geringeres Übel, das in der Lage wäre, den vollständigen Zusammenbruch der überlegenen Rasse zu verhindern. Im Süden dagegen wurde der primitive Kolonisator durch positive mesologische Bedingungen begünstigt. Während er im Nordosten und im Norden gezwungen wurde, zurückzuschreiten, um sich anzupassen, konnte er in der entgegengesetzten Region mit der Zivilisation Schritt halten. Die kontrastierende Sichtweise, die mit den Prinzipien des Evolutionismus zusammenhing, der sie bereits beherrschte, besaß alles, um Euclides da Cunhas soziologische Interpretation zum Scheitern zu verdammen. Die Intelligenz jedoch, die er bereits bei der »Erklärung« der Notwendigkeit der Rassenmischung in einer aggressiven Umgebung gezeigt hatte, bringt nun ein schlicht brillantes Ergebnis hervor: die dem Bewohner des Inlandes *[sertanejo]* von den mesologischen Bedingungen auferlegte soziokulturelle Isolation hat seine ethnische Degeneration verhindert, indem sie ihm erlaubte, »der Typ einer bereits konstituierten ethnischen Subkategorie« (a.a.O., S. 166) zu sein. Euclides da Cunha mußte sich der Kritiken bewußt gewesen sein, denen er sich von seiten der Evolutionisten aussetzte. So sehr, daß er eine Klammer öffnete, um die kanonische These zu wiederholen – »(...) der Mestize – Merkmal einer Vereinigung zwischen den Rassen, eine kurze individuelle Existenz, in der die jahrhundertealten Bemühungen komprimiert werden – ist, fast immer, ein Unausgeglichener« (ebd.). Erst nachdem er sie wiederholt hat, bringt er stichhaltig seine These zum Ausdruck: der Bewohner des Inlandes *[sertanejo]* »ist ein Rückschrittlicher, er ist kein Degenerierter« (a.a.O., S. 169), denn die Vernachlässigung, in der er verharrte, hatte die wohltuende Funktion, ihn »von der schmerzlichsten Anpassung an ein höheres soziales Stadium« zu befreien (a.a.O., S. 168). Innerhalb der Grenzen der biologischen Soziologie sollte dies die höchstzulässige Nachgiebigkeit sein. Jede Theorie ist selektiv und besitzt somit Grenzen. In seiner europäischen Version konnte der Transformismus nicht die Widerstandskraft der Bewohner des Inlandes gegenüber den soviel besser ausgerüsteten Expeditionen erklären. [228] In diesem Sinne wurde die Akzeptanz der Erklärung der monarchischen Verschwörung, bei der Canudos sogar die Unterstützung ausländischer Offizieller erhielt, durch den Szientismus der Eliten der Hauptstadt erleichtert. In dem Maße jedoch, wie Euclides da Cunha, noch als Korrespondent, die politische Hypothese aufgegeben hatte, begann er auf ein Enigma zu stoßen: wie leistete eine ethnisch verseuchte Bevölkerung der Belagerung durch militärische Truppen und moderne Waffen Widerstand? Durch die Umstände gezwungen, entfaltet der Autor eine Variante, die sich nicht in den Traktaten seiner Meister befand: weil die Gesellschaft des Inlandes isoliert war, schaffte sie es, das Gefälle der unvermeidlichen Dekadenz aufzuhalten. Wir wollen dem Autor jedoch nicht zuschreiben, was ihm rechtmäßig nicht zukäme. Die Isolation, die er aufdeckt, ist, obwohl sie noch kulturelle Spuren enthält, in fundamentaler Weise von biologischen Merkmalen beherrscht. Er geht nicht von der Idee des *Isolats*, im gängigen Sinne der derzeitigen Soziologie, aus, denn diese impliziert die Aufrechterhaltung kultureller Spuren, die in der umgebenden Umwelt verloren gegangen sind. Die Richtigstellung ist entscheidend für das Verständnis, warum Euclides da Cunha die Bemühungen der Missionare für gescheitert gehalten hatte. Sie wurden frustriert, weil »das unvollkommene Bewußtsein der Hinterwäldler, wie ein Palimpsest, in den unruhigen Zeiten alle Stigmata eines minderwertigen Stadiums aufweist, indem es inmitten der schönsten Ideale des unverstandenen Katholizismus zerbricht« (a.a.O., S. 188). Genau diese These des Rückschritts hatte Sílvio Romero kurz zuvor negiert. Wie es in der Epoche üblich war, verliefen für Euclides da Cunha die biologische und die soziologische Linie parallel, immer in einer Entwicklung in aufsteigender Richtung. Wenn eine Bevölkerung folglich einen retardierten biologischen Vorrat aufwies, mußten ihre sozialen Institutionen ebenfalls zurückgeblieben sein. Möglicherweise hat der abendländische Ethnozentrismus niemals einen kohärenteren Ausdruck erreicht. Damit seine Stärke sichtbar wird, wollen wir angesichts des diskutierten Falles folgendes anmerken. Wir hatten den Essay von Sílvio Romero zum Thema *Der Haeckelianismus in der Soziologie* gelobt, weil er die allgemeine These richtigstellt, von der Euclides da Cunha sich niemals entfernte. Nun gut, im vorliegenden Fall gingen die Meinungen der beiden Autoren nicht auseinander, denn Sílvio Romero hob hervor, daß das Gesetz der Rückschrittlichkeit nur eine gewisse Wahrheit angesichts »des Vergleichs von Kolonialvölkern mit denjenigen, die sie erzeugt hatten« zum Ausdruck bringt (Romero, S., 1901, S. 23). Dies ist möglich, weil *»die gesamte Kolonie die politische, ökonomische, religiöse, etc. Struktur des Mutterlandes in der Zeit reproduziert, in der sich die Kolonisation vollzogen hat«* (a.a.O., S. 40). Nun, ist es nicht genau das, was mit dem Bewohner des Inlandes *[sertanejo]* geschehen sollte, aufgrund der Isolation, mit der er sich geschützt hatte und die ihn zum Zeitgenossen der Werte Portugals zum Zeitpunkt der Entdeckung machen sollte? Da Euclides da Cunha die Frage vorhersah, antwortete er:

> Auch fehlt ihr [der Gesellschaft des Inlandes] nicht der politische Mystizismus des *Sebastianismo*, um die Ähnlichkeit abzurunden. In Portugal ausgelöscht, lebt er heute unversehrt auf einzigartig beeindruckende Weise im Inland des Nordens weiter (a.a.O., S. 188). [229]

Folglich verriet der Evolutionismus, sogar nachdem er von brasilianischen Denkern korrigiert worden war, seine Prägung durch das Mutterland. Da Euclides da Cunha innerhalb des evolutionistischen Zirkels blieb, mußte er, sosehr er auch mit den Bevölkerungsgruppen, die er zu verteidigen suchte, sympathisiert haben mag, ein Fremder bleiben – ein im voraus verurteilter Fremder. Aus diesem Grunde mußte seine Beurteilung Antônio Conselheiros auf unvermeidliche Weise verlaufen. Indem er sich wie Simão Bacamarte, der Psychiater von Machado de Assis und Spezialist in der Katalogisierung von Geisteskrankheiten, verhält, findet Euclides da Cunha, hier noch geleitet von Nina Rodrigues' *A Locura epidêmica de Canudos [Die epidemische Geisteskrankheit von Canudos] (1897)*, Gefallen daran, die vermeintlichen Kameraden des Führers des Inlandes zu nennen. Es sind »hysterische Doktoren«, »abscheuliche Fälle geistiger Umnachtung«, die aus dem Gleichgewicht geraten und verrückt sind. Conselheiro selbst ist »ein seltenes Dokument von Atavismus«, in dem »alle naiven Glaubensrichtungen, vom barbarischen Fetischismus bis zu den katholischen Anbetungen, alle impulsiven Neigungen der minderwertigen Rassen, die frei in der Disziplinlosigkeit des inländischen Lebens ausgeübt werden, in seinem trotzigen und extravaganten Mystizismus kondensiert waren« (a.a.O., S. 194). Während Euclides da Cunha sich folglich von der Idee einer monarchischen Verschwörung befreien konnte, war er indessen unfähig zu sehen, daß das Verbrechen der Strafexpedition wesentlich weiter gehende Dimensionen hatte. Man könnte einwenden, unsere Kritik sei nicht gerechtfertigt, weil sie auf der Lektüre der Manuskripte Conselheiros beruht, die Euclides da Cunha selbst nie zu Rate zog. Wir bezweifeln jedoch, daß sie in der Lage gewesen wären, sein Urteil auf drastische Weise zu verändern, weil seine Interpretation der Person, die er für einen »bemerkenswerten Fall intellektueller Degeneration« hielt, den er aufgrund eines »Erbfehlers« angriff, aus dem ganzen evolutionistischen Arsenal hervorging, das durch die Lektüren von Lombroso und Maudsley verstärkt worden war. Darüber hinaus lastete auf der Verdammung des Bewohners des Inlandes *[sertanejo]* das antireligiöse Gefühl, das Euclides da Cunha mit den fortschrittlichen Intellektuellen der Zeit teilte. Ohne die feindliche Einstellung zur Religion und ohne den Bacamarte-Komplex, präsentiert uns Ataliba Nogueira heute einen anderen Conselheiro:

Weder vollbringt er Wunder, noch schreiben ihm seine enthusiastischen Bewunderer die Vollbringung irgendeines Wunders zu. Er übernimmt weder die Funktionen eines Priesters, noch die eines Arztes oder eines Pharmazeuten. Er ist kein Heiler. Sie nennen ihn nicht Guter Jesus. Er präsentiert sich nicht als Gesandter Gottes. Er ist kein Prophet. Er predigt nur die Doktrin der Evangelien und der Tradition der Römisch-Katholischen Kirche (Nogueira, A., 1974, S. 8).

Nur, »indem er sich auf die Seite des armen und bedürftigen, geplünderten und unterdrückten Volkes stellt, bringt Antônio Conselheiro gewisse religiöse und zivile Autoritäten gegen sich auf« (a.a.O., S. 8f.). Dies sind gewiß keine Fakten, die Euclides da Cunha unbekannt gewesen wären; er selbst lenkt die Aufmerksamkeit auf den [230] Groll von Priestern, die Conselheiro als Rivalen empfanden. Als Kommentar zu Nina Rodrigues' Artikel von 1897 beobachtet Sílvio Rabelo, daß es »in dieser ablehnenden Haltung Conselheiros gegenüber den republikanischen Reformen einen Reflex der Kampagne« gab, »die der katholische Klerus innerhalb und außerhalb der Kirchen gegen das erst im Anfangsstadium des Landes befindliche Regime eröffnet hatte« (Rabelo, S., 1948, 1966, S. 68f.). Die Kenntnis seiner ›Predigten und Reden‹ würde nurmehr bestätigen, daß er nichts Unausgeglichenes hatte. Texte, die der Devotion und der spirituellen Reflexion gewidmet waren, überraschen uns nicht allein aufgrund einer fast immer korrekten Sprachverwendung, sondern auch – und vor allem – aufgrund einer Bündigkeit, die in Kontrast zum feuerwerksartigen Stil der Hauptstadt steht. Die Moral, die er verkündigt, ist so nüchtern wie seine Sprache. Halten wir zum Beispiel fest, was er über den Ehebruch schrieb:

Und so mögen alle Frauen, die ihre Tugend in bezug auf Gott und ihren Frieden in bezug auf ihre Ehemänner bewahren möchten, sich nicht nur davor hüten, in eine so schreckliche Schuld zu fallen, sondern darüber hinaus ihren Ehemännern nicht den geringsten Anlaß zu Mißtrauen geben, denn häufig simulieren sie mit Geduld das, was sie anschließend zu Recht leidenschaftlich ausführen (zitiert nach Nogueira, A., 1974, S. 139).

Wie können wir annehmen, daß solche Worte zur »Promiskuität einer ungezügelten Hetärie« führten, die in *Os Sertões* (Cunha, E. da, 1902, 1966, S. 222) verkündet wurde? Wenn wir andererseits die Predigten Conselheiros durchforschen und aufs Geratewohl eine Passage herausnehmen – »Wenn Maria arm an irdischen Gütern war, während sie in Judäa lebte, ist sie noch ärmer aus Ägypten zurückgekehrt: hinzukommt, daß das Exil und die Entbehrungen so groß waren, daß sie noch mehr die Tugenden dieser gesegneten Seele läuterten« (a. a. O., S. 69) –, wie können wir sie mit der Idee einer »barbarischen und schauderhaften Rede« in Einklang bringen, die einen lächerlichen und schauderhaften Eindruck verursachte und von einem »in einer Vision der Apokalypse außer sich geratenen Possenreißer« (a. a. O., S. 206) geäußert wurde? Es war jedoch nicht allein der religiöse Faktor, der in dem geringschätzigen Unverständnis des Autors eine Rolle spielte. Der gemeinsame Besitz des Landes und der Güter erschien ihm als eine weitere Form barbarischer Rückschrittlichkeit:

> Sie verlangten nichts von diesem Leben. Deshalb hat das Eigentum sie zu einer übertriebenen Form des Stammeskollektivismus der Beduinen werden lassen: der Besitz war auf bewegliche Gegenstände und auf die Hütten beschränkt, absolute Gemeinschaft bestand hinsichtlich des Landes, der Weiden, der Herden und der knappen Erträge der Kulturen, deren Besitzer nur ihren Anteil erhielten, während der Rest in die *Gesellschaft* floß (...) In letzter Konsequenz führte diese Verarmung zur Preisgabe der schönen moralischen Qualitäten, die so lange in der patriarchalischen Existenz des Inlandes verfeinert worden waren (a. a. O., S. 221 f.).

Letzlich war der Evolutionismus für Euclides da Cunha weniger eine Theorie als vielmehr ein Schutzwall gegen alles, was seinem Ethnozentrismus zuwiderlief. [231] Es gibt nichts Befremdliches in dieser Konsequenz, da wir bereits aufgezeigt hatten, daß der Tatsachen- und Beobachtungskult ihn und seine Zeitgenossen dazu führte, die Funktion eines theoretischen Rahmens mißzuverstehen. Die Auffassung, daß die Beobachtung uns die Wahrheit des Objektes liefere, läßt uns vielmehr zum Objekt der Wahrheit unserer Vorurteile werden. Die Rolle einer Theorie ist auch eine ethische: indem sie abstrakt die zu beobachtenden, selektiven Elemente organisiert, schafft sie hemmende Bedingungen für den Fluß des gesunden Menschenverstandes. Der Evolutionismus hat sich bei uns so leicht durch die entgegengesetzte Tugend verwurzelt: indem er von der qualitativen Differenz der menschlichen Rassen ausging und den Weißen bevorzugte, ging er eine perfekte Verbindung mit zweien unserer Vorurteile ein. Der Weiße ist sozial überlegen; die Theorie ist nur eine elegante Anhäufung von Vorschlägen, die sich in der Praxis als lächerlich und dürftig erweisen. Der Evolutionismus wurde mit Leichtigkeit propagiert, weil er uns davon entband, unsere Denk- und Handlungsgewohnheiten zu ändern. Und der Intellektuelle machte sich zu einem Weißen, selbst wenn er ein Tapuio-Indianer war, weil seine größere Reflexionsfähigkeit ihm eine Überlegenheit über die anderen zusicherte. Während Canudos aus allen diesen Gründen für Euclides da Cunha Gegenstand einer Revolte und des Mitleids sein konnte, konnte es ihm dagegen keinerlei Sympathie abgewinnen. Sein Führer befand sich auf einer »perversen Mission«, aus seinen Predigten erschien die »extreme Gewagtheit der lateinischen Zitate«, die mangelnde familiäre Organisation beinhaltete die »Promiskuität einer ungezügelten Hetärie«, der kollektive Grundbesitz bedeutete einen Rückschritt zur »übertriebenen Form des Stammeskollektivismus der Beduinen«, die Siedlung war eine »monströse *urbs* aus Lehm, die sehr wohl die unheilvolle *civitas* des Irrtums [sic] definierte«, denn »die Strafen unterschieden sich nicht« und »die Häuser waren eine grobe Parodie der alten römischen Wohnung« (a.a.O., S. 215). Konnten dies zufällig fiktionale Züge sein, wenn es sich schon nicht um Früchte der wissenschaftlichen Beobachtung handelte?! Der Ethnozentrismus okkupiert einen riesigen Zwischenraum zwischen der Wissenschaft und der Literatur von Euclides da Cunha, was die Aufgabe der Lobreden so schwierig macht. Während also die Beschreibung des Landes im ersten Teil des Buches dem Autor erlaubte, mit dem Menschen der Region zu sympathisieren – eine Empfindung, die für die expressionistische Anthropomorphisierung verantwortlich ist, die wir hervorhoben –, führt uns der zweite Teil, *O Homem [Der Mensch]*, dagegen die ethnozentrische Sicht der brasilianischen Küste vor. Zum Glück für die brasilianische Kultur schwindet der Ethnozentrismus, als Euclides da Cunha sich umschaut und dessen ansichtig wird, was seine »weiße Rasse« ist. Zunächst sind die

Soldaten der föderierten Truppen ebenfalls Mestizen, die sich angesichts des Todes des Oberbefehlshabers der dritten Expedition von derselben Furcht ergreifen lassen wie die »Zurückgebliebenen«:

> Aber der Kampf des Inlandes hatte in jener Nacht begonnen, eine mysteriöse Gestalt anzunehmen, die er bis zum Ende beibehalten sollte. Die Soldaten waren in der Mehrheit Mestizen, aus derselben [232] rassischen Masse der Hinterwäldler geformt; niedergeschlagen vom Gegenschlag eines unerklärlichen Mißgeschicks, in dem ihr Führer, der den Ruf hatte, unbesiegbar zu sein, gefallen war, blieben sie unter der spannenden Suggestion des Wunderbaren, übermannt von übernatürlichem Terror, den extravagante Kommentare verschlimmerten (a.a.O., S. 318).

Anschließend werden die Institutionen des legalen Landes zu einer Fassade, zu Illusionen »einer geliehenen Zivilisation«. Euclides da Cunha denunziert die Abwendung der Eliten, die Gesetzesbücher kopieren, die sich nicht in Übereinstimmung mit dem Zustand des Landes befinden. Diese Überlegung wird der springende Punkt bei der Kritik an der Militärkampagne sein, sowohl an den vernichtend geschlagenen Expeditionen, als auch an der siegreichen Expedition, die alle an dort inadäquate Taktiken und Strategien gebunden sind. Wenn wir also die generelle Linie der Kritik betrachten, können wir sagen, daß die Entwurzelung der nationalen Institutionen neben der Metapher der *Vendée* die zweite basale Achse ist, über der *Os Sertões* errichtet wird. Die explizite Metapher der *Vendée* hat einen sehr viel weiter reichenden Gebrauch. Die implizite Metapher der Entwurzelung wird sich von der Sackgasse nähren, in die in zunehmendem Maße die evolutionistische Erklärung geraten wird. Da der dritte Teil des Buches, *A Luta [Der Kampf]*, den Zusammenstoß dieser beiden Achsen thematisieren wird, wollen wir zusammenfassend die Interpretation formulieren, die bis heute gelehrt wird. Der Kampf von Canudos hatte die Existenz von zwei Brasilien transparent werden lassen, auf der einen Seite ein Brasilien der Küste, das anscheinend zivilisiert ist und sich ausgehend vom Spiegel der Kulturnationen entwickelt, zum anderen ein Brasilien des Landesinneren, das stark, wenngleich regressiven Formen des sozialen Lebens verbunden ist. Im Lichte der antagonistischen Richtungen war die vorgebliche nationale Einheit nurmehr ein juristischer Mythos. Als die Presse des Südens die Basis von Conselheiro als einen monarchischen Brennpunkt interpretiert hatte, hatte sie lediglich den Versuch unternommen, einen Sinn zu konstituieren, durch den sie für die Menschen der Küste verstehbar wurde. Es handelte sich aber um einen arbiträren Sinn. Die Anstrengung von Euclides da Cunha bestand darin, ihn durch einen anderen, adäquateren zu ersetzen, der ebenfalls von seinen Zeitgenossen assimiliert wurde. Die Bewohner des Inlandes sind heroisch und zu einem Widerstand fähig, der erst mit dem sprichwörtlichen Tod des letzten Kämpfers endete, da sie sich vom verderblichen Mestizentum isoliert hatten. Wenn ihr Erfolg aber eine regressive Disposition von Sozialisationsformen implizierte, die für diejenigen inakzeptabel waren, die höherentwickelte Formen kennengelernt hatten, wie ließ sich dann eine einzige Nation bilden? Die Frage trifft den Evolutionismus in einem Zustand der Perplexität an. Da die Küste nicht »weiß« ist, könnte sie nicht in einen zivilisatorischen Faktor umgewandelt werden. Da die Isolation des Bewohners des Inlandes nur die Bundestruppen zu paralysieren half, nicht aber hilfreich war, um die Bewohner des Inlandes in den Status zivilisierter Städter zu erheben, wäre es ebensowenig eine Lösung, sie zu bevorzugen. In dem Kampf also, der den dritten und spannendsten Teil des Buches bildet, tauchen erneut zwei narrative Schichten auf. Die erste [233] behandelt das militärische Unternehmen im eigentlichen Sinne; die zweite, viel tragischere, wird am Ende unbeantwortet bleiben: es geht um die Suche nach einem Ausweg aus den Dilemmata des Landes. Während wir die erste Schicht verfolgen, wollen wir versuchen, die zweite zu streifen.

Während Euclides da Cunha bereits am Ende der letzten der Expeditionen in Canudos angelangt, scheut er sich keineswegs, die vorangegangenen Expeditionen zu analysieren. Für ihn hatte ihr Scheitern darin bestanden, den Gegner zu unterschätzen und eine Kampftaktik zu verwenden, die nur für den klassischen und auf europäischem Boden ausgetragenen Krieg geeignet war. Hier jedoch prallte sie auf die Mobilität und die genaue Kenntnis des Terrains auf seiten der Bewohner des Inlandes. Die unmittelbare Lösung hätte also darin bestanden, genau die Taktik der Gegner zu übernehmen.

> Wir hätten sie in einem solchen Augenblick übernehmen müssen. Es handelte sich zweifellos um einen unvermeidlichen Rückfall in die Zeit des primitiven Krieges (a. a. O., S. 251).

Wir haben es mit einer Erklärung zu tun, die das biologische Axiom, das die gesamte Interpretation orientiert hatte, in Gefahr zu bringen scheint. Wenn die Form des »primitiven Krieges«, die von den Bewohnern des Inlandes eingesetzt wurde, zu der Isolation paßte, mit der sie sich vor der Degeneration durch Rassenmischung geschützt hatten, und für die Umweltbedingungen angemessen war, würde ihre Übernahme durch die biologisch Überlegenen diese angeführte Überlegenheit widerlegen? Wozu würde schließlich der fortschrittlichste biologische Bestand dienen, wenn sich der Rückfall aufdrängt, um zu siegen? Das biologische Fundament zieht sich von der ersten Ebene zurück und überläßt den mesologischen Bedingungen das Feld. Falls Euclides da Cunha es zugegeben hätte oder sich der Modifikation bewußt gewesen wäre, hätte er sich in größerer Nähe zur kulturellen Definition des *»Isolats«* lokalisiert. Es wäre notwendig, die Disposition des Feindes im Kampf zu »imitieren«, weil dieser über einen für jene Kampfform adäquateren kulturellen Bestand verfügt. Eine Adäquanz, welche die Anhänger Conselheiros dazu führte, die eigene schwache Feuerkraft zu kompensieren und zugleich die Invasoren in Erstaunen zu versetzen und zu vernichten:

> In der Höhe tauchten in einiger Entfernung am Gipfel des Gebirges die Bewohner des Inlandes wieder auf. Es schien zwei Arten von Kämpfern zu geben: diejenigen, die sich schnell bewegten und auf den Wegen auftauchten und verschwanden, und diejenigen, die fest in den Positionen auf der Höhe verharrten. Während des Angriffs verstanden sie es auf geniale Weise, hinsichtlich der Reichweite und der geringen Geschwindigkeit des Ladevorgangs ihrer Waffen zu täuschen. Zu diesem Zweck formierten sie sich zu Dreier- oder Vierergruppen, die einen einzigen Schützen umgaben, durch dessen Hände nach und nach die Waffen wanderten, die von den unsichtbaren Kampfgenossen geladen wurden, die unten im Graben saßen. (...) Die Soldaten sahen, wie derselbe Körper, von Rauch verhüllt, verschwand, aber sofort wieder auftauchte, um mit dem Gewehr auf sie zu schießen (a. a. O., S. 271). [234]

Aber ähnlich wie die Generäle, die darauf bestanden, die von den Kriegshandbüchern empfohlene Disposition beizubehalten, weigert sich Euclides da Cunha, sein Interpretationsschema zu ändern. Er zögert nicht, über einen Leutnant von Conselheiro zu schreiben:

> Nun wurden sie von einem Mestizen von unübertrefflicher Tapferkeit und seltenem Mut namens Pageú befehligt. Ein echter Indianer-Negermischling, der in seinem impulsiven Temperament alle Neigungen der minderwertigen Rassen, aus denen er hervorgegangen war, vereinigte. Er war der vollständige Typ des primitiven Kämpfers – unbefangen, mutig und furchtlos – einfach und schlecht, brutal und infantil, tapfer aus Instinkt, heldenhaft, ohne es zu wissen – ein schöner Fall atavistischer Rückschrittlichkeit, eine retardierte Form eines grimmigen Höhlenbewohners, der sich dort mit derselben Verwegenheit aufrichtete, mit der er in frühen Jahrhunderten das Steinbeil in den Eingang der Höhlen geschleudert hatte (a. a. O., S. 277 f.).

Während die Bewohner des Inlandes also nicht von den Kugeln der Bundestruppen dezimiert werden, werden sie es durch die verbale Artillerie des Schriftstellers. In der Tat wurde Euclides da Cunha beim unerschütterlichen Festhalten an seiner biologischen Soziologie durch die Zusammensetzung der Bundestruppen unterstützt: der früh verstorbene Moreira César war auf einer Stufe der Evolution stehengeblieben, er war ein Epileptiker und Unausgeglichener (a. a. O., S. 285). Und unter den Soldaten hebt er das »Bataillon von Banditen *[jagunços]*« der Polizei von Bahia hervor:

> Sie besaßen das primitive Temperament einer Rasse, die in der Isolation der Hochebene, weitab jeglicher äußeren Einflüsse intakt geblieben war und unversehens in ihrer ursprünglichen Gestalt erschien; eine interessante Mischung unlogischer Attribute, in der sich eine bewundernswerte Naivität, eine Loyalität, die bis zur Selbstaufopferung geht, und der Heroismus, der sich bis zur Barbarei ausweitet, unterschiedslos vermischen (a. a. O., S. 341).

Auf beiden Seiten herrscht folglich ein Ungleichgewicht zwischen den Führern und der Primitivität der Masse. Von daher wird die Notwendigkeit eines Rückfalls in den primitiven Krieg nahegelegt, ohne daß sich die Revision der biologischen Prämisse als notwendig erwies. Trotzdem ist Euclides da Cunha nicht bereit, seine leitende These für siegreich zu erklären. Wenn er von ihr spricht, wie die zahllosen Zitate bezeugen, die wir angeführt haben, geschieht dies, um ihre Richtigkeit zu bestätigen. Aber der Zweifel bleibt, geschürt durch einen Heroismus, den er nicht zu erklären versteht. Wenn schlußendlich die Mestizen der Bundesexpeditionen bereits auf Bedingungen des primitiven Kriegs »zurückgefallen« waren und ihre Überlegenheit der Waffen sich immer mehr zum Vorteil entwickelte, wie konnten dann noch die isolierten Bewohner des Inlandes Widerstand leisten?

> Ihnen genügten nicht sechstausend *Mannlicher* und sechstausend Säbel; und das Schießen aus zwölftausend Armen und das Stampfen von zwölftausend Kothurnen; und sechstausend Revolver und zwanzig Kanonen, tausende von Granaten und tausende von *Schrapnells* [235] und die Metzeleien und die Feuersbrünste, und der Hunger, und der Durst; und zehn Monate des Kampfes, und hundert Tage ununterbrochenen Beschusses, und alles, was sie in Schutt und Asche legten; und das unbeschreibliche Bild der zerstörten Kirchen; und schließlich, in den Überresten zerbrochener Bilder, zerstörter Altäre, zerschmetterter Heiligenfiguren – unter dem Gleichmut eines klaren und ruhigen Himmels –, der Fall eines flammenden Ideals, die absolute Auslöschung eines trostspendenden und starken Glaubens (a. a. O., S. 479).

Und wie war es zu verstehen, daß nach dem Krieg nicht nur keine Kriegsbeute gemacht wurde, sondern daß es auch nicht einen einzigen Kriegsgefangenen zu nehmen gab?

> Canudos hat nicht kapituliert. Es ist ein einzigartiges Beispiel in der ganzen Geschichte, es hat bis zur völligen Auslöschung Widerstand geleistet (...) Es ist am 5. [Oktober] in der Abenddämmerung gefallen, als seine letzten Verteidiger fielen, die alle starben (a. a. O., S. 488).

Die evolutionistische Erklärung konnte noch in einem Augenblick halber Niederlage etwas über die Tapferkeit der Bundestruppen sagen, denn die Unfähigkeit der »rauhen Soldaten«, die Abstraktionen der Führungsspitze zu verstehen, führte dazu, daß sie vom Beispiel der konkreten Anführer galvanisiert wurden, das sie belebte. Aber auf seiten der Bewohner des Inlandes war Conselheiro bereits tot, ebenso wie seine tapfersten Hauptleute. Jener Heroismus war also unergründlich. Der Transformismus besaß keine Möglichkeit, ihn zu erklären. Denn nicht einmal mehr die Vertrautheit mit der Umgebung reichte aus, um ihn zu verstehen. Die Belagerten konnten nur aus einem Grunde heldenhaft sein: weil sie nichts anderes außer ihrer Lebensform, ihrer sozialen, politischen, ökonomischen und familiären Organisation zu verteidigen hatten. Euclides da Cunha konnte dies aber nicht begreifen. Das Maximum, das er zulassen kann, besteht in einer Ästhetisierung der alten evolutionistischen Linie:

> Es überwog der echte Mulatte, eine Mischung aus Kaffer, Portugiese und Tapuio-Indianer – gebräunte Gesichter, glatte und steife oder gelockte Haare, unelegante Körper; und hier und da ein perfekt geschnittenes Profil, das an das höherentwickelte Element in der Rassenmischung erinnerte (a.a.O., S. 486f.).

Oder er greift sie in Form einer Wiederholung des vollständigen Vorurteils wieder auf; im Hinblick auf einen der Gefangenen schreibt er:

> Jenes Kind war gewiß eine verblüffende Verstümmelung. Aber es war sehr aufschlußreich. Zum Banditen gemacht, erschien es im Lichte des Kampfes und trug auf seinen winzigen Schultern ein vortreffliches Vermächtnis von Irrtümern (a.a.O., S. 431). [236]

Oder schließlich in der Passage, in der er seinen vehementen Protest gegen die Expedition niederlegt:

> Die Abhänge hinuntergestiegen, an deren Fuß sich jene riesige Höhle befand, konnte man sich in ihrem Inneren dunkel ein blutiges Drama des Höhlenzeitalters vorstellen. Die Szenerie war suggestiv. Die Akteure auf der einen und auf der anderen Seite, Neger, Halbblutindianer, weiß- und gelbhäutig, wiesen in den Gesichtern unversehrt die unauslöschliche und vielgestaltige Kennzeichnung der Rassen auf – und konnten allein auf der gemeinsamen Basis der niederen und schlechten Instinkte vereinigt werden (a.a.O., S. 462).

Aufgrund ihrer rassischen Mischung waren beide Seiten folglich dazu bestimmt, die Reaktualisierung der niedersten Instinkte hervorzurufen. Obwohl sie einander fremd waren, teilten die Bewohner der Küste und die Bewohner des Inlandes dasselbe Stigma. Keine der beiden Seiten versteht die abstrakte Regierungsform, von der sie kommandiert werden. Die Herrschenden ahmten ihrerseits nach, was für die zivilisierten Völker organisch ist, und entfernten sich somit von ihrer eigenen Gesellschaft – eine These, mit der in den Dreißiger Jahren die »autoritäre« Demokratie des Neuen Staates gerechtfertigt werden sollte (vgl. Vianna, O., 1939). Ohne daß er es zuläßt, weiß oder gesteht, gerät der nationale Evolutionismus mit Euclides da Cunha vollständig in die Sackgasse. Das Volk partizipiert nicht, noch könnte es partizipieren, weil es nicht das von den Gesetzen vorausgesetzte Niveau mitbringt. Daher sollte Euclides da Cunha die nachfolgende Generation darauf verpflichten, eine andere Interpretationsweise des Landes zu suchen. Selbst wenn seine Mitglieder sich nun der biologischen Soziologie entledigten, Haeckel und Spencer begruben, sollten sie weiterhin von einem gemeinsamen Faktor ausgehen: die nationale Politik ist eine Farce, weil das Volk ihren Mechanismus allenfalls unter der »primitiven« Modalität der Loyalität zu den lokalen Führern versteht. Daher erklärt sich die *autoritäre* Tradition, mit der sich unser politisches Denken sowohl von rechts als auch von links institutionalisiert (wobei sich die beiden Richtungen lediglich durch ihre Neigung zu einem messianischen oder populistischen autoritären Regierungssystem unterscheiden würden). Aber dies ist bereits ein Forschungsbereich, der nicht mehr in unser Vorhaben fällt. Wir wollen deshalb nur die dramatische Sackgasse thematisieren, mit der *Os Sertões* endet.

3. *Os Sertões*, ein literarisches Werk?

Es befremdet nicht, daß die unterschiedlichsten Interpreten sich trotz der Verschiedenheit ihrer Ansätze auf *Os Sertões* als ein Werk tragischen Inhalts bezogen haben. Dies war bereits bei der Schlußfolgerung der Fall, die Araripe Junior in seinem Artikel von 1903 zog. Ebenso war es später, als Euclides da Cunha die geologische Formation der Region in Erinnerung rief, von der er das Bild des Paradieses entfernt hatte, um ein verbranntes Land zurückzulassen: [237]

> Noch heute, wenn man mitten im Sommer die fremde Natur des Nordens betrachtet, vor allem in jenen Abschnitten, in denen sich die Hochebenen entfalten, die zeitweilig von sehr schroffen und steilen Gebirgen gespalten sind – weiß man nicht so recht, ob man sich auf dem kürzlich an die Oberfläche gekommenen Grund eines Meeres aus dem Tertitär befindet, oder ob man einen sehr alten Vorsprung des Erdballs betritt, der auf brutale Weise von den Elementen herausgearbeitet worden ist (Cunha, E. da, 1907, 1966, S. 136).

Unter den Kommentatoren der letzten Zeit wiederholen Olímpio de Sousa Andrade und Cavalcanti Proença diese Position. Letzterer wagt sogar den Vergleich mit einer griechischen Tragödie:

> Der Held wird im Zustand der Unschuld verwundet werden, die Rebellion hat nichts Bösartiges, sondern beruht lediglich auf Unverständnis. Und diese Unschuld erhöht den tragischen Sinn der Handlung durch die Kräfte des Zufalls, die ihn fast zu erdrücken drohen (Proença, C., 1966, ^{3}1982, S. 56).

In der Tat ist dies der wesentliche Zug gewesen, gemeinsam mit der Bewunderung für seine Sprache – von den üblichen Einschränkungen einmal abgesehen –, und aufgrund der Fähigkeit, weiter zu blicken als die bloßen Wissenschaftler, um *Os Sertões* als literarisches Werk zu betrachten. Es ist indessen angebracht zu fragen: aus welchem Grunde sollte die Kraft der verwendeten Sprache die Literatur charakterisieren? Sollten etwa der leichte Fluß der Sprache, die Fähigkeit, jenseits der deskriptiven Erscheinung zu schauen, und die Entdeckung kondensierender Metaphern Privilegien der Literatur sein? Wenn wir dies behaupten, müssen wir sagen, daß Gibbon, Freud, Bergson, etc. Literaten sind, und schließlich mit Searle erklären, daß es nicht möglich ist, »eine Analyse der Literatur zu geben«, unter anderem deshalb nicht, weil die Frage, »ob ein Werk Literatur ist oder nicht, in der Entscheidung des Lesers liegt« (Searle, J., 1975, S. 320). Dies ist so, da das stilistische Kriterium nur eine Reminiszenz der rhetorischen Charakterisierung der Schönen Künste ist, die, wie wir in Kap. I sahen, von der Notwendigkeit herrührte, eine Konzeption des Poetischen zu fundieren, nachdem die Validität des fiktionalen Diskurses diskreditiert worden war. Obwohl der Bereich des Fiktionalen über die Grenzen der Literatur hinausgeht – über das Kino und den *Comic Strip* hinaus gibt es eine Alltagsfiktion, die nicht mit der literarischen Fiktion verwechselt werden darf –, gibt es keine Literatur im strikten Sinne des Begriffs, bei der es keine Fiktionalität gibt. Und wie wir bereits geschrieben haben, ist die Fiktionalität das Ergebnis eines Prozesses, in dem die *Mimesis* dominant ist (vgl. Kap. I). Nun, dieser Weg erlaubt es uns, zu einem Ergebnis zu gelangen, das nicht arbiträr ist. Schon 1911 erklärte Afrânio Peixoto in seiner Rede anläßlich der Aufnahme von Euclides da Cunha in die Brasilianische Akademie der Geisteswissenschaften, daß *Os Sertões* »kein Buch der Geschichte, der Strategie oder Geographie, sondern nur ein Buch ist, das die *Wirkungen des Inlandes* auf die Seele von Euclides da Cunha erzählt« (Peixoto, A., 1911, 1944, S. 33). Die Passage, die seitdem verschiedene Male zitiert worden ist, führt uns indessen zu einem Punkt, [238] der bisher verborgen geblieben ist. Durch die vorangegangene Analyse sahen wir, daß diese *Wirkung* ebenso den expressionistischen Anthropomorphismus wie den Ausdruck städtischer Vorurteile hervorruft, die auf die evolutionistische »Theorie« gestützt sind. Jedoch hat die Wirkung von etwas auf jemanden nichts direkt mit der *Mimesis* zu tun. Diese Wirkung besitzt den simpleren Namen des Eindrucks. Um nicht zu wiederholen, was wir bereits an anderer Stelle und in Kap. I geschrieben haben, wollen wir nur die folgende Beobachtung anfügen: ein Set von Eindrücken, die nicht bloß passiv sind, tendiert dahin, eine mimetische Figur herbeizuführen, wenn er um ein gewisses und präzises Selektionsprinzip herum organisiert wird. Das Kind ahmt die Superhelden nach, wenn es seine Eindrücke unter dem Prinzip der Übermacht organisiert und dann stimuliert wird, mehr zu essen und von gefährlichen Höhen zu springen. Einerseits muß hinzugefügt werden: damit die *Mimesis* »heranwächst«, das heißt expressiv produktiv wird, ist es notwendig, daß das Objekt der Nachahmung, über die notwendige Identifizierung mit dem nachgeahmten Agenten hinaus, die – nicht notwendigerweise bewußte – Erkenntnis des *Widerstandes* hervorruft, der sich ihm entgegenstellt, das heißt die Erkenntnis der *Differenz* der Quelle der Nachahmung. Sonst ist das Nachgeahmte nur eine *Reproduktion,* eine Kopie. Deshalb können wir nicht mehr allein von einem Prinzip mimetischer Selektion in *O Homem* sprechen, denn dort findet sich häufig die

Reproduktion ethnozentrischer Vorurteile angesichts eines so verschiedenen Anderen, den der mimetisierbare Agent, das heißt der Autor, zurückweist, indem er ihn für ungehobelt, unausgewogen und zurückgeblieben hält. Die Bedingungen mimetischer Organisation konzentrieren sich folglich auf *A Terra* und *A Luta*. Während wir ersteres kommentierten, hoben wir das Bild der Ruine und der Tragödie hervor, mit Hilfe dessen die Beobachtung *produziert* wird. Die entscheidende Intuition hinsichtlich dieser Organisationsform kam vor einigen Jahren Antônio Cândido zu. In einem Artikel, der leider nicht mehr publiziert wird, sagt der große Analytiker:

> Bei ihm gibt es eine, sozusagen tragische Sicht der sozialen Bewegungen und der Beziehung der Persönlichkeit mit der – physischen und sozialen – Umwelt. *Tragisch im Sinne einer agonalen Sicht, in der das menschliche Schicksal von oben gelenkt erscheint.* (...) Eine solche Sicht darf nicht mit dem Mechanismus vieler Deterministen seiner Zeit oder früherer Zeiten verwechselt werden. Bei Ratzel oder bei Buckle gibt es keine Tragödie. Es gibt ein wechselseitiges, fast mechanisches Spiel zwischen Mensch und Umwelt (Cândido, A., 1952, Hervorhebung von mir).

Das heißt, es ist das tragische, das Todesgefühl des Landes, und darüber hinaus des Menschen – ausgeschlossen seine ethnozentrischen Einschätzungen, die die Sackgassen-Tragödie zur Folge haben –, das als selektives Prinzip der *Mimesis* von Euclides da Cunha funktioniert. In diesem Sinne ist es legitim, sich eine literarische Schicht im betrachteten Werk einzugestehen. *Aber es handelt sich um eine untergeordnete Präsenz, denn eine andere Form der Tragödie überwiegt, die nichts mit Mimesis zu tun hat.* [239] Es ist die Tragödie der Sackgasse, in die uneingestandenermaßen seine Erklärung mündet. Weil das Tragisch-Agonale seine Kräfte mit dem Tragischen der Sackgasse teilt, besser gesagt, weil ersteres aus dem Organisationsprinzip resultiert, das dem Werk zugrunde gelegt ist, während das zweite aus der Unmöglichkeit eines gewissen theoretischen Schemas herrührt, seinem Gegenstand gerecht zu werden, ohne daß es deswegen zu einem anderen Schema führt, wird es inadäquat, von *Os Sertões* als einem fiktionalen Werk zu sprechen. Wie wir bereits sagten, ist die *Mimesis* ein Prozeß, dessen Endergebnis das fiktionale Produkt ist. Dieser verlangt, daß wir uns in eine andere geschlossene Provinz der Realitätsthematisierung (Schütz) begeben. Deshalb kann ein Werk nicht die doppelte Struktur eines Diskurses der Realität und eines fiktionalen Diskurses beinhalten. Deren Grenzen sind gewiß fließend. Gewiß auch kann der Leser sowohl die eine, als auch die andere, die dominierende oder die dominierte Struktur bevorzugen. Sagte Borges nicht im Spaß, die Metaphysik sei nichts weiter als ein Bereich der phantastischen Literatur? Wer dies zugesteht, kann die Metaphysik aber nicht gleichzeitig für einen Diskurs zur Interpretation des Wesens der Realität halten. Als Diskurs der Realität ist *Os Sertões* vor allem ein Werk der Soziologie. Diejenigen, die befürchten, sein Überleben werde durch die Überwindung der es orientierenden Theorie bedroht, suchen ihm die Pforte der Literatur zu öffnen. Aber im Ernst betrachtet, ist diese Pforte genauso eng wie alle anderen. Nur die fiktionalen Körper gelangen durch sie hindurch. Wenn es für die Zeitgenossen von Euclides da Cunha und die nachfolgende Generation bloß eine Beleidigung war, *Os Sertões* ein fiktionales Werk zu nennen, so ist für uns heute eine derartige Betrachtung synonym mit einer schlechten oder verzerrten Lektüre. Aber selbst die Befürchtung seiner Vergänglichkeit erscheint überstürzt. Welches unserer soziologischen Werke könnte aktueller sein als jenes, das die Perplexität des Analytikers angesichts der Interpretation unseres Landes zeigt? Die Perplexität ist niemals bequem, sie verlangt aber von demjenigen, der unter ihr leidet, sich nicht mit den gesicherten Paradigmen zu begnügen. Dies bedeutet hingegen nicht, daß der Literaturspezialist mit *Os Sertões* nichts zu tun hätte. Ganz im Gegenteil: außer der Eröffnung der Möglichkeit, sich zu vergegenwärtigen, wie seine *Mimesis* durch die Umkehrung seiner Position beherrscht war – was kürzlich Vargas Llosa in *La Guerra del fin del mundo [Der Krieg am Ende der Welt]* (1981) gelungen ist –, ermöglicht das Buch, als die radikalste Konsequenz einer Richtung gesehen zu werden, deren Anfänge wir in den ersten Jahrzehnten des XIX. Jahrhunderts sahen. Diese Fruchtbarkeit scheint nur dann kompromittiert zu werden, wenn wir darauf bestehen, es ein literarisches – oder gar fiktionales – Werk zu nennen, ohne den Versuch zu unternehmen, zu untersuchen, was wir tatsächlich sagen, wenn wir so reden.

Rio, Februar 1983

Literaturverzeichnis

Albuquerque, M. e (1933), *Minha vida (da infância à mocidade.* Rio de Janeiro: Calvino Filho.

Amado, G. (1956), *Mocidade no Rio e primeira viagem à Europa.* Rio de Janeiro: José Olympio.

Andrade, O. de Sousa (1966), *História e interpretação de* Os Sertões. São Paulo: EDART.

Araripe Junior (1903) (1966), »*Os Sertões* (Campanha de Canudos)«. Wiederabgedruckt in: ders. (1966), *Obra crítica de Araripe Junior* IV (1966). Rio de Janeiro: MEC, Casa Rui Barbosa. S. 89–124.

Araripe Junior (1907) (1966), »Dois grandes estilos: *Contrastes e confrontos*«. Wiederabgedruckt in: ders. (1966), *Obra crítica de Araripe Junior* IV (1966). Rio de Janeiro: MEC, Casa Rui Barbosa. S. 225–247.

Bello, J. M. (1940), *História da república. Primeiro período: 1889–1902.* Rio de Janeiro: Civilização Brasileira.

Broca, B. (1957), *A Vida literária no Brasil – 1900.* Rio de Janeiro: MEC.

Calasans, J. (1959), *No Tempo de Antônio Conselheiro.* Salvador: Progresso.

Cândido, A. (1952), »Euclides da Cunha sociólogo«. In: »O Cinqüentenário de *Os Sertões*«, Spezialseite in *O Estado de S. Paulo.* São Paulo, 13. 12. 1952.

Cunha, E. da (1897a) (1966), »A Nossa Vendéia«, 14. 3. 1897. In: A. Coutinho (Hg.) (1966), *Euclides da Cunha. Obras completas.* 2 vol. Rio de Janeiro: Aguilar. S. 575–582.

Cunha, E. da (1897b) (1966), *Canudos (Diário de uma expediçao.* In: A. Coutinho (Hg.) (1966), *Euclides da Cunha. Obras completas.* 2 vol. Rio de Janeiro: Aguilar. S. 491–572.

Cunha, E. da (1902) (1966), *Os Sertões. (Campanha de Canudos).* In: A. Coutinho (Hg.) (1966), *Euclides da Cunha. Obras completas.* 2 vol. Rio de Janeiro: Aguilar. S. 93–489.

Cunha, E. da (1907) (1966), *Contrastes e confrontos.* In: A. Coutinho (Hg.) (1966), *Euclides da Cunha. Obras completas.* 2 vol. Rio de Janeiro: Aguilar. S. 101–219.

Cunha, E. da (1909) (1966), *A Margem da história.* In: A. Coutinho (Hg.) (1966), *Euclides da Cunha. Obras completas.* 2 vol. Rio de Janeiro: Aguilar. S. 223–384.

Faoro, R. (1975), *Os Donos do poder.* 2 vol. Porto Alegre/São Paulo: Editora Globo-Edit. da USP.

Freyre, G. (1966), »Euclides da Cunha, revelador da realidade brasileira«. In: A. Coutinho (Hg.) (1966), *Euclides da Cunha. Obras completas.* 2 vol. Rio de Janeiro: Aguilar. Vol. I, S. 17–31.

Galvão, W. N. (1974), *No Calor da hora. A guerra de Canudos nos jornais. 4º expedição.* São Paulo: Ática.
Kuhn, Th. S. (1962) (³1978), *Die Struktur wissenschaftlicher Revolutionen.* Frankfurt a. M.: Suhrkamp (stw 25).
Lima, O. (1937), *Memórias (Estas minhas reminiscências ...).* Rio de Janeiro: José Olympio.
Nogueira, A. (1974), *Antônio Conselheiro e Canudos.* São Paulo: Cia. Editora Nacional.
Nunes, J. P. Fávila (1878), »Na Roça«. In: *Revista da Sociedade Phenix Literária* (1878). Rio de Janeiro.
Peixoto, A. (1911) (1944), »Euclides da Cunha: o homem e a obra«. In: ders. (1944), *Poeira da estrada. Ensaios de crítica e de história.* Rio de Janeiro: Jackson Editores.
Peixoto, A. (1919) (1944), »Euclides da Cunha: dom e arte de estilo«. In: ders. (1944), *Poeira da estrada. Ensaios de crítica e de história.* Rio de Janeiro: Jackson Editores.
Peregrino, U. (1956), *Os »Sertões« como história militar.* Rio de Janeiro: Bibl. do Exército.
Proença, M. Cavalcanti (1966) (³1982), »O Monstruoso anfiteatro. Sobre *Os Sertões* de Euclides da Cunha«. Wiederabgedruckt in: ders. (³1982), *Estudos literários.* Rio de Janeiro: José Olympio. S. 49–65.
Rabelo, S. (1948) (1966), *Euclides da Cunha.* Rio de Janeiro: Civilização Brasileira.
Rio, J. do (1908), *O Momento literário.* Rio de Janeiro / Paris: Garnier.
Rodrigues, N. (1897) (1939), »A Loucura epidêmica de Canudos«. Wiederabgedruckt in: dies. (1939). *As Coletividades anormais.* Rio de Janeiro: Civilização Brasileira.
Romero, S. (1901), *Ensaios de sociologia e literatura.* Rio de Janeiro: Garnier.
Searle, J. R. (1975), »The Logical Status of Fictional Discourse«. In: *New Literary History* 6 (1975), H. 2. S. 319–332.
Veríssimo, J. (1902) (1977), »Campanha de Canudos«. Wiederabgedruckt in: ders. (1977) *Estudos de literatura brasileira.* Vol. V. Belo Horizonte: Itatiaia-USP. S. 45–53.
Vianna, O. (1925) (1959), *O Ocaso do império.* Rio de Janeiro: José Olympio.
Vianna, O. (1939), *O Idealismo na Constituição.* São Paulo. Cia. Editora Nacional.
Vianna, O. (1955) (1959), *Instituições políticas brasileiras.* Rio de Janeiro: José Olympio.

V. Machado de Assis und die Inversion des Vetos[1]

Für einen Schriftsteller portugiesischer Sprache ist Machado de Assis erstaunlich gut bekannt. Ohne Konzessionen an die üblichen Erwartungen an einen Schriftsteller aus den Tropen sichern ihm seine Übersetzungen ins Englische, ins Deutsche, ins Französische und ins Spanische ein beachtliches internationales Renommee. Zu diesem Ruhm hat allerdings nicht sein vorletzter Roman, *Esaú e Jacó [Esau und Jakob]* (1904), beigetragen, der selbst in Brasilien weniger berühmt ist als die *Memórias póstumas de Brás Cubas [Posthume Erinnerungen von Brás Cubas]* (1881) und *Dom Casmurro* (1900). Da dieses Kapitel nur dem Roman von 1904 gewidmet ist, erscheint es angebracht, ein wenig seinen Inhalt in Erinnerung zu rufen.

Nach dem Ende seiner Diplomatenkarriere kehrt Aires nach Rio de Janeiro zurück, um mit den Einkünften seines früheren Postens ohne Hast und Sorgen seine verbleibenden Jahre zu genießen. Für den kinderlosen Witwer, der während seines Berufslebens keine herausragende Rolle gespielt hat, deuten sich auch für die Pensionszeit keine spektakulären Aktivitäten an. Er sollte den Rest seines Lebens in guter Gesellschaft verbringen, und nach seinem Tode wurden, wie der Autor im einleitenden Hinweis *(Advertência)* aufzeigt, in seinem geringen Nachlaß diese Erzählung und ein Heft mit Erinnerungen gefunden.

Auf den Seiten des Romans werden, gemeinsam mit der Figur unseres Zeremonienmeisters, drei Charaktere hervorgehoben: Flora und die Zwillinge Pedro und Paulo. Obwohl sie einander physisch ähneln und gleich erzogen und geliebt werden, beginnen die Zwillinge seit ihrer Kindheit zu streiten. In dieser Angelegenheit um Rat gefragt, gibt Aires ausweichende Antworten, was übrigens typisch für ihn ist. Als sie zum Gymnasium gehen, nehmen ihre Differenzen [243] eine politische Gestalt an. Der eine ist Monarchist und zieht die bestehende Ordnung vor, der andere ist Republikaner und setzt sich für Veränderungen ein. In einem einzi-

1 Erste Version: Rio de Janeiro, August 1982; veröffentlicht in: *Tempo Brasileiro* 71 (12/1982); zweite Version: Rio de Janeiro, August 1983.

gen Punkt stimmen sie überein: beide machen derselben Frau den Hof, Flora, die ahnungslos beide akzeptiert. In Wahrheit nimmt Flora den Unterschied nicht wahr, den sie bewußt manifestieren, und während sie mit dem einen zusammen ist, ergänzt sie ihn mental mit dem Bild des anderen. Für sich betrachtet, setzt sich Floras mangelnde Entscheidungsfähigkeit in einem anderen Bereich fort: sie pflegt das Klavierspiel und die Malerei, ohne sich für diese oder jenes zu entscheiden. Der Tod überrascht sie in dieser Unentschlossenheit. Flora stirbt, ohne je emotionale oder berufliche Kompromisse eingegangen zu sein. Nach ihrem Tod verschärfen die Zwillinge ihren Streit. Als Abgeordnete sind sie erbitterte Gegner. Eine Situation, die sich mit dem Fall der Monarchie und der Ankunft der Republik nicht ändert. Sie vertauschen einfach symmetrisch ihre Positionen: der Republikaner wird zum Monarchisten, und der ehemalige Monarchist wird zum Verteidiger der republikanischen Ordnung. Für die Zwecke dieses Kapitels interessiert uns Aires lediglich als neutraler und gleichmütiger Erzähler eines scheinbar bloß familiären Minidramas. Indem wir Flora als Ausgangspunkt nehmen, interessiert es uns, die Beziehung zwischen ihrem beruflichen und emotionalen Entscheidungsmangel und dem Charakter der soziopolitischen Institutionen der zweiten Hälfte des brasilianischen XIX. Jahrhunderts zu erforschen; aus dieser Perspektive wollen wir sehen, wie Machado de Assis sich angesichts des proklamierten Lobes auf die Nationalität, des Beobachtungskultes und des Vetos hinsichtlich des Fiktionalen verhielt.

Zu diesem Ziel wollen wir zunächst jede einzelne der beiden Unentschlossenheiten der Person betrachten und ihre gemeinsame Motivation zu verstehen versuchen, um sie dann erst mit der politischen Situation zu koppeln, über die Machado de Assis ironisch und gewunden reflektierte.

1. Flora und die affektive Unentschlossenheit

Das Dilemma der Wahl in der Liebe stellt sich nicht zum ersten Mal in *Esaú e Jacó* für eine Frauengestalt bei Machado de Assis; es ist ein rekurrentes Thema in früheren Erzählungen. Wir wollen zwei hervorheben: *A Parasita azul [Der blaue Parasit]* und *A De-*

sejada das gentes [Die Auserwählte des Volkes]. Die erste Erzählung, die aus dem Jahre 1872 stammt und ein Jahr später in *Histórias da meia-noite [Mitternachtsgeschichten]* wiederabgedruckt wurde, liegt vor Machado de Assis' Meisterphase. Die Erzählung an sich interessiert uns nicht, sondern ihre Verflechtung der Unentschlossenheit in der Liebe mit der Präsenz der Politik, ebensosehr wie der Typ ihres Ausgangs.

Der Sohn eines Farmers hatte sich um jede Möglichkeit gebracht, in Paris zu bleiben, und sah sich gezwungen, auf die väterlichen Ländereien zurückzukehren. Also kehrt er ins Vaterland zurück, als ob er ins Exil ginge, um so mehr, als die Erinnerungen an Paris keineswegs durch eine provinzielle Stadt, die Rio de Janeiro zu jener Zeit war, ausgelöscht werden sollten. Die unbequeme Reise auf dem Eselsrücken, die Geschichten seines Reisegefährten vom Unglück in der Liebe, die Stille des [244] offenen Feldes und der Gesang der Vögel verstärken nurmehr seinen Überdruß und sein Leiden. Aber bald nach seiner Ankunft verwandelt sich die Landschaft. Schön und scheu, taucht die Gestalt der Tochter eines anderen Farmers auf. Sosehr der junge Arzt sich ihr auch zu nähern versucht, sie entzieht sich ihm, als ob sie ein nicht zu entzifferndes Geheimnis besäße. So weitet sich die Erzählung aus, lang und langweilig, zwischen Interventionen einer mysteriösen Person, einem warnenden Traum und einem Selbstmordversuch. Nur einen kurzen Augenblick lang bietet sich für die Narration eine andere Möglichkeit, die Machado de Assis jedoch noch nicht wahrzunehmen versteht. Als ob er die Ambitionen der zukünftigen Frauengestalten des Autors vorausahnte, erklärt der Priester des Ortes dem Arzt den möglichen Grund des ausweichenden Verhaltens des Mädchens:

> Ich vermute, daß sie sehr ehrgeizig ist; sie verschmäht die Liebe von Soares, es bleibt abzuwarten, ob sie eine Heirat arrangiert, die ihr die Pforten zu den politischen Größen öffnet (Assis, M. de, 1872, 1962, II, S. 176).

Wie die weitere Entwicklung der Erzählung zeigen wird, trifft diese Hypothese nicht zu. In der Tat hebt sich das Mädchen für eine unmögliche Liebe auf, die sie zu dem Jungen aufrechterhält, der Jahre zuvor ihre mädchenhaften Launen erfüllt hatte, indem er sein Leben riskierte, um ihren Wünschen zu entsprechen. Nun,

dieser Junge ist derselbe Camilo, der nun als Arzt aus Paris zurückgekehrt ist und den sie trotzdem weiterhin zurückweist, weil »sie sehr stolz beschlossen hatte, weder ihn, noch irgendeinen anderen zu heiraten« (a. a. O., S. 186). Isabel, so heißt diese Person, begibt sich folglich an einen Scheideweg: sie kann ebenso der »Ursprung« der Sofias, der Virgílias und der Capitus, der späteren ehrgeizigen und hinterhältigen Frauengestalten bei Machado de Assis werden, wie derjenige der enigmatischen Flora. Die beiden bereits zitierten Passagen sind dem Interesse unterstellt, zu zeigen, wie beide Themen bereits bei diesem frühen Machado angelegt sind. Darüber hinaus gab es logischerweise die Möglichkeit, daß die Erzählung die Richtung eines Romans über die hinterhältige Ambition einschlug, wie die Richtung der unmöglichen Wahl, weil der alte Farmer beabsichtigt, seinen Sohn Camilo in die Politik zu bringen. Die Lösung des frühen, romantischen Machado eliminiert beide Wege. Der junge Arzt verzichtet auf die politische Karriere zugunsten seines Rivalen um die Hand Isabels, und diese gibt ihrem Stolz nach und akzeptiert die Heirat, da sie weiß, daß Camilo um ein Haar Selbstmord begangen hatte.
Glück scheint kein besonders akzeptabler Stoff für die moderne Erzählung zu sein. Machado de Assis hingegen weiß noch nichts davon. Camilos und Isabels Idylle setzt die Überwindung des Pariser Charmes und der Bösartigkeit des Priesters voraus. In der Narration werden sie zugunsten der Integration mit dem Land aufgegeben, die von der nationalen Romantik gesucht wurde. Die Lösung zugunsten des Heims war somit der erste Schritt auf der Suche nach nationaler Identität. Die nostalgischen Empfindungen für eine Gesellschaft, [245] die nur in der Imagination existierte, wenn sie nicht mit einem ritterlichen Mittelalter vermischt wurde, wie es bei den europäischen Romantikern üblich war, wird hier als Sehnsucht nach dem Land und als Suche nach seiner Wiederentdeckung eingewöhnt. Das Glück des Heims konstituierte einen repräsentativen Mikrokosmos einer größeren Identifizierung mit dem Land. Ein abstraktes Land, das in Form einer Beschreibung seiner Natur und der von ihr geweckten Emotionen konkretisiert wurde, einer Natur und Emotionen, die zusammengenommen das Fehlen einer Thematisierung der Gesellschaft selbst rechtfertigen. Camilos Verzicht zeigt dies sehr deutlich: das Heim steht im Gegensatz zur Politik und zum Ehrgeiz, während es gleichzeitig die

Personen vor den Wahnvorstellungen schützt, von einem anderen Land oder von einer unmöglichen Liebesbeziehung zu träumen. Machado de Assis war möglicherweise aufgrund seiner Unfähigkeit, in flüssigem und eloquentem Stil zu schreiben, gegen diese Tendenz gefeit, die in der Erzählung klar formuliert ist. Sein *stotternder* Stil, wie Sílvio Romero ihn boshaft charakterisierte, hinderte ihn daran, sich mit der bukolischen Idylle des ehemaligen Parisers mit der schönen Farmerstochter zu begnügen.

Abgesehen davon, daß die Geschichte fade war, waren in ihr bereits die Teile des Spiels angelegt, das der reife Machado für sich in Anspruch nehmen sollte. Aber das Spiel existierte noch nicht im eigentlichen Sinne. Sozusagen zwischen Flaubert und Feydeau, zwischen *Madame Bovary* und *Fanny*, befand sich Machado de Assis, der sich auf beide bezog, noch auf der Seite Feydeaus.

Die zweite Erzählung, die wir ausgewählt haben, besitzt in unserem Kontext eine andere Funktion. Als Machado de Assis 1886 *A Desejada das gentes* verfaßte, war er tatsächlich bereits ein Schriftsteller. Und ihre Wiederveröffentlichung in *Várias histórias* (1896) rückt sie in zeitliche Nähe zu Flora. Abgesehen von dieser temporalen Kontiguität, führt die Ähnlichkeit der Problemstellung der Person jedoch zu anderen Lösungen. Wie zuvor Isabel, machte Quintília sich bei den Jungen aufgrund ihrer Schönheit und Unerreichbarkeit einen Namen. Da die Geschichte von ihrem Tod her erzählt wird, fällt es dem Erzähler zu, sich als der glücklichste und zugleich der unglücklichste ihrer Freier zu präsentieren. Sein langes Werben um ihre Gunst hätte in einem weiteren vollständigen Scheitern geendet, hätte Quintília, die um ihrem baldigen Tod wußte, ihn nicht *in extremis* als Ehemann akzeptiert. Die Erzählung besaß folglich alles, um innerhalb einer »normalen« romantischen Form zu fließen. Dies geschieht aber nicht. Die Erklärung, die der Witwer hinsichtlich des Verhaltens seiner Frau präsentiert, erklärt in Wahrheit wenig:

> Ich weiß nichts, was ihre Physiologie angeht. Meine, die die eines profanen Wesens ist, glaubt, daß jenes Mädchen eine rein physische Aversion gegen die Heirat hatte (Assis, M. de, 1886, 1962, II, S. 511).

Wir werden seine Erklärung nicht ausführlich zitieren, sondern stattdessen eine andere anbieten. Wir erinnern nur an *A Desejada*

das gentes, um darauf hinzuweisen, daß es bei Machado de Assis eine konstante Frage der unmöglichen Liebe gibt, eine Frage, die nicht [246] durch sich selbst erklärt wird. Die Behandlung, der die Narration in *A Parasita azul* unterzogen wird, umgibt sie mit und löst sie in Form einer »romantischen Lüge« [frz. im Original], um mit René Girard zu sprechen. In *A Desejada das gentes* könnte die Frage vielleicht als Frage nach der Präsenz einer weiblichen Hysterie verstanden werden. Da die Frau in dieser tropisch-viktorianischen Gesellschaft keine andere Funktion besaß, als das Heim zu schmücken, gab es nur vier Möglichkeiten: entweder fingierte sie ihre Domestizierung und wurde zu einer Meisterin der Verstellung – wie in der Galerie der großen Frauengestalten bei Machado de Assis –, oder sie behauptete, die Männer zu verachten, während sie in Wahrheit erhoffte, zur Rückkehr zur Rolle einer Sklavin überredet zu werden – wie im Falle der *Senhora* von Alencar –, oder aber sie vertauschte die Rollen und wurde gewalttätig und willkürlich wie die Männer, indem sie den Ehemann auf die Position eines »Hausmannes« reduzierte – wie *Dona Guidinha do Poço* von Oliveira Paiva –, oder sie verführte schließlich und verweigerte sich der Hingabe – wie Quintília. Flora läßt sich nur deshalb nicht mit der letzten Lösung identifizieren, weil Machado es verstand, sie mit zwei anderen Themen zu kombinieren: dem Thema der Abwesenheit einer politischen Entscheidung und dem Thema der Nichtexistenz einer »beruflichen« Handhabung eines fiktionalen Stoffs in dieser Gesellschaft.
Ich bin mir nicht einmal sicher, ob die Hysterie-Hypothese im Hinblick auf Quintília plausibel ist. Sie wird hier nur dargelegt, um darauf hinzuweisen, daß die interpretative Lösung, die wir in bezug auf Flora erforschen wollen, nur möglich wurde, weil das Thema der hinsichtlich der erotisch-ehelichen Beziehungen phobischen Frau in *Esaú e Jacó* mit anderen Themen kombiniert worden war. Anders formuliert, für sich, und nur für sich genommen würde die weibliche Hysterie bei Machado dem »Nabel« entsprechen, den Freud in jedem Traum entdeckte:

> In den bestgedeuteten Träumen muß man oft eine Stelle im Dunkel lassen, weil man bei der Deutung merkt, daß dort ein Knäuel von Traumgedanken anhebt, der sich nicht entwirren will, aber auch zum Trauminhalt keine weiteren Beiträge geliefert hat. Dies ist

dann der Nabel des Traums, die Stelle, an der er dem Unerkannten aufsitzt (Freud, S., 1900, 1942, S. 530).[2] [247]

Wir wollen nun sehen, womit die emotionale Unentschlossenheit Floras kombiniert wird. Anders ausgedrückt, durch welche Züge wir uns leiten lassen müssen, wenn wir den Kontakt zum »Nabel« aufrechterhalten wollen, ohne ihn zu überschreiten.

2. Die falsche Unterscheidung der Zwillinge

Es entspricht nicht unserer Absicht, uns nach der Bedeutung der Politik für Machado de Assis zu fragen. Für die Interpretation von Pedro und Paulo wäre die Frage hingegen als Orientierungshintergrund unerläßlich. Angesichts des Dilemmas können wir die Frage nurmehr auf die Dimensionen beziehen, die hier direkt betroffen sind. Dies wird durch die Tatsache erleichtert, daß uns die Erforschung seines fiktionalen Werks eindeutige Daten liefert, die eine so deutliche Sprache sprechen, daß wir uns mit dem Hinweis auf wenige Zitate begnügen können.

In *Miss Dollar,* in den *Contos fluminenses* (1870), fragt eine Person, die ihren Freund in Bücher vertieft vorfindet, »ihn , ob er

2 Auf gewisse Weise verteidigt Freud sich gegen seine Entdeckung, indem er hervorhebt, man könne diesen »Nabel« vernachlässigen, weil er nichts zur Interpretation beitragen würde. Ohne seine Verteidigungssorgfalt könnten wir sagen: dieser Nabel kann als Grenze einer semantisch geführten Interpretation verstanden werden. Der Nabel öffnet die Szene auf das Imaginäre, das heißt auf das, was im Grunde keine zu befreiende semantische Matrix besitzt. Es wäre dem Analytiker aber gewiß nicht eingefallen, den Traum als einen imaginären Diskurs – bzw. einen Diskurs mit dem Imaginären – zu erforschen, denn damit hätte er sich einer Möglichkeit beraubt, die implizit bei Freud vorhanden ist, der Möglichkeit des Postulats einer wahren, korrekten Interpretation des Traums. Umgekehrt wird diese Erforschung fundamental, wenn wir heute, im Gegensatz zu Freud, die Möglichkeit postulieren, eine *rigorose Erforschung* gewisser diskursiver Objekte, wie zum Beispiel des Diskurses des Patienten in der Psychoanalyse und des fiktionalen Diskurses, die nicht mehr mit Objekten einer *wissenschaftlichen Erforschung* verwechselt werden, zu konstituieren. Denn das Eigentliche der Diskurse, in denen das Imaginäre residiert, besteht darin, daß sie kein Fundament semantischer Stabilisierung besitzen, daß sie folglich interpretativ *offen* sind.

studierte, um Abgeordneter zu werden. Jorge dachte wirklich, daß er studierte, um Abgeordneter zu werden!« (Assis, M. de, 1870, 1962, II, S. 39). Es bedarf keiner näheren Betrachtung, um die Ironie des Ausrufs zu verstehen. Bei Machado de Assis konsultieren die Abgeordneten in der Tat schriftliche Werke, jedoch weniger, um sie studieren, als vielmehr, um aus ihnen einige leuchtende Zitate herauszuziehen.
In einer besseren Situation treffen wir eine andere Person an, den Menezes aus *A Mulher de preto [Die Frau in Schwarz]* (1868). Auf die Frage, warum er Abgeordneter sei, antwortet er:

> Ich bin Politiker, und ich bin es doch nicht. Ich bin nicht aus Berufung ins öffentliche Leben eingetreten: ich bin eingetreten, wie man ein Grab betritt: um besser zu schlafen (Assis, M. de, 1868, 1962, II, S. 78).

Kein ernsthafterer Kompromiß verpflichtet die Politiker bei Machado de Assis. Abgesehen von Menezes' Überdruß ist ein politischer Posten jedoch eine Sache, die den Ehrgeiz schürt, wie sich an der Reaktion eines ehemaligen Präsidenten der Provinz sehen läßt:

> Da sie von der Ehefrau eines Ministers sprachen, fiel es Sofia ein, nett zum ehemaligen Präsidenten zu sein, indem sie ihm erklärte, daß er ebenfalls heiraten müßte, [248] weil er in Kürze im Ministerium sein würde. Viçoso schüttelte sich vor Vergnügen, lächelte und entgegnete, daß dies nicht passieren würde; danach sagte er, während er Mariana in die Augen schaute, daß er wahrscheinlich niemals heiraten würde... (Assis, M. de, 1883a, 1962, II, S. 408).

Die Politik ist etwas, das eine würdige Beschäftigung bedeutet, wie der Vater des dort in Erinnerung gebrachten Camilo wußte:

> Wer in diesen Landen gelebt hat, von denen man gesagt hat, daß sie so schön und so belebt seien, kann hier nicht sehr fröhlich sein. Man muß ihm irgendeine Beschäftigung geben... die Politik, zum Beispiel (Assis, M. de, 1872, 1962, II, S. 171).

Kurzum etwas, das nur aufgegeben wird, wenn der Abgeordnete entdeckt, daß ihm keine große Karriere bevorsteht – wie Luís Tinoco von *Aurora sem dia [Morgendämmerung ohne Tag]* –, oder wenn die Karriere durch eine Erbschaft unterbrochen wird, wie in *Pílades e Orestes:*

> Quintanilha hat weder den Anwaltsberuf ausgeübt, noch ein Richteramt bekleidet, er hat sich in die Politik begeben; aber nach Ablauf einer Legislaturperiode gab er die Karriere eines Abgeordneten in der Provinz auf. Er hatte die Güter eines Onkels geerbt, die ihm ein Einkommen von ca. 30000 Escudos sicherten (Assis, M. de, 1903, 1962, II, S. 708).

In wenigen Worten gesagt, ist die Politik bei Machado de Assis eine ebenso schwerwiegende wie ausschmückende Aktivität. Auf jeden Fall hält der Politiker sich nie für einen Vertreter der tatsächlichen gesellschaftlichen Interessen. Diese Information, die für jemanden, der die politische Geschichte des Landes kennt, absolut überflüssig ist, erscheint uns lediglich wichtig, um ein Licht auf Floras Dilemma zu werfen. In Wahrheit unterscheidet sie die Zwillinge nicht voneinander, weil sie tatsächlich nicht verschieden sind. Sie streiten um alles und nichts, weil die Gesellschaft von ihnen verlangt, daß sie ihre extreme Ähnlichkeit gegen eine Differenz vertauschen, die sie als Individuen ausweisen sollte.[3] Indem sie streiten, indem sie gegensätzliche Positionen einnehmen, überzeugen sie sich von ihrer Differenz – im doppelten Sinne des Begriffs – und überzeugen sie alle, mit Ausnahme von Flora. Aires, seiner Rolle als »unzuverlässiger Erzähler« (W. Booth) getreu, verwirrt uns mit Evasionen. Das heißt, während Quintília sich hysterisch zeigte und nur angesichts der Gewißheit des nahen Todes in die Heirat einwilligte, nimmt Floras Problematik eine andere Dimension an, denn nun wird ihre Schwierigkeit bei der Wahl dadurch erklärt, daß es keine tatsächliche Wahl zu treffen gibt. Der Teil dieses Kapitels wird zeigen, daß die politische Analyse der Institutionen des Kaiserreichs [249] die Feinheit der Beobachtung Machados hervorhebt. Aber die Arbeit wird sich nicht darin erschöpfen. Die Unentschlossenheit der Person in der Liebe wird in einer anderen verdoppelt: Flora entscheidet sich ebensowenig für eine der Kunstformen, die sie faszinieren. Handelt es sich um ein bloßes Handlungselement, oder, im Gegenteil, um das Ende einer

3 Nähere Ausführungen finden sich in meinem Kapitel *Sob a face de um bruxo [Hinter dem Gesicht eines Hexers]* in L. Costa Lima (1981), insbes. S. 102ff.

Reflexion, die wir untersuchen müssen? Um in die Problematik einzudringen, müssen wir auch auf das Zeugnis der in dieser Hinsicht pertinenten Varianten zählen.

3. Floras Unentschlossenheit angesichts der Künste

Wie bei den beiden vorherigen Items wird Floras Unfähigkeit, eine Wahl zu treffen, noch besser illustriert, wenn wir die früheren Varianten der Fragestellung kennen. In allen drei Fällen – Floras emotionaler Unentschlossenheit, der Nichtunterscheidung der Zwillinge, der beruflichen Unentschlossenheit der Person – drängt es sich dem Analytiker auf, das Korpus von Varianten zusammenzustellen, das es ihm erlaubt, seine Hypothesen zu formulieren, zu korrigieren und insgesamt zu kontrollieren. Im vorliegenden Fall sind die Hauptvarianten sehr wohl bekannt: *Cantiga de esponsais [Verlobungslied]*, ursprünglich 1883 veröffentlicht und im darauffolgenden Jahr in *Histórias sem data [Geschichten ohne Datum]* aufgenommen, und *Um Homem célebre [Eine Berühmtheit]* von 1888, anschließend in *Várias histórias [Verschiedene Geschichten]* (1896) aufgenommen. Die Hauptcharaktere der beiden Geschichten, Maestro Romão und Pestana, besitzen die Gemeinsamkeit, daß sie frustrierte Musiker sind. Was die Narration vom ersten sagt, gilt folglich auch für den zweiten:

> Er besaß die intime Berufung zur Musik; er trug in seinem Inneren viele Opern und Messen, eine Welt neuer und origineller Harmonien, die er nicht zum Ausdruck zu bringen und schriftlich zu fixieren verstand (Assis, M. de, 1883b, 1962, II, S. 387).

Wie die Erzählung zeigt, schien seine Sterilität keinen anderen Grund zu haben als die undankbare Natur, die ihm gegenüber mit Noten geizt und sie mühelos seiner jungen Frau in den Mund legt:

> Verzweifelt legte er das Cembalo beiseite, ergriff das beschriebene Papier und zerriß es. In diesem Augenblick, begann das Mädchen, das vom Blick des Ehemanns gefesselt war, unbewußt aufs Geratewohl eine Melodie zu trällern, die niemals zuvor gesungen oder vernommen worden war, in der ein gewisses *la* von einem sanften

> musikalischen Satz gefolgt wurde, genau dem Satz, den Maestro Romão jahrelang ergebnislos gesucht hatte. Der Maestro hörte ihn mit Traurigkeit, schüttelte den Kopf und starb noch in derselben Nacht (a. a. O., S. 389f.).

Die Erzählung würde nicht als Variante von Floras Unentschlossenheit erscheinen, könnten wir sie nicht mit der folgenden Erzählung zusammenspannen. Pestana leidet unter demselben Problem wie Maestro Romão. Jedoch ist sein Problem eine spezifische Sterilität: [250] aus seiner Feder fließen nur Polkas, volkstümliche Stücke, die ihn gerade aufgrund einer Musik berühmt machen, die unterhalb seiner Ambitionen liegt:

> Das Mädchen schlief beim Klang der Polka, die sie auswendig kannte, während sich ihr Komponist weder um die Polka, noch um das Mädchen kümmerte, sondern an die alten klassischen Werke dachte. Er befragte den Himmel und die Nacht, er flehte die Engel an, und zuletzt sogar den Teufel (Assis, M. de, 1888, 1962, II, S. 499).

Die bloße Natur kann nicht mehr für sein Scheitern verantwortlich gemacht werden. Ein anderes Element wird insinuiert: die Gesellschaft, die ihn ernährt, ist zufrieden mit dem Dienst, den Pestana ihr leistet. Er ist es, der ihn als minderwertigen Dienst beurteilt. Unter dem Wandel des Geschlechts der Akteure taucht die Frage des Unmöglichen wieder auf. Was für die Frau die unmögliche Liebe war, wird für den Mann zur Unmöglichkeit eines Wegs zur gewünschten und nie verwirklichten »Heirat« – seines Namens mit einem unvergleichlichen Werk. Darüber hinaus ist anzumerken, daß die musikalische Sterilität Pestanas mit einer politischen Anspielung kombiniert wird. Da es seinem cleveren Verleger oblag, die Polkas mit Namen zu versehen, die auf aktuelle Geschehnisse anspielten, bot Pestana ihm kurz vor seinem Tod zwei weitere Polkas an, die jeweils einer der beiden Parteien gewidmet waren, die sich an der Macht abwechselten:

> Hören Sie, sprach Pestana, da es wahrscheinlich ist, daß ich in den nächsten Tagen sterben werde, habe ich Ihnen zwei Polkas gemacht; die andere kann verwendet werden, wenn die Liberalen an die Macht kommen (a. a. O., S. 504).

Es ist gleichsam, als ob der Komponist sagte: da die eine Partei wie die andere ist, reicht mein Stil aus, um beide gleichermaßen zu feiern. Oder als ob er noch hinzufügte: da die Gesellschaft mich nur dafür einsetzt, um die Hüften und die Füße zu bewegen, tut es eine Polka für die Konservativen ebenso wie eine andere für die Liberalen. Was also fehlt Pestana und Maestro Romão? Das Äquivalent für *Grub Street [Literatentum der Gosse]*, das im London des XVIII. Jahrhunderts Künstler und Schreiber engagierte und ihnen eine variationsreiche Produktion abverlangte, die in der Lage war, den verschiedensten Geschmacksrichtungen zu entsprechen.

> Zu Beginn des 18. Jahrhunderts waren die Buchhändler, vor allem die Londoner, in einem Maße zu materiellem Vermögen, gesellschaftlicher Geltung und literarischer Bedeutung gelangt, das beträchtlich größer war, als das bei ihren Vorgängern oder ihren Berufskollegen in anderen Ländern der Fall war. (...) Zusammen mit einigen Druckern besaßen oder kontrollierten sie die hauptsächlichsten Kanäle der öffentlichen Meinung, die Zeitungen, Magazine und die Rezensionsorgane, die ihre Produkte beurteilten (Watt, I., 1957, 1974, S. 58f.). [251]

Nachdem der Markt etabliert war, zog der Wettbewerb die verschiedensten Talente heran und paßte zur gleichen Zeit ihre Produkte an die Interessen an, die in der Gesellschaft aufkamen. So erklärt sich der Aufstieg des Romans, der vor den anderen Genres bevorzugt wurde, »durch die gesteigerte Beachtung, die er seinem Wesen nach zum einen der Individualisierung der Charaktere, zum anderen der detaillierten Vergegenwärtigung ihrer Umwelt widmet« (a.a.O., S. 18). Von den vielen, die von den Buchhändlern abhängig waren, hießen nur wenige Richardson und Defoe. Aber die grundlegende Struktur war geschaffen: sie sollte gewiß nicht die Natur korrigieren, indem sie denjenigen mit Talent ausstattete, der keines besaß, aber sie sollte die Zahl der Spieler erhöhen, wodurch zugleich die Möglichkeit glücklicher Kombinationen anwuchs. Nun, Romão und Pestana kannten kein Äquivalent zur Marktsituation, obwohl die Narration des zweiten ihn nicht an eine Mäzenaten-Beziehung, sondern an einen Verleger gebunden zeigt. In welcher Situation befanden sie sich also? Sie hatten nur ein geringes Publikum zu ihrer Verfügung, das sich damit begnügte, leichte Stücke und Werke zu konsumieren, die in flüssiger Sprache geschrieben waren, verpackt in Rhetorik und Nativismus:

> Schriftsteller und Publikum definierten einander hier um zwei Charakteristika herum, die für die allgemeine Konfiguration der Literatur entscheidend waren: Rhetorik und Nativismus, die nach einer früheren Entwicklung in der romantischen Bewegung fundiert worden waren. (...) Noch heute sind das *Lokalkolorit,* die Zurschaustellung von Gefühlen, das deskriptive Pittoreske und die Eloquenz mehr oder weniger zwingende Bestandteile, zeigen sie, daß der Gebildete als Städter akzeptiert worden ist, der in der Lage ist, zu den Gruppen zu *sprechen* (Cândido, A., 1955, 1973, S. 81).

Aus der Perspektive des tatsächlichen Publikums war die Literatur – die Kunst im allgemeinen – so sehr Ornament, wie die Politik für die Interessen der gesellschaftlichen Gruppen wenig repräsentativ war. Daher erklärt sich, daß die Abwesenheit eines Lesepublikums und die Abwesenheit einer öffentlichen Meinung Mängel waren, die sich ebenso im Zentrum der Frage künstlerischer Sterilität wie der mangelnden Repräsentativität der politischen Elite des Kaiserreichs befanden. Diese Entsprechung zielt nur darauf ab aufzuzeigen, daß das Problem, das der Linie Romão – Pestana – Flora, keines phantastischer oder idiosynkratischer Aspiration ist – daß es im Gegenteil als Antwort einem gesellschaftlich-materialen Mangel entspringt. Nachdem wir dies gesagt haben, können wir die drei zuvor angesprochenen partiellen Entwicklungen vereinen und sie einer Aufklärung von Floras Dilemma zuführen.

Es ist fast überflüssig zu schreiben: im Roman *Esaú e Jacó,* der seine Interpreten sosehr täuscht, daß einer unter ihnen ihn dadurch rühmt, daß er ihn »Unterhaltung« (Barreto Filho) nennt, kondensiert Machado de Assis in Flora zwei [252] entscheidende Fragen: die Frage der Unmöglichkeit, zwischen den existierenden Parteien zu wählen – und es ist anzumerken, daß sich auf der Liste nicht die klassischen Parteien des Kaiserreichs befanden, sondern diejenige, die es verteidigte, und diejenige, die ein neues Regime vorschlug –, und die Frage der Abwesenheit einer Beschäftigung für den Kunstschaffenden. Es sollte jedoch wiederholt werden, daß diese Kombination nicht die Problematik erschöpft, die Flora präsentiert. Quintília geht darüber hinaus. Mit Hilfe von Flora und der Thematisierung der Wahl in der Liebe, kombiniert mit der Politik, umreißt Machado de Assis die Frage der weiblichen Hysterie und ordnet sie in einem interpretierbaren textuellen *Schema* an.

Wir rekurrieren nun auf die Aussagen einiger soziologischer Studien über die brasilianische Gesellschaft und wollen sehen, bis zu welchem Punkt sie klären und belegen, was uns die Analyse des Romans selbst präsentiert hatte.

Ausgehend von *Os Donos do poder [Die Besitzer der Macht]* (1957) von Raymundo Faoro ist die These vertreten worden, nicht das Konzept der Klasse, sondern die Konzepte des Standes und der Patrimonialität seien für das Verständnis des Charakters des brasilianischen Staates und seiner politischen Organisation entscheidend. Studien jüngeren Datums (F. Uricoechea, 1978; J. M. de Carvalho, 1980; S. Schwartzman, 1982) haben dieses Urteil jedoch teilweise revidiert. Anstelle eines entweder nach Klassen geordneten oder reinen Stände-Staates zeigen diese Studien ihn als eine Mischung: er ist gewiß nicht repräsentativ für eine dominante Klasse, ebensowenig wird er aber von einer reinen Ständeordnung gebildet. Die zweite Möglichkeit erscheint ihnen unmöglich, weil der Staat nicht auf die Erträge der einzigen beachtenswerten ökonomischen Aktivität jener Epoche verzichten konnte: der Landwirtschaft für den Export. Aus diesem Grunde wurde der Mechanismus der Kooptation der Grundbesitzer generalisiert, der angesichts der Abwesenheit eines Marktes einer klientelistischen Politik den Weg ebnete:

> Wie hoch auch immer der Zentralisierungsgrad der Regierung während aller dieser Perioden gewesen sein mag, der Staat war zu keiner Zeit in der Lage, effektiv zu regieren, ohne Zugeständnisse an die privaten Gruppierungen zu machen, um mit ihrer Kooperation rechnen zu können. Die zentrale Regierung war sich hochgradig der zerbrechlichen Grenzen ihrer Autorität und der legalen Ordnung bewußt, die sie hatte institutionalisieren können (Uricoechea, F., 1978, S. 112).

Zu dieser Beobachtung wollen wir diejenige eines anderen Forschers gesellen:

> Das Problem der zu hohen Zahl von Studienabsolventen erzeugte das in jener Epoche häufig erwähnte Phänomen, daß diese arbeitslosen Akademiker verzweifelt eine Anstellung im öffentlichen Dienst suchten, [253] was den klientelistischen Charakter der kaiserlichen Bürokratie verstärken sollte (Carvalho, J. M. de, 1980, S. 71).

Dieser staatliche Mechanismus, der die Studienabsolventen im allgemeinen bevorzugte, begann auch die Akademiker zu begünstigen, unter denen sich, wie bekannt ist, auch Machado de Assis befand. So fand Machado Neto bei der Untersuchung der »Gelehrtenrepublik« in der Periode zwischen 1870 und 1930 48 von 60 Intellektuellen, die als Schriftsteller ein Amt im öffentlichen Dienst bekleideten:

> Der öffentliche Dienst war verantwortlich für den Fortbestand unserer Intellektuellen, worin die Mehrheit derjenigen eingeschlossen ist, die sich dem Lehramt widmeten (Machado Neto, A. L., 1973, S. 84).

Ein fundamentaler Aspekt für den Charakter der brasilianischen Literatur wird also bestätigt: sie zirkuliert in einem Staat, dem Eliten dienen, die politisch nicht repräsentativ sind, einem Staat, der gegenüber dem Schriftsteller als Mäzen auftritt. Auf beide Aspekte – die Nichtrepräsentativität und das Mäzenatentum – wird dieselbe Abwesenheit projiziert: die Abwesenheit eines partizipierenden Publikums. So erklärt sich selbst der Mangel an Editionen und das Fehlen von Anstößen für die Konstituierung eines authentischen intellektuellen Systems. Hinsichtlich des ersteren fällt das schriftliche Zeugnis von Olavo Bilac ins Gewicht:

> Nach Aussage des Geschäftsführers des Garnier Verlages gegenüber dem Autor des Artikels kann man sehen, daß von allen dort herausgegebenen Büchern (und es handelte sich um sehr viele) nur *zwei eine Edition* besaßen, die *in weniger als einem Jahr* vergriffen war: ein Roman und ein Gedichtband. Für jemanden, der weiß, daß die Editionen des Garnier Verlages immer mit einer Auflage von zweitausend bis zweitausendzweihundert Exemplaren aufgelegt werden und daß diese Editionen nicht nur in Rio de Janeiro, sondern in ganz Brasilien verkauft werden – achtzehn Millionen Einwohner –, muß diese Erklärung (...) die Ansichten derjenigen

> rechtfertigen, die wie ich leben, daß das Analphabetentum der Hauptgrund, und vielleicht einzige Grund, unserer ganzen Rückständigkeit ist (zitiert nach Machado Neto, A. L., 1973, S. 120).

So erklärt sich ebenfalls die paradoxale Tatsache, die von José Veríssimo mit Bitterkeit konstatiert wird:

> Ich glaube, daß es hier im Buch die Freiheit gibt zu sagen, was man will, weil das wenig gelesene Buch kein Echo in unserem Milieu findet (Veríssimo, J., 1903, S. 79). [254]

Noch einmal: was für den Schriftsteller gilt, gilt auch für den Staat. In seinem klassischen Werk, *Instituições políticas brasileiras [Brasilianische politische Institutionen]* schrieb Oliveira Vianna bereits:

> Der Staat wird als eine Struktur begriffen, *die der Gesellschaft fremd ist,* die ihr quasi durch göttliches Recht von oben auferlegt worden und nicht aus ihr hervorgegangen ist, die an ihren materiellen und geistigen Bedingungen partizipiert und das Leben ihrer »Kultur« lebt und den Einfluß ihres Wandels spürt (Vianna, O., 1949, II, S. 22).

Derselbe Hiat, der zwischen Staat und Nation existierte, wiederholte sich zwischen dem Schriftsteller und seinem Publikum. Innerhalb einer ästhetischen Konzeption der Literatur wäre eine solche Korrelation lachhaft. Sie hat schließlich nicht verhindert, daß wir einen Machado de Assis, einen Euclides da Cunha und einen Manuel Antônio de Almeida gehabt haben, wie sie ebensowenig verhindert hat, daß wir in der ersten Hälfte dieses Jahrhunderts Schriftsteller in öffentlichen Funktionen von der Größe eines Carlos Drummond de Andrade, eines João Cabral de Melo Neto und eines João Guimarães Rosa besaßen! Aber dies ist eine Sicht, die dem Nationalstolz ihren Tribut zollt und die Verluste auf Kosten außergewöhnlicher Namen rechtfertigt, die somit für ein Weiterleben als Gründermythen kandidieren. Es erscheint uns folglich wichtig, darauf zu insistieren: dieselben sozialen Bedingungen, die die Trennung zwischen einer öffentlichen und einer privaten Sphäre und die Bildung eines Staates verhinderten, der durch die moderne Rationalität hervorgebracht wurde – das heißt eines ursprünglich bürgerlichen Staates –, hat ebenso die Bildung eines intellektuellen Systems verhindert, das nicht mehr auf einige außergewöhnliche Namen beschränkt gewesen wäre. Machado de Assis' zuvor zitierte Passagen über die Politik lassen sich nicht mit einem Pessimismus verrechnen, den zu kultivieren er ausgehend von Montaigne (!) gelernt hätte. Die Farmer-Väter möchten ihren illustren Söhnen eine entsprechende Beschäftigung verschaffen, die ehrgeizigen Studienabsolventen wollen sich einen Weg eröffnen oder einfach ihre Langeweile an einem respektablen Ort einschläfern. Für alle besteht die Lösung darin, zu Abgeordneten gewählt zu werden. Das heißt, um mit Habermas zu sprechen, es gibt keinen *öffentlichen Raum*, der durch die Repräsentanten von Klasseninteressen und sozialen Gruppierungen auszufüllen wäre. So erklärt sich, daß die Besetzung des öffentlichen Raums nicht seine Trennung vom privaten Raum impliziert. Wie Uricoechea in bezug auf unser XIX. Jahrhundert schreibt:

> Die Institutionalisierung einer bürokratisch verwalteten, legalen Ordnung durch den Staat wurde außerdem durch die schwache Differenzierung zwischen einer öffentlichen und einer privaten Sphäre erschwert. Die Vorstellung, daß die Gesellschaft als politischer Körper einem objektiven System von Normen unterworfen werden könnte, die sich von jenen unterschieden, die die Handlungen ihrer individuellen Mitglieder in der Privatsphäre koordinieren und orientieren, wurde gewiß durch patrimoniale Repräsentation der politischen Gemeinschaft verzögert. (...) Die nationale und abstrakte Vorstellung, daß sich [255] die politischen Rechte der Gesellschaft als institutionelle Ordnung aus den privaten Rechten ihrer individuellen Teile ableiten, obwohl sie nicht mit ihnen identisch sind, war eine abstoßende Repräsentation für die dominante patrimoniale Normativität (Uricoechea, F., 1978, S. 274).

Aber noch heute stellen sich die Dinge nicht völlig anders dar.[4] Andererseits steht die nichtexistierende Unterscheidung zwischen

4 Daß die Abwesenheit einer Trennung zwischen der öffentlichen und der privaten Sphäre weiterhin in der Skala der brasilianischen politischen Repräsentation gegenwärtig ist, wird uns durch die Passage einer kürzlichen Präsidentenrede gezeigt: »Das Volk von Goiás ist weit, sehr weit davon entfernt, jene zu imitieren, die gestern zu mir nach Hause oder zum Palácio do Planalto [Brasília] gingen, um sich lobend über meine

der öffentlichen und der privaten Sphäre in Beziehung zum Charakter der politischen Parteien zur Zeit des Kaiserreichs. Wir sahen in der Analyse von *Esaú e Jacó,* daß Flora unfähig war, eine Wahl zwischen Pedro und Paulo zu treffen, weil sie keine wesentlichen Unterschiede zwischen den feindlichen Brüdern entdecken konnte. Wurde diese Tatsache im Roman auf der Grundlage des Realen artikuliert? Es ist nicht nötig, die lange Bibliographie über die Programme der kaiserlichen Parteien Revue passieren zu lassen. Wir wollen mit Murilo de Carvalho akzeptieren, daß sie nicht bloße Etiketten waren, die keine Unterschiede implizierten:

> Die Grundbesitzer, die sich mit der Konservativen Partei verbündeten, gehörten tendenziell zu Gebieten mit landwirtschaftlicher Produktion, die zum Export und zu der älteren Kolonisation zurückgekehrt war, wie Pernambuco, Bahia, und, vor allem, Rio de Janeiro. Diese Gruppierungen hatten größere Interessen an der nationalen Politik und an der Stabilität des Systems. Daher stellten sie sich leichter darauf ein, Mittel und Wege zu unterstützen, die die Zementierung der Zentralmacht begünstigten. Die Grundbesitzer, die der Liberalen Partei angehörten, stammten meist aus Regio-

Person oder meine Verwaltung zu äußern, und die, sobald sie spürten, daß ihre persönlichen Interessen nicht durch die Regierung oder mich unterstützt wurden, dazu übergingen, mich und meine Regierung so zu behandeln, als ob sie sich von Anfang an in Opposition befunden hätten. Ich würde sagen, wenn ihnen schon ein wenig staatsbürgerliche Gesinnung fehlt, um nicht Patriotismus zu sagen, würde ich sagen, daß ihnen die nötige Scham fehlt, um nicht etwas Schlimmeres zu sagen, denn tatsächlich sollten sie sich schämen« (*Jornal do Brasil,* Rio de Janeiro, 16. 7. 1982, S. 4). Obwohl wir nicht behaupten wollen, unser Staat würde die Patrimonialität des Kaiserreiches fortführen, ist es eine Tatsache, daß die Nichtunterscheidung zwischen der öffentlichen und der privaten Sphäre noch heute von der Begleiterscheinung gekennzeichnet ist, daß die brasilianische Macht nicht in der Lage ist, tatsächlich repräsentativ zu werden. Aus diesem Grunde paßt das vorherige Zitat zu dem und beleuchtet besser den offensichtlich banalen Kommentar, der an dem Tag veröffentlicht wird, an dem ich die Herstellung des Manuskripts dieser Version beende: »Das Entscheidungszentrum bleibt hermetisch und beschränkt und hat die Bandbreite der Partizipation der vermittelnden Institutionen der Repräsentation des Volkes in der Definition der Regierungspolitik nicht um einen Zentimeter erweitert« (Carlos Castello, »Baixo grau de participação«, in: *Jornal do Brasil,* Rio de Janeiro, 12. 9. 82, S. 2).

nen wie Minas Gerais, São Paulo und Rio Grande do Sul, mit geringeren Interessen an der Zentralisierung und an der Ordnung auf nationalem Niveau (Carvalho, J. M. de, 1980, S. 165 f.).

Wenngleich es also Interessensunterschiede bei der Zusammensetzung der Parteien gab, wurden sie gleichermaßen von Personen gebildet, die mit dem landwirtschaftlichen Exportsektor in Verbindung stehen. [256] Ihre Konflikte resultierten folglich aus »Rissen innerhalb der Elite«, die nicht die Möglichkeit radikaler Umstürze implizierten:

> Aufgrund der Tatsache, daß die Elite an den Staat gekoppelt war, und aufgrund der Tatsache, daß sie mehrheitlich aus Sektoren der dominierenden Klasse stammte, waren die Konflikte, zu denen die Unterschiede Anlaß gaben, von begrenzter Natur (a.a.O., S. 179).

Daraus sollte gewiß nicht abgeleitet werden, daß es sich um einen statischen Staat handelte, der sich jeglicher Veränderung verschloß und nur aufmerksam über das Murren einer Masse wachte, die ihn plötzlich überfallen könnte. Weder traf jene Immobilität zu, noch die Möglichkeit eines Überfalls. Über die zweite Hypothese hat Carvalho geäußert:

> Die Stütze der Stabilität des kaiserlichen Systems (...) bedeutete einerseits einen grundlegenden Konservatismus, in dem Maße, wie der Preis der Legitimität die Garantie fundamentaler Interessen des Großgrundbesitzes und die Reduktion des Bereichs der legitimen politischen Partizipation war. Aber andererseits erlaubte sie eine Dynamik politischer Koalitionen, die in der Lage war, Reformen zu implementieren, die in einer Situation vollkommener Herrschaft von Grundbesitzern unmöglich gewesen wären (a.a.O., S. 39).

Floras Problematik in Liebesangelegenheiten beruhte folglich auf einer sozialen Grundlage, die ihrem Text vorauslag. Die Zwillinge waren für sie nicht aufgrund einer bloßen Unfähigkeit ihrerseits ununterscheidbar. Die gesellschaftliche Basis funktionierte wie ein *kontextueller Sensibilisierungsfaktor,* der ihre Antwort »orientierte«. Dasselbe kann von ihrer beruflichen Unentschlossenheit, und folglich von ihrer künstlerischen Sterilität gesagt werden. Jedoch

ist hervorzuheben, daß die vorgeschlagene Interpretationsweise nichts mit einer Widerspiegelungstheorie zu tun hat. Machado de Assis ahnt voraus, daß seine Gesellschaft die Ausübung der ernstgenommenen Fiktion verbietet, um ausgehend davon eine extrem ernsthafte Fiktion zu realisieren, das heißt eine Fiktion, die sich fernab einer dokumentarischen oder einer Wahrnehmungsgrundlage konstituieren sollte. Die Konditionierung, die durch die Abwesenheit eines Publikums, durch die Anwesenheit eines verstärkt klientelistischen Staates verursacht wurde, über den Kult der Beobachtung und des Dokumentes hinaus, der, wie wir sahen, unsere Tradition seit der Romantik kennzeichnet, rief eine Fiktion hervor, die entweder leicht und überflüssig war oder versuchte, ihren Fiktionscharakter zu verbergen. Bis heute destilliert unsere Kultur, in Ermangelung einer besseren Untersuchung des Problems, ein wahres Veto hinsichtlich der Fiktion. Daher erklärt sich die Welle des Sittenromans, der Poesie, die sich entweder durch ihre Eloquenz oder fließende Sentimentalität bzw. durch die Empörung aufgrund guter Empfindungen rechtfertigt, und, erst in jüngerer Zeit, des Reportageromans. Der Schriftsteller klammert sich an die Realität – sei es die äußere der Fakten, sei es die innere der Empfindungen – [257] um das Stigma der Fiktion zu kaschieren. (Und dies könnte sogar auf unser Kino ausgeweitet werden.)
Wir wollen uns darauf beschränken, diese Idee zu konkretisieren, indem wir Machado de Assis' Beziehungen zum Realismus in Betracht ziehen. Wir hatten zuvor gesagt, daß der romantische Machado für Feydeau und gegen Flaubert optierte. Die Option, die später umgekehrt werden sollte, ist für das Verständnis dessen gravierend, was wir fiktionale Produktion nennen.

Es ist bekannt, daß die Kritik in den Jahren nach der Veröffentlichung von *Madame Bovary* (1857) und *Fanny* (1858) die beiden Werke gewöhnlich derselben Schule zurechnete. So kommentierte der heute unbekannte Neulsort den Verkaufserfolg der beiden Romane in England ironisch:

> Oh Reinheit der Frühlingsmorgende, oh Unschuld der britannischen Tugend, welchen Sturm mußten in Eueren Bäumen und in Eueren Herzen diese beiden ziemlich wüsten Männer aus dem

Norden entfachen, die Flaubert und Feydeau heißen (*Le Réveil*, 13. 11. 1858, zitiert nach Dumesnil, R., 1945, S. CLXXXI).

In Émile Montéguts berühmter Besprechung von *Fanny* wird hingegen nicht nur die Schwäche des Buches deutlich erfaßt, sondern auch seine Technik von der Flauberts differenziert:

> Was sie [das heißt Roger und Fanny] für Leidenschaften halten, sind sehr reale Laster, sehr positive Lüsternheiten, die seit fünfzig Jahren in der gesamten Literatur in romanhaftes Lametta, poetische Fetzen und armselige Lumpen gekleidet werden. *Öffnen Sie einen modernen Roman, und Sie werden dort immer diese nutzlose Bemühung des Lasters sehen, poetische Gestalt anzunehmen, ernstgenommen zu werden, wie in* Fanny, *oder parodiert zu werden wie in* Madame Bovary (Montégut, É., 1858, XVIII, S. 210, Hervorhebung von mir).

Die Opposition zwischen Ernsthaftigkeit und Parodie in der Poetisierung des Lasters ist um so relevanter, als Montégut keine größeren Sympathien für Flaubert manifestiert. Die Beobachtung dient uns als Aufhänger, um die Hauptbegriffe zu zeigen, mit denen damals Flauberts Werk rezipiert wurde. Schon vor der Veröffentlichung von *Madame Bovary* hatte Duranty das Werk beschuldigt, *eine Anwendung der Wahrscheinlichkeitsrechnung* [frz. im Original] zu sein, ein um so unentschuldbarerer Defekt, als

> (...) umfangreiche Studien nicht die Spontaneität ersetzen, die vom Gefühl ausgeht (zitiert nach Dumesnil, R., 1945, S. CXLVIII). [258]

Am 25. April 1857 bemerkte Sainte-Beuve in einem Brief an den Romancier, nachdem er dessen Formulierungen gelobt hatte:

> Ohne zu wissen, wie sie in Ihr Werk hätte integriert werden können, hätte ich mir auch gewünscht, eine Figur mit sanften, reinen, tiefen und zurückhaltenden, aber gleichermaßen wahren Gefühlen zu sehen. Dies hätte mich beruhigt. Es hätte mir gezeigt, daß es Güte gibt, sogar unmitten des Bösen und des Animalischen (zitiert nach Dumesnil, R., 1945, S. CLV).

Komischerweise ähneln seine Begriffe sehr dem Votum, das José Veríssimo im Hinblick auf *Dom Casmurro* abgab: »Wenn die Kritik das Recht besäße, einen Wunsch zu äußern, würde ich mir wünschen, daß der Autor, auch wenn er die Trilogie nicht abrundete, was einige von *Brás Cubas* und *Quincas Borba* erwarten, die Entwicklung, die sich zufällig in diesem letzten ankündigte, auf mitfühlendere, wenn nicht gar menschlichere Weise, das Leben zu begreifen, beendete und uns, wie mit jenen beiden bewundernswerten Büchern, ein vollständig neues Werk lieferte« (Veríssimo, J., 1903, S. 36).

Wie stark die Irritation angesichts dieses Mangels an Idealismus war, scheint in der trotzigen Kritik von Tony Révillon durch:

> [Dieses Buch] ist ein Pamphlet gegen die Menschlichkeit, geschrieben von einem Skeptiker, der aus der Tugend eine Temperamentsfrage macht (zitiert nach Dumesnil, R., 1945, S. CLXXVI).

Die moralische Empörung wird ihrerseits von Dumesnil in einem Artikel vom 3. Mai 1857 mit der Kritik an seiner Kälte kombiniert:

> Man fühlt in der Tat in der Art und Weise des Herrn Flaubert den Chirurgen hinter dem Kritiker; dies wird durch die Sorgfalt aufgedeckt, die er in den Details und in der unvergleichlichen Grausamkeit gewisser Bilder walten läßt (a.a.O., S. CLX).

Das Argument kehrt bei anderen Autoren wieder. Bei Sainte-Beuve: »Als Sohn und Bruder distinguierter Ärzte hält Herr Gustave Flaubert die Feder wie ein Skalpell« [frz. im Original]; bei Léon Aubinet: »Die Kunst hört in dem Moment auf, wenn Schmutz in sie hineingetragen wird. Es handelt sich um die Geschichte einer Frau, die aus dem edlen und heiligen Stand der Ehe, den sie aus einem Gefühl heraus gewählt hatte, das der Autor im medizinischen Stil als ›eine Irritation, die durch die Anwesenheit des Mannes, der um ihre Hand anhielt‹, definiert, in die letzten Schandtaten der Libertinage hinabsinkt« (zitiert nach Dumesnil, R., 1945, insbes. S. CLX und CLXX) [frz. im Original]. Dagegen bleibt das moralische Argument im Schatten, als J. Habans am 28. Juni 1857 den Stil des Autors seziert: [259]

> Die Schwäche des Buchs besteht darin, daß Herr Flaubert kein Schriftsteller ist. Der Stil ist mitunter unentschlossen, inkorrekt und vulgär; und seine Schule wäre das Eindringen in die Sprache

> der Daguerreotypie unter dem Vorwand der Natürlichkeit und Exaktheit (zitiert nach Dumesnil, R., 1945, S. CLXXII).

(Wir überlassen es dem Leser, sich noch einmal die Urteile Sílvio Romeros und José Veríssimos über den Stil von Machado de Assis zu vergegenwärtigen. So erinnerte der erste an die stilistischen Tugenden, die Machado nicht kannte: »Träumerische, repräsentative oder deskriptive Imagination; tiefe, spontane, ursprüngliche Emotion; leichter, natürlicher Stil« (Romero, S., 1897, 1936, S. 35). Veríssimo ist noch direkter: »Um perfekt zu sein, fehlt seiner Sprache lediglich Glanz, Eloquenz, Farbe, wenn nicht bloß Ansehnlichkeit, die unserem noch wenig verfeinerten Geschmack sosehr gefällt« (Veríssimo, J., 1936, 1978, S. 109).)
An diesen Bescheinigungen zeigt sich deutlich, daß die Kritiker noch im selben Jahr der Publikation von *Madame Bovary* dem Werk lautstark Mängel nach zwei Kriterien zuschreiben, demjenigen eines Angriffs auf die Moral, und demjenigen eines Angriffs auf die Kunst. Die einzige mir bekannte Ausnahme erscheint bei Barbey d'Aurevilly, der eine Industriemetapher verwendet, um von der Neuheit des von ihm rezensierten Werkes zu sprechen:

> Wenn in Birmingham oder in Manchester aus gutem englischem Stahl Erzähl- oder Analysiermaschinen geschmiedet würden, die nur aufgrund unbekannter Dynamikprozesse funktionierten, so würden sie wie Herr Flaubert funktionieren (*Le Pays,* 6. 10. 1857, zitiert nach Dumesnil, R., 1945, S. CLXXIIIf.).

Wenn wir das moralische Argument außer Acht lassen, das Flaubert und Feydeau gleichermaßen verurteilte, beruhte der Kontrast zwischen beiden auf der Rezeption des Stils. Wenn wir die Popularität in Betracht ziehen, die *Fanny* zu jener Zeit umgab, ohne die Begünstigung durch einen Prozeß, der seinem Rivalen half, können wir verstehen, daß sie genau daraus resultierte, daß Flaubert sich des »mittelmäßigen sentimentalen Ragoûts«, der »romanhaften Lumpen«, der »poetischen Fetzen« [frz. im Original], die Montégut herausgestellt hatte, zu enthalten verstand. Waren die Begriffe bei der Rezeption von Machado de Assis aufgrund eines rein zufälligen Zusammentreffens so ähnlich? Die Koinzidenz ist noch verblüffender, weil Machado nie das Aufsehen erregt hatte, das Flaubert mit der Geschichte von Emma Bovary geschaffen hatte. Die extreme Ähnlichkeit der Reaktionen läßt sich nicht abstreiten. Damit ein Werk innerhalb der Modelle der Moderne als fiktional anerkant wird, ist es notwendig, daß es nicht nur aus »Quasi-Äußerungen« – das heißt Äußerungen, hinsichtlich deren es unmöglich ist zu entscheiden, ob sie wahr oder falsch sind – gebildet werden, sondern diese Äußerungen müssen die Erwartungen des Rezipienten provozieren, wenn nicht sogar irritieren. (Ein Erfordernis, das selbstverständlich durch die eigene Haltung der Kunst der Moderne hinsichtlich der etablierten Werte bedingt ist.) Da Machado de Assis [260] in einem provinziellen Milieu und in einem klientelistischen Staat lebte, mußte er eine Technik entwikkeln, die Flaubert nicht benötigt hätte; eine Technik, die wir Narration in Form eines Palimpsestes genannt haben, das heißt eine Narration, die aus zwei Schichten gebildet wird, einer offensichtlich cleveren, die mit sichtbarer Tinte die kritische Virulenz verbergen soll, die in der zweiten deponiert ist. Dennoch hat der Appell an die soziopolitschen Institutionen bei der Interpretation des Romans von Machado des Assis uns nicht in die Nähe einer reflexologischen Erklärung gebracht. Zwischen Institutionen der Realität und der fiktionalen Realisierung ist vielmehr die fiktionale Produktion angesiedelt. Um nicht abstrakt von ihr zu sprechen, gibt es eine Konkretisierungsmöglichkeit: den Weg der Untersuchung, wie diese Produktion von ihren Lesern rezipiert wurde. Eine Untersuchung, die jedoch nicht verabsolutiert werden darf, falls wir uns nicht mit einer Soziologie des Lesers begnügen wollen. Da dies nicht der Fall ist, muß uns die Reaktion des Rezipienten zu dem Werk zurückführen, von dem wir ausgingen, indem sie uns erlaubt, seine Ähnlichkeiten und Differenzen mit anderen Werken besser zu sehen. Dies haben wir in bezug auf Machado de Assis und Flaubert getan, indem wir gleichzeitig ihr gemeinsames Merkmal der Zugehörigkeit zur Moderne und die Differenz aufgezeigt haben, die die Moderne von Machado de Assis umgibt, die in die Notwendigkeit des Palimpsestes übersetzt wurde.

Zusammengefaßt versuchten wir zu zeigen, daß Floras Dilemmata in den Eigenschaften der soziopolitischen Institutionen Brasiliens jener Epoche verwurzelt waren. Daß uns diese Feststellung hingegen nicht berechtigt, solche Dilemmata für Spiegelungen der Gesellschaft zu halten, da sie kein Dokument der Gesellschaft sind, sondern ausgehend von ihrer Hinführung zur Fiktionalität erklärt werden. Daß diese Fiktionalität ihrerseits, in Begriffen der Moderne, durch einen Bruch mit den »Erwartungshorizonten« (Mannheim) des Lesers gekennzeichnet ist. Wir hoben dann die zeitliche Dimension dieser Fiktionalität hervor: während diese sich in Harmonie mit den Erwartungen des Lesers entwickelte, konnte sie für die schöne Lüge gehalten werden, von der die Renaissance sprach (vgl. Kap. I). Seit der Mitte des XIX. Jahrhunderts ist dies nicht mehr möglich. Über die Kritiker, wenn nicht gar die Tribunale, protestiert die Gesellschaft gegen die Angriffe, die ihre moralischen und ästhetischen Gesetze erleiden. Einen Stil *»medizinisch«* zu nennen, einen Schriftsteller zu beschuldigen, wie eine mathematische Regel und wie ein Skalpell zu operieren, heißt hervorzuheben, daß er nicht auf die Forderung der Lyrik nach Emotion und Farbe eingeht. Listenreich wußte Machado de Assis einen Ausweg, obwohl er für kalt, zerebral und wenig nationalistisch gehalten wurde. Aber gelang es ihm wenigstens, unabhängig von der Frage, ob er einen Ausweg fand oder nicht, verstanden zu werden? Wie immer die korrekte Antwort lauten mag, Tatsache ist, daß er, indem er seine zerstörerische Fiktion in der der stillen Schicht des Palimpsestes deponierte, im Hinblick darauf, wie die Fiktion sich zeitgenössisch in Beziehung zur Geschichte setzte, die Begriffe vertauscht hat: anstatt jene den Schritten dieser unterzuordnen, nahm er die historisch-politische Materie als Quelle zu ihrer Entfaltung und Radikalisierung.

Assis, M. de (1868) (1962), *A Mulher de preto*. In: A. Coutinho (Hg.) (1962), *Machado de Assis. Obras completas*. Rio de Janeiro. S. 59–80.

Assis, M. de (1870) (1962), *Contos fluminenses*. In: A. Coutinho (Hg.) (1962), *Machado de Assis. Obras completas*. Rio des Janeiro. S. 25–157.

Assis, M. de (1872) (1962), *A Parasita azul*. In: A. Coutinho (Hg.) (1962), *Machado de Assis. Obras completas*. Rio de Janeiro. S. 161–191.

Assis, M. de (1883a) (1962), *Capítulo dos chapéus*. In: A. Coutinho (Hg.) (1962), *Machado de Assis. Obras Completas*. Rio de Janeiro. S. 401–411.

Assis, M. de (1883b) (1962), *Cantiga de esponsais*. In: A. Coutinho (Hg.) (1962), *Machado de Assis. Obras completas*. Rio de Janeiro. S. 386–390.

Assis M. de (1886) (1962), *A Desejada das gentes*. In: A. Coutinho (Hg.) (1962), *Machado de Assis. Obras completas*. Rio de Janeiro. S. 504–511.

Assis, M. de (1888) (1962), *Um Homem célebre*. In: A. Coutinho (Hg.) (1962), *Machado de Assis. Obras completas*. Rio de Janeiro. S. 497–504.

Assis, M. de (1903) (1962), *Pílades e Orestes*. In: A. Coutinho (Hg.) (1962), *Machado de Assis. Obras completas*. Rio de Janeiro. S. 708–715.

Cândido, A.(1955) (1973), »O Escritor e o público«. Wiederabgedruckt in: ders. (1973), *Literatura e sociedade* (1973). São Paulo: Cia. Editora Nacional.

Carvalho, J. M. de (1980), *A Construção da ordem. A elite imperial*. Rio de Janeiro: Editora Campus.

Costa Lima, L. (1981), *Dispersa demanda*. Rio de Janeiro: Francisco Alves.

Dumesnil, R. (1945), »Introduction«. In: G. Flaubert (1857) (1945), *Madame Bovary*. Paris: Belles Lettres.

Freud, S. (1900) (1942), *Die Traumdeutung. Gesammelte Werke* II/III. Frankfurt a. M.: S. Fischer.

Machado Neto, A. L. (1973), *Estrutura social da república das letras (sociologia da vida intelectual brasileira – 1870–1930)*. São Paulo: Grijalbo.

Montégut, E. (1858), »Le Roman intime de la littérature réaliste«. In: *Revue de Deux Mondes* 18 (1958). S. 196–213.

Romero, S. (1897) (1936), *Machado de Assis*. Rio de Janeiro: José Olympio.

Schwartzman, S. (1982), *Bases do autoritarismo brasileiro*. Rio de Janeiro: Editora Campus.

Uricoechea, F. (1978), *O Minotauro imperial. A burocratização do estado patrimonial brasileiro no século XIX*. Rio de Janeiro/São Paulo: DIFEL.

Veríssimo, J. (1903), »Das Condições da produção literária no Brasil«. In: ders. (1903), *Estudos de literatura brasileira*. Rio de Janeiro/Paris: Garnier. S. 47–85.

Veríssimo, J. (1936) (1978), *Letras e literatos: estudinhos críticos da nossa literatura do dia.* In: J. A. Barbosa (Hg.) (1978), *José Veríssimo. Teoria, crítica e história literária.* São Paulo: EDUSP. S. 107–110.

Vianna, O. (1949), *Instituições políticas brasileiras.* 2 vol., Rio de Janeiro: José Olympio.

Watt, I. (1957) (1974), *Der bürgerliche Roman. Aufstieg einer Gattung. Defoe – Richardson – Fielding.* Frankfurt a. M. Suhrkamp (stw 78).

Nachwort
von K. Ludwig Pfeiffer

1.

Theorien und Verständigungsversuche über das Imaginäre tun sich – ›naturgemäß‹ möchte man sagen – schwer. Mit seiner begrifflichen Zähmung haben sich Psychoanalyse, Evolutionstheorie, Philosophie, Psychologie, Literaturwissenschaft und wohl auch noch andere Disziplinen befaßt. Bemühungen dieser Art haben das Un(be)greifbare in ein Spektrum scheinbar faßlicherer, eher positiver oder negativer Begriffe wie Imagination, Phantasie, Fiktion, Schein, Halluzination usw. zerlegt. Das Faszinierende wie Bedrohliche dessen, was man offensichtlich als ein menschliches Vermögen bezeichnen muß, besteht darin, daß es als *unvermeidliches* Medium menschlicher Wirklichkeitskonstitution gleichwohl den praktikablen Wirklichkeiten ›sozialer‹ und ›vernünftiger‹ Art zu widerstreiten scheint. Zwar kommen wir ohne imaginäre, libidinös besetzbare Investitionen nicht zu einigermaßen befriedigenden Realitätsvorstellungen. Gleichwohl verdichtet sich im Imaginären die unentwirrbare Verknotung von *homo sapiens* und *homo demens,* die Edgar Morin in evolutionstheoretischer Perspektive eindringlich beschrieben hat (vgl. Morin 1973, S. 107ff., 1969, S. 142ff.).

Ist das Imaginäre ungreifbar und doch allgegenwärtig, so muß es in Formen gebracht werden, in welchen Konformität mit und Transgression von rational-gesellschaftlichen Realitätsnormen ausgelotet werden können. Solche Formen werden in vielen Kulturen überwiegend von der Kunst parat gehalten; an den Schwierigkeiten wiederum, zu bestimmen, was Kunst sei, läßt sich die Hartnäckigkeit ermessen, mit welcher das Imaginäre auf Modalitäten seiner – irgendeiner – Gültigkeit und Akzeptanz pocht.

Es ist daher einleuchtend, wenn Costa Lima, ein brasilianischer Kultur- und Literaturwissenschaftler, seine Untersuchung zur Kontrolle des Imaginären einschränkend und vergleichend differenziert: An der Literatur und den mit ihr oft genug konkurrierenden Diskursen wissenschaftlicher, etwa geschichtlicher Art lassen sich Formen rationaler und sozialer Kontrolle relativ gut ablesen. Denn seit diese Diskurse in westlichen Kulturen in Erscheinung getreten sind, werden sie von expliziten theoretischen, legitimierenden oder diskriminierenden parasitären Diskursen begleitet. Im Prinzip allerdings engt Costa Lima die Formen des Imaginären nicht derart ein: Kino, *Comic Strip* und der riesige Bereich der – oft genug narrativ und präliterarisch organisierten – Alltagsfiktionen (vgl. S. 315 f.) sind von den poetologisch häufig fixierten oder gar normierten literarischen Fiktionen zwar zu unterscheiden, fallen aus dem Thema aber nicht grundsätzlich heraus.

Wird dem (vor allem literarisch) Fiktionalen ein »Ort innerhalb der intellektuellen Aktivitäten« zugesichert, wird es jedoch gleichzeitig zumeist als »Ort der Wahrheit« (S. 222) verleugnet, so setzt eine Untersuchung am besten in jenen Bereichen an, die sich als diskursive Bruchstellen verstehen lassen. Dafür eignen sich die Komplexe Subjektivität, Natur und Geschichte, weil in ihnen Realitätsdruck und imaginäre Projektionen in besonders virulenter Weise aufeinanderprallen. Derart gewinnt der ›Historiker‹ Michelet eine zentrale Position, da er sich gerade mit seiner ›poetischen‹ Erzählweise latent einer »Theoretisierung, die damals nicht erkannt wurde und die heute erblüht« (S. 231 f.), bedient. U.U. besteht also ein größerer Unterschied zwischen »Schriftstellern und Kritzlern« (S. 252) als zwischen Historikern und Romanciers. So entsteht desgleichen die Frage, ob ein zentrales Werk von Euclides da Cunha eher als soziologisches oder als literarisches Buch zu betrachten ist. Für den Europäer scheinen mir vor allem die kontrastiven Passagen zum Status der Natur in Brasilien wichtig:

> Während die Natur in der europäischen Romantik einen Anreiz für die Selbstreflexion bewirkte, indem sie wie eine Art Buch funktionierte, das nur durch suggestive Linien konstituiert war, deren Auffüllung allein in der meditierenden Seele geschehen könnte, bot sich uns die Natur als etwas dar, das mit Vergnügen beobachtet und beschrieben werden konnte, indem der Landschaftsmaler beim Anblick ihres Reichtums, ihrer wilden Fülle verweilte, die im Kontrast zu den Gartenlandschaften des zivilisierten Europas stand. Die Beobachtung verwies sozusagen nicht auf das Imaginäre eines Subjektes zurück, das die Natur in ein

> Mittel verwandelte, die Lektüre seiner selbst zu stimulieren und zu ordnen; sie verwies sehr wohl auf das beobachtete Objekt zurück, auf das Land, das auf der geschriebenen Seite wiederhergestellt werden sollte (S. 283).

Auf diese Weise beteiligt sich die Literatur am Entwurf einer (imaginären und doch nicht nur imaginären) Nationalidee, ein Entwurf, der in Europa eher an die national*geschichtlichen* Implikationen der Literatur gebunden war. So werden in Brasilien über die Natur ein imaginäres Nationalklischee und mit ihm Spielräume einer vorher »verborgenen Mimesis« (Kap. IV) ausgemendelt, die sich bis heute erhalten haben (vgl. S. 290f.).

2.

Könnten sich Europäer schon über den Stellenwert von Michelet in Costa Limas Buch wundern, so könnte sich die Verwunderung angesichts der ebenfalls zentralen, wenngleich nicht sehr ausführlich entfalteten Position eines Denkers wie Jeremy Bentham steigern (vgl. Kap. I.3.). Aber man übersieht nur allzu leicht, daß Benthams empiristisch-utilitaristische Philosophie hochgradig symptomatisch für die operativen Möglichkeiten des Imaginären, seiner Formen wie seiner Kontrolle in der westlichen Tradition war (vgl. dazu auch Pfeiffer 1990). Man kann die These riskieren, daß der westliche Empirismus in seinen vielfältigen Formen weniger eine Erkenntnistheorie lieferte als sich vielmehr, mal idealistisch, mal positivistisch, mit den sozialphilosophischen Voraussetzungen und Grenzen von Realitätskontrolle und Fiktionsbildung herumschlug. Wenn wir die historischen und gattungsmäßigen Formierungen des Imaginären Fiktionen nennen, so plagt sich der Empirismus mit der Unterscheidung zwischen dem Fiktiven (Illusionären, nur Eingebildeten), dem Fiktionalen (etwa der Literatur mit ihren zugleich illusionären wie realitätsstarken Wirkungen) und dem Realen (oder dem, was man unvermeidlich dafür hält) ab. Sobald dies aber geschieht, tritt das Problem der Kontrolle des Imaginären in Form eines *Panfiktionalisierungsschubs* auf. Im Folgenden sollen daher Beispiele aus dem europäischen Empirismus Costa Limas Problemstellung kontrastiv verdeutlichen. Den auch von Costa Lima erwähnten wissenschaftsgeschichtlich sicher immer noch symptomatischen Endpunkt dieses Problems markiert Hans Vaihingers *Philosophie des Als Ob* (^{10}1927). Vaihinger bietet zum einen eine Bilanz philosophischer Fragestellungen, die den geschichtlich steigenden Bedarf und die Wirksamkeit auch bewußter Fiktionen aufdeckt – Kant und Nietzsche markieren dabei kritische Stationen. Wie viele Wissenschaftstheoretiker nach ihm erliegt Vaihinger aber trotz eines radikalisierten Fiktionsbewußtseins dem den (Natur-)Wissenschaften historisch innewohnenden positivistischen Sog. Gelegentlich also hält er dafür, daß Fiktionen die Wirklichkeit lediglich verfälschen, scheint die Unterscheidbarkeit der Fiktion von der auf Wahrheit, nicht nur Zweckmäßigkeit abzielenden *Hypothese*, der nützlichen Fiktion von den bloßen »Figmenten« der Phantasie (wozu dann nicht nur Pegasus, sondern gelegentlich die ganze Poesie rechnen) noch verbürgt (S. 129–154). Je mehr sich Vaihinger aber an der Vorstellung der menschlichen Psyche als einer »stets sich vervollkommnenden Maschine« (S. 178) berauscht, um so mehr geraten ihm unter der Hand die Fiktionen zur alles beherrschenden Mechanik des Denkens. Die logische Theorie der Fiktionen ist dann plötzlich nicht mehr, aber auch nicht weniger als eine »Technologie der logischen Funktionen«, eine »Maschinenlehre des Denkens«, d.h. der »Denkmittel, Denkmaschinen und Denkorgane« (S. 180). Worum es dann eigentlich gehen müßte, das wäre eine »historisch-genetische psychohistorische und psychogenetische Ableitung« der höheren, der wissenschaftlichen wie der literarischen Vorstellungswelt, die Kants Dimensionierung der Philosophie ebenso umkrempeln würde wie der Darwinismus Goethes entwicklungsgeschichtliche Ideen über den Haufen geworfen hat (S. 183). ›Wirklich‹ ist jedenfalls nur das Empfundene. Die Erkenntnistheorie löst die vielfältige Vorstellungswelt in Denkmittel auf, die Logik versucht, deren Methodisierbarkeit nochmals zu retten. Erkenntnistheorie und Logik sind aber nur noch Namen für Disziplinen, die mit diesen Aufgaben – der Ableitung und Funktionalisierung der Vorstellungswelt – hoffnungslos überfordert sind. Die Philosophie wird zur verkappten Biologie; Distanz vermag sie nur noch durch eine hochmetaphorische Terminologie (»Mechanik des Geistes« usw.) und emphatisch-philosophische Restbestände (»Sein«, »objektive Welt«, »Blick für die Wirklichkeit«, »Spalt zwischen Wirklichkeit und Fiktion«, vgl. S. 175, 183, 186, 190 usw.) zu wahren.

3.

Vaihingers idealistisch-positivistische Mischung hat ihn in Vergessenheit geraten lassen. *Idealismus* (die Erzeugung der Fiktionen durch das Denken, das Imaginäre) und *Positivismus* (ihre Kontrolle durch die Wissenschaften) sind aber nur die *historischen Verpuppungsformen,* in denen Antriebe der Fiktionsbildung (durch das wuchernde menschliche Imaginäre) wie auch der Fiktionsarretierung (durch die Realitätsleistungen der Wissenschaften) auftreten. Dabei kommt sozialphilosophischen Ordnungsvorstellungen eine entscheidende Rolle zu. Die stabilisierend-kontrollierende Wirkung solcher, genauer macht- und kirchenpolitischer Vorstellungen offenbart bereits die erste systematische, aber *begrenzte* Fassung des Fiktionsproblems bei Wilhelm von Ockham. Ockham baut Vorstellungen kontingenter, möglicher, nicht mehr als Schöpfung geordneter und nachzuahmender Welten auf, er baut damit die Kritik an den fiktiv gewordenen scholastischen Begriffsgebäuden in die Auseinandersetzungen zwischen Papst, Kaiser und Ordensleben ein. Der Scholastik galt manche Fiktion als Figur der Wahrheit; insbesondere hatte auch das eher scholastisch orientierte Mittelalter schon detaillierte Debatten darüber geführt, wie die Wirklichkeit etwa von Institutionen – die doch aus sterblichen Menschen bestehen – in die Vergangenheit und Zukunft projiziert werden kann. Pikante Konfigurationen lieferten dabei vor allem auch Fragen, wie die Vorstellung von den zwei Körpern des Königs, seinem sterblichen und seinem (rechtlich vor allem) angeblich unsterblichen, jeweils in Wirklichkeit umzusetzen sei (vgl. Kantorowicz 1957). Ockham spitzt die Spannung zwischen den erkenntnistheoretischen und den politischen Dimensionen der Allgemeinbegriffe vor allem im Blick auf die Realität der *Ecclesia Romana* als *Ecclesia Universalis* dramatisch zu. Auch in der Auseinandersetzung um die kaiserlichen Vorrechte, beispielsweise in der Krönungsfrage, im Armutsstreit mit dem Orden gewinnt der Nominalismus Ockhams eine ›konkrete‹, in der bloß philosophischen Betrachtung meist vernachlässigte Grundlage (dazu Miethke 1969, Blumenberg 1974).

Ganz anders, und im ›Theoriedesign‹ dennoch ähnlich, eben der empiristische Utilitarist Jeremy Bentham im frühen 19. Jahrhundert. ›Rein philosophisch‹ gesehen kann bei Bentham alles zur Fiktion werden (vgl. dazu Ogden 1959). Jede Fiktion aber hängt mit etwas zusammen, was man für real hält. Fiktionstheorie muß daher die gleitenden Übergänge untersuchen, die sich zwischen dem für fiktiv und für wirklich Gehaltenen einpendeln. Das logische Verfahren dafür bieten nicht mehr tautologie- und damit fiktionsverdächtige Definitionen, sondern *Paraphrase* und *Archetypisierung*: Mit solchen Verfahren werden Fiktionen und Abstrakta soweit wie irgendmöglich rekonkretisiert. Diese Verfahren beschneiden also die wuchernden Vorstellungen, reduzieren sie gleichsam auf jenen – falls es ihn denn gibt – harten Kern, an dem der Fiktionsverdacht abprallt (vgl. Bentham 1983, S. 272f., Ogden, S. 86ff., Harrison 1983, S. 57f., 74ff.).
Solche Stabilisierungskerne des Wirklichen sind psychologisch mit angenehmen und unangenehmen Empfindungen verkettet. Sie bedürfen aber gleichzeitig auch eines sozialphilosophischen Rahmens; Benthams Unterscheidungen zwischen wirklichen (etwa physischen) und fiktiven Ganzheiten ist daher auch in eine umfassende Reform des englischen Sozial- und Rechtssystems eingebettet, die mit den überholten diesbezüglichen Fiktionen des 18. Jahrhunderts aufräumen will. Daher kümmert sich Bentham vor allem um Begriffe/Fiktionen wie Pflicht, Verpflichtung, Wille, Strafe, Nutzen, Gesetz, Macht usw. Reformen mögen an der Sezierung von Leichnamen und ihrem medizinisch-gesundheitlichen Nutzen ebenso ansetzen wie an der Abwasserbeseitigung oder der ›optimalen‹ Anlage eines Gefängnisses. Nun sind Reformen wie individuelle Aktivitäten freilich nicht leicht an die ›Interessen‹ möglichst vieler Menschen rückzubinden. Bentham sieht dies bis zu einem gewissen Grad und benutzt diese Einsicht zu einem modern anmutenden Schritt: Die konventionelle Unterscheidung zwischen *Realität* und *Fiktion* wird durch Medien der Fiktionalität und des Spiels unterlaufen. Läßt sich ihnen hinreichendes Vergnügen abgewinnen, dann können z.B. Kegeln, Fußball, Dichtung, die Oper u.a. mehr gleichermaßen als Medien der Wirklichkeit und insofern Realitäten auftreten (vgl. Harrison 1983, S. 5). So schlicht oder fortschrittlich diese Vorstellung angesichts heutiger Mediendiskussionen auch anmuten mag: mit ihr fängt sich

Bentham in einem Teufelskreis. Denn die Medien der Nützlichkeit, des Vergnügens und des Schmerzes – die Inszenierungsorte gelebter Realität – sind offenbar nicht mehr konsistent auf einen umfassenden, etwa gesellschaftlich justierten Realitätsbegriff zurückzubeziehen. Interessen, Motive, Dispositionen, Vergnügen, Schmerz, Emotionen: sie hängen irgendwie, aber nicht eindeutig, mit den gesellschaftlichen Strukturen zusammen, denen sie vielleicht ihre Existenz, auf jeden Fall aber ihre Entfaltungsbedingungen verdanken.

Elementare Verkettungsschwierigkeiten treten etwa zwischen Geldmenge und Lustgewinn auf; dazu hatte die Psychoanalyse später mehr zu sagen. In wechselnden Formen machen sie sich in der Ziellosigkeit sozialtheoretischer und -praktischer Entwürfe geltend. Diese erstrecken sich vom ›vergleichsweise vernünftigen‹ Projekt einer repräsentativen Demokratie über die seit geraumer Zeit von K. R. Popper wieder favorisierten Einzelreformen (des Gesundheitswesens usw.) bis hin zu ›abstrusen‹, aber Bentham über Jahrzehnte hinweg beschäftigenden Unternehmungen (wie dem Projekt eines Gefängnisses, bei dem alle Gefangenen gleichzeitig beobachtet und kontrolliert werden konnten; vgl. dazu Harrison, 1983, S. 147ff., 158, 174–178, 196, 208).

Man kann heute den Verdacht hegen, daß Bentham seinen psychologisch fundierten Realitätsbegriff gleichwohl zu stark an Gesellschaftsvorstellungen fesselt und sich damit den Blick auf eine begrenzt mögliche Trennung von erfahrbaren *Realitätseffekten* und herrschenden *sozialen Bedingungen* verstellt hat. Er mag deshalb jene Medien der Realitätsinszenierung unterschätzt haben, deren – lustvolle, nützliche und insofern realitätsgesättigte – Erfahrbarkeit nicht direkt oder im Sinne der Widerspiegelung mit den gesellschaftlich herrschenden Realitätsmodellen und Praktiken gekoppelt sein muß.

4.

Daß die Frage nach der Beschaffenheit von *Inszenierungsmedien des ›Realen‹* (die Frage also nach akzeptablen Formen des Fiktionalen) dringlicher werden kann als die nach einem (psychologisch, soziologisch oder wie auch immer fundierten) Realitätsbegriff, das offenbart das Spektrum anderer, weniger an Veränderung als an gesellschaftlicher Bestandserhaltung interessierter Formen des Empirismus. Ihnen machen die untilgbaren Realitätseffekte offenkundiger, etwa literarischer ›Fiktionen‹ zu schaffen. So nimmt Francis Bacon – auch er spielt bei Costa Lima eine symptomatische, wenn auch nur kurz gestreifte Rolle – bei seiner Kritik der Idole Platos Schelte der Imagination wieder auf. Bei Plato hing diese Schelte mit einer sozial- und kulturnormativen Kritik der Verschriftlichung zusammen. Die Schrift, vor allem auch die verschriftlichte Literatur (dazu zählt sehr bald auch das Drama, für das nach Aristoteles die Aufführung nicht wesentlich ist), erzeugt eine Vielfalt von Welten, welche die Speicherung und Kontrolle gesellschaftlicher Weisheit im Verhalten der Menschen zerrütten. Bacon nun glaubt, daß der Buchdruck (vgl. dazu Costa Lima, S. 23) zum Segen der Menschheit gerät; er garantiert die Verbreitung eines insgesamt (wissenschaftlich und durch die Ständegesellschaft) kontrollierbaren Wissens. Dieser Optimismus aber mutet eher wie eine Verwechslung technischer mit kognitiver bzw. gesellschaftlicher Verwertung und Kontrolle an. Bacon bezieht Stoppregeln der Fiktionsbildung und des abweichenden Verhaltens vor allem aus einer mittelalterlichen Erkenntnismetaphorik (»Licht«), aus einer autoritären Gesellschaftstheorie und aus Kriterien technologischer Verwertbarkeit – aus drei Bereichen also, die vor allem die ›Utopie‹ *Neu-Atlantis* exemplarisch verknüpft (vgl. dazu Pfeiffer 1983). In einem solchen Zusammenhang kann der ›Literatur‹ zunächst nur eine dubiose Rolle zufallen: In illegitimen Kombinationsvorgängen trennt und vereint sie Elemente, die in der ›Natur‹ nach Bacon so nie auftauchen. Dieser Kampf gegen die Fiktion aber ist nicht mehr zu gewinnen. Bacon bekämpft, was immer mehr zur allgegenwärtigen Bedingung, und nicht nur Trübung, der Erkenntnis und auch des sozialen Handelns zu geraten scheint. Das *Neue Organon* geißelt die Unzulänglichkeit und Fallstricke der Sinne. Quer dazu aber liegt bereits die Kritik »schlechter und unverständiger Abstraktion«, deren Korrektur offenbar doch wieder über die Sinne zu laufen hat (vgl. Bacon ^{2}1982, S. 57, 62f.). Bacon visiert hier Techniken relativer Konkretisierung an, die merkwürdig unverbunden neben der leitenden Licht- und der gewaltsamen Experimentalmetaphorik (»die Natur zerschneiden«) stehen. Ein analoger Bruch kennzeichnet Bacons ›Anthropologie‹. Im *Neuen Organon* sucht Bacon die fiktionserzeugenden menschlichen Eigenschaften und Begierden auszutreiben (»Maßhalten« usw.). Im *Advancement of Learning* aber muß die Dichtung als Vorspiegelung von Geschichte deren reale Mangelhaftigkeit kompensieren. Die geschichtlichen Geschehnisse besitzen keine Größe, welche das menschliche Bewußtsein befriedigen könnte. Die Dichtung muß daher Geschichten von ›heroischer‹, erlesener Statur erfinden. Zwar könne dergleichen nur in primitiveren Zeiten und Gebieten gelingen, in denen die eigentliche Gelehrsamkeit ihren Einzug noch nicht gehalten hat. Aber gleichzeitig läßt Bacon den alten Satz, die Dichtung partizipiere am Göttlichen, unwidersprochen stehen (vgl. Bacon 1906, S. 96f.).

John Locke kann sich auf überlieferte Erkenntnismetaphorik, autoritäre Sozialstrukturen und technologische Verwertungszusammenhänge nicht mehr wie Bacon verlassen. Für ihn stecken in jedem Wirklichkeitswissen, auch in den einfachen Ideen, komplizierte Bewußtseinsleistungen. Locke möchte gelegentlich Rhetorik und Dichtung verbieten, weil sie den ohnehin gefährlich großen Spielraum menschlicher Vorstellungsmöglichkeiten zu sprengen drohen (vgl. Locke 1975, S. 508). Doch steht nach etwa 560 Seiten Erkenntnis- und Sprachtheorie die resignative Einsicht, daß sich eine Unterscheidung zwischen Wissen und der extravagantesten Phantasie kaum treffen läßt. Erkenntnistheorie scheint Fiktionstheorie in dem Sinne zu sein, daß sie lediglich die Selbstaufklärung des Menschen über seine »Einbildungen« (S. 563) betreiben kann. Unser Wissen ist nach Locke wirklich nur dann, wenn es Entsprechungen zwischen unseren Ideen und der Wirklichkeit gibt. Was aber könnte dafür das Kriterium sein (S. 563)? Die einfachen Ideen sind nur deswegen keine Fiktionen unserer Phantasie (S. 564) oder Träumereien eines verrückten Gehirns (S. 563), weil Gott den Dingen entsprechende Kräfte verliehen hat, mit denen sie konstant auf unser Bewußtsein wirken. Der Mensch muß sich also auf die gewöhnlichen Qualitäten der Dinge verlassen können (S. 269f.). Dem Philosophen bleibt offenbar nur übrig, jede einfache Idee so lange zu umkreisen, bis sie zur komplexen und dann zur Fiktion wird. (Vgl. z.B. S. 202). Realitäten entstehen nur, weil wir uns gezwungenermaßen verständigen müssen. Wir müssen handeln – das Handeln ist das große Geschäft der Menschheit (S. 293) –, wir müssen so reden, daß die alltäglichen Angelegenheiten des Lebens (S. 456) nicht darunter leiden.

Locke kann die Panfiktionalisierung nur noch durch eine sehr dogmatische Ethik bremsen. Diese Ethik geht davon aus, daß Moral wie mathematische Wahrheiten letztlich beweisbar ist (S. 560ff.). Nur so ist noch einmal die vermeintliche Stabilität einer Wirklichkeit – und damit die Überflüssigkeit der Dichtung – zu garantieren, die Gott oder die Natur wohl eben doch mit keinen wesentlichen oder konstanten Eigenschaften ausgestattet haben.

David Hume war da großzügiger. Er konnte es sein, weil für ihn im Gegensatz zu Locke die Erfahrungen des englischen Bürgerkriegs lange zurücklagen und die Konflikte des politisch-sozialen Geschehens vergleichsweise harmlose Parteienstreitereien und Intrigen aller Art, nicht aber die blutigen Realitäten des Jahrhunderts davor waren. Hume hält die Dichter für berufsmäßige Lügner, läßt sich aber, wiederum im Gegensatz zu Locke, dadurch nicht weiter beunruhigen. Für ihn ergibt sich im Zusammenspiel von Eindrücken und Gedächtnis das, was wir gerne Realität nennen (Hume ²1978, S. 108). Solche Realitäten lagern sich in andere ein, die durch Gewohnheiten u. dgl. zustandekommen. So entstehen ›Systeme‹, denen wir den würdevollen Titel von Realitäten zuerkennen. Das erste dieser Systeme ist Gegenstand des Gedächtnisses und der Sinne, das zweite des Urteilsvermögens (S. 108). Die Urteilskraft aber unterscheidet sich nur durch den geringeren Grad an Willkür von der Imagination; sie stellt gewissermaßen eine gesellschaftlich akzeptiertere Form der Vorurteilsbildung dar. Nun können wir aber in unserem Bewußtsein nicht all die einfachen Ideen ausbreiten, aus welchen unsere komplexen – und darum handelt es sich fast immer – zusammengesetzt sind. Daher *muß* die Imagination einspringen. Sie muß Ideen*gestalten* suggerieren, sie als nützlich, notwendig oder eben ›real‹ präsentieren (S. 23f.). Hume redet also eigentlich von imaginären Investitionen, von Fiktionen als Voraussetzung für Realitätseffekte – in der Tat eine moderne Idee. Die moderne *Sprachpsychologie* spricht seit Karl Bühler davon, daß man sehr frühzeitig im situativen Sprechverkehr intellektuelle Rearrangements, eben Imagination braucht, daß, wie Bühler einmal formulierte, die im Sprachgebrauch ständig zu leistenden Versetzungen ein von »tausend Konventionen getragenes Fiktionsspiel« darstellen (Bühler 1934, 1978, S. 140; vgl. S. 121–140, 373–383, ferner Hörmann 1976, S. 182).

Für Hume nun lehrt die Erfahrung, daß unsere Vorstellungen von nichtexistierenden Objekten fast dieselben Realitätseindrücke hervorrufen wie die Sinneserfahrung. Gerade in der Literatur geschieht das Paradox, daß das Nichtwirkliche gesteigerte Realitätseffekte ausstrahlt. Die Lebhaftigkeit solcher Effekte kommt zustande, weil die Literatur unsere auf Realitätsappelle besonders sensibilisierten Affekte – Glaube, Leidenschaften, Imagination – anspricht (Hume ²1978, S. 120–123, 631). Humes spätere *Enquiries Concerning Human Understanding and Concerning the Principles of Morals* (1748, ³1975) verstärken das theoretische Bewußtsein allgegenwärtiger Fiktivität, dämpfen aber seine praktische Relevanz, weil sie von der Vorstellung einer guten Gesellschaft, ihrer Praxis und ihren Verständigungsmöglichkeiten ausgehen. In einem solchen Rahmen liefert Hume gewissermaßen eine entspannte Version des Handlungs- und Verständigungszwanges bei Locke. Daß wir Realitätsgewißheiten über Gedächtnis- und Sinneserfahrung hinaus verlängern können, das beruht auf Brauch und Gewohnheit, den großen Führern der vergesellschafteten Menschheit (³1975, S. 44f., 208–215, 260–267). Nichts ist aber freier von der Gewohnheit als die Imagination. Sie besitzt eine nahezu unbegrenzte Macht, die gewöhnliche Ordnung unseres Ideenvorrats durch vielfältige Fiktionen und Visionen neu zu mischen (S. 47). Worin also kann der Unterschied zwischen einem Glauben, der seine Realitätsgewißheit aus der Gewohnheit bezieht, und der imaginativen Fiktion noch bestehen? Der Unterschied liegt nur in einem unterschiedlichen Evidenzgefühl (S. 49). Auch der Glaube ist also lediglich eine Bewußtseinsfunktion, mit der wir unter etwas dunklen Bedingungen Urteile von den Fiktionen der Phantasie unterscheiden. Humes Literaturverständnis überrollt vollends diese nochmals errichtete empiristische Grenze. Die Fiktion, die Dichtung in ihrer Unordentlichkeit zielt offensichtlich auf so etwas wie Realität. Denn sie erlaubt eine Selbsterfahrung menschlicher Leidenschaften, die deren alltägliche – oder auch wissenschaftliche – Einseitigkeit und damit *Fiktivität* überschreitet. Fiktionalität also wäre eine Art paradoxer Kompensation ›realer Fiktivität‹. Literatur kompensiert die Realitätsdefizite des Alltags – nicht, oder nicht nur in dem einfachen Sinne, daß sie das Bild eines besseren, glücklicheren Lebens vorspiegelt. Sondern in jenem fundamentaleren Sinne, daß sie den notwendigen imaginären Investitionen besseren Auslauf und Spielraum gewährt. Ohne diese Investitionen würden wir keinen Sachverhalt als Realität anerkennen. Eine ›leidenschaftliche‹ Fiktionsbereitschaft wird also zur Voraussetzung zureichender Realitätsgewißheiten. Solches aber vollzieht sich vor allem in der Kunst und Literaturerfahrung.

5.

Verstehen wir diese Skizze der Fiktionsphilosophie des Empirismus als eine Art Interlinearversion zum Buch von Costa Lima, so wird deutlich, daß Costa Lima die Probleme des Empirismus in zugespitzter Form an den Bereichen der Subjektivität, der (europäischen) Geschichte und der (tropischen) Natur fortschreibt. In ihnen verschärft sich die Frage nach den Entstehungs- oder gar Inszenierungsbedingungen von Situationen, deren Dynamik, Erfahrung, Wirkung und Ergebnisse unter bestimmten gesellschaftlichen Bedingungen als eher real oder eher fiktiv eingestuft werden können. Der (vermeintliche) Gegensatz zwischen Alltag, Gesellschaft und Fiktionalität der Literatur erweist sich dabei als ein bloß mittelfristiger europäischer Sonderfall, als eine vergleichsweise kurze Phase kognitiver Arbeitsteilung, die für Antike und europäisches Mittelalter sowie für andere Kulturen kaum die große Rolle spielt, die sie in einigen Jahrhunderten der westlichen Tradition angenommen hat. Costa Limas Buch reiht sich in die Tradition jener großen Untersuchungen ein, die da zeigen, inwieweit das Leben die Fiktion braucht, um lebbar zu sein.

Literaturverzeichnis

Bacon, F. ([2]1982), *Das neue Organon*. Hgg. von Manfred Buhr, Berlin.

Bacon, F. (1906) (1974), *The Advancement of Learning and New Atlantis*. London.

Bentham, J., (1983), *Chrestomathia*. Hgg. von M. J. Smith und W. H. Burston *(The Collected Works of Jeremy Bentham)*. Oxford.

Blumenberg, H. (1974), *Säkularisierung und Selbstbehauptung*. Frankfurt a. M.

Bühler, K. (1934) (1978), *Sprachtheorie. Die Darstellungsfunktion der Sprache* . Frankfurt a. M./Berlin/Wien.

Harrison, R. (1983), *Bentham*. Boston/Melbourne, Henley.

Hörmann, H. (1976), *Meinen und Verstehen. Grundzüge einer psychologischen Semantik*. Frankfurt a. M.

Hume, D. ([2]1978), *A Treatise of Human Nature*. Hgg. von Peter H. Nidditch, Oxford.

Hume, D. ([3]1975), *Enquiries Concerning Human Understanding and Concerning the Principles of Morals*. Hgg. von Peter H. Nidditch, Oxford.

Kantorowicz, E. H. (1957), *The King's Two Bodies. A Study in Medieval Political Theology*. Princeton.

Locke, J. (1975), *An Essay Concerning Human Understanding*. Hgg. von Peter H. Nidditch, Oxford.

Miethke, J. (1969), *Ockhams Weg in die Sozialphilosophie*. Berlin.

Morin, E. (1969), *Le Vif du Sujet*. Paris.

Morin, E. (1973), *Le paradigme perdu: La nature humaine*. Paris.

Ogden, C. K. (1959), *Bentham's Theory of Fictions*. Paterson, N. J.

Pfeiffer, K. L. (1983), »Wahrheit und Herrschaft. Zum systematischen Problem in Bacons New Atlantis«. In: K. L. Berghan/H. U. Seeber (Hgg.) (1983), *Literarische Utopien von Moore bis zur Gegenwart*. Königstein/Ts. S. 50–58.

Pfeiffer, K. L. (1990) »Zum systematischen Stand der Fiktionstheorie«. In: *Zeitschrift für Allgemeine Wissenschaftstheorie* 21 (1990).

Vaihinger, H. ([10]1927), *Die Philosophie des Als Ob. System der theoretischen, praktischen und religiösen Fiktionen der Menschheit auf Grund eines idealistischen Positivismus*. Leipzig.

Namenregister*

* Namen, die in den Literaturverzeichnissen vorkommen, sind im Register nicht berücksichtigt.